KB234100

# 성명학

—

## 바로이이름

지은이 **정담(廷潭)**

속명 김근환(金根煥)
1969년 강원도 월정사 상원암 탄허대종사를 은사로 출가 수행
미국 캘리포니아 버나딘 대학 자연치료학과 졸업
원광대학교 동양학대학원 동양철학 석사

저서　『사주에 모든 길이 있다』
　　　『명리학 | 재미있는 우리사주』
　　　『성명학 | 바로 이 이름』

현재　삼불사 포교원 산방굴 주지
　　　부산시 동래구 명륜1동 533-43번지

　　　**전화 051-554-8163**
　　　**직통 011-488-0316**
　　　**팩스 051-553-6237**

성명학 | 바로 이 이름

1판 1쇄 발행일 | 2007년 1월 26일
1판 4쇄 발행일 | 2009년 11월 6일

발행처 | 삼한출판사
발행인 | 김충호
지은이 | 정담 선사

신고년월일 | 1975년 10월 18일
신고번호 | 제305-1975-000001호

411-776 경기도 고양시 일산서구 일산동 1654번지
산들마을 304동 2001호

대표전화 (031) 921-0441
팩시밀리 (031) 925-2647

값 24,000원
ISBN 89-7460-117-6　03180

판권은 저자와 협약하여 생략합니다.
잘못된 책은 바꿔드립니다.

신비한 동양철학 · 75

# 성명학 | 바로 이 이름

정담 선사 편저

삼한

■ 머리말

성명(姓名)은 성(姓)과 이름인 명(名)을 합한 것이다. 성(姓)은 한 씨족의 근간인 혈통을 대표하고, 이름은 한 개인을 대표하는 호칭이다. 음양(陰陽)의 배합의 조화로 정기를 받은 태아가 남아든 여아든 간에 천운(天運)에 따라 모체에서 울음을 터뜨리고 이 세상에 태어나면 부모는 자신의 분신인 새 생명을 맞이한다. 이때부터 부모는 아이에게 첫 선물인 이름을 지어준다. 육체적 존재는 성명을 명명함과 동시에 사람으로 존재가치가 발효되니 한평생 부르며 후대까지 남겨지게 된다.

"호랑이는 죽어 가죽을 남기고 사람은 죽어 이름을 남긴다"는 말과 "육체는 당대요 성명은 만대다"라는 말이 있다. 그러므로 인간은 죽어 좋은 이름을 남길 수도 있고 악명을 남길 수도 있기에, 좋은 이름을 사용하는 것도 중요하고 착한 마음으로 공덕을 쌓아 길이길이 부끄럽지 않은 이름을 남기는 것도 매우 중요한 것이다.

사람은 누구나 타고난 운명, 즉 숙명이라는 것이 있다. 숙명인 사주팔자는 선천운이고, 성명은 후천운으로 이름을 지을 때는 타고난 운기와의 조화를 고려함이 중요하다. 따라서 역학(易學)에 대한 깊은 이해가 선행되어야 함은 지극히 당연한 일이다. 다시 말해 작명의 근본은 타고난 사주에 운기를 종합적으로 분석하여 부족한 점을 보강하고 결점을 개선한다는 큰 뜻이 있다고 할 수 있다.

결론은 선천운인 사주팔자와 조화를 이룬 성명만이 만사형통으로 부귀공명할 수 있고, 자기 사주와 맞지 않는 이름은 허명으로 만사가 불성되어 무한경쟁시대에서 성공을 기대할 수 없다. 학자들께서는 사주의 용신(用神)을 기준으로 하여 작명법에 따라 추호도 어긋남이 없는 이름을 짓기를 당부드린다.

# 1장. 성명론(姓名論)

## 1. 성(姓)의 유래

성(姓)은 혈족관계를 나타내기 위하여 발생하였다. 세계에서 역사가 가장 오래된 곳은 중국으로 하(夏)·은(銀)·주(周) 시대부터 제후들이 사용하기 시작하였다. 그러나 그 이전 인류 최초의 공동체인 씨족사회 때부터 이러한 관념이 생긴 것으로 보인다. 왜냐하면 씨족사회는 혈연을 기초로 모여 사는 공동체였기 때문이다.

고대 원시사회에서는 아버지를 확실히 알 수 없어 처음에는 모계 혈연을 중심으로 모여살다가 부계사회로 바뀌었다고 한다. 그러나 모계사회든 부계사회든 혈연을 중심으로 사람들이 모여 살았던 사회가 바로 씨족사회이다. 씨족사회는 씨족 전원이 공동으로 수렵이나 어업, 농경에 종사하였고, 외부의 침입을 방어하면서 살았다. 그리고 그 집단을 통솔하기 위한 씨족장이 있었다. 그러다 시대가 흐르며 인구가 증가하고 대(代)가 멀어짐에 따라 자연히 같은 씨족이면서도 혈연이 가까운 사람들끼리 모여 살게 되어 여러 개의 씨족집단이 형성되었다.

이와 같이 많은 씨족집단이 나타나자 자연히 가까이 있는 씨족끼리 연합하여 부족사회를 형성하였다. 그리하여 씨족장들이 모여 부족장을 선출하고, 다시 부족연맹체는 부족연맹을 통제할 왕을 선출하여 국가생활을 영위하였다.

이와 같이 인류사회는 혈연을 중심으로 발전하였기 때문에 씨족시대부터 동족에 대한 관념이 싹튼 것으로 보인다. 동시에 자신의 조상을 숭배하고 동족을 사랑하며 씨족의 명예를 위하여 노력하였다. 그리고 각 씨족은 다른 씨족과 구별하기 위하여 명칭을 가졌을 것이고, 그 명칭은 문자를 사용한 후 성(姓)으로 표현된 것이다.

동양에서 가장 먼저 성(姓)을 사용한 민족은 전술했듯이 한자를 발명한 중국이다. 처음에는 거주하는 지명이나 산, 혹은 강의 이름을 따서 성(姓)으로 삼았다. 그 예로 신농씨(神農氏)의 어머니가 강수(姜水)에 살았기 때문에 강(姜)씨라 하였고, 황제(黃帝)의 어머니가 희수(姬水)에 살았기 때문에 희(姬)씨라 하였으며, 순(舜)임금의 어머니가 요허(姚虛)에 살았기 때문에 요(姚)씨라 하였다.

현재 우리나라의 성(姓)은 한국문화연구소의 집계에 따르면 무려 300여 가지, 3,000여 본관이 있다고 한다. 성(姓)의 유래는 대개 천강성(天降姓)·토성(土姓)·내성(來姓)·사성(賜姓)·속성(續姓)으로 나눈다.

천강성(天降姓)은 신라의 박(朴)·석(昔)·김(金)의 세 성씨를 말하는데, 천강성(天降姓)에 대해서는 설이 분분하다. 신라의 박혁거세와 고구려의 고주몽, 가락국의 김수로의 난생설을 들 수 있다. 이것은 일종의 왕을 신성시하는데서 유래된 것으로 본다. 그리고 토성(土姓)은 배(裵)·손(孫)·이(李)·정(鄭)·최(崔) 등의 토착민들의 성씨이고, 사성(賜姓)은 왕에게 하사받은 성씨이며, 내성(來姓)은 중국 성을 전수받거나 모방한 것도 있고 귀화한 것도 많다.

성명학에서 성은 운명에 직접적인 영향을 미치는 것은 아니다. 성씨는 선조부터 내려오는 것이므로 이름과 합하여 운명이 결정된다. 우리나라에서 성명학이 언제부터 존재하였다는 고증은 없으나, 역학의 응용학인만큼 중국에서 역학이 들어온 후라고 보는 것이 정확할 것이다.

## 2 성명의 중요성

송대 소강절(邵康節)의 팔괘작명법(八卦作名法)에 의하여 선명(選名)하는 학자들이 있고, 우리나라 사람으로는 조선 선조대에 월정(月汀) 윤수(尹壽)의 추리작명법(推理作名法)도 현재 남아 있다. 그 외에도 육효작명법(六爻作名法) 등 역학을 응용한 문헌이 상당히 많은 편이다.

최근에는 과학문명에 맞추어 성명학도 과학적으로 규명할 수 있는 새로운 시대가 되었다. 운명학 연구는 서양에서도 성행하고 있고, 가까운 일본에서도 더욱 고조되는 상황이지만 우리나라는 아직 미신의 영역에서 벗어나지 못하는 실정이다.

성명학상으로 볼 때 장수니 부자니 수복이니 하는 이름은 글자 뜻으로는 그럴듯하나 실제로는 장수하지 못하고 단명하며, 가난뱅이가 되는 경우가 허다하다. 따라서 성명학의 자의(字意)가 사람의 운명에 미치는 영향은 극히 적고, 수리나 자원오행(字源五行)이나 음양오행(陰陽五行)의 영향이 크다고 볼 수 있다.

성명은 사람의 수명과 성패를 좌우할 뿐 아니라 성격부터 활동상태, 그리고 가정의 행복과 불행, 자녀의 성공에 이르기까지 영향을 미친다는 것은 통계로도 규명되고 과학적인 이론으로도 충분히 설명할 수 있다. 종교인들도 성명이 신앙에 대한 철학적 관념이 더욱 명백한 강경우가 얼마든지 있다. 불교에서는 속명을 법명으로 바꾸는 엄숙한 의식이 있고, 또 법명은 신앙을 얻어야 명명한다.

성경에서도 "가장 중요한 것은 이름이다. 아름다운 이름이 보배로운 기름보다 낫고"(전도서 7장 1절), "사람은 최초로 이름을 지었다. 여호와 하나님이 흙으로 각종 들짐승과 공중을 나는 새들을 지으시고 아담이 어떻게 이름을 짓나 보시려고 그것들을 그에게로 이끌어 이르시니"(창세기 2장 19절), "하나님은 이름을 바꿀 때 복을 주셨다"(창세기 17장 5절)라는 구절을 볼 때 성명에 대한 관념이 깊었다는 것을 알 수 있다. 따라서 성명은 일생일대에 미치는 영향이 실로 크다는 것을 새삼 강조한다.

# 3. 개명 뒤에 오는 영향

타고난 사주팔자는 고칠 수 없으나 이름은 고칠 수 있다. 만일 이름에 흉함이 암시된다면 빨리 좋은 이름으로 바꿔야 행복을 찾을 수 있다. 특히 후천운인 성명에 건강쇠약이나 단명, 가정의 불행, 고과운수(孤寡運數) 등이 내포되어 있다면 시급히 개명하여 재액을 막아야 한다. 부부간에도 여자의 운격이 불행하면 여자에게 병약단명이나 생리사별까지 따른다. 완전한 부부로 행복한 가정을 유지하려면 흉명을  빨리 고쳐야 한다.

흉명을 개명함에 있어서 호적상으로 개명하지 않을 경우, 부르는 이름만이라도 바꿔 통신문이나 명함 등 실생활에 적용하면 그 사용하는 정도에 따라 흉명의 암시 유도력은 희박해지고 새로운 이름에 대한 길운이 점차로 찾아들어 병약으로 장기간 효과를 보지 못했던 사람이나, 가정적으로 불행과 경영상 부진했던 인사도 개명 후로 병약했던 사람은 호전되었고, 가정적으로 불행과 경영상 부진했던 사람도 가정이 평온해졌고 경영도 번창해졌다는 사례는 사주팔자는 못 고쳐도 이름으로 운명을 바꿀 수 있다는 것을 입증한다.

성경에도 "인간은 최초로 이름을 지었다", "여호와 하나님이 흙으로 각종 들짐승과 공중을 나는 새들을 지으시고 아담에게 어떻게 이름을 짓나 보시려고 그것들을 그에게로 이끌어 이르시니"(창세기 2장 19절), "이제 후로는 네 이름을 아브람이라 하지 아니하고 아브라함이라 하리니 이는 내가 너로 하여금 열국에 아비가 되게

함이니라. 내가 너로 심히 번창케 하리라"(창세기 17장 5절).

이상과 같이 인류가 생기면서부터 이름은 존재하였고, 그 영력과 생활에 미치는 영향은 지대하였다. 이와 같은 철학적인 사실을 미신이라고 비웃는 미련한 사람들이 있는 듯하나, 영적암시력을 부정함은 곧 심령을 부인하는 것이며, 현재 행하고 있는 정신치료법이라든가 최면술의 원리가 마찬가지인 것이다.

흉수가 들어 있는 성명은 그 이름을 불러주는 횟수가 증폭될수록 흉악의 유도력이 강력하게 발동되어 불행을 막을 수 없다는 것이 당연한 사실이다. 반대로 성공과 행복을 불러주는 암시력이 함유되어 있는 성명이라면 호칭의 회수가 증가할수록 행복으로 흐르는 원리는 비록 성명철학에 식견이 없는 사람이라도 짐작할 수 있을 것으로 사료된다.

호적의 이름이야 어떠하든 간에 실제의 이름을 신념적으로 불러주는 것이 문제이다. 신념이란 강할수록 활동력도 강해진다는 것은 이론의 여지가 없다. 인간은 개명으로 후천운의 불행한 운명을 행복하게 할 수 있을 것이다. 좋은 이름으로 개명할 것 같으면 그 사람의 선천운은 제외하고 후천운은 반드시 행복으로 유도된다.

그 예로 여기에 한날 한시에 태어난 쌍둥이가 있다고 가정해보았을 때, 생년월일시에 의한 사주팔자가 같고 성도 같으나 이름만 다른 것은 기정사실이 된다. 그러나 이 두 사람의 직업이나 성격 건강이나 수명 등이 한평생 같지 않을 뿐 아니라 성명운의 차이에 따라 한 사람은 건강한 몸으로 성공도 하고 장수했는데, 한쪽은 병약하며 가난 속에 단명한 경우를 현실 속에서 우리는 많이 보아왔던 것이다.

사주만이 운명의 전부가 아니다. 성명에서 암시하는 후천운이 이와 같은 영력을 발휘한다는 것을 부인할 근거가 없는 한 쌍둥이의 경우도 전자의 이름은 좋고, 후자의 이름은 흉하다고 보아야 한다.

그러면 개명 후의 영향에 대하여 알아보자. 병약자는 건강이 회복되고, 불행에 허덕이는 자는 행복이 오며, 젊은이는 좋은 인연을 만나고 마음에 드는 직업을 얻는다. 부부가 다정하여 가정에 풍파가 소멸되며, 불효자가 효자로 변하고, 자식이 없는 사람은 자식을 얻고 단명팔자도 무병장수하며, 사업의 순성으로 가문이 번창한다.

## 4. 작명의 8대 원칙

이름을 지을 때는 다음 8가지 원칙을 염두해야 한다.

① 우선 사주팔자를 파악한 후 희용신(喜用神)은 따르고 기신(忌神)은 피해야 한다.
② 읽기 쉬워야 한다.
③ 부르기 쉽고 듣기 좋아야 한다.
④ 외우기 쉽고 쓰기 좋아야 한다.
⑤ 부드럽고 친근감이 있어야 한다.
⑥ 새로운 느낌이 있어야 한다.

⑦ 부모의 사주에 이혼이나 사별, 극빈의 기가 암시되어 있으면 7 · 17 · 18 · 21 등의 수리가 들어가는 것이 좋다.

⑧ 항렬을 쓸 때 용신(用神)이나 희신(喜神)이 맞지 않고 수리나 음양(陰陽)도 맞지 않으면 항렬에 맞는 이름과 부르는 이름 즉 글자를 사주팔자에 맞춘다.

이외에도 사주가 허약하여 질병 등이 우려되면 17 · 21 · 23 등의 수리가 길하고, 문인이나 예술가의 사주에 사업가의 수리인 21 · 23 · 24 등을 쓰면 양복을 입고 짚신을 신는 격이 된다. 그리고 26수 영웅격이나 33수 승천격은 무관이나 법관사주에만 쓰는 것이 좋다.

성명은 그 사람의 사회적인 칭호이며 대표하니 누구나 부르기 쉽고 듣기 좋고 외우기 좋고 쓰기 쉽고 친근감을 주는 것이야말로 천금의 가치를 지닌 이름이라고 하겠다.

사주의 용신(用神)을 기준으로 하여 작명하는 것을 절대로 잊어서는 안된다. 사주와 맞지 않는 이름은 허명이다. 왜냐하면 양복점이나 양장점에서 옷을 맞추어 입을 때 체격을 무시하고 옷을 만들었다면 틀림없이 기성복과 같이 어딘가 몸에 맞지 않는 부분이 것이다. 귀여운 자녀에게 기성복을 입히겠는가, 맞춤옷을 입히겠는가. 결론은 선천운인 사주팔자에 맞는 이름만이 만사형통으로 부귀공명한다.

# 2장. 음양오행론(陰陽五行論)

## 1. 음양(陰陽)

음양(陰陽)은 단순한 단어이면서 실로 광범위한 학문의 표현이다. 약 7500여 년 전 중국 하수(河水)에서 하도(河圖)와 낙서(洛書)의 출현으로 기우의 수를 발견하니 바로 그 수가 주역(周易)의 원리로 음양(陰陽)의 이원(二元)이다.

삼라만상은 음양(陰陽)의 배합으로 생성되고, 음양(陰陽)의 교류로 변화한다. 양(陽)인 하늘(天)과 음(陰)인 땅(地)이 있으므로 천지간(天地間)에서 삼라만상이 생장할 수 있으며, 양(陽)인 남자와 음(陰)인 여자가 있으므로 인류가 번성 생존하는 것이다.

역(易) 자를 살펴보면 날일(日) 자 밑에 달월(月) 자을 합하여 위에 있는 해(天)는 양(陽)이요 아래에 있는 달은 음(陰)이며 서로 바뀐(易)다는 뜻이 있다. 그리하여 음양학(陰陽學)은 우주학을 뜻함이요, 하늘과 땅을 뜻하는 것이다. 좀더 구체적으로 설명하면 태양은 빛과 열로 뭉쳐 있는 순수한 양기(陽氣) 덩어리가 된다.

 양기(陽氣)인 태양은 빛과 열의 원천이며, 우주에 원동력이자 대동맥이다. 높고 크고 밝고 둥글고 언제나 움직이면서 가볍고 육안에는 보이지 않지만 그 힘과 위력은 거대하다. 그것을 양(陽)이라 하고 기(氣)라고 하며, 대기라 하고 공기라고 하는데, 음양오행(陰陽五行)상 화(火)에 속하며, 인간은 물론이요, 만상의 생명체는 이 화(火)에서 공급되는 빛과 열을 먹고 살아가는 것이다.

 그러나 지구라는 땅덩이는 물질로 구성되어 있음으로 순수한 정력의 원천이요, 힘의 근원이 된다. 이 지구상의 모든 물질은 형체가 있기 때문에 육안으로 볼 수가 있으며 생명이 있기 때문에 자체 고유의 독립성을 가지고 존립하고 있다. 그러나 빛과 열은 없다. 오직 피동적으로 화(火)에 의지하여 생성되고 변화한다. 그것을 음(陰)이라 하는데 인간을 비롯한 생명체는 음(陰)에서 생성되는 물질을 먹고 살아가며 음양오행(陰陽五行)상으로는 수(水)에 속한다.

 양(陽)인 태양(太陽)과 음(陰)인 지구가 상교하여 삼라만상을 생성하듯이 나의 한 생명도 양(陽)인 아버지와 음(陰)인 어머니의 정합으로 이루어진 음양(陰陽)의 생성법칙임을 증명한 것이라고 하겠다. 이와 같이 하늘과 땅을 비롯하여 천지만물은 모두 음양이원론(陰陽二元論)으로 성립되니 음(陰)과 양(陽), 하늘과 땅, 태양과 달, 여자와 남자, 홀수와 짝수, 암놈과 숫놈, 밝다와 어둡다, 크다와 작다, 이승과 저승, 고혈압과 저혈압, 낮과 밤 등등 우주 속에 모든 사물은 음양(陰陽)의 배합으로 이루어지고 음양(陰陽)의 유전으로 모든 것이 생성되고 변화한다.

## 2. 오행(五行)

오행(五行)에서 오(五)는 수리를 말하고, 행(行)은 움직임을 말한다. 자연의 삼라만상은 음양(陰陽)의 조화로 이루어진 여러 가지 현상이라고 보는데, 그 현상을 수리적으로 분류하여 오행(五行)이라고 했으니 오행(五行)도 음양(陰陽)에 귀결되는 것이니 성명학에 있어서는 이것을 수리와 자원음령(字源音靈)에 음양오행(陰陽五行)을 상응시켜 그 작용 상태를 본다.

고래의 역점(易占)에 의하면 오기(五氣) 즉 목화토금수(木火土金水)의 오행(五行)을 자연계와 만물의 원소라고 하였다. 그러나 과학의 발달로 헤아릴 수 없을 정도의 원소가 발견되었으며 앞으로도 새로운 원소가 무한으로 발견될 것으로 본다.

옛사람들은 자연계의 형태만을 보고, 그 표면만을 생각하여 나무·불·흙·쇠 그리고 물이라는 것을 알게 되었고, 자연계의 신진대사를 보고는 '지수화풍공(地水火風空)'이라고 하였다. 5개의 원소인 오행(五行)은 목화토금수(木火土金水)로 분류되고, 여기서 색을 가려낸다. 청·적·황·백·흑 등으로 목(木)은 청, 화(火)는 적, 토(土)는 황, 금(金)은 백, 수(水)는 흑색으로 가려본 것이다.

그러나 일괄해보면 목(木)은 청색이나 강약에 따라 변색한다는 것이다. 즉 목(木)이 약해지고 노쇠해지면 적색으로 변질되는 수가 있고, 화(火)는 적색이나 강해지면 청색으로 변하고 약해지면 황색으로 변한다는 것을 전제로 하여 사학(斯學) 연구에 오행(五行)의 강약의 도를 면밀히 추산해야만 사학(斯學)의 바른 해설과 진미를 알 수 있다는 것을 첨언한다. 좀더 구체적인 설명을 위하여 다음 도표를 살펴가며 연구해보기로 한다.

오행속성활용표

| | 木 | 火 | 土 | 金 | 水 |
|---|---|---|---|---|---|
| 방위 | 동 | 남 | 중앙 | 서 | 북 |
| 계절 | 봄 | 여름 | 환절기 | 가을 | 겨울 |
| 색 | 청 | 적 | 황 | 백 | 흑 |
| 기운 | 바람 | 열 | 습 | 건조 | 냉기 |

## 1. 목(木) : 봄 · 동방 · 청색 · 바람

지평선(一) 아래 씨앗(一)을 묻은 후 금방 올라오는 싹은 하나도 없다. 양기(陽氣)인 태양의 열기와 흙의 수기(水氣)가 혼합하여 온도가 맞았을 때 뿌리를 하나씩 뻗을 것이며(才), 그 뿌리는 점차로 기운을 더해갈 수 있다. 그러므로 지각인 땅의 표면을 뚫을 수 있을 것이며, 비로소 땅을 뚫고 올라온 형상이 목(木)이다. 그 목(木)의 생명의 시발점이 봄이며, 목(木)은 봄과 함께 자리를 같이 하며, 목(木)이라는 글씨는 세상만물이 살아 있는 것을 글자로 나타낸 표상이다. 아울러 그 목(木)이 속한 방위가 동방인데, 순양(純陽)인 태양이 동방에서 먼저 솟아오르니 모든 생명의 시초는 봄이다.


## 2. 화(火) : 여름 · 남방 · 적색 · 열기

봄이 지나면 뜨거운 불과 열이 지배하는 여름이 온다. 여름은 오행(五行)으로는 화(火)에 속하며 남방에 위치한다. 고로 화(火)는 양(陽)의 화신으로 태양에 속하고, 불꽃과 같이 그 속에는 음(陰)을 내포하고 있기 때문에 외화내빈이 된다.


## 3. 토(土) : 여름 · 중앙 · 황색 · 습함

토(土)는 모든 생명체의 보금자리로 생활의 터전이며 삼라만상의 무덤이다. 모든 중생은 흙에서 태어나 흙으로 돌아간다. 종말이 오면 흙은 말없이 받아들이는 무덤으로 변한다. 또한 흙은 건축을 하든 논밭을 만들든 반항이나 저항하지 않고 순종한다. 여름이면 화왕절(火旺節)로 초토(焦土)가 되고, 가을이면 금왕절(金旺節)로 변토(變土)가 되고, 겨울이면 습토(濕土)가 된다. 하토(夏土)는 만물을 생산하는 어머니 곤토(坤土)로 제2의 생명을 창조한다. 이처럼 토(土)는 생명을 낳는 모성의 역할을 하는 것이 특징이다.


## 4. 금(金) : 가을 · 서방 · 백색 · 건조

봄에 씨앗을 뿌리면 여름에 뜨거운 폭양에 의하여 성장하여 가을이 되면 열매가 익어간다. 인생에 비유하면 장년으로 모든 정신과 육체가 성숙한 것을 깨달을 수 있듯이 알차고 빈틈없고 실리적이

며 성숙과 결실을 뜻하니 음양오행(陰陽五行)으로는 금(金)이라는
호칭을 받은 것이라고 하겠다.

## 5. 수(水) : 겨울 · 북방 · 흑색 · 한냉

 겨울에 얼음과 눈이 활개를 치며 추운 것은 태양의 빛과 열이 지
구와 멀어지기 때문이다. 지구에 빛과 열이 없으면 한(寒)이 생하
고, 한(寒)의 화상이 수(水)이다. 수(水)는 태음(太陰)에 속하고, 음
(陰) 중에 양(陽)이 있어 겉은 어두우나 속은 밝다.

# 3. 상생상극(相生相剋)

## 1. 상생(相生)

| 水生木 | 木生火 | 火生土 | 土生金 | 金生水 |
|---|---|---|---|---|

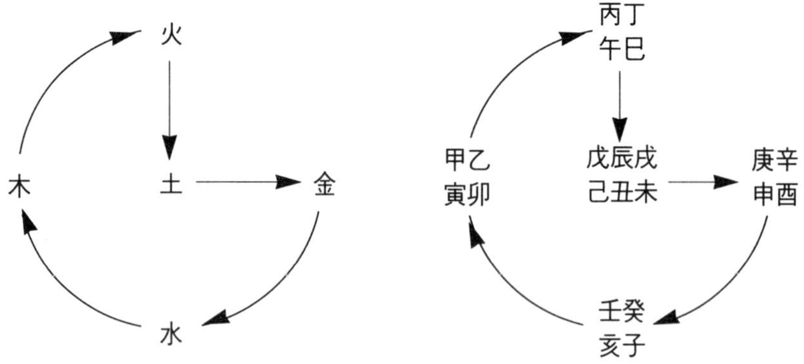

— 수(水)는 목(木)을 낳아 사랑으로 키운다.

— 목(木)은 화(火)를 낳아 사랑으로 키운다.

— 화(火)는 토(土)를 낳아 사랑으로 키운다.

— 토(土)는 금(金)을 낳아 사랑으로 키운다.

— 금(金)은 수(水)를 낳아 사랑으로 키운다.

① 수생목(水生木) : 수(水)는 목(木)을 낳아 기르니 수(水)는 목(木)의 어머니이고, 목(木)은 수(水)의 자식이 된다. 물이 없으면 나무는 살아갈 수 없다. 그 예로 초목을 잘라서 물에 꽂으면 뿌리가 내려 영구히 살아가는 나무도 있고, 잠시 생존하다가 뿌리를 내리지 못하여 고사하는 나무도 있으니 바로 이것이 수생목(水生木)이 되는 증거이다.

② 목생화(木生火) : 목(木)은 화(火)를 낳으니 목(木)은 화(火)의 어머니이고, 화(火)는 목(木)의 자식이 된다. 목(木)이 없으면 불이 소멸되니 이것이 목생화(木生火)하는 증거이다.

③ 화생토(火生土) : 화(火)는 토(土)를 낳으니 화(火)의 자식은 토(土)요, 토(土)의 어머니는 화(火)이다. 불은 사물을 태우고 사물이 탄 후에는 반드시 재가 남고 꺼질 때도 재가 있으니 그 재가 흙이다. 그리하여 화생토(火生土)라고 한다.

④ 토생금(土生金) : 토(土)는 금(金)을 생한다. 예를 들어 철광산에서 금속을 생산하니 이것이 토(土)가 금(金)을 생하는 증거이다.

⑤ 금생수(金生水) : 금(金)은 수(水)를 생한다. 고로 금(金)의 자식은 수(水)이고, 수(水)의 어머니는 금(金)이 된다. 높은 산에서 지하로 흘러나오는 물이 어느 지점에서 금(金)을 상징하는 고체인 암석에 맞닿아 더 이상 지하로 스며들지 못하고 지상으로 흘러 금생수(金生水)라는 학리도 있다.

## 2. 상극(相剋)

| 水剋火 | 火剋金 | 金剋木 | 木剋土 | 土剋水 |
| --- | --- | --- | --- | --- |

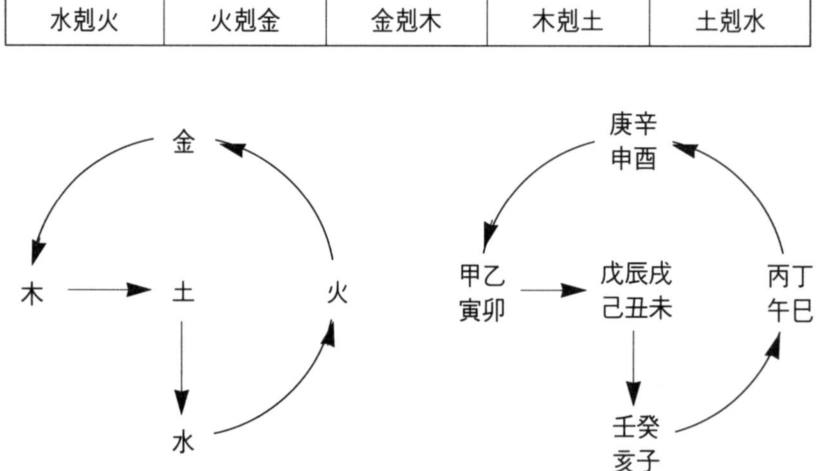



― 수(水)는 화(火)를 극한다 : 수(水)는 화(火)를 다스린다.
― 화(火)는 금(金)을 극한다 : 화(火)는 금(金)을 다스린다.

— 금(金)은 목(木)을 극한다 : 금(金)은 화(火)를 다스린다.

— 목(木)은 토(土)를 극한다 : 목(木)은 토(土)를 다스린다.

— 토(土)는 수(水)를 극한다 : 토(土)는 수(水)를 다스린다.

① 수극화(水剋火) : 수(水)는 화(火)를 극한다. 불은 물을 만나면 소멸되니 물은 불을 이긴다. 그러므로 수극화(水剋火)라고 한다.

② 화극금(火剋金) : 화(火)는 금(金)을 이기며 단련시키고 녹이니 화극금(火剋金)이라고 한다. 예를 들어 백금이나 금속류라 해도 650도의 불에 녹으니 이것이 곧 화극금(火剋金)의 증거이다.

③ 금극목(金剋木) : 금속류는 나무를 이긴다. 금속류는 자유자재로 나무를 마름질하니 금극목(金剋木)이라고 한다.

④ 목극토(木剋土) : 목(木)은 토(土)를 극하고 다스리니 목극토(木剋土)라고 한다. 나무 종자가 땅에 떨어지면 씨앗은 자유자재로 땅을 뚫고 뿌리를 내려 수토(水土)의 힘으로 착근 성장함에 따라 나무가 무성하면 토(土)는 햇빛을 보지 못하여 나무로 인하여 토(土)는 장애를 받으니 이것이 목극토(木剋土)의 증거라고 본다.

⑤ 토극수(土剋水) : 토(土)는 수(水)를 다스리고 관리하니 토극수(土剋水)라고 한다. 그 증거로는 흙으로 늪지를 매립하는 경우와

자유롭게 흐르는 수로를 막으면 그 물은 억류 정지되는 현상은 바로 토극수(土剋水)의 증거라고 본다. 반대로 수(水)는 토(土)의 힘을 빌려 호수를 이루니 적소성대로 도움을 받기도 한다.

## 3. 상비(相比)

| 水比水 | 木比木 | 火比火 | 土比土 | 金比金 |
|--------|--------|--------|--------|--------|

비(比)는 나와 같은 자로 형제·친구·동업자·경쟁자를 말한다.

# 3장. 오친론(五親論)

## 1. 오친법(五親法)

오친(五親)은 자신을 중심으로 상대적으로 발현되는 운세를 표현하기 위한 술어이다. 즉 부(父)·형(兄)·관(官)·재(財)·손(孫)으로 나누어 표현된다. 일간(日干)인 자신이 목(木)일 경우에 상생법(相生法)에 의하면 화(火)는 손(孫 : 食傷)이라 하고, 수(水)를 부(父 : 印綬)라 하며, 금(金)은 관귀(官鬼 : 官星)라 하고, 토(土)는 재(財)라 하며, 목(木)은 형(兄 : 比劫)이라고 한다.

오친법(五親法)이나 오음오양(五陰五陽) 통변성은 복희팔괘(伏羲八卦)나 사주, 기타 오행학(五行學)을 다루는데는 전반적으로 광범위하게 활용되고 있다. 오음오양(五陰五陽) 통변성이란 사주추명학(四柱推命學)에서 주로 활용되나 이는 오친법(五親法)을 음양학적(陰陽學的)으로 세분하여 해설한 것이기 때문에 본 성명학에 있어서도 오음오양(五陰五陽)의 통변성을 세심하게 관찰해야 한다.

  오친법(五親法)은 부(父)는 부(富)를, 형(兄)은 형(亨)을, 관귀(官鬼)는 관귀(官貴)를, 재(財)는 재(災)를, 손(孫)은 손(損)을 암시하는 것으로 사용하자는 것이다. 다시 말하면,

— 생아자(生我者)는 부(父)인데 부(富)로 쓴다.
— 아생자(我生者)는 자손(孫)인데 손(損)으로 쓴다.
— 극아자(剋我者)는 관귀(官鬼)인데 관귀(官貴)로 쓴다.
— 아극자(我剋者)는 처재(妻財)인데 재(災)로 쓴다.
— 비화자(比和者)는 형(兄)인데 형(亨)으로 쓴다.


  예를 들면 일간(日干)이 목(木)인데 수(水)를 만나면 수생목(水生木)으로 수(水)는 목(木)의 부(父)라는 것이다. 목(木)은 수(水)를 만나면 생을 받아 얻는 것이 되어 이득이 된다. 이득은 풍부함이니 부자라 한다. 따라서 형격(亨格)이 1이나 2인데 태세에 수(水)가 있으면 수생목(水生木)으로 학운이 좋고 체격도 건장하다고 본다.

  반대로 형격(亨格)에 1이나 2가 있을 때, 태세가 사생(巳生)이나 오생(午生)으로 화(火)에 해당하면 일간(日干) 자신이 목(木)이기 때문에 목생화(木生火)로 상대방을 생해준다. 화(火)는 목일간(木日干)의 자손으로 자손을 얻어 경사라고는 하나, 그 보다도 자신은 손해가 되는 것이 사실이다. 그러므로 이런 경우 운세가 약하여 손재도 많고 건강도 좋지 않다.

**오친도해표**

| 三元/亨格 | 我身 | 父/富 | 兄/亨 | 官鬼/官貴 | 妻財/災 | 孫/損 |
|---|---|---|---|---|---|---|
| 1, 2 | 木 | 亥子水 | 寅卯木 | 申酉金 | 辰戌丑未土 | 巳午火 |
| 3, 4 | 火 | 寅卯木 | 巳午火 | 亥子水 | 申酉金 | 辰戌丑未土 |
| 5, 6 | 土 | 巳午火 | 辰戌丑未土 | 寅卯木 | 亥子水 | 申酉金 |
| 7, 8 | 金 | 辰戌丑未土 | 申酉金 | 巳午火 | 寅卯木 | 亥子水 |
| 9, 10 | 水 | 申酉金 | 亥子水 | 辰戌丑未土 | 巳午火 | 寅卯木 |

# 2 오친법(五親法)과 육친법(六親法)

오친법(五親法)의 부(父)의 부(富)는 육친법(六親法)에서는 정인(正印)과 편인(偏印)을 말하고, 형(亨)은 비견(比肩)과 겁재(劫財)를 말한다. 손(損)은 식신(食神)과 상관(傷官)을 말하고, 재(災)는 정재(正財)와 편재(偏財)를 말하며, 관귀(官鬼)는 정관(正官)과 편관(偏官)을 말한다.

**통변성의 비교**

| 五親法 | 父/富 | 亨 | 損 | 災 | 官鬼/官貴 |
|---|---|---|---|---|---|
| 六親法 | 正印, 偏印 | 比肩, 劫財 | 食神, 傷官 | 正財, 偏財 | 正官, 偏官 |

도표에서 보는 것처럼 오친법(五親法)에 의한 성명학도 있다. 따라서 새로운 이해와 세심한 관찰로 기존의 작명법과 통변성의 차이를 고려해야 한다.

# 3. 오친(五親) 해석

오친(五親) 해석에 앞서 전제하여 둘 것은 모든 운세판단에 있어서도 그런 점이 많지만 신주(身主)가 지나치게 왕하면 설기하는 것이 있어야 한다는 것을 잊으면 안된다.

## 1. 부(父)

부(父 : 富)는 이득·풍부·비대·풍만 등으로 해석하며, 건강한 체구에 풍부한 재물운을 구비한 운세로 본다. 그러나 지나친 풍만함은 건강상 해로운 이치가 내포되어 있다.

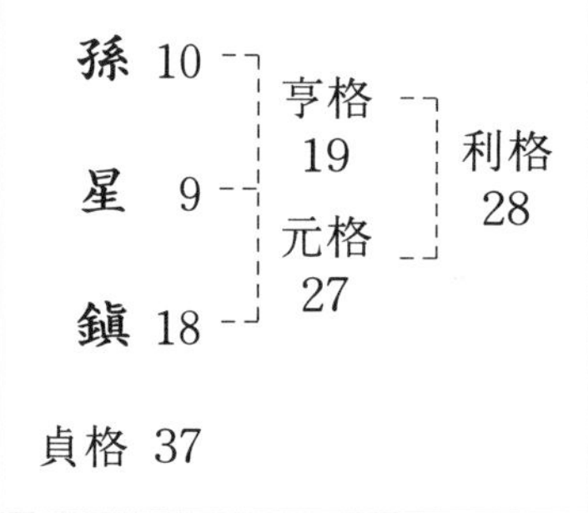

■ 임신생(壬申生)
풍만형(豊滿形)

오친도해에서와 같이 형격(亨格)의 19의 수(水)는 원격(元格)의 27 금(金)과 이격(利格) 28의 금(金), 그리고 정격(貞格) 37의 금(金)이 금생수(金生水)한다. 형격(亨格)의 19의 수(水)를 생해주는 동시에 태세 임신(壬申)생으로 신금(申金)의 부(父 : 富)를 얻어 신주(身主) 임수(壬水)를 금생수(金生水)하고, 왕금(旺金)이 생수(生水)한다. 과도한 비만으로 신장·위장·복막염·고혈압 등의 질환이 겹치는 운명으로 오히려 불리한 부(富)가 될 수 있다는 점을 유의해야 한다. 이렇게 생조신(生助神)이 난무할 경우에는 설기하는 수리로 조정해야 한다.

## 2. 형(亨)

형(兄)은 형(亨)으로 비견(比肩)과 겁재(劫財)가 되니, 신주(身主)와 같은 오행(五行)이 중복되는 것을 말한다. 운세도 자기와 같은 운이니 신약(身弱)에는 신주(身主)가 더욱 왕성하여 만사가 형통하고, 신주(身主)가 강하면 손재손처를 당한다.

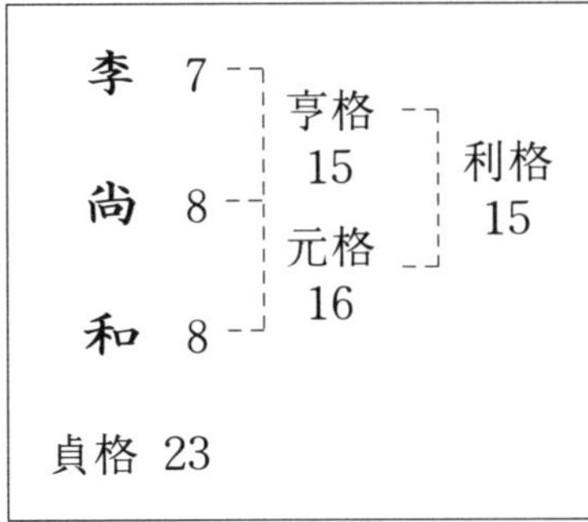

■ 기축생(己丑生)
　형통격(亨通格)

형격(亨格) 토(土), 원격(元格) 토(土), 이격(利格) 토(土), 정격(貞格)은 화(火)로 모두 부형(父兄)이 되니, 신주(身主)를 돕는 형상이 되어 형통격(亨通格)이라 한다.

## 3. 관귀(官貴)

관귀(官鬼)는 신주(身主)를 극하는 오행(五行)을 말한다. 관귀(官

鬼)와 관귀(官貴)로 나누어 말하면 관귀(官鬼)는 병사(病死)와 멸망으로 보고, 관귀(官貴)는 귀인이나 은사를 만나는 것과 같은 이치이다. 관귀(官鬼)와 관귀(官貴)를 예를 들어본다.

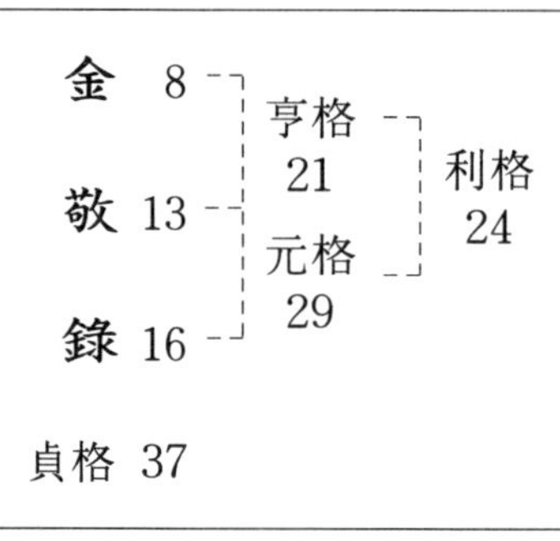

■ 경신생(庚申生)
　관귀운(官鬼運)

　예에서 보는 것처럼 갑신(甲申)생 김경록(金敬錄)의 형격(亨格 : 身主) 21수 목(木)을 정격(貞格)의 37수 금(金)이 금극목(金剋木)으로 극하여 신주(身主) 목(木)이 약해졌다. 태세 경신금(庚申金)으로 다시 관(官)이 되니 관귀(官鬼)로 신약(身弱)이 되었다.

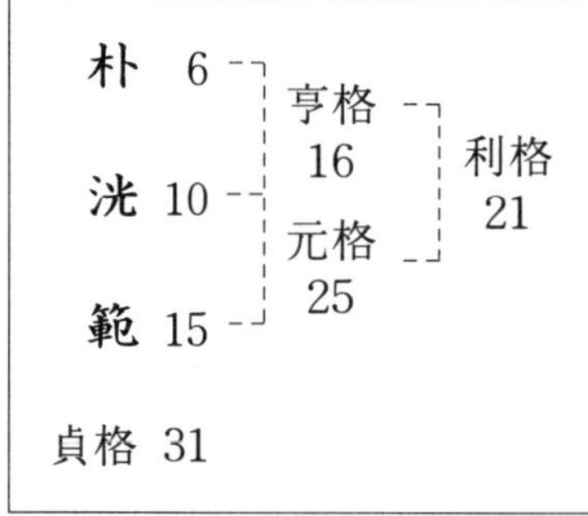

■ 갑인생(甲寅生)
　관귀손운(官鬼損運)

　다음으로 갑인생(甲寅生) 박광범(朴洸範)의 형격(亨格) 16 토(土)를 정격(貞格) 31 목(木)이 극하여 신주(身主)가 약해지는데 태세 갑인목(甲寅木)이 목극토(木剋土)로 형격(亨格) 토(土) 신주(身主)를 극하니 관귀(官鬼)가 된다.

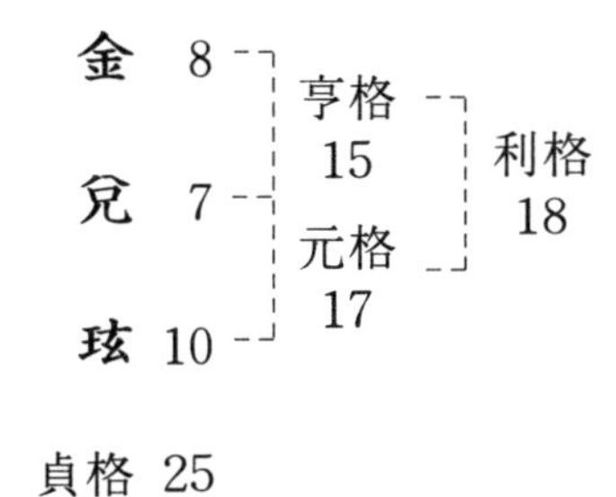



■ 을묘생(乙卯生)

관귀운(官鬼運)

다음으로 을묘생(乙卯生) 김태현(金兌玹)의 신주(身主)는 형격(亨格) 15 토(土)이다. 원격(元格) 17 금(金)과 이격(利格) 18 금(金)으로 각각 토생금(土生金)하여 설기시키니 신주(身主)인 형격(亨格) 토(土)가 약해진다. 설상가상으로 태세 을묘목(乙卯木)이 목극토(木剋土)로 극신(剋身)하니 신주(身主)는 극약(極弱)이 되어 위장수술 등의 기타 병약으로 무기력한 운명이 되었다.

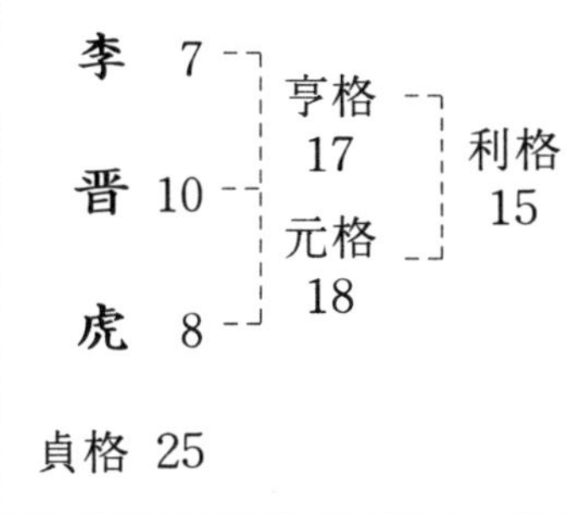



■ 신사생(辛巳生)

관귀운(官貴運)

예와 같이 신사생(辛巳生) 이진호(李晋虎)의 형격(亨格) 17 금(金)은 이격(利格) 15 토(土)와 정격(貞格) 25 토(土)에게 토생금(土生金)으로 생하였고, 원격(元格) 18 금(金)으로 신주(身主)인 형격(亨格) 17 토(土)가 강한 곳에 태세 신사(辛巳)가 화극금(火剋金)으로 관성(官星)이 되니 운세는 활기를 찾아 길해진다.

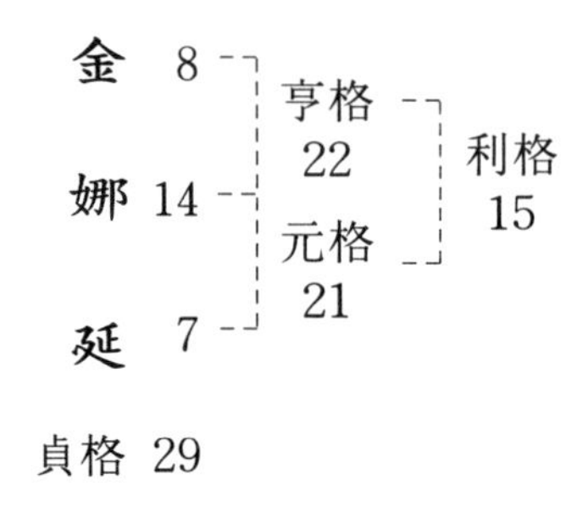

■ 임신생(壬申生)

　관귀운(官貴運)

　임신생(壬申生) 김나연(金娜延)의 신주(身主) 형격(亨格) 22 목(木)과 원격(元格) 21 목(木)은 정격(貞格)의 29 수(水)의 생조(生助)를 받아 목(木) 신(身)이 도장(徒長) 우려가 있다. 임신(壬申) 태세가 금극목(金剋木)으로 형격(亨格) 22 목(木)을 자르니 신주(身主) 목(木)은 활기가 넘쳐 관귀격(官貴格)이 된다.

## 4. 재(災)

　재(災)는 신주(身主)인 형격(亨格)이 태세나 원격(元格)이나 이격(利格) 정격(貞格)을 극하여 재화나 재앙 등으로 해석한다.

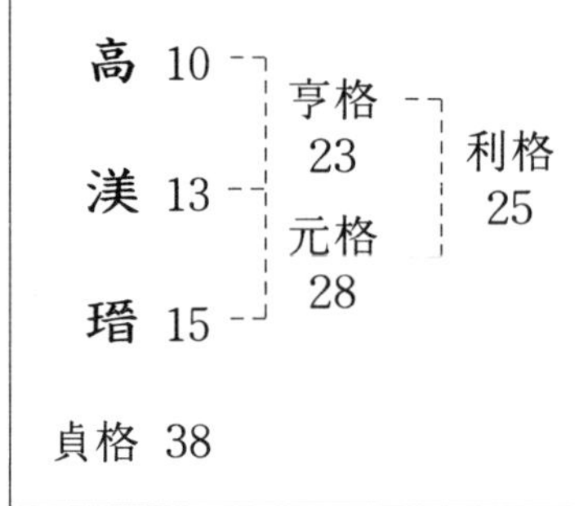

■ 경신생(庚申生)

　재화운(災禍運)

　예와 같이 경신생(庚申生) 고미진(高渼瑨)의 형격(亨格) 23 화(火)는 원격(元格) 28의 금(金)을 극하고, 또 다시 정격(貞格) 38 금(金)을 극하니 신주(身主)인 형격(亨格) 23 화(火)는 심한데, 다시 태세에 경신금(庚申金)을 극한다. 재다신약(財多身弱)으로 가난을 벗어나지 못하고, 폐장이나 고혈압 등이 따른다.

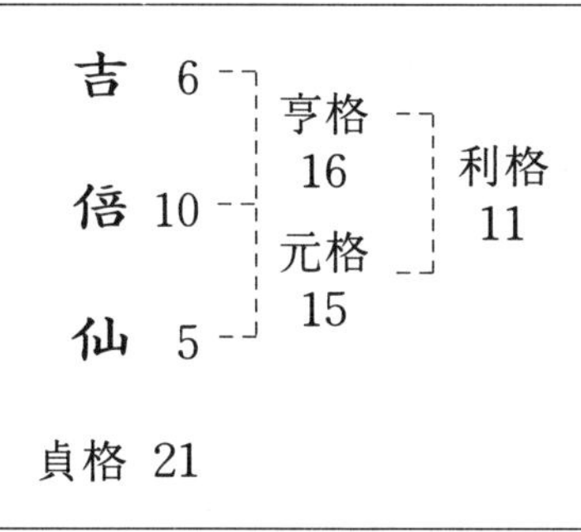


■ 계해생(癸亥生)
　재화운(災禍運)

　계해생(癸亥生) 형격(亨格) 16 본신(本身) 토(土)는 정격(貞格) 21 목(木)의 극을 받고, 원격(元格) 15 토(土)는 이격(利格) 11 목(木)의 극을 받아 신주(身主)인 형격(亨格) 토(土)는 약한데, 다시 태세 계해수(癸亥水)를 형격(亨格)에서 토극수(土剋水)로 극한다. 재관(財官)이 태왕(太旺)하여 각종 질병에 시달리며 만사가 침체가 되었다

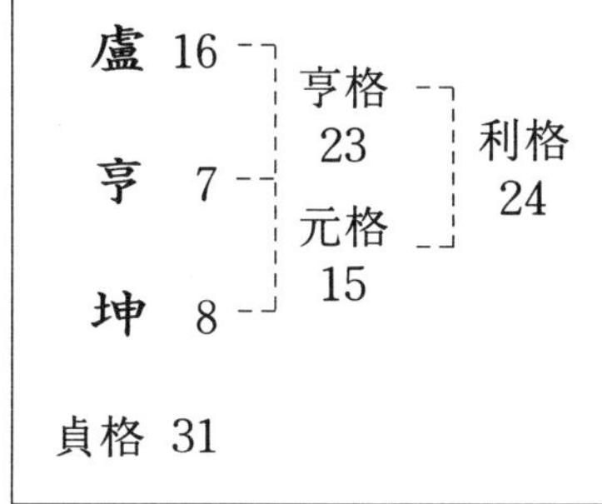


■ 임신생(壬申生)
　재화운(災禍運)

　임신생(壬申生)으로 신주(身主) 형격(亨格) 23 화(火)는 정격(貞格)에 31 목(木)이 생화(生火)하

고, 이격(利格) 24 화(火)가 방조(幫助)하니 기신(己身) 형격(亨格) 23 화(火)는 더욱 강세가 되었는데 임신(壬申) 태세에 신금(申金) 이 재(財 : 災)가 되어 성공운은 양호하나 건강에는 불리하여 뇌신 경계통이나 폐질환 등에 신고가 있다고 본다. 그러나 7·8월생으로 월령(月令)에 신금(申金)이나 유금(酉金)이 있으면 건강상 피해가 전혀 없고, 신왕(身旺) 재왕(財旺)으로 부자사주로 본다.

## 5. 손(損)

손(損)은 주는 것으로 실(失)이 되고, 부(父)는 부(富)로 득(得)이 된다. 손(損)은 형격(亨格) 신주(身主)가 다른 격을 생하거나 태세 를 생하는 경우를 말한다. 다시 말하면 내가 상대방을 생해주니 자 신의 것은 소모 소멸되어 없어지니 신주(身主)가 약해진다.

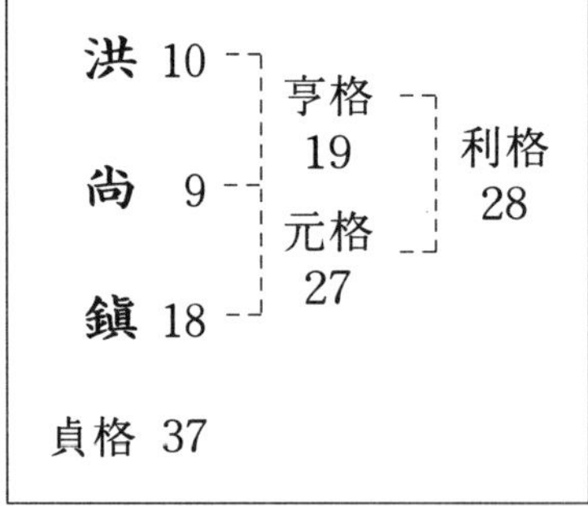

■ 정묘생(丁卯生)
　부귀운(富貴運)

정묘생(丁卯生)으로 형격(亨格) 19 수(水)가 수생목(水生木)으로 태세의 묘목(卯木)을 생하고, 신주 (身主) 형격(亨格) 19 수(水)가 설기되었다. 부귀한 가운데 자식이 영달하였고 남에게 베풀 줄도 알며 겸손하고 아량있고 강유 겸비한 이름으로 해석된다. 이유는 신주(身主) 수(水)를 원격(元格)과 이격(利格)에서 생하여 신주(身主)가 강해졌는데 신주(身主) 수(水)가 태세 묘목(卯木)에 잘 설기되었기 때문이다.


■무신생(戊申生) 손재운(損災運)　　■신유생(辛酉生) 손재운(損財運)

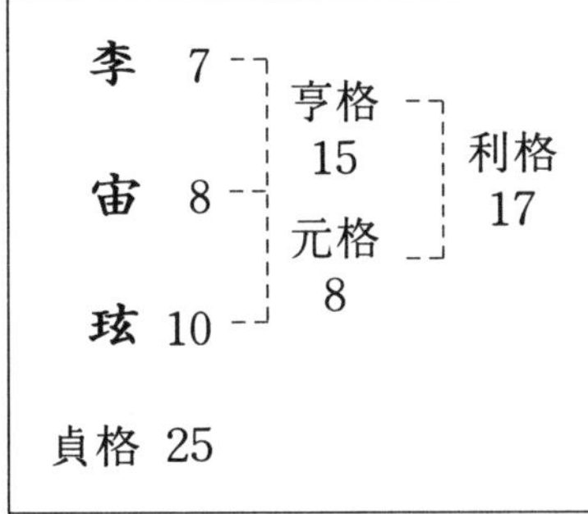


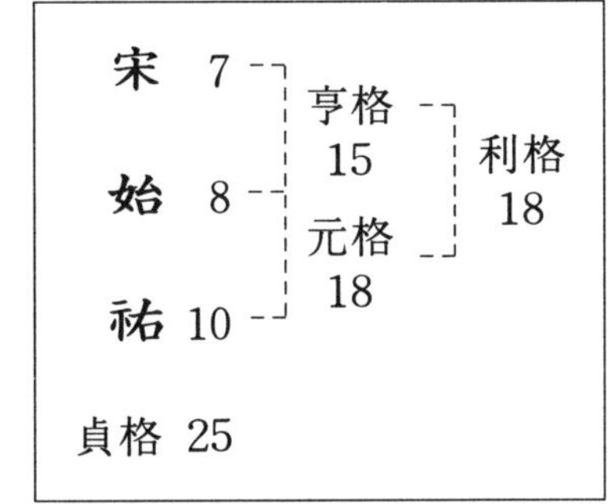


두 이름 모두 좋은 수리로 배치되어 있다. 수리만을 위주로 작명한 것으로 본다. 사실상 운세를 해석해보면 이우현(李宙玹)의 경우에 형격(亨格) 15 토(土)는 이격(利格) 17 금(金)을 생하고, 원격(元格) 18 금(金)을 생하는데, 태세는 무신(戊申)으로 신금(申金)을 다시 생한다. 이는 신주(身主)인 형격(亨格) 15 토(土)가 여러 방면으로 설기되니 손해를 보고 건강도 쇠약해진다. 다음으로 신유생(辛酉生) 송시우(宋始祐)의 경우도 같은 해석이 나온다. 세심한 관찰로 최종 판단을 결정해야 한다.

# 4장. 성격론(性格論)

## 1. 형격(亨格)으로 본 성격

'성격이 운명을 만들고 또 운명을 개척한다'는 말처럼 성격이 얼마나 중요한가는 새삼스럽게 언급할 필요조차 없다. 그러나 인생살이에서 상대방의 성격이나 능력을 미리 알고 대처한다면 유익할 것은 당연하다. 성명 중에서 그 사람의 성격을 내포하는 곳은 본인의 운세와 직결되는 형격부(亨格部)라는 것을 명심하고, 다음의 설명을 숙지하기 바란다.

### 1. 형격(亨格) 단수(單數) 1 양목(陽木)

큰 나무(陽木)와 같이 온순 침착하고, 풍채가 점잖으며, 사교를 중요시하고, 친화력이 있으면서도 강한 자존심과 인색한 성격을 내포하기 때문에 가끔 이기주의로 흐르기 쉬운 점과 다소의 의심성은 있으나, 우두머리에 설 자격과 생활력이 강한 성격의 소유자이다.

## 2. 형격(亨格) 단수(單數) 2 음목(陰木)

음성(陰性)에 속하여 소극적이면서 내향적인 고집과 질투심이 강한 것이 특징이나 희생적이며 근실성도 있으나, 이기주의로 흐르는 수가 있고, 음모 또는 모사 비밀 등에 능할 수 있고 과단성이 없는 편이며, 여성인 경우에는 고독과 번민 비애 속에서 헤매는 수도 있으며 색정에 빠져 정조관념이 약한 여성도 이 수에 많다.

## 3. 형격(亨格) 단수(單數) 3 양화(陽火)

왕성한 활동력에 재지와 과단력이 있어 지도적 통솔력의 자격을 구비하고 있다. 두뇌도 명석하고 천재적이나, 인내심의 부족으로 다소 화려한 성품으로 경솔한 점이 특징이며, 무슨 일에 뒤처리가 분명하지 않은 것이 결점이다.

## 4. 형격(亨格) 단수(單數) 4 음화(陰火)

외형으로는 조용하고 우울하게 보이나, 내면은 의외로 강한 활기와 폭발적인 감정을 내포하여 항상 자기 정력을 소모한다. 대개 지능적 성격의 소유자이나 실행력이 부족한 결점이 있고, 지나친 신중성으로 번민을 자초하는 특징이 있다.

## 5. 형격(亨格) 단수(單數) 5 양토(陽土)

동화력과 아량이 있고 자중성이 강대하며, 꾸준한 노력의 특성이 있다. 원만한 사교술로 외교면에 팔방미인으로 수단가이나, 이면에는 침착성이 있으면서도 상당한 반발심이 있으며, 명예심이 많은 편이다. 그러나 딱한 사정을 보면 친절하게 돌봐주기도 하며, 돈을 쓸 때는 기분좋게 씀으로 평판은 비교적 좋은 편이고, 자기 반성에 신념이 강한 성품이다.

## 6. 형격(亨格) 단수(單數) 6 음토(陰土)

소극적인 어수선한 일에는 태연한 대륙적인 성격으로 인내심과 책임감이 강하여 신뢰와 존경은 받으나 내부적으로는 고민이 많고, 금전관계도 대외적으로는 과단성 있게 쓰면서도 가정에는 잘게 간섭하는 편이고, 아첨이나 허영심은 없는 편이라 하겠으며, 덕망은 있으나 외교술은 부족한 편이다.

## 7. 형격(亨格) 단수(單數) 7 양금(陽金)

표리가 확고하며 솔직한 형으로 담백하나 한편으로는 지나친 고집으로 잘될 일도 그르칠 우려가 많다. 야심적인 장담과 명예심이 강한 단점도 있는 반면, 남성적인 장점도 있는 성격의 소유자이다.

## 8. 형격(亨格) 단수(單數) 8 음금(陰金)

명철한 투지력과 과단성이 있는 반면에 허식이 적은 성격이나, 완고한 고집으로 동화력이 부족한 결점이 있기 때문에 가정에서나 사회적으로 불화와 분쟁에 빠지기 쉬운 성격이다. 여성은주위사람이나 남편을 피곤하게 만들지 말아야 한다. 한편 너그러운 점도 있고 솔직한 면도 있으나 완고한 고집쟁이다.

## 9. 형격(亨格) 단수(單數) 9 양수(陽水)

 왕성한 활동성에 잠시도 쉬지 않는 강물과 같은 형으로 학자풍이 엿보이나 일단 반발을 일으키면 좀처럼 가라앉을 줄 모르는 반면에 경제적 타산력이 부족한 점과 태만성의 일면도 있다. 특히 감정면에서는 희노애락의 표현에 강하여 양면에 성격을 쓸 때도 있어 변심과 색정으로 방탕을 불러올 수 있고, 이성문제로 번민과 비애 속에 허덕이는 경우가 많다. 학자나 종교가형에 속한다

## 10. 형격(亨格) 단수(單數) 10 음수(陰水)

 순진한 편으로 소극적이며 활발하지 못하나 지혜와 사고력은 깊다. 성정은 순탄하고 화평으로 생기가 없는 듯이 보이나, 격분이 한 번 폭발하면 전혀 다른 사람과 같이 행동하는 때도 있다. 한편 인내력과 실행력이 부족한 것이 결점이 되나 활동적이면서 외유내강으로 어떤 일이든지 힘들이지 않고 처리하는 재능은 있으나 색정에는 근신이 필요한 성격이다.

 이상으로 형격(亨格)의 단수(單數)로 보는 성격론을 마친다. 정확한 성격 감정에 있어서는 후천적인 성명의 작용력도 지대한 것이지만 선천적으로 잠재되어 있는 사주 일천간(日天干)에서 나타나는 성격을 세심히 관찰하여 같이 판단한다면 성격감정에 자신이 있으리라고 본다. 성명에 형격(亨格) 단수(單數)로 보는 성격은 후천적 기본 성격임을 전제로 하고, 사주 일천간(日天干)에 의한 선

천적 잠재 성격을 참작하기 위하여 다음에 십간(十干)을 열거 설명하니 성격판단에 착오없기를 바란다.

## 2 십간(十干)으로 본 성격

앞에서 설명한 형격(亨格)에서 나타나는 성격은 겉으로 표현되는 성격이고, 일간(日干)에서 나타는 성격은 내적으로 잠재된 성격이니 숙지하여 해명에 임하기 바란다.

### 1. 갑목(甲木)

갑목(甲木)은 매사에 신중성과 조심성이 있고, 진취적이며 다른 사람의 지배를 받기 싫어하며 자존심이 강하다.

### 2, 을목(乙木)

을목(乙木)은 매사에 진취적이고 시기심과 질투심이 있으며, 외유내강의 특성이 있다.

### 3. 병화(丙火)

병화(丙火)는 양화(陽火)로 활발하고 명랑한 반면 급진적이며 반발성을 내포한 일면 경솔한 점과 기분파적인 특성이 있다.

### 4. 정화(丁火)

정화(丁火)는 음화(陰火)로 사고력이 발달한 특성과 강유를 겸한 성격으로 온유한 반면에 강한 반발심으로 급진 경솔 등에 특성이

나타난다.

## 5. 무토(戊土)

무토(戊土)는 양토(陽土)로 아량과 친화력이 있고 상하간에 예의를 존중한다. 차별없는 처세로 통솔력이 풍부한데, 때로는 강한 반발심을 발휘하는 특성이 있다.

## 6. 기토(己土)

기토(己土)는 음토(陰土)로 아량과 인내력이 풍부하며, 사고력도 깊고 세심한 반면에 표리가 부동한 일면도 있다.

## 7. 경금(庚金)

경금(庚金)은 양금(陽金)으로 정의감과 의리가 있으며, 완강한 고집과 명예욕, 그리고 자존심이 있는 반면에 약자에게는 순하고 강자에게는 대립하는 특성이 있다.

## 8. 신금(辛金)

신금(辛金)은 음금(陰金)으로 외유내강의 완고한 고집은 있으나, 어느 정도 자중성과 인내성이 있는 것이 특성이다.

## 9. 임수(壬水)

임수(壬水)는 양수(陽水)로 신중성과 인내성이 있는 반면에, 강한 반발심을 내포하고 있으며, 극히 활동적이며 대륙적이면서도 완고한 고집의 소유자이다.

## 10. 계수(癸水)

 계수(癸水)는 음수(陰水)로 지혜는 있으나 일단 반발하면 강한 고집이 발현된다. 꾸준하며 순진한 면은 있으나 야심을 채우려는 특성이 있다.

 이와 같이 선천적인 사주의 일천간(日天干)과 후천적인 성명의 형격(亨格)을 기준으로 하여 관찰하면 성격을 판단하는데 큰 어려움이 없을 것으로 본다.

# 5장. 자획론(字劃論)

한자의 획수를 보는 방법은 사전에 있는 획수를 그대로 보나, 역상(易象)으로 보는 방법은 글자 모양 그대로 본다. 역리법(易理法)과 역상법(易象法)을 구분하여 설명하니 참고하기 바란다.

## 1. 역리법(易理法)

― 삼수변( 氵)을 수(水) 자로 계산하여 4획으로 보고, 자원오행(字源五行)은 수(水)에 해당한다.

― 심방변( 忄)을 심(心) 자로 계산하여 4획으로 보고, 자원오행(字源五行)은 화(火)가 된다.

― 재방변( 扌)을 수(手) 자로 계산하여 4획으로 보고, 자원오행(字源五行)은 목(木)에 해당한다.

- 구슬옥변(王)을 옥(玉) 자로 계산하여 5획으로 보고, 자원오행(字源五行)은 금(金)으로 본다.

- 고을읍 우부방변(阝)을 부(阜) 자로 계산하여 8획으로 보고, 자원오행(字源五行)으로는 토(土)가 된다.

- 언덕부 좌부방변(阝)을 읍(邑) 자로 계산하여 7획으로 보고, 자원오행(字源五行)으로는 토(土)에 해당한다.

- 그물망변(罒)을 망(网) 자로 계산하여 6획으로 보고, 자원오행(字源五行)으로는 목(木)으로 본다.

- 옷의변(衤)을 의(衣) 자로 계산하여 6획으로 보고, 자원오행(字源五行)으로는 목(木)으로 본다.

- 보일시변(礻)을 시(示) 자로 계산하여 5획으로 보고, 자원오행(字源五行)으로는 목(木)에 해당한다.

- 초두변(艹)을 초(艸) 자로 계산하여 6획으로 보고, 자원오행(字源五行)으로는 목(木)으로 본다.

- 책받침변 쉬엄쉬엄갈착변(辶)을 착(辵) 자로 계산하여 7획으로 보고, 자원오행(字源五行)으로는 토(土)에 해당한다.

- 연화변(灬)을 화(火) 자로 계산하여 4획으로 보고, 자원오행(字源五行)으로는 화(火)가 된다.

- 달월변(月)을 육(肉)으로 계산하여 6획으로 보고, 자원오행(字源五行)은 수(水)에 해당한다.

## 2. 역상법(易象法)

— 삼수변(氵), 심방변(忄), 재방변(扌), 고을읍 우부방변(阝)은 3획
  으로 본다.

— 구슬옥변(王), 초두변(艹), 책받침 쉬엄쉬엄갈착변(辶), 연화변
  (灬), 달월변(月)은 4획으로 본다.

— 그물망변(罒), 옷의변(衤)은 5획으로 본다.

  위와 같이 역리파(易理派)와 역상파(易象派)가 서로 옳다고 주장
하나 어느 편이 옳은가는 판단하기 어렵다. 따라서 여러분의 주관
에 맡기고 필자는 한문사전에 있는 획수 그대로 하는 것이 타당하
다고 본다.

## 3. 한글 획수

  한문은 뜻글자이며 상형문자로 글자 하나 하나를 사전에서 찾더
라도 획수를 세어야만 찾게 되어 있다. 한문사전을 보면 부수라 하
여 글자를 찾기 쉽게 글자에 한 부분인 변이 있고, 그 부수에 의해
획수를 알아서 한문의 글자를 찾도록 되어 있다. 그러므로 획수를
모르면 글자를 찾는데 많은 어려움이 따르며, 변을 몰라도 글자를
찾지 못한다.

  이처럼 한문은 획수의 글자이며 부수의 글자라 하나하나 암기하

지 않으면 알기가 어려운 글자이다. 한문 중에는 획수가 제일 많은 것은 64획 짜리가 있다고 하나, 현재 사전에 나온 획수는 화변(火邊)에 33획에 연기날 울(爩) 자가 있는데, 최근 들어 한문 종주국인 중국에서도 글자의 획수를 줄여 간자(簡字)를 사용한다.

 그러나 우리 한글은 쓰기 쉽고, 간결하여 획수로 볼 때, 제일 많은 것이 11획이며, 한문과 달라 1획짜리는 없다. 한글의 획수를 산출하는데 제일 곤난한 것이 네 가지가 있는데, 바로 ㅇ과 ㅎ·ㅈ·ㅊ이 된다. 한글의 창제 당시의 글자를 보면 ㅈ과 ㅊ은 ㅈ과 ㅊ으로 되어 있으므로 원칙적으로 볼 때 ㅈ은 3, ㅊ은 4획으로 보아야 되는데, 시대가 변해가니 글자의 모양도 조금씩 변해간다. 그래서 한글학회에 통일된 한글획수표를 등재하니 참고하기 바란다.

**한글 획수표**

| 획수 | 자       음 |
|------|------------------|
| 1획 | ㄱ · ㄴ · ㅇ |
| 2획 | ㄷ · ㅅ · ㅋ |
| 3획 | ㄹ · ㅁ · ㅈ · ㅌ · ㅎ |
| 4획 | ㅂ · ㅊ · ㅍ |

 여기서 ㅈ과 ㅊ이 창제 당시의 획수와 다르다는 의견이 있어 글자의 획수를 연구해본 결과 고딕체의 인쇄 글자의 획수대로 쓰는 것이 맞다는 결론이 나왔다. 그러므로 ㅈ은 ㅈ으로 하여 3획으로 보고, ㅊ은 ㅊ으로 하여 4획으로 사용하는 것이 옳다.

획수를 셀 때는 첫소리(初聲)를 먼저 세고 다음에 가운데소리(中聲)를 센 후 마지막으로 끝소리(終聲)가 있을 때는 끝소리(終聲)도 세어 합한 획수가 한 글자의 총획수가 된다. 된소리(쌍받침)인 ㄲ·ㄸ·ㅃ·ㅆ·ㅉ·ㄴ·ㅎ·ㄹ·ㄱ 등은 이름에 사용하지 않으나 쓸 때는 자음(子音)에 기본획수대로 세면된다.

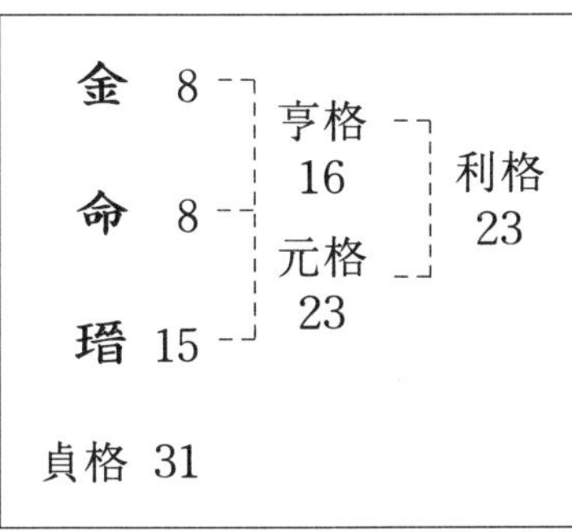

### ■ 역리법에 의한 획수 계산

무신생(戊申生) 김명진(金命璡)은 김(金)이 8, 명(命)이 8, 진(璡)이 역상(易象)으로는 14이나, 역리법(易理法)으로는 왕(王) 자를 옥(玉)자로 계산하니 5획이 되어 진(璡) 자는 총 15획이 된다.

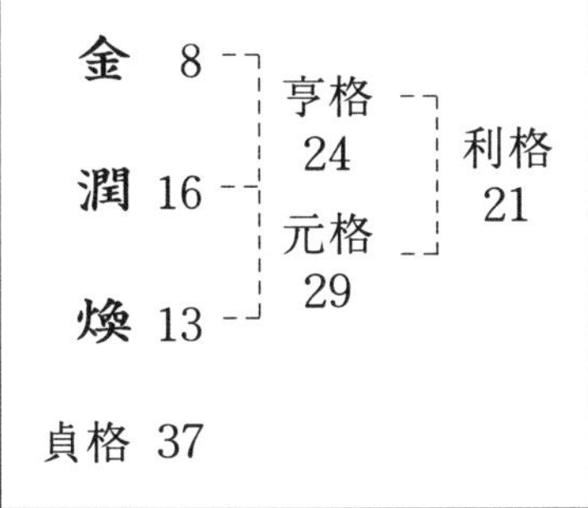

### ■ 역리법에 의한 획수 계산

기묘생(己卯生) 김윤환(金潤煥)은 김(金)이 8획, 윤(潤)이 16획, 환(煥)이 13획이나, 역상(易象)으로는 윤(潤) 자가 15획으로 수(氵)변은 수(水) 자로 4획으로 계산한다고 했으니 윤(潤) 자는 작명에서 총 16획으로 계산한다는 것을 잊어서는 안된다.

■ 한글 획수 계산

김대현의 김이 5획, 대가 5획, 현이 7획으로 정격(貞格)의 총수리는 17획이 된다.

김  5 ┐ 亨格
대  5 ┘  10  ┐ 利格
       元格  ┘  12
현  7 ┘  12

貞格 17

■ 한글 획수 계산

조철민의 조가 4획처럼 보이나, 고딕체 인쇄 글자의 획수를 따라 5획으로 계산하고, 철 자도 8획으로 보이나 조 자와 마찬가지로 고딕 인쇄체에 따라 9획이며, 민은 5획이 되어 정격(貞格)의 수리는 총 19획이 된다. 한글획수는 고딕체에 따라 계산한다는 것을 잊어서는 안된다.

조  5 ┐ 亨格
철  9 ┘  14  ┐ 利格
       元格  ┘  10
민  5 ┘  14

貞格 19

# 4. 성자에 따른 원형이정의 81획 좋은 수리 배열표

**2획 성 :** 정(丁), 복(卜), 내(乃), 우(又)

| 2 | 2 | 2 | 2 | 2 | 2 | 2 | 2 | 2 | 2 | 2 | 2 | 2 | 2 | 2 | 2 |
|---|---|---|---|---|---|---|---|---|---|---|---|---|---|---|---|
| 1 | 5 | 1 | 14 | 1 | 22 | 3 | 12 | 4 | 9 | 4 | 11 | 4 | 19 | 5 | 6 |
| 5 | 1 | 14 | 1 | 22 | 1 | 12 | 3 | 9 | 4 | 11 | 4 | 19 | 4 | 6 | 5 |

| 2 | 2 | 2 | 2 | 2 | 2 | 2 | 2 | 2 | 2 | 2 | 2 | 2 | 2 | 2 | 2 |
|---|---|---|---|---|---|---|---|---|---|---|---|---|---|---|---|
| 5 | 11 | 5 | 16 | 6 | 9 | 6 | 15 | 6 | 23 | 9 | 14 | 9 | 22 | 11 | 22 |
| 11 | 5 | 16 | 5 | 9 | 6 | 15 | 6 | 23 | 6 | 14 | 9 | 22 | 9 | 22 | 11 |

| 2 | 2 | 2 | 2 | 2 | 2 | 2 | 2 | 2 | 2 | 2 | 2 | 2 | 2 |
|---|---|---|---|---|---|---|---|---|---|---|---|---|---|---|
| 13 | 16 | 13 | 22 | 14 | 15 | 14 | 19 | 14 | 21 | 15 | 16 | 16 | 19 |
| 16 | 13 | 22 | 13 | 15 | 14 | 19 | 14 | 21 | 14 | 16 | 15 | 19 | 16 |

**3획 성 :** 우(于), 천(千), 궁(弓), 간(干), 대(大), 범(凡), 산(山), 야(也)

| 3 | 3 | 3 | 3 | 3 | 3 | 3 | 3 | 3 | 3 | 3 | 3 | 3 | 3 | 3 |
|---|---|---|---|---|---|---|---|---|---|---|---|---|---|---|
| 2 | 13 | 3 | 10 | 3 | 12 | 3 | 18 | 4 | 4 | 14 | 5 | 8 | 5 | 13 |
| 13 | 2 | 10 | 3 | 12 | 3 | 18 | 3 | 4 | 14 | 4 | 8 | 5 | 13 | 5 |

| 3 | 3 | 3 | 3 | 3 | 3 | 3 | 3 | 3 | 3 | 3 | 3 | 3 | 3 | 3 | 3 |
|---|---|---|---|---|---|---|---|---|---|---|---|---|---|---|---|
| 8 | 10 | 8 | 13 | 8 | 21 | 10 | 22 | 12 | 20 | 13 | 22 | 14 | 15 | 14 | 18 |
| 10 | 8 | 13 | 8 | 21 | 8 | 22 | 10 | 20 | 12 | 22 | 13 | 15 | 14 | 18 | 14 |

| 3 | 3 | 3 | 3 | 3 | 3 |
|---|---|---|---|---|---|
| 14 | 21 | 15 | 20 | 18 | 20 |
| 21 | 14 | 20 | 15 | 20 | 18 |

**4획 성 :** 윤(尹), 문(文), 원(元), 공(孔), 왕(王), 태(太), 방(方), 변(卞), 모(毛), 부(夫), 공(公), 구(仇), 오(午), 천(天), 우(牛), 인(仁), 목(木), 파(巴), 재(才), 금(今), 윤(允), 편(片), 개(介)

| 4 | 4 | 4 | 4 | 4 | 4 | 4 | 4 | 4 | 4 | 4 | 4 | 4 | 4 | 4 | 4 |
|---|---|---|---|---|---|---|---|---|---|---|---|---|---|---|---|
| 2 | 9 | 3 | 4 | 3 | 14 | 4 | 7 | 4 | 9 | 4 | 13 | 4 | 17 | 4 | 21 |
| 9 | 2 | 4 | 3 | 14 | 3 | 7 | 4 | 9 | 4 | 13 | 4 | 17 | 4 | 21 | 4 |

| 4 | 4 | 4 | 4 | 4 | 4 | 4 | 4 | 4 | 4 | 4 | 4 | 4 | 4 | 4 | 4 |
|---|---|---|---|---|---|---|---|---|---|---|---|---|---|---|---|
| 7 | 14 | 9 | 12 | 9 | 20 | 11 | 14 | 11 | 20 | 12 | 13 | 12 | 17 | 12 | 19 |
| 14 | 7 | 12 | 9 | 20 | 9 | 14 | 11 | 20 | 11 | 13 | 12 | 17 | 12 | 19 | 12 |

| 4 | 4 | 4 | 4 | 4 | 4 | 4 | 4 | 4 | 4 | 4 | 4 |
|---|---|---|---|---|---|---|---|---|---|---|---|
| 12 | 21 | 13 | 20 | 14 | 17 | 17 | 20 | 14 | 19 | 19 | 20 |
| 21 | 12 | 20 | 13 | 17 | 14 | 20 | 17 | 19 | 14 | 20 | 19 |

**5획 성 :** 신(申), 백(白), 전(田), 현(玄), 석(石), 태(台), 옥(玉), 구(丘), 평(平), 피(皮), 소(召), 홍(弘), 점(占), 공(功), 포(包), 좌(左), 을지(乙支), 감(甘), 사(史), 빙(氷),

| 5 | 5 | 5 | 5 | 5 | 5 | 5 | 5 | 5 | 5 | 5 | 5 | 5 | 5 | 5 | 5 |
|---|---|---|---|---|---|---|---|---|---|---|---|---|---|---|---|
| 1 | 10 | 2 | 6 | 2 | 11 | 16 | 2 | 3 | 8 | 3 | 10 | 6 | 10 | 6 | 12 |
| 10 | 1 | 6 | 2 | 11 | 2 | 2 | 16 | 8 | 3 | 10 | 3 | 10 | 6 | 12 | 6 |

| 5 | 5 | 5 | 5 | 5 | 5 | 5 | 5 | 5 | 5 | 5 | 5 | 5 | 5 |
|---|---|---|---|---|---|---|---|---|---|---|---|---|---|
| 6 | 18 | 8 | 8 | 10 | 8 | 16 | 8 | 24 | 12 | 12 | 20 | 13 | 20 |
| 18 | 6 | 8 | 10 | 8 | 16 | 8 | 24 | 8 | 12 | 20 | 12 | 20 | 13 |

| 5 |
|---|
| 16 |
| 16 |

**6획 성 :** 박(朴), 안(安), 백(百), 전(全), 임(任), 주(朱), 길(吉), 이(伊), 미(米), 인(印), 선(先), 재(在), 규(圭), 광(光), 노(老), 서(西), 모(牟), 곡(曲)

| 6 | 6 | 6 | 6 | 6 | 6 | 6 | 6 | 6 | 6 | 6 | 6 | 6 | 6 | 6 | 6 |
|---|---|---|---|---|---|---|---|---|---|---|---|---|---|---|---|
| 1 | 7 | 1 | 10 | 2 | 5 | 2 | 9 | 2 | 15 | 2 | 23 | 5 | 10 | 5 | 12 |
| 7 | 1 | 10 | 1 | 5 | 2 | 9 | 2 | 15 | 2 | 23 | 2 | 10 | 5 | 12 | 5 |

| 6 | 6 | 6 | 6 | 6 | 6 | 6 | 6 | 6 | 6 | 6 | 6 | 6 | 6 | 6 |
|---|---|---|---|---|---|---|---|---|---|---|---|---|---|---|
| 5 | 18 | 5 | 26 | 7 | 10 | 7 | 11 | 7 | 18 | 7 | 25 | 9 | 9 | 23 |
| 18 | 5 | 26 | 5 | 10 | 7 | 11 | 7 | 18 | 7 | 25 | 7 | 9 | 23 | 9 |

| 6 | 6 | 6 | 6 | 6 | 6 | 6 | 6 | 6 | 6 | 6 | 6 | 6 | 6 | 6 | 6 |
|---|---|---|---|---|---|---|---|---|---|---|---|---|---|---|---|
| 10 | 15 | 10 | 19 | 10 | 23 | 11 | 12 | 11 | 18 | 12 | 17 | 12 | 19 | 12 | 23 |
| 15 | 10 | 19 | 10 | 23 | 10 | 12 | 11 | 18 | 11 | 17 | 12 | 19 | 12 | 23 | 12 |

| 6 | 6 | 6 | 6 | 6 | 6 |
|---|---|---|---|---|---|
| 15 | 17 | 15 | 18 | 17 | 18 |
| 17 | 15 | 18 | 15 | 18 | 17 |

**7획 성 :** 이(李), 오(吳), 송(宋), 신(辛), 지(池), 차(車), 여(汝), 성(成), 여(余), 강(江), 하(何), 양(良), 군(君), 좌(佐), 정(廷), 효(孝), 판(判), 초(初), 여(呂), 보(甫), 두(杜), 연(延), 위(位)

| 7 | 7 | 7 | 7 | 7 | 7 | 7 | 7 | 7 | 7 | 7 | 7 | 7 | 7 | 7 |
|---|---|---|---|---|---|---|---|---|---|---|---|---|---|---|
| 1 | 10 | 1 | 16 | 1 | 24 | 4 | 4 | 14 | 6 | 10 | 6 | 11 | 6 | 18 |
| 10 | 1 | 16 | 1 | 24 | 1 | 4 | 14 | 4 | 10 | 6 | 11 | 6 | 18 | 6 |

| 7 | 7 | 7 | 7 | 7 | 7 | 7 | 7 | 7 | 7 | 7 | 7 | 7 | 7 | 7 |
|---|---|---|---|---|---|---|---|---|---|---|---|---|---|---|
| 8 | 8 | 9 | 8 | 10 | 8 | 16 | 8 | 17 | 8 | 24 | 9 | 16 | 9 | 22 |
| 8 | 9 | 8 | 10 | 8 | 16 | 8 | 17 | 8 | 24 | 8 | 16 | 9 | 22 | 9 |

| 7 | 7 | 7 | 7 | 7 | 7 | 7 | 7 | 7 | 7 | 7 | 7 | 7 | 7 |
|---|---|---|---|---|---|---|---|---|---|---|---|---|---|---|
| 10 | 14 | 10 | 22 | 11 | 14 | 14 | 17 | 14 | 18 | 16 | 22 | 17 | 24 |
| 14 | 10 | 22 | 10 | 14 | 11 | 17 | 14 | 18 | 14 | 22 | 16 | 24 | 17 |

**8획 성 :** 김(金), 구(具), 임(林), 탁(卓), 채(采), 방(房), 심(沈), 장(長), 명(明), 석(昔), 맹(孟), 경(京), 주(周), 승(昇), 봉(奉), 표(表), 종(宗), 승(承), 문(門), 기(奇), 상(尙), 창(昌), 화(和), 야(夜), 사(舍), 내(奈), 송(松), 경(庚), 이(李), 공(空), 악(岳)

| | | | | | | | | | | | | | | | |
|---|---|---|---|---|---|---|---|---|---|---|---|---|---|---|---|
| 8 | 8 | 8 | 8 | 8 | 8 | 8 | 8 | 8 | 8 | 8 | 8 | 8 | 8 | 8 | 8 |
| 3 | 5 | 3 | 10 | 3 | 13 | 3 | 21 | 5 | 8 | 5 | 10 | 5 | 16 | 5 | 24 |
| 5 | 3 | 10 | 3 | 13 | 3 | 21 | 3 | 8 | 5 | 10 | 5 | 16 | 5 | 24 | 5 |

| | | | | | | | | | | | | | | | |
|---|---|---|---|---|---|---|---|---|---|---|---|---|---|---|---|
| 8 | 8 | 8 | 8 | 8 | 8 | 8 | 8 | 8 | 8 | 8 | 8 | 8 | 8 | 8 | 8 |
| 7 | 8 | 7 | 9 | 7 | 10 | 7 | 16 | 7 | 17 | 7 | 24 | 8 | 9 | 8 | 13 |
| 8 | 7 | 9 | 7 | 10 | 7 | 16 | 7 | 17 | 7 | 24 | 7 | 9 | 8 | 13 | 8 |

| | | | | | | | | | | | | | | | |
|---|---|---|---|---|---|---|---|---|---|---|---|---|---|---|---|
| 8 | 8 | 8 | 8 | 8 | 8 | 8 | 8 | 8 | 8 | 8 | 8 | 8 | 8 | 8 | 8 |
| 8 | 15 | 8 | 17 | 8 | 21 | 9 | 15 | 9 | 16 | 10 | 13 | 10 | 15 | 10 | 21 |
| 15 | 8 | 17 | 8 | 21 | 8 | 15 | 9 | 16 | 9 | 13 | 10 | 15 | 10 | 21 | 10 |

| | | | | | | | |
|---|---|---|---|---|---|---|---|
| 8 | 8 | 8 | 8 | 8 | 8 | 8 | 8 |
| 13 | 16 | 15 | 16 | 16 | 17 | 16 | 21 |
| 16 | 13 | 16 | 15 | 17 | 16 | 21 | 16 |

**9획 성 :** 강(姜), 류(柳), 유(兪), 하(河), 우(禹), 남(南), 선(宣), 함(咸), 준(俊), 편(扁), 성(星), 단(段), 정(貞), 추(秋), 위(韋), 초(肖), 신(信), 언(彦), 사(思), 호(胡), 시(施), 태(泰), 후(後),

| | | | | | | | | | | | | | | | |
|---|---|---|---|---|---|---|---|---|---|---|---|---|---|---|---|
| 9 | 9 | 9 | 9 | 9 | 9 | 9 | | 9 | 9 | 9 | 9 | 9 | 9 | 9 | 9 |
| 2 | 4 | 2 | 6 | 2 | 14 | 4 | | 4 | 12 | 4 | 20 | 6 | 9 | 6 | 23 |
| 4 | 2 | 6 | 2 | 14 | 2 | 4 | | 12 | 4 | 20 | 4 | 9 | 6 | 23 | 6 |

| | | | | | | | | | | | | | | | |
|---|---|---|---|---|---|---|---|---|---|---|---|---|---|---|---|
| 9 | 9 | 9 | 9 | 9 | 9 | 9 | | 9 | 9 | 9 | 9 | 9 | 9 | 9 | 9 |
| 7 | 8 | 7 | 16 | 7 | 22 | 8 | | 8 | 15 | 8 | 16 | 9 | 14 | 9 | 20 |
| 8 | 7 | 16 | 7 | 22 | 7 | 8 | | 15 | 8 | 16 | 8 | 14 | 9 | 20 | 9 |

| | | | | | | | | | | | | | | | |
|---|---|---|---|---|---|---|---|---|---|---|---|---|---|---|---|
| 9 | 9 | 9 | | 9 | 9 | 9 | 9 | 9 | 9 | 9 | 9 | 9 | | 9 | 9 |
| 9 | 23 | 12 | | 12 | 20 | 14 | 15 | 15 | 23 | 15 | 24 | 16 | | 16 | 22 |
| 23 | 9 | 12 | | 20 | 12 | 15 | 14 | 23 | 15 | 24 | 15 | 16 | | 22 | 16 |

**10획 성 :** 고(高), 손(孫), 서(徐), 조(曺), 홍(洪), 강(剛), 마(馬), 석(席), 계(桂), 예(芮), 궁(宮), 골(骨), 구(俱), 기(起), 당(唐), 방(芳), 소(素), 승(乘), 원(袁), 진(眞), 진(晋), 창(倉), 화(花), 환(桓), 후(候), 시

(柴), 수(洙), 은(殷), 하(夏), 진(秦)

| 10 | 10 | 10 | 10 | 10 | 10 | 10 | 10 | 10 | 10 | 10 | 10 | 10 | 10 | 10 |
|---|---|---|---|---|---|---|---|---|---|---|---|---|---|---|
| 1 | 5 | 1 | 6 | 1 | 7 | 1 | 14 | 1 | 22 | 3 | 3 | 5 | 3 | 8 |
| 5 | 1 | 6 | 1 | 7 | 1 | 14 | 1 | 22 | 1 | 3 | 5 | 3 | 8 | 3 |

| 10 | 10 | 10 | 10 | 10 | 10 | 10 | 10 | 10 | 10 | 10 | 10 | 10 | 10 | 10 | 10 |
|---|---|---|---|---|---|---|---|---|---|---|---|---|---|---|---|
| 3 | 22 | 5 | 6 | 5 | 8 | 6 | 7 | 6 | 15 | 6 | 19 | 6 | 23 | 7 | 8 |
| 22 | 3 | 6 | 5 | 8 | 5 | 7 | 6 | 15 | 6 | 19 | 6 | 23 | 6 | 8 | 7 |

| 10 | 10 | 10 | 10 | 10 | 10 | 10 | 10 | 10 | 10 | 10 | 10 | 10 | 10 | 10 | 10 |
|---|---|---|---|---|---|---|---|---|---|---|---|---|---|---|---|
| 7 | 14 | 7 | 22 | 8 | 13 | 8 | 15 | 8 | 21 | 8 | 23 | 11 | 14 | 13 | 22 |
| 14 | 7 | 22 | 7 | 13 | 8 | 15 | 8 | 21 | 8 | 23 | 8 | 14 | 11 | 22 | 13 |

| 10 | 10 | 10 | 10 | 10 | 10 | 10 | 10 | 10 |
|---|---|---|---|---|---|---|---|---|
| 14 | 15 | 14 | 21 | 15 | 22 | 15 | 23 | 19 |
| 15 | 14 | 21 | 14 | 22 | 15 | 23 | 15 | 19 |

**11획 성 :** 최(崔), 장(張), 허(許), 주(珠), 강(康), 호(扈), 국(國), 마(麻), 양(梁), 어(魚), 방(邦), 매(梅), 건(乾), 빈(彬), 상(象), 설(卨), 어(御), 위(尉), 이(異), 표(票), 해(海), 호(胡), 장(章), 견(堅), 반(班), 장(將)

| 11 | 11 | 11 | 11 | 11 | 11 | 11 | 11 | 11 | 11 | 11 | 11 | 11 | 11 | 11 | 11 |
|---|---|---|---|---|---|---|---|---|---|---|---|---|---|---|---|
| 2 | 4 | 2 | 5 | 2 | 22 | 4 | 14 | 4 | 20 | 6 | 7 | 6 | 12 | 6 | 18 |
| 4 | 2 | 5 | 2 | 22 | 2 | 14 | 4 | 20 | 4 | 7 | 6 | 12 | 6 | 18 | 6 |

| 11 | 11 | 11 | 11 | 11 | 11 | 11 | 11 | 11 | 11 | 11 | | |
|---|---|---|---|---|---|---|---|---|---|---|---|---|
| 7 | 14 | 10 | 14 | 12 | 13 | 24 | 14 | 20 | 20 | 27 | | |
| 14 | 7 | 14 | 10 | 12 | 24 | 13 | 20 | 14 | 27 | 20 | | |

**12획 성 :** 황(黃), 민(閔), 선(善), 정(程), 팽(彭), 경(景), 구(邱), 삼(森), 소(邵), 순(淳), 순(舜), 안(雁), 요(堯), 운(雲), 승(勝), 순(荀), 유(黈), 지(智), 하(賀), 동방(東方), 대실(大室), 소실(小室), 이선(以先), 강(强), 필(弼), 순(順), 풍(馮), 일(壹), 증(曾)

| 12 | 12 | 12 | 12 | 12 | 12 | 12 | 12 | 12 | 12 | 12 | 12 | 12 | 12 | 12 |
|---|---|---|---|---|---|---|---|---|---|---|---|---|---|---|
| 1 | 4 | 1 | 12 | 1 | 20 | 3 | 3 | 20 | 4 | 9 | 4 | 13 | 4 | 17 |
| 4 | 1 | 12 | 1 | 20 | 1 | 3 | 20 | 3 | 9 | 4 | 13 | 4 | 17 | 4 |

| 12 | 12 | 12 | 12 | 12 | 12 | 12 | 12 | 12 | 12 | 12 | 12 | 12 | 12 | 12 | 12 |
|---|---|---|---|---|---|---|---|---|---|---|---|---|---|---|---|
| 4 | 19 | 4 | 21 | 5 | 6 | 5 | 12 | 5 | 20 | 6 | 11 | 6 | 17 | 6 | 23 |
| 19 | 4 | 21 | 4 | 6 | 5 | 12 | 5 | 20 | 5 | 11 | 6 | 17 | 6 | 23 | 6 |

| 12 | 12 | 12 | 12 | 12 | 12 | 12 | 12 | 12 | 12 | 12 | 12 | 12 | 12 | 12 | 12 |
|---|---|---|---|---|---|---|---|---|---|---|---|---|---|---|---|
| 9 | 12 | 9 | 20 | 9 | 26 | 11 | 12 | 12 | 13 | 12 | 17 | 12 | 21 | 12 | 23 |
| 12 | 9 | 20 | 9 | 26 | 9 | 12 | 11 | 13 | 12 | 17 | 12 | 21 | 12 | 23 | 12 |

| 12 | 12 | 12 | 12 | 12 | 12 |
|---|---|---|---|---|---|
| 13 | 20 | 6 | 19 | 19 | 20 |
| 20 | 13 | 19 | 6 | 20 | 19 |

## 13획 성 : 양(楊), 목(睦), 금(琴), 신(新), 염(廉), 노(路), 아(阿), 옹(雍), 욱(郁), 자(慈), 초(楚), 춘(椿), 경(敬), 돈(頓), 가(賈), 육(陸), 영고(令狐), 사공(司空), 장(莊)

| 13 | 13 | 13 | 13 | 13 | 13 | 13 | 13 | 13 | 13 | 13 | 13 | 13 | 13 | 13 |
|---|---|---|---|---|---|---|---|---|---|---|---|---|---|---|
| 2 | 3 | 2 | 16 | 2 | 22 | 3 | 8 | 3 | 22 | 4 | 4 | 12 | 4 | 20 |
| 3 | 2 | 16 | 2 | 22 | 2 | 8 | 3 | 22 | 3 | 4 | 12 | 4 | 20 | 4 |

| 13 | 13 | 13 | 13 | 13 | 13 | 13 | 13 | 13 | 13 | 13 | 13 | 13 | 13 |
|---|---|---|---|---|---|---|---|---|---|---|---|---|---|---|
| 5 | 20 | 8 | 8 | 10 | 8 | 16 | 8 | 24 | 10 | 22 | 12 | 12 | 20 |
| 20 | 5 | 8 | 10 | 8 | 16 | 8 | 24 | 8 | 22 | 10 | 12 | 20 | 12 |

| 13 | 13 | 13 | 13 | 13 | 13 | 13 | 13 | 13 |
|---|---|---|---|---|---|---|---|---|
| 16 | 16 | 19 | 16 | 22 | 18 | 20 | 22 | 26 |
| 16 | 19 | 16 | 22 | 16 | 20 | 18 | 26 | 22 |

## 14획 성 : 조(趙), 배(裵), 봉(鳳), 신(愼), 채(菜), 국(菊), 기(箕), 영(榮), 석(碩), 연(連), 온(溫), 제(齊), 화(華), 단(端), 실(實), 서문(西門), 공손(公孫)

| 14 | 14 | 14 | 14 | 14 | 14 | 14 | 14 | 14 | 14 | 14 | 14 | 14 | 14 | 14 | 14 |
|---|---|---|---|---|---|---|---|---|---|---|---|---|---|---|---|
| 1 | 10 | 1 | 17 | 1 | 23 | 2 | 9 | 2 | 15 | 2 | 19 | 2 | 21 | 2 | 23 |
| 10 | 1 | 17 | 1 | 23 | 1 | 9 | 2 | 15 | 2 | 19 | 2 | 21 | 2 | 23 | 2 |

| 14 | 14 | 14 | 14 | 14 | 14 | 14 | 14 | 14 | 14 | 14 | 14 | 14 | 14 | 14 | 14 |
|---|---|---|---|---|---|---|---|---|---|---|---|---|---|---|---|
| 3 | 4 | 3 | 15 | 3 | 18 | 3 | 21 | 4 | 7 | 4 | 11 | 4 | 17 | 4 | 19 |
| 4 | 3 | 16 | 3 | 18 | 3 | 21 | 3 | 7 | 4 | 11 | 4 | 17 | 4 | 19 | 4 |

| 14 | 14 | 14 | 14 | 14 | 14 | 14 | 14 | 14 | 14 | 14 | 14 | 14 | 14 | 14 |
|---|---|---|---|---|---|---|---|---|---|---|---|---|---|---|
| 2 | 21 | 7 | 10 | 7 | 11 | 7 | 17 | 7 | 18 | 7 | 24 | 9 | 9 | 15 |
| 21 | 2 | 10 | 7 | 11 | 7 | 17 | 7 | 18 | 7 | 24 | 7 | 9 | 15 | 9 |

| 14 | 14 | 14 | 14 | 14 | 14 | 14 | 14 | 14 | 14 | 14 | 14 |
|---|---|---|---|---|---|---|---|---|---|---|---|
| 9 | 24 | 10 | 15 | 10 | 23 | 15 | 18 | 17 | 18 | 18 | 19 |
| 24 | 9 | 15 | 10 | 23 | 10 | 18 | 15 | 18 | 17 | 19 | 18 |

**15획 성 :** 곽(郭), 유(劉), 엽(葉), 한(漢), 경(慶), 가(價), 갈(葛), 광(廣), 구(歐), 표(標), 묵(墨), 덕(德), 동(董), 노(魯), 만(滿), 만(萬), 사마(司馬)

| 15 | 15 | 15 | 15 | 15 | 15 | 15 | 15 | 15 | 15 | 15 | 15 | 15 | 15 | 15 | 15 |
|---|---|---|---|---|---|---|---|---|---|---|---|---|---|---|---|
| 1 | 2 | 1 | 16 | 1 | 22 | 2 | 4 | 2 | 6 | 2 | 14 | 2 | 16 | 2 | 22 |
| 2 | 1 | 16 | 1 | 22 | 1 | 4 | 2 | 6 | 2 | 14 | 2 | 16 | 2 | 22 | 2 |

| 15 | 15 | 15 | 15 | 15 | 15 | 15 | 15 | 15 | 15 | 5 | 15 | 15 | 15 | 15 |
|---|---|---|---|---|---|---|---|---|---|---|---|---|---|---|
| 3 | 14 | 3 | 20 | 6 | 10 | 6 | 17 | 6 | 18 | 8 | 8 | 9 | 8 | 10 |
| 14 | 3 | 20 | 3 | 10 | 6 | 17 | 6 | 18 | 6 | 8 | 9 | 8 | 10 | 8 |

| 15 | 15 | 15 | 15 | 15 | 15 | 15 | 15 | 15 | 15 | 15 | 15 | 15 | 15 | 15 | 15 |
|---|---|---|---|---|---|---|---|---|---|---|---|---|---|---|---|
| 8 | 16 | 9 | 14 | 9 | 17 | 9 | 23 | 10 | 14 | 10 | 22 | 10 | 23 | 14 | 18 |
| 16 | 8 | 14 | 9 | 17 | 9 | 23 | 9 | 14 | 10 | 22 | 10 | 23 | 10 | 18 | 14 |

| 15 | 15 | 15 | 15 | 15 | 15 | 15 |
|---|---|---|---|---|---|---|
| 14 | 23 | 16 | 16 | 17 | 17 | 20 |
| 23 | 14 | 16 | 17 | 16 | 20 | 17 |

**16획 성 :** 노(盧), 진(陳), 육(陸), 연(燕), 교(橋), 담(潭), 반(潘), 도(道), 도(陶), 용(龍), 곽(藿), 예(豫), 음(陰), 전(錢), 제(諸), 황보(皇甫), 육(陸)

| 16 | 16 | 16 | 16 | 16 | 16 | 16 | 16 | 16 | 16 | 16 | 16 | 16 | 16 | 16 | 16 |
|---|---|---|---|---|---|---|---|---|---|---|---|---|---|---|---|
| 1 | 7 | 1 | 16 | 1 | 22 | 2 | 5 | 2 | 13 | 2 | 15 | 2 | 19 | 2 | 21 |
| 7 | 1 | 16 | 1 | 22 | 1 | 5 | 2 | 13 | 2 | 15 | 2 | 19 | 2 | 21 | 2 |

| 16 | 16 | 16 | 16 | 16 | 16 | 16 | 16 | 16 | 16 | 16 | 16 | 16 | 16 | 16 | 16 |
|---|---|---|---|---|---|---|---|---|---|---|---|---|---|---|---|
| 2 | 23 | 5 | 8 | 5 | 16 | 7 | 8 | 7 | 9 | 7 | 16 | 7 | 22 | 8 | 9 |
| 23 | 2 | 8 | 5 | 16 | 5 | 8 | 7 | 9 | 7 | 16 | 7 | 22 | 7 | 9 | 8 |

| 16 | 16 | 16 | 16 | 16 | 16 | 16 | 16 | 16 | 16 | 16 | 16 | 16 | 16 | 16 | 16 |
|---|---|---|---|---|---|---|---|---|---|---|---|---|---|---|---|
| 8 | 13 | 8 | 15 | 8 | 17 | 8 | 21 | 9 | 16 | 9 | 23 | 13 | 16 | 13 | 19 |
| 13 | 8 | 15 | 8 | 17 | 8 | 21 | 8 | 16 | 9 | 23 | 9 | 16 | 13 | 19 | 13 |

| 16 | 16 | 16 | 16 | 16 | 16 | 16 | 16 | 16 | 16 | 16 | 16 |
|---|---|---|---|---|---|---|---|---|---|---|---|
| 13 | 22 | 15 | 16 | 15 | 17 | 19 | 16 | 19 | 22 | 23 | 28 |
| 22 | 13 | 16 | 15 | 17 | 15 | 16 | 19 | 22 | 19 | 28 | 23 |

**17획 성 :** 한(韓), 채(蔡), 종(鍾), 장(蔣), 양(陽), 향(鄕), 택(澤), 독(獨), 국(鞠), 사(謝), 상(嘗), 손(遜), 양(襄), 연(蓮), 위(尉), 촉(燭), 선(鮮)

| 17 | 17 | 17 | 17 | 17 | 17 | 17 | 17 | 17 | 17 | 17 | 17 | 17 | 17 | 17 |
|---|---|---|---|---|---|---|---|---|---|---|---|---|---|---|
| 1 | 4 | 1 | 6 | 1 | 14 | 1 | 15 | 1 | 16 | 1 | 20 | 4 | 4 | 12 |
| 4 | 1 | 6 | 1 | 14 | 1 | 15 | 1 | 16 | 1 | 20 | 1 | 4 | 12 | 4 |

| 17 | 17 | 17 | 17 | 17 | 17 | 17 | 17 | 17 | 17 | 17 | 17 | 17 | 17 | 17 |
|---|---|---|---|---|---|---|---|---|---|---|---|---|---|---|
| 4 | 20 | 6 | 12 | 6 | 15 | 7 | 18 | 7 | 8 | 7 | 14 | 7 | 24 | 8 |
| 20 | 4 | 12 | 6 | 15 | 6 | 18 | 7 | 8 | 7 | 14 | 7 | 24 | 7 | 8 |

| 17 | 17 | 17 | 17 | 17 | 17 | 17 | 17 | 17 |
|---|---|---|---|---|---|---|---|---|
| 8 | 16 | 12 | 14 | 21 | 15 | 16 | 15 | 20 |
| 16 | 8 | 12 | 21 | 14 | 16 | 15 | 20 | 15 |

**18획 성** : 안(顏), 호(鎬), 간(簡), 구(瞿), 위(魏), 추(鞦)

| 18 | 18 | 18 | 18 | 18 | 18 | 18 | 18 | 18 | 18 | 18 | 18 | 18 | 18 | 18 |
|---|---|---|---|---|---|---|---|---|---|---|---|---|---|---|
| 3 | 3 | 14 | 3 | 20 | 5 | 6 | 6 | 7 | 6 | 11 | 6 | 15 | 6 | 17 |
| 3 | 14 | 13 | 20 | 3 | 6 | 5 | 7 | 6 | 11 | 6 | 15 | 6 | 17 | 6 |

| 18 | 18 | 18 | 18 | 18 | 18 | 18 | 18 |
|---|---|---|---|---|---|---|---|
| 7 | 14 | 13 | 20 | 14 | 15 | 14 | 19 |
| 14 | 7 | 20 | 13 | 15 | 14 | 19 | 14 |

**19획 성** : 정(鄭), 감(鑑), 설(薛), 관(關), 담(譚), 방(龐), 온(蘊), 남궁(南宮), 재회(再會)

| 19 | 19 | 19 | 19 | 19 | 19 | 19 | 19 | 19 | 19 | 19 | 19 | 19 | 19 | 19 | 19 |
|---|---|---|---|---|---|---|---|---|---|---|---|---|---|---|---|
| 2 | 4 | 2 | 14 | 2 | 16 | 4 | 12 | 4 | 14 | 6 | 10 | 6 | 12 | 10 | 19 |
| 4 | 2 | 14 | 2 | 16 | 2 | 12 | 4 | 14 | 4 | 10 | 6 | 12 | 6 | 19 | 10 |

| 19 | 19 | 19 | 19 | 19 | 19 | 19 | 19 | 19 | 19 | 19 | 19 | 19 | 19 | 19 |
|---|---|---|---|---|---|---|---|---|---|---|---|---|---|---|
| 12 | 20 | 13 | 16 | 13 | 20 | 14 | 18 | 14 | 19 | 16 | 16 | 22 | 19 | 20 |
| 20 | 12 | 16 | 13 | 20 | 13 | 18 | 14 | 19 | 14 | 16 | 22 | 16 | 20 | 19 |

**20획 성** : 엄(嚴), 석(釋), 선우(鮮于), 나(羅)

| 20 | 20 | 20 | 20 | 20 | 20 | 20 | 20 | 20 | 20 | 20 | 20 | 20 | 20 | 20 | 20 |
|---|---|---|---|---|---|---|---|---|---|---|---|---|---|---|---|
| 1 | 4 | 1 | 12 | 1 | 17 | 3 | 12 | 3 | 15 | 3 | 18 | 4 | 9 | 4 | 11 |
| 4 | 1 | 12 | 1 | 17 | 1 | 12 | 3 | 15 | 3 | 18 | 3 | 9 | 4 | 11 | 4 |

| 20 | 20 | 20 | 20 | 20 | 20 | 20 | 20 | 20 | 20 | 20 | 20 | 20 | 20 | 20 |
|---|---|---|---|---|---|---|---|---|---|---|---|---|---|---|
| 4 | 13 | 4 | 17 | 4 | 21 | 5 | 12 | 5 | 13 | 9 | 9 | 12 | 12 | 13 |
| 13 | 4 | 17 | 4 | 21 | 4 | 12 | 5 | 13 | 5 | 9 | 12 | 9 | 13 | 12 |

| 20 | 20 | 20 | 20 | 20 | 20 | 20 | 20 | 20 | 20 | 20 |
|---|---|---|---|---|---|---|---|---|---|---|
| 12 | 19 | 13 | 18 | 13 | 19 | 15 | 17 | 17 | 21 | 19 |
| 19 | 12 | 18 | 13 | 19 | 13 | 17 | 15 | 21 | 17 | 19 |

## 21획 성 : 고(顧), 등(藤), 학(鶴), 부정(負鼎)

| 21 | 21 | 21 | 21 | 21 | 21 | 21 | 21 | 21 | 21 | 21 | 21 | 21 | 21 | 21 | 21 |
|----|----|----|----|----|----|----|----|----|----|----|----|----|----|----|----|
| 2  | 4  | 2  | 6  | 2  | 9  | 2  | 14 | 2  | 16 | 3  | 8  | 3  | 14 | 3  | 24 |
| 4  | 2  | 6  | 2  | 9  | 2  | 14 | 2  | 16 | 2  | 8  | 3  | 14 | 3  | 24 | 3  |

| 21 | 21 | 21 | 21 | 21 | 21 | 21 | 21 | 21 | 21 | 21 | 21 | 21 | 21 | 21 |
|----|----|----|----|----|----|----|----|----|----|----|----|----|----|----|----|
| 4  | 4  | 12 | 4  | 14 | 4  | 20 | 6  | 10 | 6  | 11 | 6  | 12 | 6  | 18 |
| 4  | 12 | 4  | 14 | 4  | 20 | 4  | 10 | 6  | 11 | 6  | 12 | 6  | 18 | 6  |

| 21 | 21 | 21 | 21 | 21 | 21 | 21 | 21 | 21 | 21 | 21 | 21 | 21 | 21 | 21 |
|----|----|----|----|----|----|----|----|----|----|----|----|----|----|----|----|
| 8  | 8  | 9  | 8  | 10 | 8  | 16 | 9  | 18 | 10 | 14 | 10 | 17 | 11 | 16 |
| 8  | 9  | 8  | 10 | 8  | 16 | 8  | 18 | 9  | 14 | 10 | 17 | 10 | 16 | 11 |

| 21 | 21 | 21 | 21 | 21 | 21 | 21 |
|----|----|----|----|----|----|----|
| 11 | 20 | 12 | 14 | 17 | 17 | 20 |
| 20 | 11 | 12 | 17 | 14 | 20 | 17 |

## 22획 성씨 : 권(權), 변(邊), 소(蘇), 은(隱), 습(襲)

| 22 | 22 | 22 | 22 | 22 | 22 | 22 | 22 | 22 | 22 | 22 | 22 | 22 | 22 | 22 | 22 |
|----|----|----|----|----|----|----|----|----|----|----|----|----|----|----|----|
| 1  | 10 | 1  | 15 | 1  | 16 | 2  | 9  | 2  | 11 | 2  | 15 | 2  | 21 | 3  | 10 |
| 10 | 1  | 15 | 1  | 16 | 1  | 9  | 2  | 11 | 2  | 15 | 2  | 21 | 2  | 10 | 3  |

| 22 | 22 | 22 | 22 | 22 | 22 | 22 | 22 | 22 | 22 | 22 | 22 | 22 | 22 | 22 | 22 |
|----|----|----|----|----|----|----|----|----|----|----|----|----|----|----|----|
| 3  | 13 | 7  | 9  | 7  | 10 | 7  | 16 | 9  | 16 | 10 | 13 | 13 | 16 | 16 | 19 |
| 13 | 3  | 9  | 7  | 10 | 7  | 16 | 7  | 16 | 9  | 13 | 10 | 16 | 13 | 19 | 16 |

## 25획 성씨 : 독고(獨孤), 명림(明臨)

| 25 | | 25 | 25 | 25 | 25 | 25 | 25 | 25 | 25 | 25 | 25 | 25 | 25 | 25 | |
|---|---|---|---|---|---|---|---|---|---|---|---|---|---|---|---|
| 4 | | 4 | 6 | 4 | 12 | 4 | 19 | 4 | 23 | 6 | 7 | 6 | 17 | 6 | |
| 4 | | 6 | 4 | 12 | 4 | 19 | 4 | 23 | 4 | 7 | 6 | 17 | 6 | 6 | |

| 25 | 25 | 26 | 26 | 25 | 25 | 25 | 25 | 25 | 25 | 25 | 25 | 25 | 25 | 25 | 25 |
|---|---|---|---|---|---|---|---|---|---|---|---|---|---|---|---|
| 6 | 8 | 6 | 14 | 6 | 10 | 6 | 16 | 7 | 16 | 10 | 13 | 10 | 22 | 12 | 20 |
| 8 | 6 | 14 | 6 | 10 | 6 | 16 | 6 | 16 | 7 | 13 | 10 | 22 | 10 | 20 | 12 |

| 25 | 25 | 25 | |
|---|---|---|---|
| 13 | 20 | 16 | |
| 20 | 13 | 16 | |

## 31획 성씨 : 제갈(諸葛)

| 31 | 31 | 31 | 31 | 31 | 31 | 31 | 31 | 31 | 31 | 31 | 31 | 31 | | 31 | 31 |
|---|---|---|---|---|---|---|---|---|---|---|---|---|---|---|---|
| 1 | 6 | 1 | 16 | 1 | 20 | 2 | 4 | 2 | 6 | 2 | 14 | 4 | | 4 | 17 |
| 6 | 1 | 16 | 1 | 20 | 1 | 4 | 2 | 6 | 2 | 14 | 2 | 4 | | 17 | 4 |

| 31 | 31 | 31 | 31 | 31 | 31 | 31 | 31 | 31 | | 31 | | 31 | 31 | 31 | 31 |
|---|---|---|---|---|---|---|---|---|---|---|---|---|---|---|---|
| 4 | 20 | 6 | 10 | 7 | 10 | 7 | 14 | 8 | | 16 | | 16 | 21 | 17 | 20 |
| 20 | 4 | 10 | 6 | 10 | 7 | 14 | 7 | 8 | | 16 | | 21 | 16 | 20 | 17 |

# 6장. 삼원오행(三元五行)과 발음오행론(發音五行論)

## 1. 삼원오행(三元五行)

성명학의 주체인 삼원오행(三元五行)에 앞서 삼원(三元)은 무엇을 의미하는가에 대하여 알아보기로 한다. 삼원(三元)은 우주만상의 3원소·3원리·3요소로 하늘과 땅 그리고 삼라만상 즉 인간으로 말하면 부모와 자식, 조상과 자기간에 후손 등 피아의 사이에서 발생하는 상호교류로 태양의 순환은 천간(天干)으로 지구의 순환은 지지(地支)로 십간(十干)과 십이지(十二支)와 수리, 또는 음양오기(陰陽五氣)로 표시할 수 있는 학설이다.

갑자(甲子)로 시작하여 천간(天干)이 6번, 지지(地支)가 5번 돌면 갑자(甲子)에서 계해(癸亥)까지 60번 돌고 60년이라는 세월이 춘하추동으로 순환된다. 이것을 양순일기(陽循一紀)라고 한다. 또 다시 갑자(甲子)부터 계해(癸亥)까지 60번 돌면 60년이 가니 이것을 음순이기(陰循二紀)라고 한다. 또 다시 121번째인 갑자(甲子)에서 60번 즉 60년이 끝나는 때는 육십갑자(六十甲子) 3회전이 끝나는 것으로(3×6=18) 180년을 상원갑(上元甲)이라 하여 태양도(太陽度) 양순(陽循) 일원갑(一元甲)을 말한다.

이러한 순서로 또 다시 시작하여 60회전 60년의 십간(十干) 6회와 십이지(十二支) 5회전이 각각 3회씩 끝나는 때는 음순중원갑(陰循中元甲) 180년이 끝나며, 또 다시 갑자(甲子)로부터 순환되는 60년이 3회전하면 180년의 양순하원갑(陽循下元甲) 일기가 끝난다.

그리하여 상원갑(上元甲)·중원갑(中元甲)·하원갑(下元甲)의 삼원갑(三元甲)이 모두 540년으로 끝나는데 각 일원갑(一元甲)의 천간(天干)과 지지(地支)의 회전수를 살펴보면 천간(天干)이 6회 삼순(三循)하여 18(6×3=18)회전되었으며, 지지(地支)는 5회 삼순(三循)하여(5×3) 15회전이 순환되었으니 천간(天干)과 지지(地支) 각각 33회식으로 삼원갑(三元甲)의 천간(天干)과 지지(地支)의 총 순환 회수는 99전의 삼원갑(三元甲)인 셈이다.

그러므로 천지우주의 수적순환과 시작과 끝은 수로 시작하여 수로 끝나는 진리가 있으며, 천지인(天地人) 삼재천리(三才天理)의 삼원갑(三元甲)이 양수종극수(陽數終極數)인 99회전에서 끝나는 것과 9수의 자승수(自乘數 : 9×9) 81로 수학의 종극을 맺는 진리가 된다.

이렇게 끝나는 삼원갑(三元甲)은 양순(陽循)으로 끝이 났으나, 또 다시 시작되는 180년의 상원갑(上元甲)은 음순(陰循)으로 시작이 되므로 그 때는 음승양(陰勝陽)인 이치로 우주의 만물은 양기(陽氣)가 약해지고 음기(陰氣)가 강해지니 인류의 생활풍습이라든가 남녀의 차별 권한활동 등 일반생활 풍조가 양순기(陽循氣)와는 차이가 있는 것도 당연지사라고 하겠다.

그러므로 삼원설(三元說)에 기준된 삼원오행(三元五行)은 우주의 변화에 따라 인류생활도 변전되어 가는 것도 기본 진리요, 과학적 실존철학이라고 할 수 있다.

이외에도 삼원설(三元說)에 대하여는 복잡미묘한 진리가 있으나, 성명학에 관계되는 부분만을 기술하기로 한다. 종래의 성명학에서는 대다수가 호성오행(呼聲五行)을 많이 활용하여 왔으나, 실지로는 선천운에 속한 것으로 자신의 성장이나 성공여부, 또는 처자의 운 등에는 관련이 없는 것이며, 인간도 일종에 동물로 한번 태어나면 우주의 순환, 즉 춘하추동(元亨利貞)의 변화에 따라 성장하는 고로 삼원오행(三元五行)이 대운영동(大運靈動)과 원형이정(元亨利貞) 호응법에 따라 성공운과 가정운, 나아가서 자신의 건강 등에 직접적인 관련되는 것으로 그 암시력은 과학을 초월한 영동력이 암시되어 있는 것이다.

삼원오행(三元五行)을 기준으로 하여 음양(陰陽)에서 강약의 도를 파악하여 대운 영동(靈動)과 원형이정(元亨利貞) 호응관계에 오친법(五親法)이 귀결되어 있음을 강조하면서 삼원오행(三元五行)에 충분한 이해가 있기를 바란다.

<h1 align="center">삼원오행표</h1>

| 五行 | 木 | | 火 | | 土 | | 金 | | 水 | |
|---|---|---|---|---|---|---|---|---|---|---|
| 陰陽 | 陽 | 陰 | 陽 | 陰 | 陽 | 陰 | 陽 | 陰 | 陽 | 陰 |
| 天干 | 甲 | 乙 | 丙 | 丁 | 戊 | 己 | 庚 | 辛 | 壬 | 癸 |
| 數理 | 1 | 2 | 3 | 4 | 5 | 6 | 7 | 8 | 9 | 10 |

삼원(三元)은 성을 일원(一元), 성과 상명자를 합한 수를 이원(二元), 상명자와 하명자를 합한 수를 삼원(三元)이라고 한다. 이 삼원오행(三元五行)도 상생(相生)을 좋아하고 상극(相剋)을 싫어한다.

오행(五行)은 앞장에서와 같이 목화토금수(木火土金水)의 5가지로 구분하여 자연계의 동정과 변화를 오행(五行)으로 고찰하여 상생상극(相生相剋)에 의하여 해석하는바, 오행(五行)은 서로 돕고 생해주는 상생(相生)의 원리와 상대를 억제하고 관리하는 상극(相剋)의 원리, 그리고 서로 같은 입장으로 상비(相比)의 원리로 구분한다는 것을 앞서 상생(相生)과 상극(相剋) 편에서 익혔다.

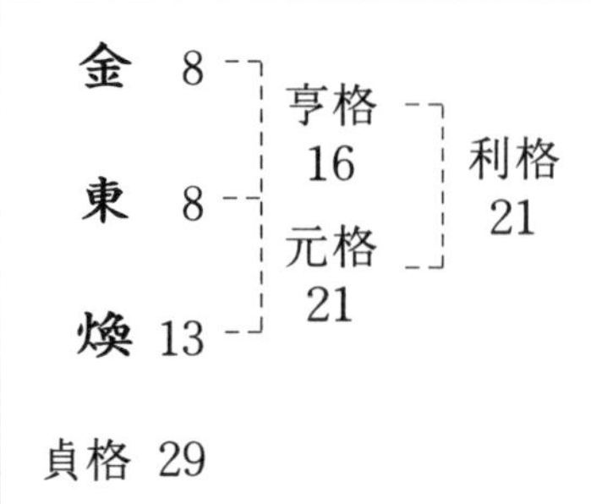


김동환(金東煥 : 8 · 8 · 13) 즉 성자(姓字)는 8획이니 금(金)이다. 성자(姓字) 8획과 상명자 8획을 합하니 16획이 된다. 16일 때는 10수를 버리고 6만 보라고 했으니 6수는 토(土)가 된다. 다시 상명자 8

획과 하명자 13획을 합하니 21수이다. 20은 버리고 1만 남으니 목
(木)이 된다. 고로 이 성명은 삼원오행(三元五行)은 금토목(金土
木)이다. 다음 오행해설편(五行解說編)을 참고하라.

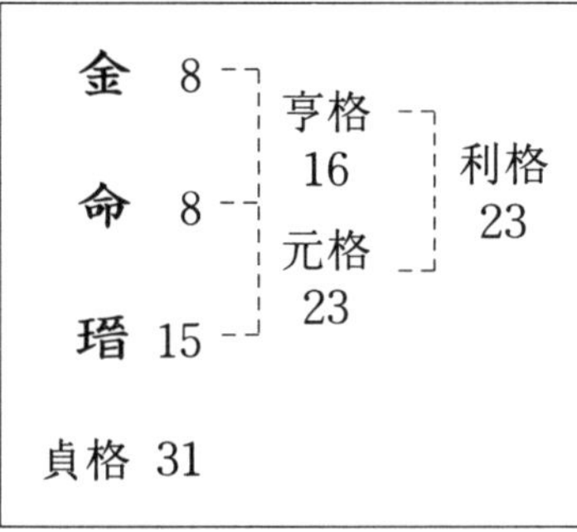

김명진(金命瑨 : 8 · 16 · 23)은 성
자(姓字)가 8획으로 금(金)이고,
성자(姓字)와 상명자를 합하니 16
획이다. 10은 버리고 6이 남는데 6
은 토(土)이다. 다시 상명자 8획과
하명자 15획을 합하니 23획인데, 20
을 버리고 3만 남으니 화(火)가 된다. 김명진(金命瑨)의 삼원오행
(三元五行)은 금토화(金土火)이다.

## 2 발음오행(發音五行)

발음오행(發音五行)도 상생(相生)하면 길하고, 상극(相剋)이나 상
비(相比)되면 불길하다. 예를 들어 김명순이라면 발음오행표(發音
五行表)와 같이 김의 초음(初音) ㄱ이 목(木)이고, 명의 초음(初
音) ㅁ이 수(水)이며, 순은 초음(初音)이 ㅅ으로 금(金)에 해당하
니 김명순의 음오행(音五行)은 목수금(木水金)으로 상생(相生)되
니 대길하다고 하겠다.

다음으로 김도엽은 목화토(木火土), 최진실은 금금토(金金土), 이

승엽은 토금토(土金土), 황장엽은 토금토(土金土), 양재혁은 토금토(土金土)로 상생(相生)되어 길하고, 강정구는 목금목(木金木), 박용근은 수토목(水土木), 조원규는 금토목(金土木), 김창수는 목금금(木金金), 정두진은 금화금(金火金) 등은 상극(相剋)되어 불길하고, 장정순은 금금금(金金金), 박민복은 수수수(水水水), 김경근은 목목목(木木木), 나대덕은 화화화(火火火), 황현호는 토토토(土土土) 등은 상비(相比)가 되어 불길하다.

## 음오행표

| 木 | 가, 카 | ㄱ, ㅋ | 아음 |
|---|---|---|---|
| 火 | 나, 다, 라, 타 | ㄴ, ㄷ, ㄹ, ㅌ | 설음 |
| 土 | 아, 하 | ㅇ, ㅎ | 후음 |
| 金 | 사, 자, 차 | ㅅ, ㅈ, ㅊ | 치음 |
| 水 | 마, 바, 파 | ㅁ, ㅂ, ㅍ | 순음 |

# 7장. 음양(陰陽)과 수리론(數理論)

## 1. 음양배치법

성명도 사주팔자의 원리와 같이 천지인(天地人) 삼재(三才)의 변화가 있어 음양(陰陽) 획수의 조화를 살펴야 한다. 즉 성명학에서도 음양(陰陽)의 배합이 잘 이루어져야 한다. 음양(陰陽)의 배합이 좋지 않으면 매사 파패되고, 음양(陰陽)의 배합이 좋으면 모든 일이 순조롭다. 이것을 설명하면 자획의 수가 10이상이면 10을 제하고 나머지 수와 계산한다는 것을 염두하면서 다음의 배합을 관찰하기 바란다.

### 음양획수표

| 양수 | ○ | 1 | 3 | 5 | 7 | 9 |
|---|---|---|---|---|---|---|
| 음수 | ● | 2 | 4 | 6 | 8 | 10 |

## 1. 음양상교(陰陽相交)

### 1. 세 글자 성명

○ ○ ●　　　● ○ ○　　　○ ● ○

● ● ○　　　○ ● ●　　　● ○ ●

### 2. 두 글자 성명

○ ●

● ○

　이상과 같이 음양(陰陽)이 상교(相交)되면 모든 일이 잘 풀리고, 부모와 형제간에 화목하며, 부부가 융화하여 자손이 출세한다. 자식덕이 있고 부귀공명으로 평생을 안락하게 장수한다.

| 林 伯 鉉 | 李 在 祐 | 金 度 亨 | 李 承 澈 |
|---|---|---|---|
| 8　7　13 | 7　6　10 | 8　9　7 | 7　8　16 |
| ● ○ ○ | ○ ● ● | ● ○ ○ | ○ ● ● |

| 李 承 炫 | 黃 正 守 | 許 周 | 松 渼 |
|---|---|---|---|
| 7　8　9 | 12　5　6 | 11　8 | 8　13 |
| ○ ● ○ | ● ○ ● | ○ ● | ● ○ |

### 2. 음양불교(陰陽不交)

**1. 세 글자 성명**

○ ○ ○　　세 글자가 모두 양(陽)으로 순양(純陽)

● ● ●　　세 글자가 모두 음(陰)으로 순음(純陰)

**2. 두 글자 성명**

○ ○　　두 글자 모두 양(陽). 고로 순양(純陽),

● ●　　두 글자 모두 음(陰), 고로 순음(純陰),


이상과 같이 음양(陰陽)이 상교(相交)하면 만사가 순조롭고, 음양
(陰陽)이 불교(不交)하면 부부이별·무자식·불구·폐질·형액·
단명 등이 따른다는 암시이다.


| 李 重 郁 | 李 範 石 | 文 眞 植 | 趙 元 奎 |
|---|---|---|---|
| 7　9 13 | 7　15　5 | 4　10 12 | 14　4　6 |
| ○ ○ ○ | ○ ○ ○ | ● ● ● | ● ● ● |

# 2 수리 선택법


성명은 수리와 삼원오행(三元五行)으로 조직되어 있다. 수리라 함
은 성명학에서 가장 중요시하는 분야로 성자(姓字)의 획수와 이름
석 자의 획수를 계산하여 원형이정(元亨利貞)으로 구분하여 조직

되어 있음을 말하는데, 삼원오행(三元五行)이라 함은 성(姓)이 일원(一元)이요, 성자(姓字)의 획수와 이름 윗자(上字)의 획수를 합한 수를 이원(二元)이라 하고, 이름자 두 자의 획수를 합한 수를 삼원(三元)이라 하며, 목화토금수(木火土金水)의 자연계의 동정(動靜)의 변화를 오행(五行)이라 하여 성명이 삼원오행(三元五行)으로 조직되어 있음을 말한다.

## 1. 수리 선택법

작명에 앞서 우선 수리를 정해야 한다. 수리만 좋다고 좋은 이름이 되는 것은 아니다. 우선 본인의 사주팔자와 조화가 잘 되는 수리를 택하고, 다음으로 음오행(音五行)과 삼원오행(三元五行), 그리고 음양(陰陽)과 자원오행(字源五行)이 조화가 이루어지고, 거기에 좋은 문자를 선택하여 작명하면 좋은 성명이 된다.

다음에 성자획수 조견표를 참고하여 작명에 착오없기 바란다. 획수별 성자(姓字) 및 그 성자(姓字)에 따른 수리조직의 길한 수리만을 기록하고 흉한 수리는 제외했으니 참고하기 바란다.

<h1 align="center">성자획수표</h1>

| 획수 | 성 자 |
|---|---|
| 1획 | 을(乙) |
| 2획 | 내(乃) 우(又) 복(卜) 정(丁) |
| 3획 | 대(大) 범(凡) 산(山) 야(也) 우(于) 천(千) 궁(弓) 간(干) |
| 4획 | 부(夫) 공(公) 구(仇) 오(午) 금(今) 윤(允) 편(片) 개(介) 천(天) 우(牛) 인(仁) 목(木) 파(巴) 문(文) 원(元) 공(孔) 왕(王) 태(太) 방(方) 변(卞) 모(毛) 윤(尹) 재(才) |
| 5획 | 태(台) 옥(玉) 구(丘) 평(平) 피(皮) 소(召) 홍(弘) 점(占) 공(功) 포(包) 좌(左) 을지(乙支) 감(甘) 신(申) 백(白) 전(田) 현(玄) 석(石) 사(史) 빙(氷) |
| 6획 | 인(印) 박(朴) 안(安) 백(百) 선(先) 재(在) 규(圭) 광(光) 노(老) 전(全) 임(任) 주(朱) 길(吉) 이(伊) 서(西) 모(牟) 곡(曲) 미(米) |
| 7획 | 강(江) 보(甫) 두(杜) 연(延) 위(位) 지(池) 차(車) 여(汝) 성(成) 여(余) 하(何) 양(良) 군(君) 좌(佐) 정(廷) 효(孝) 판(判) 초(初) 여(呂) 이(李) 오(吳) 송(宋) 신(辛) |

# 성자획수표

| 획수 | 성 자 |
|---|---|
| 8획 | 석(昔) 내(奈) 송(松) 경(庚) 계(季) 김(金) 구(具) 임(林) 탁(卓) 채(采) 방(房) 기(奇) 상(尚) 창(昌) 화(和) 야(夜) 사(舍) 맹(孟) 경(京) 주(周) 승(昇) 봉(奉) 표(表) 심(沈) 장(長) 명(明) 종(宗) 승(承) 문(門) 공(空) 악(岳) |
| 9획 | 편(扁) 호(胡) 시(施) 태(泰) 후(後) 성(星) 단(段) 정(貞) 추(秋) 위(韋) 강(姜) 류(柳) 유(兪) 하(河) 우(禹) 남(南) 선(宣) 함(咸) 준(俊) 초(肖) 신(信) 언(彦) 사(思) |
| 10획 | 예(芮) 진(眞) 진(晉) 창(倉) 화(花) 환(桓) 후(候) 시(柴) 수(洙) 은(殷) 고(高) 손(孫) 서(徐) 조(曹) 홍(洪) 궁(宮) 골(骨) 구(俱) 기(起) 당(唐) 방(芳) 소(素) 승(乘) 원(袁) 하(夏) 강(剛) 마(馬) 석(席) 계(桂) 진(秦) |
| 11획 | 어(魚) 방(邦) 매(梅) 건(乾) 빈(彬) 최(崔) 장(張) 허(許) 주(珠) 강(康) 상(象) 설(卨) 어(御) 위(尉) 이(異) 표(票) 해(海) 호(胡) 장(章) 견(堅) 호(扈) 국(國) 마(麻) 양(梁) 반(班) 장(將) |
| 12획 | 순(淳) 황(黃) 민(閔) 선(善) 정(程) 팽(彭) 경(景) 구(邱) 동방(東方) 대실(大室) 소실(小室) 순(舜) 안(雁) 요(堯) 운(雲) 승(勝) 이선(以先) 강(强) 필(弼) 순(順) 순(荀) 유(黃) 지(智) 하(賀) 풍(馮) 일(壹) 증(曾) |

# 성자획수표

| 획수 | 성 자 |
|---|---|
| 13획 | 자(慈) 초(楚) 춘(椿) 경(敬) 돈(頓) 양(楊) 목(睦) 금(琴) 신(新) 염(廉) 노(路) 아(阿) 옹(雍) 욱(郁) 장(莊) 가(賈) 육(陸) 영고(令孤) 사공(司空) |
| 14획 | 연(連) 조(趙) 배(裵) 봉(鳳) 신(愼) 채(菜) 국(菊) 기(箕) 영(榮) 석(碩) 온(溫) 제(齊) 화(華) 단(端) 실(實) 서문(西門) 공손(公孫) |
| 15획 | 표(標) 곽(郭) 유(劉) 엽(葉) 한(漢) 경(慶) 가(價) 갈(葛) 광(廣) 구(歐) 묵(墨) 덕(德) 동(董) 노(魯) 만(滿) 만(萬) 사마(司馬) |
| 16획 | 용(龍) 노(盧) 진(陳) 육(陸) 연(燕) 교(橋) 담(潭) 반(潘) 도(道) 도(陶) 곽(藿) 예(豫) 음(陰) 전(錢) 제(諸) 황보(皇甫) 육(陸) |
| 17획 | 사(謝) 한(韓) 채(蔡) 종(鍾) 장(蔣) 양(陽) 향(鄕) 택(澤) 독(獨) 국(鞠) 상(嘗) 손(遜) 양(襄) 연(蓮) 위(尉) 촉(燭) 선(鮮) |
| 18획 | 안(顏) 호(鎬) 간(簡) 구(瞿) 위(魏) 귀 |

**성자획수표**

| 획수 | 성 자 |
|------|-------|
| 19획 | 정(鄭) 감(鑑) 설(薛) 관(關) 담(譚) 방(龐) 온(蘊) 남궁(南宮) 재회(再會) |
| 20획 | 엄(嚴) 석(釋) 선우(鮮于) 나(羅) 하후(夏候) |
| 21획 | 고(顧) 등(藤) 학(鶴) 부정(負鼎) |
| 22획 | 권(權) 변(邊) 소(蘇) 은(隱) 습(襲) |
| 25획 | 독고(獨孤) 명림(明臨) |
| 31획 | 제갈(諸葛) |

# 2 수리 구성

원래 수라고 하는 것은 천지개벽 최초의 창시이며, 삼라만상이 모두 수로 이루어져 있는 것이다. 이 수는 무궁한 변화를 일으키는 작용하여 그것이 활동 변화하여 흥망성쇠와 길흉화복을 나타내는 것이다. 물론 인간의 성명도 이 수리에 의해서 구성되어 있어 그 획수의 계산으로 원형이정(元亨利貞)으로 구분하여 조직이 되어 있는 것이다.

원(元)은 이름 두 자의 획수를 합한 수로 봄으로 비교하여 초년운으로 보고, 형(亨)은 이름 윗자의 획수와 성자(姓字)의 획수를 합한 수로 여름이 되니 중년운으로 보며, 이(利)는 성자(姓字)의 획수와 이름 아랫자의 획수를 합한 수로 가을이 되니 중년 후 운으로 보고, 정(貞)은 성명 3자의 획수 전부를 합한 수로 겨울이 되니 말년운으로 보게 된다. 이것을 실예로 들어보기로 한다.

## 1. 성명이 세 글자인 경우

이름 두 자의 획수를 합하여 원격(元格)이라 하고, 이름 상자(上字)의 획수와 성자(姓字)의 획수를 합하여 형격(亨格)이라고 한다. 다음으로 성자(姓字)의 획수와 이름 아랫자의 획수를 합하여 이격(利格)이라고 하며, 성명 세 글자의 획수를 전부 합한 것을 정격(貞格)이라고 한다.

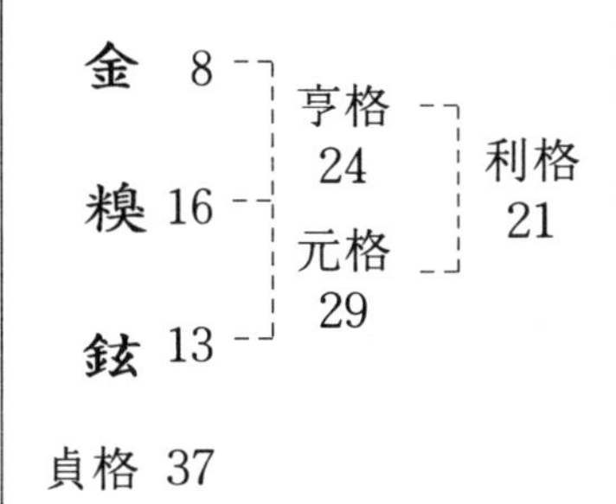


김구현(金榘鉉)은 원격(元格) 29수, 형격(亨格) 24수, 이격(利格) 21수, 정격(貞格) 37수로 삼원오행(三元五行)은 금화수(金火水)이다.

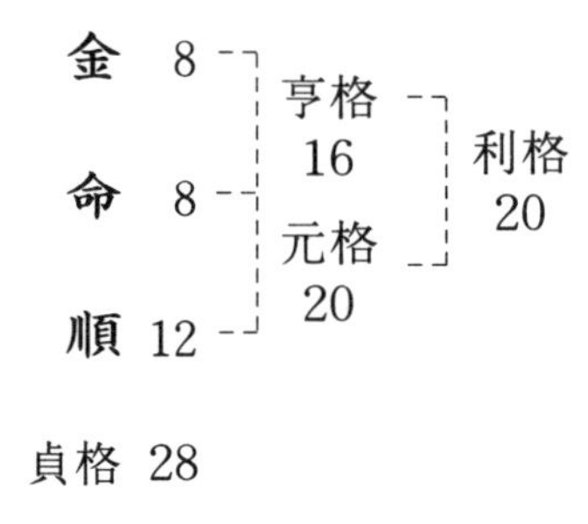

김명순(金命順)은 원격(元格) 20수, 형격(亨格) 16수, 이격(利格) 20수, 정격(貞格)은 28수로 삼원오행(三元五行)은 금토수(金土水)이다.

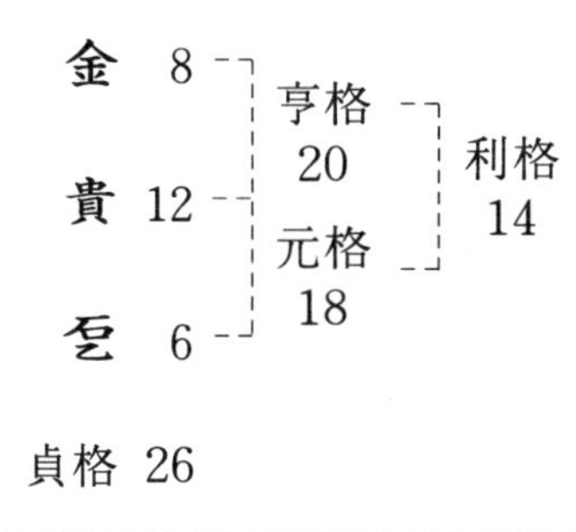

김귀돌(金貴乭)은 원격(元格) 18수, 형격(亨格) 20수, 이격(利格) 14수, 정격(貞格)은 26수이며, 삼원오행(三元五行)은 금수금(金水金)이 된다.

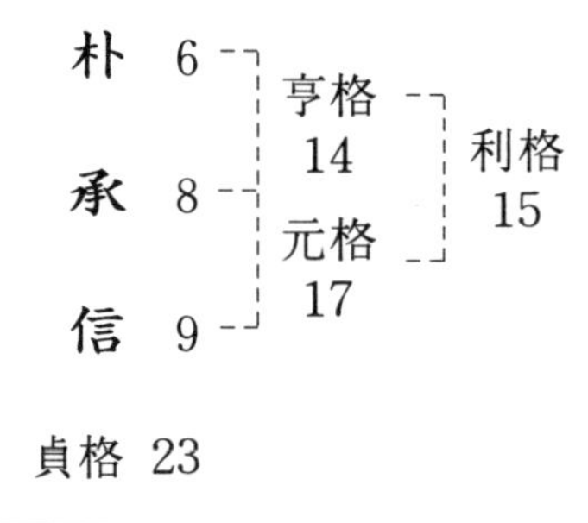

박승신(朴承信)은 원격(元格) 17수, 형격(亨格) 14수, 이격(利格) 15수, 정격(貞格) 23수로 삼원오행(三元五行)은 토화금(土火金)이다.

## 2. 성명이 네 글자인 경우

성자(姓字)가 두 글자인 경우에는 성자(姓字) 두 자의 획수를 합산하여 보게 되니 한 글자 성과 다름없이 수리를 계산하면 된다.

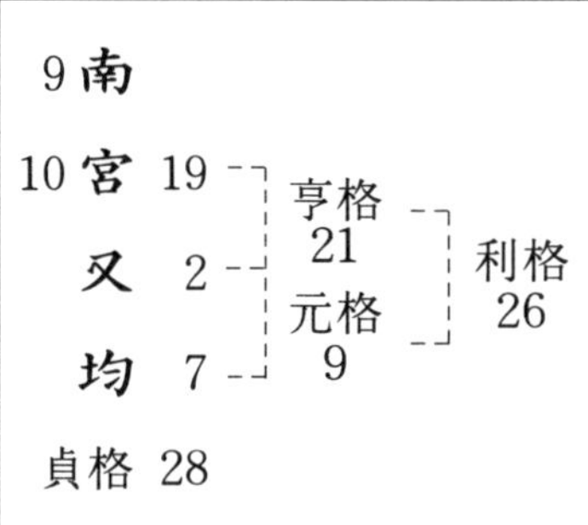


남궁우균(南宮又均)은 원격(元格) 9수, 형격(亨格) 21수, 이격(利格) 26수로 삼원오행(三元五行)으로는 수목수(水木水)가 된다.

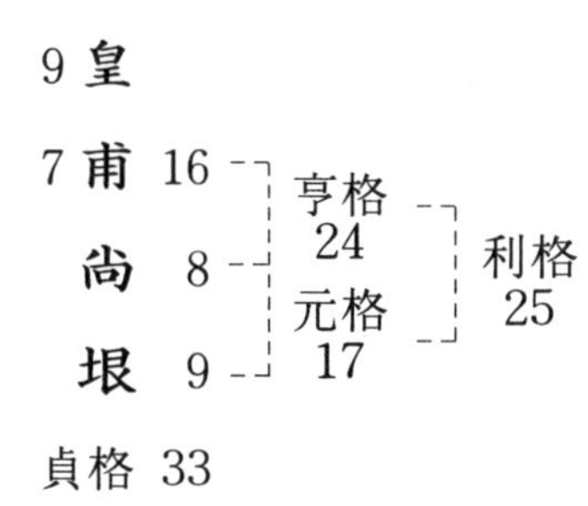


황보상은(皇甫尚垠)은 원격(元格) 17수, 형격(亨格) 24수, 이격(利格) 25수로 삼원오행(三元五行)은 토화금(土火金)이 된다.

## 3. 성명이 두 글자인 경우

한 글자 성에 이름도 한 글자로 두 글자 성명이면 이름자 획이 원격(元格)이고, 성명 두 글자를 합한 수가 형격(亨格)이며, 이격(利格)은 성자(姓字)의 획수를 그대로를 쓴다. 정격(貞格)은 성자(姓字) 획과 이름자 획의 합수(合數)가 된다. 다음 예를 참고하면서 많이 연구하기 바란다.

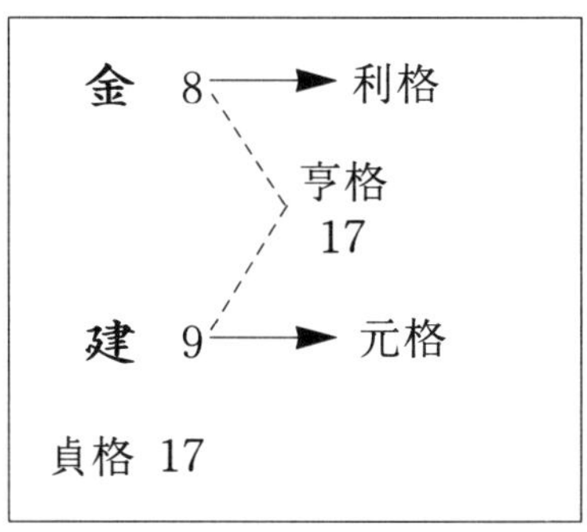


김건(金建)은 원격(元格) 9수, 형격(亨格) 17수로 이격(利格)은 8수 정격(貞格)은 성명의 자획(字劃)을 합산한 17수가 되며 삼원오행(三元五行)은 금금수(金金水)가 된다.

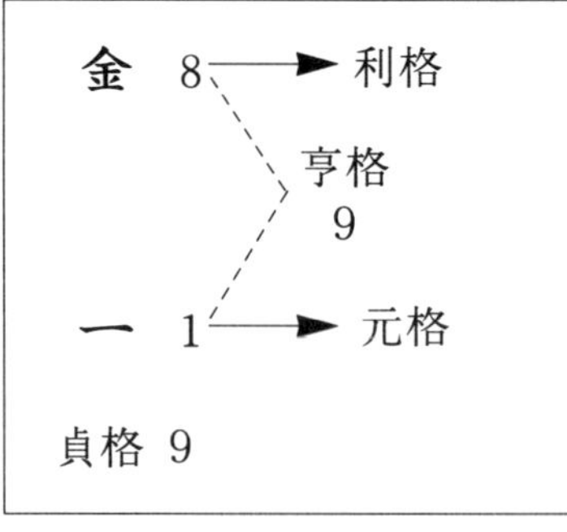


김일(金一)은 원격(元格) 1수, 형격(亨格) 9수, 이격(利格) 8수, 정격(貞格)은 성명의 자획을 합산한 9가 되며, 삼원오행(三元五行)은 금수목(金水木)이 된다.

## 4. 성이 두 글자에 이름이 한 글자인 경우

두 글자 성에 외자 이름도 두 글자 성명의 경우처럼 이름자의 획
수가 원격(元格)이고, 성 획수와 이름 획수를 합산한 수가 형격(亨
格)으로 이격(利格)은 성(姓)의 획수이며, 정격(貞格)은 성명의 합
한 수가 된다. 두 글자 성(姓)에 외자 이름인 황보 주(皇甫 周)와
독고 성(獨孤 星)의 원형이정(元亨利貞)을 살펴보기로 한다.

<table>
<tr><td>

9 皇

7 甫　16　利格

周　8　元格

亨格　24

貞格　24
</td><td>

황보 주(皇甫 周)는 원격(元格) 8
수, 형격(亨格) 24수, 이격(利格)
16수로 정격(貞格)은 24수이며, 삼
원오행(三元五行)은 토화금(土火
金)이 된다.
</td></tr>
<tr><td>

17 獨

8 孤　25　利格

星　9　元格

亨格　34

貞格　34
</td><td>

독고 성(獨孤 星)의 원격(元格)은
9수, 형격(亨格)은 34수로 이격(利
格)은 25수이고, 정격(貞格)은 34수
가 되며, 삼원오행(三元五行)은 토
화수(土火水)이다.
</td></tr>
</table>

# 8장. 흉자론(凶字論)

## 1. 파자수(破字數)

파자수(破字數)란 성자와 이름자가 갈라진 것을 말하는데 분파라고도 한다. 이름이 분파되면 급사·피살·실종·단명할 수 있고, 발광증세가 따른다고 한다. 왜냐하면 사람의 몸을 반으로 나누면 살 수 있겠는가. 이와 마찬가지로 작명할 때는 분파되지 않도록 조심해야 한다.

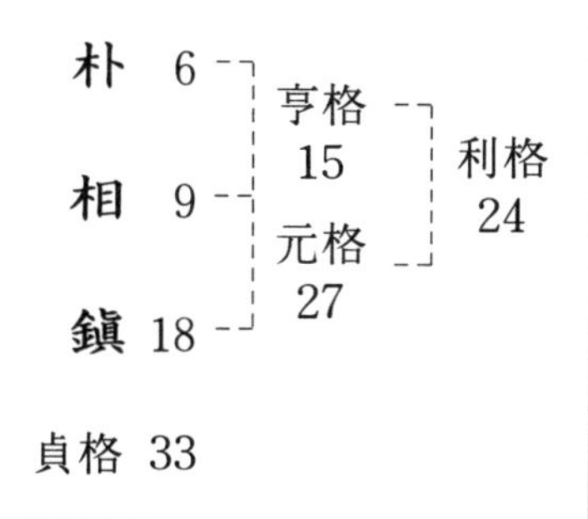


이 이름은 음오행(音五行)이 수금금(水金金)으로 상생(相生)되어 길하다. 그러나 성인 박 자도 갈라졌는데 상과 진 자도 분리되어 작명에서 가장 싫어하는 분파된 이름

이다. 성씨가 곽(郭)·박(朴)·임(林)·장(張)·임(任)·정(鄭)·지(池) 등의 분파된 성씨는 세심하게 주의해야 한다.

분파의 예를 더 들어 보면 박철진(朴喆瑨)·임병식(林炳植)·설진근(薛鎭根)·박용석(朴鎔錫)·박복순(朴福順)·정숙희(鄭淑姬)·임준하(任俊河)·곽영준(郭泳俊) 등 많이 있으니 작명에 착오없기 바란다.

## 2. 어감이 이상한 성명

이름은 어감이 부드럽고 친근감이 있어야 하는데 혐오감을 주거나 놀림의 대상이 되면 곤란하다. 예로 손(孫)씨가 이름이 병신(炳信)이라면 손병신이 된다. 어찌 아름다운 성명이라고 하겠는가. 다음으로 주(周)씨 여아의 이름을 기자(起子)로 했다면 주기자(周起子)되는데, 누구를 죽이자는 말인가.

고만두(高萬斗)·고생만(高生萬)·고생문(高生文)·김장철(金章喆)·김치국(金致菊)·박명해(朴命海)·어동태(魚東泰)·어수선(魚秀宣)·이길수(李佶洙)·장건달(張健達)·조진배(趙鎭培)·주길수(朱吉守)·한만은(韓萬恩)·장병석(張炳錫) 등은 어감이 아름답지 못하여 놀림대상이 될 수 있다. 이외에도 어감이 좋지 않은 성명은 많지만 생략한다.

# 3. 년주(年柱)로 본 흉자

가령 갑자(甲子)년이나 갑술(甲戌)년에 태어난 사람은 누구든 한 문으로 경(庚) 자나 경음이 들어가면 좋지 않다. 다시 말하면 년주(年柱)가 형충파해(刑沖破害)나 원진(元嗔)이 되면 흉명이 된다.

## 1. 년천간(年天干)과 흉자

— 갑(甲)년생에게 경(庚) 자는 불구단명이나 상배를 암시한다.

— 을(乙)년생에게 신(申) 자는 행방불명이나 객사를 암시한다.

— 병(丙)년생에게 임(壬) 자는 패가망신을 암시하고, 여명은 천한 직업을 암시한다.

— 정(丁)년생에게 계(癸) 자는 조실부모나 상배를 암시한다.

— 무(戊)년생에게 임갑(壬甲) 자는 조실부모와 자식의 불구단명을 암시한다.

— 기(己)년생에게 계을(癸乙) 자는 평생 고질을 암시한다.

— 경(庚)년생에게 병갑(丙甲) 자는 성패가 다단하고 불구단명의 암시가 있다.

— 신(辛)년생에게 정(丁) 자는 불구단명을 암시한다.

— 임(壬)년생에게 병무(丙戊) 자는 색정과 방탕, 여러 번의 결혼을 암시한다.

— 계(癸)년생에게 기정(己丁) 자는 인덕이 없고 객지풍파와 범법의 암시가 있다.

## 2. 년지(年支)와 흉자

— 자(子)년생에게 미(未) 자는 부모덕이 없고, 묘(卯) 자는 불행을
초래하고, 오(午) 자는 신경계통에 질병이 온다는 암시이다.

— 축(丑)년생에게 오미술(午未戌) 자는 고독과 풍파를 암시한다.

— 인(寅)년생에게 신사유(申巳酉) 자는 무자식과 천한 직업을 암
시한다.

— 묘(卯)년생에게 신유(申酉) 자는 고독과 단명을 암시한다.

— 진(辰)년생에게 술해축(戌亥丑) 자는 부부간의 생사이별과 평
생 풍파를 암시한다.

— 사(巳)년생에게 술해(戌亥) 자는 과부·고독·불행을 암시한다.

— 오(午)년생에게 자축(子丑) 자는 병고와 단명, 천한 직업을 암
시한다.

— 미(未)년생에게 자술축(子戌丑) 자는 조실부모와 방랑지객으로
일생풍파를 암시한다.

— 신(申)년생에게 인사묘(寅巳卯) 자는 정신병이나 음독을 암시
한다.

— 유(酉)년생에게 인묘(寅卯) 자는 객지풍파를 암시한다.

— 술(戌)년생에게 진사(辰巳) 자는 무자식과 행방불명을 암시한
다.

— 해(亥)년생에게 진사(辰巳) 자는 고독·단명·불구를 암시한다.

# 4. 성명학상 불길한 문자

■ 光 : 6획, 빛날 광, 자원오행(字源五行) 화(火)

두뇌는 명석하나 성패가 많고, 신경통질환·형액·단명수가 따르
나 수(水)가 용신(用神)이면 무난하다.

■ 國 : 11획, 나라 국, 자원오행(字源五行) 토(土)

심신이 박약하며 조난과 단명이 따른다. 특히 부모형제와 인연이
박하여 타향살이를 한다.

■ 吉 : 6획, 길할 길, 자원오행(字源五行) 수(水)

성품은 다정다감하나 조난과 교통사고, 형액 등이 따른다. 그러나
토(土)가 용신(用神)이면 대길하다.

■ 鑛 : 23획, 쇠덩이 광, 자원오행(字源五行) 금(金)

성공은 일시적이고 실패가 많으나 토(土)가 용신(用神)이면 대길
하다.

■ 菊 : 14획, 국화 국, 자원오행(字源五行) 목(木)

육친이 무덕하여 고독을 면할 길이 없고, 고생 끝에 허무한 종말
을 맞는다. 그러나 화금(火金)이 용신(用神)이면 대길하다.

■ 錦 : 16획, 비단 금, 자원오행(字源五行) 금(金)

매우 약함을 상징하는 글자로 박약과 자손의 불길을 암시하니 고독을 면할 길이 없다. 그러나 토(土)가 용신(用神)이면 대길하다.

■ 庚 : 8획, 굳셀·천간 경, 자원오행(字源五行) 금(金)

육친이 무덕하고 부부간에 이별하며 고독과 신고가 많다. 그러나 목(木)이 용신(用神)이면 대길하다.

■ 慶 : 15획, 경사 경, 자원오행(字源五行) 화(火)

이름자로는 하천한 글자로 재산·자손운이 불길하고, 객사·단명·조난 등의 암시가 있다. 그러나 목(木)이 용신(用神)이면 대길하다.

■ 貴 : 12획 귀할 귀, 자원오행(字源五行) 금(金)

귀(貴)는 이름자로는 하천하여 빈곤·조난·객사·단명이 따르나 금(金)이 용신(用 神)이면 전화위복이 된다.

■ 南 : 9획, 남녘 남, 자원오행(字源五行) 화(火)

남자는 무난하나 여자는 부부간의 생사이별은 물론 부모와 자손을 극하고 말년에는 무의무탁 신세가 된다. 그러나 수(水)가 용신(用神)이면 대길하다.

■ 蘭 : 23획, 난초 난, 자원오행(字源五行) 목(木)

 좋은 일은 오래 가지 못하고 부부간에는 생사이별한다. 고독·형액·단명 등의 암시가 있으나, 화(火)나 금(金)이 용신(用神)이면 대길하다.


■ 大 : 3획, 큰 대, 자원오행(字源五行) 목(木)

 장남은 무방하나 동생이면 형이 망한다. 의외의 실패·조난·박약·단명·등의 암시가 있으나, 토(土)가 용신(用神)이면 대길하다.


■ 乭 : 6획, 이름 돌, 자원오행(字源五行) 금(金)

 이름자로는 하천하여 불행과 곤고를 암시한다.


■ 冬 : 5획, 겨울 동, 자원오행(字源五行) 수(水)

 소극적이며 무능하여 성공이 어려우나 수(水)가 용신(用神)이면 대길하다.


■ 東 :

 장남이면 무방하나 동생이면 형이 망하며 이복형제가 있을 수 있다. 여자는 자손의 근심이 많고 고독하나 토(土)가 용신(用神)이면 대길하다.

■ 男 : 7획, 사나이 남, 자원오행(字源五行) 화(火)

파자(破字)해보면 십(十)은 열, 입구(口)는 식구, 힘력(力)은 힘이다. 열 식구를 먹여 살리라는 뜻이니 일만 해야 한다. 그러나 화(火)가 용신(用神)이면 대길하다.

■ 德 : 15획, 큰 덕, 자원오행(字源五行) 화(火)

부모형제의 덕이 없다. 여자는 부부간의 생사이별과 자식의 근심이 떠나지 않고, 조난·단명 등에 암시가 있으나 목(木)이 용신(用神)이면 대길하다.

■ 桃 : 10획, 복숭아 도, 자원오행(字源五行) 목(木)

인내심이 부족하며 허영심이 많다. 고난과 파란이 심하여 부부간에 이별을 자주 하나 토(土)가 용신(用神)이면 대길하다.

■ 童 : 12획, 아이 동, 자원오행(字源五行) 금(金)

하천하며 곤고가 따르나 화(火)가 용신(用神)이면 대길하다.

■ 良 : 7획, 어릴 양, 자원오행(字源五行) 토(土)

부부간에 생이사별하며 자손의 불행을 초래하나 토(土)가 용신(用神)이면 대길하다.

■ 明 : 8획, 밝을 명, 자원오행(字源五行) 화(火)

두뇌는 명석하나 고독하고, 부부간의 생사이별·조난·객사·단명 등의 암시가 있으나 토(土)가 용신(用神)이면 대길하다.


■ 美 : 9획, 아름다울 미, 자원오행(字源五行) 토(土)

건강이 허약하며 수술수가 있고, 부부간에 생사이별하고 고독과 단명수를 암시하나 토(土)가 용신(用神)이면 대길하다.


■ 文 : 4획, 글월 문, 자원오행(字源五行) 목(木)

재물운이 불길하고 육친이 무덕하며 부부간에 무정하나 목(木)이 용신(用神)이면 대길하다.


■ 梅 : 11획, 매화나무 매, 자원오행(字源五行) 목(木)

육친이 무덕하고 부부간에 생사이별하며 고독하나 토(土)가 용신(用神)이면 대길하다.


■ 萬 : 15획, 일만 만, 자원오행(字源五行) 목(木)

고독지명하고 외화내빈한 나그네와 같으나 화(火)나 금(金)이 용신(用神)이면 대길하다.


■ 敏 : 11획, 민첩할 민, 자원오행(字源五行) 금(金)

성격이 날카로워 정신쇠약 위험이 따르나 목(木)이 용신(用神)이면 대길하다.

■ 末 : 5획, 끝 말, 자원오행(字源五行) 목(木)
신쇠병약의 흉자이나 토(土)가 용신(用神)이면 대길하다.

■ 未 : 5획, 아닐 미, 자원오행(字源五行) 토(土)
육친이 무덕하며 고독과 불행을 초래하는 흉자이다.

■ 法 : 9획, 법 법, 자원오행(字源五行) 수(水)
재난·곤고·이별·잔질·불구 등을 암시하나 목화(木火)가 희용
(喜用)이면 대길하다.

■ 富 : 12획, 부자 부, 자원오행(字源五行) 목(木)
빈천·불행·고독·부부 생사이별·객사·단명 등을 암시하나 목
(木)이 용신(用神)이면 대길하다.

■ 分 : 4획, 나눌 분, 자원오행(字源五行) 금(金)
질병과 고난이 있고 재산을 파하는 흉자이나 수(水)가 용신이면
대길하다.

■ 粉 : 10획, 가루 분,
빈천·고독·불행·부부이별·조난·단명 등을 암시하나 토(土)

가 용신(用神)이면 대길하다.


■ 鳳 : 14획, 새 봉, 자원오행(字源五行) 화(火)

 허영으로 매사 중도에 좌절하고 부부이별·조난·단명을 암시하나 토(土)가 용신(用神)이면 대길하다.


■ 勝 : 12획, 이길 승, 자원오행(字源五行) 토(土)

 성품은 온순하나 고독하고 곤고와 재액을 암시하나 수(水)가 용신(用神)이면 대길하다.


■ 新 : 13획, 새 신, 자원오행(字源五行) 금(金)

 곤고·병약·단명을 암시하나 목(木)이 용신(用神)이면 대길하다.


■ 伸 : 7획, 펼 신, 자원오행(字源五行) 화(火)

 불행·고독·번민·자손의 극흉을 암시하나 수(水)가 용신(用神)이면 평탄하다.


■ 順 : 12획, 순할 순, 자원오행(字源五行) 수(水)

 초년은 평길하나 부부운이 원만하지 못하고 중년부터 신경계통에 잔질이 따르나 토(土)가 용신(用神)이면 대길하다.

■ 星 : 9획, 별 성, 자원오행(字源五行) 화(火)

 대계불성의 흉한 자이나 아호로는 무방하다. 토(土)가 용신(用神)
이면 대길하다.


■ 山 : 3획, 뫼산, 자원오행(字源五行) 토(土)

 고집이 지나쳐 주장을 굽힐 줄 모르며 실패가 많다. 부부간에 무
정하고 자손의 근심이 많으나 목(木)이 용신(用神)이면 대길하다.


■ 淑 : 12획, 맑을 숙, 자원오행(字源五行) 수(水)

 천품은 고결하나 지나치게 고집이 강하다. 육친무덕에 부부이별의
흉자이나 목화(木火)가 용신(用神)이면 대길하다.


■ 松 : 8 획, 소나무 송, 자원오행(字源五行) 목(木)

 정신은 투지가 있으나 박약과 고독은 면할 길이 없다. 재물이 흩
어지며 박명을 암시하나 토(土)가 용신(用神)이면 대길하다.


■ 實 : 14 획, 열매 실, 자원오행(字源五行) 목(木)

 성품은 정결하나 파란·고독·번민이 많다. 부부무정에 자손의 액
을 암시하나 목(木)이 용신(用神)이면 대길하다.


■ 壽 : 14 획, 목숨 수, 자원오행(字源五行) 수(水)

 빈천·고독·부부이별·단명·조난·객사를 암시하나 토(土)가

용신(用神)이면 대길하다.


■ 笑 : 10 획, 웃을 소, 자원오행(字源五行) 목(木)

평생 비참한 일만 생기고 재화가 자주 따르나 토(土)가 용신(用神)이면 대길하다.


■ 純 : 10 획, 순진할 순, 자원오행(字源五行) 목(木)

파란이 중첩되고 불모불성을 암시하나 토(土)가 용신(用神)이면 대길하다.


■ 石 : 5 획, 돌 석, 자원오행(字源五行) 금(金)

성품은 투철하나 지나친 고집으로 매사불성되며 객사와 박명을 암시하나 화(火)가 용신(用神)이면 대길하다. 아호로는 무방하다.


■ 霜 : 17 획, 서리 상, 자원오행(字源五行) 수(水)

미결을 암시하며 부부불합은 물론 매사 유시무종으로 성취가 어렵다. 혹 성취해도 속패하나 토(土)가 용신(用神)이면 대길하다.


■ 絲 : 12 획, 실 사, 자원오행(字源五行) 목(木)

일이 꼬이기만 하여 파란이 중첩되나 토(土)가 용신(用神)이면 평길하다.

■ 雪 : 11 획, 눈 설, 자원오행(字源五行) 수(水)

매사 시작은 그럴듯하나 속성속패하며 재물이 흩어진다. 부부무정
으로 평생 세월을 탄식하나 토(土)가 용신(用神)이면 대길하다.


■ 心 : 4 획, 마음 심, 자원오행(字源五行) 화(火)

근심과 걱정이 떠나지 않고 부부가 불화하며 자손의 흉액이 많으
나 목(木)이 용신(用神)이면 대길하다.


■ 釗 : 10 획, 힘쓸 쇠, 자원오행(字源五行) 금(金)

매사 침체되며 파란이 많고 재앙이 따르나 토(土)가 용신(用神)이
되면 평길하다.


■ 仙 : 5 획, 신선 선, 자원오행(字源五行) 화(火)

파란이 중첩되며 부부가 무정하고 자손의 근심이 떠나지 않으나
수(水)가 용신(用神)이면 대길하다.


■ 上 : 3 획, 윗 상, 자원오행(字源五行) 목(木)

성품은 고결하나 형과 자손을 극하나 수(水)가 용신(用神)이면 평
길하다.


■ 殺 : 10 획, 죽일 살, 자원오행(字源五行) 금(金)

허영·파란·고독·불행을 암시하나 토(土)가 용신(用神)이면 대

길하다. 그러나 혐오감을 주니 이름에는 쓰지 않는 것이 좋다.


■ 完 : 7 획, 완전할 완, 자원오행(字源五行) 목(木)

형을 극하는 대흉자이니 장남 외에는 삼가하는 것이 좋다. 성품은 단정하나 부부궁이 불리하고 불구·단명·자손불리를 암시하나 목(木)이 용신(用神)이면 평길하다.


■ 愛 : 13 획, 사랑 애, 자원오행(字源五行) 화(火)

일찍 한 부모를 잃고 부부이별도 따른다. 특히 여자는 대중의 아내로 무정세월을 보내며 자식덕도 없으나 수(水)가 용신(用神)이면 평길하다.


■ 雄 : 12 획, 수컷 웅, 자원오행(字源五行) 화(火)

경솔하여 천대와 멸시, 불행과 고독 속에 살아가나 토(土)가 용신(用神)이면 대길하다.


■ 一 : 1획, 하나 일, 자원오행(字源五行) 목(木)

이름자로는 하천한 글자로 한때 명성이 있어도 불신과 고독을 면하기 어려우나 수(水)가 용신(用神)이면 대길하다.


■ 日 : 4획, 날 일, 자원오행(字源五行) 화(火)

성품은 청수하나 육친이 무덕하며 고독을 초래하나 토(土)가 용신(用神)이면 대길하다.

■ 仁 : 4획, 어질 인, 자원오행(字源五行) 화(火)

선천적인 덕은 있으나 후천적으로는 박덕하다. 고질병·부부이별·단명·객사 등을 암시하나 수(水)가 용신(用神)이면 대길하다.

■ 元 : 4획, 으뜸 원, 자원오행(字源五行) 목(木)

형제덕이 없고 고독·부부불행·객사·단명 등을 암시하나 수(水)가 용신(用神)이면 대길하다.

■ 月 : 4획, 달 월, 자원오행(字源五行) 수(水)

의지가 박약하며 고독을 면하기 어려운 흉자이나 아호로는 대길하다. 토(土)가 용신(用神)이면 이름자로도 평길하다.

■ 玉 : 5획, 구슬 옥, 자원오행(字源五行) 금(金)

매사불성으로 파산수하고 고독 불행하다. 남편과 자식복이 없고 조난·객사·단명을 암시하나 화(火)가 용신(用神)이면 대길하다.

■ 雲 : 12획, 구름 운, 자원오행(字源五行) 수(水)

구름처럼 재물도 집산이 잦고 부부운도 불길하나 아호로는 길하다. 특히 토(土)가 용신(用神)이면 대길하다.

■ 銀 : 14획, 은 은, 자원오행(字源五行) 금(金)

마음은 강직하나 불행을 면할 길이 없고 박명을 암시하나 토(土)가 용신(用神)이면 대길하다.

■ 女 : 3획, 계집 여, 자원오행(字源五行) 토(土)

재물은 모으나 불의의 재난으로 신고를 면하기 어렵다. 그러나 토(土)가 용신(用神)이면 대길하다.

■ 榮 : 14획, 영화 영, 자원오행(字源五行) 목(木)

성품은 단정하며 이상도 높지만 불신과 불성을 초래한다. 부부운이 불리하고 조난·객사·단명·자손의 흉사를 암시하나 토(土)가 용신(用神)이면 대길하다.

■ 禮 : 18획, 예도 예, 자원오행(字源五行) 목(木)

성품은 영민하나 매사불성이다. 부부이별·객사·형액·단명 등을 암시하나 화(火)가 용신(用神)이면 무방하다.

■ 龍 : 16획, 용 용, 자원오행(字源五行) 수(水)

용은 상상의 동물로 허영에 빠지기 쉽다. 조난·피살·단명을 암시하나 수(水)가 용신(用神)이면 무방하다.

■ 烈 : 10획, 매울 열, 자원오행(字源五行) 화(火)
성품은 날카롭고 자존심도 있으나 정신박약·불신·박명을 암시
한다. 그러나 화(火)가 용신(用神)이면 대길하다.

■ 義 : 13획, 옳을 의, 자원오행(字源五行) 토(土)
매사불성 속성속패가 많고 부부이별·조난·객사·단명을 암시하
나 토(土)가 용신(用神)이면 대길하다.

■ 連 : 14획, 연할 연, 자원오행(字源五行) 토(土)
의지가 박약하며 불신과 흉사가 자주 있다. 부부이별과 대계불성
을 암시하나 금(金)이 용신(用神)이면 대길하다.

■ 伊 : 6획, 저·발언사 이, 자원오행(字源五行) 화(火)
여러 번 혼인하며 부모를 극하고 무의무탁을 암시하나 수(水)가
용신(用神)이면 대길하다.

■ 隅 : 17획, 모퉁이 우, 자원오행(字源五行) 토(土)
육친과 무정하니 고독과 산재의 암시가 있으나 목(木)이나 토(土)
가 용신(用神)이면 평길하다.

■ 留 : 10획, 머무를 유, 자원오행(字源五行) 토(土)
매사불성 유두무미 속성속패를 암시하나 화(火)가 용신(用神)이

면 평길하다.


■ 殷 : 10획, 은나라 은, 자원오행(字源五行) 금(金)
 성품은 정결하나 고독·부진·불행·조난·부부불화를 암시하나
토(土)가 용신(用神)이면 평길하다.


■ 長 : 8획, 긴·어른 장, 자원오행(字源五行) 목(木)
 성품이 너무 강렬하여 매사에 실패 불신을 암시하나 토(土)가 용
신(用神)이면 대길하다.


■ 眞 : 10획, 참 진, 자원오행(字源五行) 목(木)
 성품은 온후하나 실패가 거듭되는 흉자로 화(火)가 용신(用神)이
면 평길하다.


■ 進 : 15획, 나갈 진, 자원오행(字源五行) 토(土)
 매사불성으로 항상 불행과 고독을 암시하나 화(火)나 금(金)이 용
신(用神)이면 대길하다.


■ 珍 : 10획, 보배 진, 자원오행(字源五行) 금(金)
 육친이 무덕하고 부부이별로 고독하며 특히 자손의 불발을 암시
하나 화(火)가 용신(用神)이면 평길하다.

■ 柱 : 9획, 기둥 주, 자원오행(字源五行) 목(木)

 두뇌는 명석하나 고독하고 육친덕이 없다. 부부간에 이별하며 자손의 근심과 걱정을 암시하나 토(土)가 용신(用神)이면 대길하다.

■ 竹 : 6획, 대 죽, 자원오행(字源五行) 목(木)

 천품은 의지불굴하나 가정의 수심이 끊이지 않고 자손에 박덕을 암시하나 토(土)가 용신(用神)이면 평길하다.

■ 地 : 6획, 땅 지, 자원오행(字源五行) 토(土)

 재패·고독·재화·병고를 암시하나 토(土)가 용신(用神)이면 평길하다.

■ 重 : 9획, 무거울 중, 자원오행(字源五行) 토(土)

 성공을 막는 글자이며 재패로 고독을 암시하나 수(水)가 용신(用神)이면 평길하다.

■ 子 : 3획, 아들 자, 자원오행(字源五行) 수(水)

 남편덕이 없어 가정불화가 잦고 재화가 따른다. 여자는 본남편과 해로하기 어렵고 눈물과 근심 속에 살아가나 목(木)이 용신(用神)이면 대길하다.

■ 點 : 16획, 검은점 점, 자원오행(字源五行) 화(火)

선천운이 좋아도 하천을 면하기 어렵고, 형제간의 불화와 빈곤이 떠나지 않으나 수(水)가 용신(用神)이면 평길하다.

■ 枝 : 8획, 가지 지, 자원오행(字源五行) 목(木)

품격은 단정하나 불화와 조난 등 매사불성의 흉자이나 토(土)가 용신(用神)이면 평길하다.

■ 貞 : 9획, 곧을 정, 자원오행(字源五行) 금(金)

부모형제덕이 박하여 고독하고 건강도 나쁘다. 여자는 남편과 이별하며 수족에 이상이 오나 토(土)가 용신(用神)이면 평길하다.

■ 晶 : 12획, 맑을 정, 자원오행(字源五行) 화(火)

매사 침체로 불운하며 두세 번 결혼하는 파란을 겪으나 토(土)가 용신(用神)이면 평길하다.

■ 災 : 7획, 재앙 재, 자원오행(字源五行) 화(火)

매우 하천한 이름자로 재화가 많아 비참하게 살아간다.

■ 昌 : 8획, 창성 창, 자원오행(字源五行) 화(火)

부부인연이 박하고 육친도 무정하여 신고가 많으나 토(土)가 용신(用神)이면 평길하다.

■ 忠 : 8획, 충성 충, 자원오행(字源五行) 화(火)

박애정신은 있으나 매사에 백전백패한다. 생사의 극난을 몇 번 넘어야 하나 목(木)이 용신(用神)이면 평길하다.

■ 春 : 9획, 봄 춘, 자원오행(字源五行) 화(火)

의지가 박약하며 매사 발전이 없다. 주사로 부부가 항상 싸우는 흉자이나 토(土)가 용신(用神)이면 평길하다.

■ 川 : 3획, 내 천, 삼원오행(三元五行) 수(水)

부귀영화도 한 때이고 불의의 재화로 비참한 신세가 되기 쉽다. 조업을 탕진하고 객사하나 목(木)이 용신(用神)이면 평길하다.

■ 千 : 3획, 일천 천, 삼원오행(三元五行) 수(水)

형을 극하는 흉자로 육친이 무덕하고 고독을 면하기 어려우나 수(水)가 용신(用神)이면 평길하다.

■ 天 : 4획, 하늘 천, 삼원오행(三元五行) 화(火)

하늘은 한없이 높으니 상대가 없어 고독하며 불행하나 토(土)가 용신(用神) 이면 평길하다.

■ 初 : 7획, 처음 초, 삼원오행(三元五行) 금(金)

성품은 온순하나 고난과 고독을 면할 길이 없다. 끈기가 부족하여 태만하게 변할 수 있고 고난과 불행이 중중하나 수(水)가 용신(用神)이면 평길하다.


■ 鐵 : 21획, 쇠 철, 자원오행(字源五行) 금(金)

 명민하나 매사불성되고 재물도 모으기 어려우나 토(土)가 용신(用神)이면 평길하다.


■ 秋 : 9획, 가을 추, 자원오행(字源五行) 목(木)

 정신이 박약하며 불운이 겹치는 흉자이나 화(火)가 용신(用神)이면 대길하다.


■ 泰 : 9획, 클 태, 자원오행(字源五行) 수(水)

 욕망이 지나치니 길흉의 차이도 심하다. 형제와 자손이 흥하나 화(火)가 용신(用神)이면 대길하다.


■ 鶴 : 21획, 학 학, 자원오행(字源五行) 화(火)

 온유하나 고독과 곤고가 많다. 박명과 불신을 암시하나 호로는 무방하다. 수(水)가 용신(用神)이면 대길하다.


■ 輝 : 15획, 빛날 휘, 자원오행(字源五行) 화(火)

 성격이 강렬하며 매사 손재와 실패, 변화가 많이 따르나 금(金)이 용신(用神)이면 대길하다.

■ 喜 : 12획, 기쁠 희, 자원오행(字源五行) 수(水)

성품은 온순하나 곤고와 재액을 면하기 어려운 흉자이다. 그러나 토(土)가 용신(用神)이면 대길하다.

■ 孝 : 7획, 효도 효, 자원오행(字源五行) 수(水)

충직하나 부모덕이 박약한 흉자다. 그러나 목(木)이 용신(用神)이면 대길하다.

■ 好 : 6획, 좋을 호, 자원오행(字源五行) 토(土),

속성속패하며 시종일관이 어려워 곤고가 중중하나 토(土)가 용신(用神)이면 대길하다.

■ 花 : 10획, 꽃 화, 자원오행(字源五行) 목(木)

온유하나 주관이 없고 유흥에 몰두하니 일부종사하기 어렵다. 조난과 단명을 암시하나 화금(火金)이 용신(用神)이면 대길하다.

■ 姬 : 9획, 계집 희, 자원오행(字源五行) 토(土)

파란이 중첩하며 불모불성을 암시하나 토화(土火)가 용신(用神)이면 대길하다.

■ 夏 : 10획, 여름 하, 자원오행(字源五行) 화(火)

파란곡절과 불모불성을 암시하나 토(土)가 용신(用神)이면 대길하다.

■ 虎 : 8획, 범 호, 자원오행(字源五行) 목(木)
 과격한 성품으로 불행을 자초한다. 고독·병고·자손의 극해를 암
시하나 토(土)가 용신(用神)이면 대길하다.


■ 紅 : 9획, 붉을 홍, 자원오행(字源五行) 목(木)
 성품이 경솔하여 고독과 불행을 암시하나 토(土)가 용신(用神)이
면 대길하다.


■ 韓 : 17획, 한나라 한, 자원오행(字源五行) 금(金)
 후천적으로 박약하고 매사에 파란을 암시하나 토(土)가 용신(用
神)이면 평길하다.

# 9장. 81수의 영력과 암시

## 1. 기본격(基本格) 삼양회춘지상(三陽回春之傷)

하늘과 땅이 영원한 것처럼 1수도 변함없는 길수이다. 만상의 기본이므로 일생 평안하며 부귀와 영화를 누리고, 명예를 잃지 않고 장수하는 길수이다.

## 2. 분리격(分離格) 파재분열지상(破財分裂之像)

신체의 자유를 잃고 불구자가 되거나 재물운이 박하여 불행을 초래한다. 가정운이 나빠 처자와 생이사별하고 고향을 떠난다. 2수는 음극수(陰劇數)이기 때문에 탐욕과 독선으로 흘러 몰인정한 사람이 되기 쉽고, 분리와 불안을 암시한다. 좋은 환경의 혜택을 받기 어려운 수이다.

## 3. 성형격(成形格) 시생만물지상(始生萬物之像)

천지자연의 혜택을 입고 입신양명하여 만인이 우러러보는 인물이
될 수 있는 대길수이다.

## 4. 부정격(不定格) 만사불성지상(萬事不成之像)

성품은 온유하나 판단력이 부족하고 매사 용두사미격이다. 간혹
근근히 노력하여 성공해도 오래가지 못하고 실패한다. 체력이 약하
여 불구자가 되기 쉽고, 가산도 산산이 흩어지는 불길한 수리이다.

## 5. 정성격(定成格) 고목봉춘지상(枯木逢春之像)

씨앗이 봄을 만나 싹을 틔우는 것처럼 만사형통이다. 부귀번영으
로 일찍 출세하여 이름을 얻으며 부귀공명하는 대길수이다.

## 6. 계성격(繼成格) 만사형통지상(萬事亨通之像)

외유내강이며 만사순성이니 매사 성취하여 가업이 번창한다. 하늘
의 은덕을 입는 수로 집안이 행복한 대길수이다.

## 7. 독립격(獨立格) 강건전진지상(剛健前進之像)

철두철미하며 단 한번의 모사도 순롭게 성사된다. 세력이 맹호가
숲에서 뛰어나오는 격으로 자수성가하는 대길수이다. 부부궁은 다
소의 의견차이가 있으나 자손의 영화와 공명이 진진한다.

## 8. 개물격(開物格) 성공전개지상(成功展開之像)

처세가 좋고 외고집인 면이 있으나 의지가 굳세어 여러 난관을

극복한다. 초지일관으로 자립성공하고 부귀장수한다. 자손의 영화
가 있어 공명하는 대길수이다. 특히 건강은 8수를 요한다.

— 원격(元格)에 8수가 있고, 이격(利格)에 5·6·7·8이나 9·10수
　　가 있으면 기초운이 편안하고, 만사가 순조롭게 발전하여 확고
　　한 기반을 다지는 좋은 운수이다.

## 9. 궁박격(窮迫格) 외부내빈지상(外富內貧之像)

　준수하며 아량도 넓고, 문예사색 방면에 발전이 있다. 그러나 워낙
궁박한 수리여서 중도에서 실패하는 수가 많다. 그렇지 않으면 색
정문제로 비난과 조소의 대상이 되고, 소소한 기술로 근근히 살아
가거나 부부이별과 무자식 등 가정운이 불길하다. 그러나 사격수리
(四格數理)에서 호응의 조화가 좋으면 대부호·명망가·학자·효
자·열부 등의 큰 인물이 나온다.

— 원격(元格)에 9, 이격(利格)에 1·2나 7·8, 또는 9·10수가 있
　　으면 가정의 기초운이 안강하여 매사 여의하니 순조롭게 성공
　　하는 대길수이다.

## 10. 공허격(空虛格) 만사허무지상(萬事虛無之像)

　종극수(終極數)이며 정지수(停止數)로 중단과 암울, 단명의 수리
이다. 그러나 심성은 섬세하며 영리하고 사교성은 민첩하나 별로
활동적이 못되어 좋은 기회를 놓친다. 학업중단 등 매사가 중단되

는 수리로 단명하는 수도 있고, 가정이나 사업도 중단되는 수리이
니 쓰지 않는 것이 좋다. 그러나 사격수리의 호응조화가 좋으면 절
처봉생(絶處逢生)으로 순조롭게 대학자·정치가·문예가로 크게
성공한다. 성명 전체의 학리가 선천운인 사주에서 조화를 얻으면
대부호·위인·지사·열사·절부(節婦) 등의 특이한 인물이 배출
되기도 한다.

— 원격(元格)에 10수가 있고, 이격(利格)에 1·2나 7·8 또는 9·
  10수가 있으면 기초운이 좋아 순조롭게 목적을 달성하는 길상
  의 수리이다.

## 11. 신성격(新成格) 만물갱생지상(萬物更生之像)

확고한 의지와 창의력으로 적극매진하여 만사를 이룬다. 착실한
사교성과 강렬한 향학열이 있어 고학이나 독학으로 대학자를 능가
하는 노력으로 점차 성공하여 만인의 우러름을 받으며 부귀영화를
누린다. 교육계·정치계·법조계·언론계·문예계에 진출하여 큰
성공을 거두는 등 만인의 우두머리로 명진사해하는 대길수이다. 11
수에는 양자나 양녀의 특징이 있다. 여자는 사회사업이나 공무직이
나 기타의 직업여성으로 과중한 부담을 지는 수가 많은데, 선천운
인 사주와 조화가 불길하면 고과운(孤寡運)이 되어 가족을 위하여
한평생 희생하다 독신이 된다.

— 원격(元格)에 11수가 있고, 이격(利格)에 1·2나 3·4, 또는 9·
  10수가 있으면 조상이나 윗사람의 혜택을 많이 받아 순조롭게
  발전하는 대길수가 된다.
— 이격(利格)에 5·6. 7·8수가 있으면 기초운이 불안하여 일찍 부
  모를 잃고 의부나 양모 밑에서 방황한다는 불길한 수리이다.

## 12. 박약격(薄弱格) 연약빈곤지상(軟弱貧困之像)

외유내강 연약고독한 수리로 성정은 세밀하고 영리하다. 연약하고
무력하니 성취하기 어렵고, 설령 조상의 유업이 있으면 잠깐은 편
안할 수 있으나 스스로 성공하기는 어렵다. 심신이 허약하며 육친
도 무덕하고, 부부간에 이별하며, 자식은 병약 단명한다. 그러나 사
격수리의 호응이 좋으면 교육·법조·언론·문예·행정계 등에서
크게 성공하여 장수하는 운으로 바뀔 수도 있으니 호응조화의 관
계를 잘 고찰해야 한다. 여자는 유혹에 빠져 피해를 많이 당하고,
유부남과 형식적인 부부생활로 일생을 보내는 수가 많다.

— 원격(元格)에 12수가 있고, 이격(利格)에 1·2나 3·4, 또는 9·
  10수가 있으면 조상의 유업이 있으니 쉽게 목적을 달성한다.
— 이격(利格)에 5·6이나 7·8수가 있으면 기초가 불안하여 고독
  하며 빈곤하다.

## 13. 지모격(智謀格) 입신양명지상(立身揚名之像)

풍부한 상식과 재치로 어떤 난관도 개척하여 만사통달하는 수리

이다. 30세 전에 고시에 합격하거나 학위를 얻어 정치·법조·언론·문예·의약계에 입신하여 부귀영화를 누린다. 사회적으로도 큰 사업을 벌여 권세와 재력이 풍부하니 만인을 호령한다.

— 원격(元格)에 13수가 있고, 이격(利格)에 1·2나 3·4, 또는 5·6수가 있으면 기초운이 좋아 착실하게 발전하는 대길수이다.
— 이격(利格)에 7·8이나 9·10수가 있으면 기초운이 약하여 학업을 중단하고, 가정을 떠나 주색·방탕·형액·질병·행방불명 등을 당하나 이격(利格)이 18이나 38수이면 무난하다. 특히 여자는 가출하여 색정으로 실패하고, 고독과 단명의 불행을 맞는다.

## 14. 이산격(離散格) 이산파패지상(離散破敗之像)

온유한 지성과 심원한 처세로 매사 순조롭게 성공한다. 상당한 지위와 가계를 세우나 일장춘몽으로 가족이별과 부부이별에 파란이 연속된다. 타향에서 고독과 번민으로 매사가 막히니 동분서주하는 방랑객 신세가 된다. 가족분산·부부이별·관재구설·행방불명·교통사고·폐병·심장질환·중풍 등이 따르는 흉수이다.

— 원격(元格)에 14수가 있고, 이격(利格)에 1·2나 3·4, 또는 5수가 있으면 순조롭게 기초를 확립하고 해외에서 유학이나 사업을 하는 경우가 많다. 운수업·무역업·외교 등으로 소기의 목적을 달성하는 대길수이다.

— 이격(利格)에 7·8이나 9·10, 또는 6수가 있고, 사격의 조화가
  불길하면 가정운이 약하여 가족이별은 물론 객지에서 관액이나
  교통사고 등을 당한다.

## 15. 통솔격(統率格) 천지안전지상(天地安全之像)

 지혜와 덕망, 아량과 융통성으로 점차 성공한다. 교육계·정치
계·토건운수업에 종사하여 대지대업을 이루고, 상하의 총애와 존
경을 받으며 대중을 통솔한다. 재력과 권력을 모두 얻는 수복쌍전
의 대길수이다.

— 원격(元格)에 15수가 있고, 이격(利格)에 3·4나 5·6, 또는 7·8
  수가 있으면 기초운이 안강하고 가정운이 평안하여 순조롭게
  발전한다. 여자는 남편덕이 많고 가문이 번영한다.
— 이격(利格)에 1·2나 9·10수가 있으면 기초운에 방해가 많아
  학업을 중단하는 등 애로가 있으나 무난하게 극복하고 입신출
  세하여 대중을 통솔하며 부귀와 영화를 누린다. 여자는 조혼은
  불리하여 실패하고 재혼하여 행복을 찾는다.

## 16. 덕망격(德望格) 온후유덕지상(溫厚有德之像)

 온후유덕하며 도량이 넓어 상하귀천의 차별없이 인자하나 외교와
애교는 부족하다. 실무가로 순조롭게 성공하며 교육계·사법계·
군인·축산업·산업부에서 대업을 이루고 만인의 존경을 받으며
부귀를 누린다. 권위와 덕망이 진동하는 대길수이다. 여자도 현모

양처의 최길수이다. 여기서 4수가 원형이정(元亨利貞)의 사격 중에
있고 음양(陰陽)이 조화를 이루지 못하면 병난·변사·단명이 따
르는 수리임을 기억해두기 바란다.


— 원격(元格)에 16수가 있고, 이격(利格)에 3이나 5·6, 또는 7·8
  수가 있으면 선대나 윗사람의 도움이 많아 순조롭게 성공한다.
— 이격(利格)에 1·2나 9·10수가 있으면 기초운이 약하여 학업을
  중단하고 가정을 떠나나 형격(亨格)과 조화가 좋으면 불행을
  극복하고 자립으로 대성한다.

## 17. 건창격(健暢格) 건전창달지상(健全暢達之像)

 강직한 성품으로 스스로 사업을 크게 일으킨다. 권위와 사상과 신
념이 확고하여 자신의 뜻을 관철시키며 목적을 이룬다. 여자는 사
격수리의 호응조화가 좋으면 현대여성으로 내외적으로 손색이 없
다. 그러나 수리호응이 조화를 이루지 못하면 가정불화와 논쟁으로
부부간에 이별하고 직업여성으로 자립한다.


— 원격(元格)에 17수가 있고, 이격(利格)에 5·6이나 7·8, 또는
  9·10수가 있으면 기초운이 좋아 무난하게 발전한다.
— 이격(利格)에 1·2나 3·4수가 있으면 학업이 중단되고, 가정을
  떠나 고생이 막심하나 늦게 자립으로 성공하기도 한다.

## 18. 발전격(發展格) 발전진취지상(發展進取之像)

유능유재한 장부의 기상이다. 활동력과 진취성으로 만난을 극복하고 목적을 이루어 고귀한 지위에 오른다. 의약계·기술사업·문예계 등에서 자립으로 성공하여 부귀와 명성이 진동한다. 여자는 직업여성이 많아 아내의 덕을 잃지 않도록 조심해야 하나 사격(四格)의 수리호응이 좋으면 현대여성으로 적합한 대길운이다.

— 원격(元格)에 18수가 있고, 이격(利格)에 5·6이나 7·8, 또는 9·10수가 있으면 기초운이 좋아 만사가 순조롭게 발전한다.
— 이격(利格)에 1·2나 3·4수가 있으면 극진한 노력과 인내심으로 자수성가한다. 여자는 직업여성으로 자취생활을 한다.

## 19. 고난격(苦難格) 봉학상익지상(鳳鶴傷翼之像)

만사가 침체되어 아무리 노력해도 실패하고, 육친은 무덕하여 부부이별·불구·병고·단명·무자식 등이 따른다. 여자는 형식적인 부부생활로 흐르는 경우가 많다. 특히 9수는 양수(陽數) 중 최상의 수로 원형이정(元亨利貞)의 사격(四格)에서 9·10수가 중복되고, 선천운과 수리호응이 좋으면 대학자·대부호·장수자 등이 된다.

— 원격(元格)에 19수가 있고, 이격(利格)에 1·2나 7·8, 또는 9·10수가 있으면 기초운이 편안하여 만사가 형통한다. 해외에 진출하는 등 순조롭게 목적을 이룬다.

─ 이격(利格)에 3·4나 5·6수가 있으면 가정운이 약하여 학업을 중단하고, 가정을 떠나 색정에 광분하다 사업실패·관재· 부부이별·무자식 등의 비운을 만난다. 여자는 가정을 버리고 유흥계로 나가는 수가 있고, 색정에 광분하여 자궁병이나 무자식 등으로 한 세상을 보낸다.

─ 형격(亨格)에 19수가 있고, 정격(貞格)에 1·2나 7·8, 또는 9·10수가 있으면 인품이 준수하여 세인의 존경을 받으며 대지대업을 이룬다.

## 20. 허망격(虛望格) 만사공허지상(萬事空虛之像)

영리하며 지혜가 있으나 처세가 일관적이지 않고, 심신이 허약하며 육친이 무덕하여 중병·곤고·객사·형액·교통사·자녀상실·부부이별·단명 등이 다른다. 특히 여자는 남편이 첩을 둔다. 20은 사물의 종말을 고하는 수로 휴식 정지의 뜻이 있다.

─ 원격(元格)에 20수가 있고, 이격(利格)에 1·2나 7·8, 또는 9·10수가 있으면 기초운에 다소 이동성이 있으나 무난하게 기반을 다져 순조롭게 발전한다. 여자는 재혼남자와 결혼하는 수가 있으나 중년부터는 안락하게 살아간다.

─ 이격(利格)에 3·4나 5·6수가 있으면 가정운이 공허하고 학업중단·사업중단·가업탕진하고, 객지에서 방황하며 색정에 방종한다. 사격(四格)과 조화가 불리하면 형액이나 단명이 따르기

도 한다. 여자도 가정을 버리고 유흥업에 종사하거나 유부남과 이중생활을 한다.

## 21. 두령격(頭領格) 만인앙시지상(萬人仰視之像)

지모와 재략이 출중하며 처세가 확고하여 자립으로 대성한다. 강건한 심신과 덕망을 겸비하여 지도적인 인물이 된다. 여자는 독신생활을 해야 부귀하고, 가정을 꾸리면 남편을 극하여 과부운을 면하지 못하나 이격(利格)에 있으면 무방하다.

— 원격(元格)에 21수가 있고, 이격(利格)에 1·2나 3·4, 또는 9·10수가 있으면 조실부모하여 일시적으로 난관에 처하나 무난히 극복하고 착실하게 발전하여 대중을 이끈다. 여자는 재혼하거나 재혼남자와 결혼하는 수가 많다. 만혼이 무난하며 직업여성으로 대업을 이루어 명성을 떨친다.

— 이격(利格)에 5·6수가 있으면 조실부모하고 학업을 중단하며 신고함은 있으나 점차 성공하여 목적을 달성한다.

## 22. 중절격(中折格) 추풍낙엽지상(秋風落葉之像)

외유내강하며 왕성한 활동력으로 모든 계획은 잘 세워 초년에 상당한 지위와 복록을 누린다. 그러나 이 수는 가을철에 서리가 내리는 격으로 매사불성되어 정신착란을 일으킨다. 그렇지 않으면 가정파란·병고·불구·형액·살상·부부이별·단명·객사·비참 등을 면할 수 없다. 여자에게는 남편덕이 없고 납치되거나 피살되는 대홍수이다.

— 원격(元格)에 22수가 있고, 이격(利格)에 1·2나 3·4, 또는 9·10
수가 있으면 기초운이 편안하고 조상덕이 있어 목적을 이룬다.
— 이격(利格)에 5·6이나 7·8수가 있으면 가정운이 없어 학업을
중단하고 객지에서 천신만고하며 사업실패·부부이별·자손우
환·불구·단명·변사 등을 겪는다.

## 23. 공명격(功名格) 개화만발지상(開花萬發之像)

삼덕(三德)인 지(智)·인(仁)·용(勇)을 구비한 수이다. 영특하며
지덕과 문무를 겸비하여 천성적으로 영도의 기질이 있고 대지대업
을 이루어 부귀영달한다. 그러나 여자에게는 남편운을 극하는 수로
독신으로 출세하는데, 이격(利格)에 있으면 무방하다. 23수의 특징
은 원형이정(元亨利貞) 사격 중에서 3수가 중복되면 중절의 운수
가 되어 형액·병액(兵厄)·자살·살상 등의 환난을 겪는다.

— 원격(元格)에 23수가 있고, 이격(利格)에 1·2나 3·4, 또는 5·6
수가 있으면 기초운이 다소 불안정하여 부모를 일찍 여의고 동
분서주하나 강력한 진취성으로 무난하게 성공한다.
— 이격(利格)에 7·8이나 9·10수가 있으면 조실부모하니 학업을
중단하고 가정을 떠나 주색으로 방종한다.

## 24. 입신격(立身格) 우후개화지상(雨候開花之像)

지모가 뛰어나며 금전운과 물질운이 좋다. 맨주먹으로 재산을 모아 말년에는 크게 번영하여 부귀와 영화를 누린다. 특히 여자는 부부가 다정하고 자손이 번창한다. 24수는 사격수리가 6수와 대처하면 재난·병난·변사 등을 만난다.

— 원격(元格)에 24수가 있고, 이격(利格)에 1·2나 5수가 있으면 기초운이 튼튼하고 재물운도 풍성하여 순조롭게 성공한다.
— 이격(利格)에 7·8이나 9·10수가 있으면 기초운을 파괴하고 타향에서 사업실패는 물론 색정과 투기로 가산을 탕진하고 행방불명·병액(兵厄)·변사 등의 불운으로 빠져든다.

## 25. 안전격(安全格) 순풍항해지상(順風航海之像)

영민한 지모와 적극적인 처세로 만난을 극복하고 자수성가하여 부귀영달을 누린다. 정치계·법조계·군경·문예계·기술계·운수업계에서 크게 성공한다. 25수는 심신이 건전하고 꾸준히 발전하는 특성이 있으나 고집이 완강하여 사교상 불화하며 언사가 불량하다. 여자에게는 직업여성의 수리이고 자립과 건강에 필요한 수리이나 형격(亨格)이나 이격(利格)에 배치하는 것은 생각해봐야 한다.

— 원격(元格)에 25수가 있고, 이격(利格)에 3·4나 5·6, 또는 7·8수가 있으면 가정운이 좋아 조상덕이 많고 건전하게 발전한다.

― 이격(利格)에 1·2나 9·10수가 있으면 조실부모하니 기초운이
박약하여 파란은 있으나 만난을 극복하고 자수성가하여 대중을
지도한다. 단 1·2나 5·6수의 중복은 신상에 불리하다. 여자의
경우 재혼하며 가정운이 불길하다.

## 26. 시비격(是非格) 평지풍파지상(平地風破之像)

26은 파란많은 영웅의 수리로 대철학가·대문호가·대발명가·지
사·괴걸 등의 명칭이 붙는다. 대체로 실력과 재능을 과신하다 자
기도취에 빠져 말년은 별로 행복하지 못하다. 부부운과 자식운도
좋지 못하고, 장님이 되거나 도벽과 황음에 빠질 우려도 있다. 남녀
불문하고 부부궁과 가정운이 모두 불길하여 자연사가 어렵다. 특히
여자에게는 과운(寡運)으로 고독을 면하기 어렵다. 26은 사격수리
에서 4와 만나면 변사·불구·단명으로 흐르고, 19나 34수와 대처
하면 반드시 무자식운으로 흐른다.


― 원격(元格)에 26수가 있고, 이격(利格)에 3이나 5·6, 또는 7·8
수가 있으면 초년 가정운이 안강하고 지략이 출중하여 순조롭
게 목적을 이루고 착실하게 발전한다.
― 이격(利格)에 1·2나 9·10수가 있으면 초년 가정운이 좋지 않
아 학업을 중단하고 가정을 떠나 색정에 빠져 가정파란·부부
이별·자손우환·무자식 등을 겪는다. 여자도 가정을 떠나 색정
과 난무 등 고과운(孤寡運)으로 전락한다.

## 27. 중단격(中斷格) 만사중단지상(萬事中斷之像)

영명하며 투철하고 재지와 용모가 단정하며 미남미녀의 호걸적인 품위가 있다. 정치계·법조계·무관·문예계·체육계 등 다방면에 재능이 있고, 용단력이 비상하여 대지대업을 이루는 일종의 영웅수이다. 그러나 원래 중절운으로 고집이 강하고 성욕이 강하여 색정으로 인한 손패와 비난을 당한다. 부부이별·살상·피살·형액·자살·변사·불구·단명 등이 다른다. 수리호응의 조화를 심도있게 판단해야 한다.

— 원격(元格)에 27수가 있고, 이격(利格)에 5·6이나 7·8, 또는 9·10수가 있으면 기초운이 약하여 다소 애로가 있으나 심신이 건전하여 무난하다. 여자는 만혼으로 무난하게 발전한다.
— 이격(利格)에 1·2나 3·4수가 있으면 기초운이 약하여 학업을 중단하고 성공운이 다소 지연되나, 중년부터는 무난하게 발전하여 입신양명한다. 여자에게는 재혼하는 수리이다.

## 28. 파란격(波亂格) 대해편주지상(大海片舟之像)

성공도 일시적이며 자신이 편안하면 가정풍파가 생기고, 가정이 편안하면 자신에게 파란이 속출하니 안정을 보존하기가 어렵다. 처자이별과 주위에서 비난과 비방의 대상이 된다. 이성문제로 가업을 탕진하고 객지로 나가 방황하며, 심지어 행방불명·교통사고·불구·단명·객사 등의 불운으로 빠져든다.

28수는 호걸이나 풍운아격으로 성공하여 왕왕 양명천하하는 인물이 나온다. 따라서 수리호응과 사주와 조화를 중시하여 길흉화복을 판단하는데 착오가 없어야 한다. 여자는 생리가 순조롭지 못하고, 형식적인 부부생활로 생과부 팔자가 되기 쉽다. 드물게는 남편이 객사하거나 행방불명되거나 친정살이를 하거나 자신이 방랑하는 수가 많다.

— 원격(元格)에 28수가 있고, 이격(利格)에 1·2나 3·4수가 있으면 이동이 잦고, 가정운이 박약하여 학업을 중단하고 가출하여 행방불명되는 등 초년운이 불우하다.
— 이격(利格)에 5·6이나 7·8, 또는 9·10수가 있으면 초년운이 편안하여 해외유학을 가는 등 무난하게 기반을 확립하면서 만사형통한다.

## 29. 성공격(成功格) 성공수복지상(成功壽福之像)

현출하며 영지가 고상하여 입신출세한다. 조달관문(早達官文)으로 요대금방(腰帶金榜)하니 도처유권(到處有權)이라 부귀장수하는 대길수이다. 여자는 현모양처로 행복한 가정을 이룬다.

— 원격(元格)에 29수가 있고, 이격(利格)에 3·4나 5·6수가 있으면 초년에 가정운이 약하고 환경이 불우하여 장애가 많고, 가정은 파란을 겪는다.

— 이격(利格)에 7·8수가 있으면 초년의 성공운이 무난하여 순조
롭게 목적을 이루고 부귀안태하나 1·2나 9·10수가 있으면 초
년운에 지장이 많아 전전하는 수가 있으나 대과없이 기초를 세
운다. 여자는 초년에 가정이 불운하다.

## 30. 부몽격(浮夢格) 무정세월지상(無情歲月之像)

왕성한 활동력으로 계획은 잘 세우나 수포로 돌아가고, 타향에서
고생해도 결과가 없다. 특히 일확천금을 꿈꾸며 투기에 몰두하니
성공해도 일시적이요 실패만 중중하니 세월만 원망한다. 만일 망동
하지 않으면 수리호응과 선천운의 조화에 따라 성공할 수도 있다.

30수의 특징은 대부호·대기업가·운수업·광산업·해외진출·무
역업·투기사업·정치계·대학자 등이 나오기도 하나, 선천운인
사주와 조화를 이루지 못하면 일찍 고향을 떠나 동분서주하다 행
방불명·교통사고·객사 등을 당한다.

— 원격(元格)에 30수가 있고, 이격(利格)에 1·2나 7·8, 또는 9·
10수가 있으면 초년에 다소의 이동과 변화는 있으나, 객지에서
주로 운수업으로 성공하는 경우가 많다.
— 이격(利格)에 3·4나 5·6수가 있으면 초년의 가정운이 불리하
여 이별 등의 불운을 겪는다. 여자는 부부이별로 과부가 되고,
특히 재산복과 자손복이 없어 항상 외롭게 살아간다.

## 31. 융창격(隆昌格) 만화방창지상(萬花芳暢之像)

천성이 원만하며 재지가 영수하고 타산적인 처세로 큰 일을 성공시켜 부귀공명과 장수를 누린다. 자손도 창성하니 오복을 누린다. 여자는 부부가 다정하며 재산운도 겸비하나, 원격(元格)과 형격(亨格)에 31수가 있으면 직업여성으로 과중한 부담을 지며 첩생활을 하거나 재혼한다. 31수의 특징은 자립적이며 독창적이고 배움에 고생은 많아도 경제적이어서 학위나 국가고시 또는 면허라도 딴다.

— 원격(元格)에 31수가 있고, 이격(利格)에 1·2나 3·4, 또는 9·10수가 있으면 순조롭게 기초를 확립하여 평안하다.

— 이격(利格)에 5·6이나 7·8수가 있으면 조실부모로 초년운이 불안하여 학업을 중단하고 객지에서 동분서주한다.

## 32. 요행격(僥倖格) 요행소득지상(僥倖所得之像)

뜻밖의 재물이 생기며 상하의 총애와 후원으로 명예와 지위를 얻는다. 기초를 무난히 세우고 만사가 형통하여 수복강녕한다. 여자도 상하의 총애를 받으며 좋은 배우자를 만나 부귀와 영화를 누린다. 32수의 특성은 사격(四格)과 조화를 이루지 못하면 방랑객 신세가 되어 행방불명·교통사고·객사·중풍·고독·빈곤이 따른다. 여자에게는 색난 등의 비참한 운명으로 흐르는 수리이니 호응조화와 선천운의 형격(亨格)을 깊이 있게 관찰해야 한다.

— 원격(元格)에 32수가 있고, 이격(利格)에 1·2나 3·4, 또는 9·
10수가 있으면 초년운이 튼튼하여 순조롭게 기반을 세우고, 해
외로 진출하는 등 발전을 거듭한다.

— 이격(利格)에 5·6이나 7·8수가 있으면 초년운이 불리하여 객
지에서 방황하며 병액이나 교통사고 등을 당한다. 여자는 독신
으로 출세하나 과부소리를 면하기 어렵다.

## 33. 승천격(昇天格) 등용왕성지상(登龍旺盛之像)

현출하며 재지가 영수하여 권위와 세력이 충천하고 명진사해한다.
33수의 특성은 수의 기초요 기원인 1이 삼재(三才)를 구비한 3수를
3으로 곱하면 3×3=9라는 양(陽)의 종극수(終極數)를 형성하고, 또
다시 9를 양(陽) 종수(終數)인 9로 곱하면 9×9=81 극의(極意)를
표현하는 81수를 형성한다.

그러므로 무릇 수는 일양(一陽)과 이음수(二陰數)로 조직되고, 3
수는 음양(陰陽)과 그 행족이 완성 구비된 수임으로 양화(陽火)의
33수는 지나치게 강렬하다. 극단의 양수(陽數)인 반면에 3+3=6으
로 오양수(五陽數)에서 육음수(六陰數)로 즉 양(陽)에서 음(陰)으
로 하강하는 전락 함정이 복재한 6수로 형성한다.

고로 극단의 암흑과 함정이 내포되어 있고 급진성으로 인한 순간
적인 사고로 자살·살상·피살 등 선악간에 이름을 떨치는 특성이
있는 수리로 호응조화와 사격(四格)의 조화를 깊이 고찰하여 작명
이나 해명에 임해야 한다. 여자는 대개 과부가 되거나 재혼하는 수

리이나, 부호명망가의 귀부인이나 대기업가로 안과태평하는 수도
있다. 다음의 호응조화를 주시하기 바란다.


— 원격(元格)에 33수가 있고, 이격(利格)에 1·2나 4, 또는 5·6수
가 있으면 초년운이 편안하여 순조롭게 소기의 목적을 이룬다.
여자는 부잣집으로 시집가나 초혼은 실패하고 재혼하여 안과태
평한다.
— 이격(利格)에 7·8이나 9·10수가 있으면 초년운이 불리하여 가
정을 떠나 행방불명·자살·살상·피살·형액·불구·단명 등
을 겪는다.

## 34. 파멸격(破滅格) 평지풍파지상(平地風破之像)

파괴와 파멸을 유도하는 수로 불의의 재해가 속출하여 만사가 파
멸된다. 식록은 있으나 병난이 많고, 부부간에 생사이별하고 자식
을 잃고 비애 속에 형액·살상·광증·패가망신 등이 따른다. 34는
파멸운인 동시에 영웅·지사·열사·효자·열부·풍운아 등의 특
이한 인물이 나오기도 하는 수리이다. 다음에 열거하는 호응수리를
심도있게 관찰하기 바란다.


— 원격(元格)에 34수가 있고, 이격(利格)에 1·2나 3·4, 또는 5·6
수가 있으면 초년운이 편안하고 매사가 형통되는 길상운이다.
— 이격(利格)에 7·8이나 9·10수가 있으면 가정에 파란이 겹쳐

자식이 없거나 있는 자식도 잃고, 형액·불구·단명 등 패가망신하는 운으로 흐른다.

## 35. 평범격(平凡格) 안과태평지상(安過泰平之像)

성격이 유화하며 처세가 원만하여 만인의 신망을 받고 충직 성실하게 맡은 사업에 종사한다. 토지와 건물 등 주로 부동산으로 기초를 반석같이 확립하는 수리이다. 학술·예술·기술면에 큰 발전이 있고 부귀와 수복이 무궁한 수리이다. 35수는 원격(元格)이나 형격(亨格)에 있는 것이 최상이고, 정격(貞格)은 그 다음이다. 여자에게 가장 합당한 수리로 현모양처의 양수(良數)이다.

— 원격(元格)에 35수가 있고, 이격(利格)에 3·4나 5·6, 또는 7·8수가 있으면 초년운이 편안하고 가정운이 평온하여 순조롭게 목적을 달성한다.

— 이격(利格)에 1·2나 9·10수가 있으면 잠시는 불안과 변동이 생기나 무난히 극복하고 목적을 이룬다. 여자는 재혼하거나 유부남과 인연이 있다.

## 36. 영웅시비격(英雄是非格) 골육상쟁지상(骨肉相爭之像)

영명하며 두뇌가 명철하여 세상사에 웅지를 달성하고 대중의 우러름을 받는 일종의 영웅수이다. 학자·종교가·정치가·예술 방면에서 명진사해한다. 수리호응이 조화를 이루지 못하면 가정파란·형액·불구·단명 등의 불행한 운으로 흐르는 수가 많다.

36수의 특성은 대중심리에 휩쓸려 대가없는 희생을 당하는 수가 많고, 자기 일은 못하면서 다른 사람의 일로 곤경에 빠져 방황하며, 사소한 일에도 눈물을 잘 흘린다. 성공하면 방종으로 실패의 고배를 마시며 자포자기하는 등 품행이 부정한 면이 숨어 있고, 여자는 일부종사하는 예가 극히 적다.

— 원격(元格)에 36수가 있고, 이격(利格)에 3나 5 · 6, 또는 7 · 8수가 있으면 초년운이 길하여 순조롭게 목적을 이룬다.
— 이격(利格)에 2나 9 · 10수가 있으면 초년운이 불리하여 학업을 중단하고 객지에서 방황한다. 심지어는 사업실패 · 행방불명 · 부부이별 등으로 흐른다.

## 37. 인덕격(仁德格) 고목생화지상(枯木生花之像)

재략과 지모가 출중하여 어려움을 개선 처리하는 천재적인 소질이 있고, 큰 사업을 능히 성취시켜 부귀공명하는 견고한 수리이다. 교육계 · 정치계 · 문예계 · 의약계 등에서 크게 발전한다. 37수의 특징은 완강한 고집으로 대성하여 명진사해하나, 호응조화가 불길하면 비참한 액난을 당하기도 한다. 여자는 고과운(孤寡運)으로 교육계 · 종교계 · 공무원 · 인기사업에 종사하는 중년의 직업여성의 수리요, 심하면 만년까지 자립이 어렵다.

— 원격(元格)에 37수가 있고, 이격(利格)에 5 · 6이나 7 · 8, 또는

9·10수가 있으면 초년운이 편안하여 기반을 확립하고 부귀영달한
다.

― 이격(利格)에 1·2나 3·4수가 있으면 초년 가정운이 불리하여
부부이별의 비애는 있으나, 무난하게 성공하는 길상의 운으로
회복 순화된다. 여자는 독립운으로 평생 직업여성의 운수이다.

## 38. 복록격(福祿格) 입신양명지상(立身揚名之像)

온화하며 정직하고 문학적 소질이 있다. 기술방면에 유력한 발달
이 있고, 한 가지에 전념하면 무난하게 성공하여 부귀영달하고 명
진사해하는 수리이다. 38수의 특징은 남자는 박력이 약하며 권력의
쟁취하는 능력이 부족한 점은 있으나 발명가의 소질이 있다. 크고
작은 환난이 없는 수리이므로 현대여성에게는 적합한 운이다.


― 원격(元格)에 38수가 있고, 이격(利格)에 5·6이나 7·8, 또는
9·10수가 있으면 초년 가정운이 평안하고 만사가 여의하여 무
난하게 목적을 달성한다.
― 형격(亨格)에 38수가 있고, 정격(貞格)에 5·6이나 7·8, 또는
9·10수가 있으면 재지가 영명하고 두뇌가 현철하여 교육계·
의약계·문예계·기술계 등에서 크게 성공하여 부귀영화로운
가문을 만든다.

## 39. 안락격(安樂格) 개화영춘지상(開花迎春之像)

자성이 고결하여 인격적 존엄을 받고, 관직운이 대길하니 관문에

들어 파죽지세로 성공한다. 재백이 풍성하고 사방에 덕망이 퍼져 세인의 존경을 받으며, 부귀영달 수명장수하는 대길수이다. 여자는 부부이별로 독신녀가 많다. 39수의 특징은 고집이 강하고, 양부모를 보는 수가 있으며, 무관·사법기관원·공무원·학자 등의 운이다. 한편 33수는 극단적인 운세가 숨어 있는 수리이다.

— 원격(元格)에 39수가 있고, 이격(利格)에 1·2나 7·8, 또는 9·10수가 있으면 초년운이 안강하고 매사가 여의하여 성공운이 빠르나, 부자이별이나 가족이별 등 파란이 있은 후 안정된다.
— 형격(亨格)에 39수가 있고, 정격(貞格)에 1·2나 7·8, 또는 9·10수가 있으면 기골이 장대하며, 만난을 극복하고 대지대업을 성취한다. 대학자·사법계·군장성급 등으로 부귀공명한다.

## 40. 무상격(無常格) 도로무공지상(徒勞無功之像)

 지모가 뛰어나 일시적인 성공은 기대할 수 있으나, 속성속패의 변화와 덕망이 없으니 도로무공이다. 투기와 모험을 즐기나 사불여의(事不如意)라, 만인에게 비난을 받고, 부부는 이별하고 가족도 분산되니 고독과 빈곤을 면할 수 없다. 형액·불구·단명 등 불측의 재난을 내포한 수리이다. 40수는 4수와 10수의 뜻이 함축되어 있고, 수리의 종말인 80수의 중간 음(陰)으로 야반삼경(夜半三更)과 같이 암흑지경에 음흉고독한 극흉수이나 양성수리와 호응조화를 얻으면 절처봉생(絶處逢生)으로 바뀌어 부귀수복 공명영달한다. 대학자·

종교가·정치가·효자·열부 등이 나오니 여자에게 적합한 운이기
도 하다.

— 원격(元格)에 40수가 있고, 이격(利格)에 1·2나 7·8, 또는 9·
  10수가 있으면 초년운이 편안하여 매사가 여의하니 순조롭게
  성공한다.
— 형격(亨格)에 40수가 있고, 정격(貞格)에 1·2나 7·8, 또는 9·
  10수가 있으면 출중한 지략으로 꾸준히 노력하여 대지대업을
  이루고 부귀공명한다. 교육·정치·종교계 등에서 성공한다.

## 41. 대공격(大功格) 명진사해지상(名振四海之像)

 재략과 지모가 출중하고 미모가 단정하여 영명정대한 기풍을 지
닌다. 만민의 사표요 지도자가 될 수 있고, 상하의 신망이 두텁고
도모하는 일마다 순조롭게 이루어져 공명이 사해에 진진한다. 여자
도 교육계·종교계·정치계에 명성을 떨치고, 귀부인이 되는 수리
이다. 그러나 세응(世應)과 호응조화가 불길하면 독신운으로 과부
가 되는 수도 있다. 41수의 특징은 40수의 암흑가에서 회생되는 뜻
이 함축되어 마치 교도소에서 수련하고 선량한 인물로 출소한 인
사와 같고, 최고 학부에서 연마한 인물이 만인 앞에 나타난 것 같
은 수리이다. 1이나 81수와 비슷한 점도 있으나 신중성과 수련연마
된 점이 더 강하다.

— 원격(元格)에 41수가 있고, 이격(利格)에 1·2나 3·4, 또는 9·
10수가 있으면 비록 조실부모하나 초년운이 좋아 순조롭게 성
공한다.

— 형격(亨格)에 41수가 있고, 정격(貞格)에 1·2나 3·4, 또는 9·
10수가 있으면 의지가 굳어 만난을 극복하고 입신양명한다. 교
육계·정치계·의약계·문예계에서 고귀하게 발전하여 만인의
사표가 된다. 여자도 무난하게 성공하여 지도자 위치에서 안과
태평하는 귀부인격의 수리이다.

## 42. 고행격(苦行格) 조절죽장지상(早折竹丈之像)

성품은 완강하며 일찍이 가족상별의 변동이 있다. 질병·불구·형
액·객사·조난 등을 암시하는 대흉수이다. 특히 내향적으로 과감
한 실천력이 없어 좋은 기회를 잃는 경우가 많다. 성공하기까지 온
갖 고생이 따르고, 성공해도 오래 가지 못한다. 42수 이상의 수리는
원격(元格)에서 형성되는 경우가 매우 적다. 따라서 호응해설은 원
격(元格)은 생략하고 형격(亨格)부터 한다.

— 형격(亨格)에 42수가 있고, 정격(貞格)에 1·2나 3, 또는 9·10수
가 있으면 성품이 온유하고 지모가 탁월하여 처세에 세밀하다.
소질이 다재다능하며 교육계·법조계·언론계·의약계에서 입
신양명한다.

— 이격(利格)에 42수가 있고, 원격(元格)에 1·2나 3·4, 또는 9·

10수가 있으면 초년에 가정운이 편안하여 만사형통하니 무난하게 기반을 잡는다.

## 43. 미혹격(迷惑格) 대해광풍지상(大海狂風之像)

박약과 방만을 암시하는 수리로 아무리 재능과 기예가 특출해도 곤고가 많다. 겉으로는 다복하게 보이나 내용은 허실하여 파란과 신고가 많다. 실패한 후에는 정신착란 등 불측의 재앙을 초래하는 대흉수이다. 특히 여자는 정조관념이 없고, 재물운도 불길하니 남편덕도 없다. 설상가상으로 자손의 근심도 떠나지 않는다.

— 형격(亨格)에 43수가 있고, 정격(貞格)에 1·2나 3·4, 또는 5·6 수가 있으면 지모와 재략이 출중하여 소기의 목적을 달성한다. 교육계·문예계·정치계 등에서 대업을 이루고 입신출세하여 부귀공명과 자손여경하는 대길수이다.

— 이격(利格)에 43수가 있고, 원격(元格)에 1·2나 4, 또는 5수가 있으면 초년운이 좋아 만사형통으로 순조롭게 성공하고, 사회적으로도 상당한 위치에 오른다.

## 44. 마장격(魔障格) 평지풍파지상(平地風破之像)

지능이 예민하여 수재나 발명가가 나올 수 있다. 그러나 방향을 잘못잡으면 사기나 횡령으로 흐르기도 하고, 백전백패격으로 만사가 여의치 못하고, 가족분산·생리사별이 따른다. 극쇠(極衰)는 환출생성(還出生盛)이요 절처봉생(絶處逢生)이라, 사격수리에 호응조

화와 선천운간에 조화가 좋으면 절처봉생격(絶處逢生格)으로 점차
성공하여 순풍에 돛단 듯이 부귀공명 수명장수한다. 대학자·종교
가·위인·열사·효자·열부 등이 나온다. 여자도 조화를 얻으면
현모양처가 된다.


— 형격(亨格)에 44수가 있고, 정격(貞格)에 1·2나 3·4, 또는 5수
  가 있으면 일시적으로 가정의 파란과 관재수는 있으나, 난관을
  극복하고 불굴의 노력으로 성공하여 대업을 이룬다. 여자는 재
  혼하거나 재혼남자와 결혼하여 안과태평한다.
— 이격(利格)에 44수가 있고, 원격(元格)에 1·2나 3·4, 또는 5수
  가 있으면 일시적으로 가정에 파란은 있으나 점차 안정되어 사
  회적으로도 기반을 잡고 소기의 목적을 이룬다.

## 45. 대지격(大智格) 명월광채격(明月光彩格)

 아량과 지모가 뛰어나 순풍에 돛을 단 듯이 대지대업을 이루고,
만인의 사표가 되어 부귀공명하는 대길수이다. 남녀를 불문하고 후
손에까지 공명이 중중하여 명진사해하는 대길수이다.


— 형격(亨格)에 45수가 있고, 정격(貞格)에 3·4나 5·6, 또는 7·8
  수가 있으면 의지가 견고하고 지모가 풍부하여 능히 만난을 돌
  파하여 대지대업을 이루고, 대중을 영도하며 부귀와 명예를 사
  해에 떨친다. 여자도 순조롭게 성공하여 가문을 빛낸다.

— 이격(利格)에 45수가 있고, 원격(元格)에 3·4나 5·6, 또는 7·8
수가 있으면 초년운이 탄탄하여 만사가 순조롭다.

## 46. 부지격(不知格) 심야암행지상(深夜暗行之像)

천성이 유재유능하고 유덕하여 만인을 영도한다. 부덕(富德)이 일
세에 진동하는 운기이면서 암흑공망운이 들어오는 수리이므로 세
응(世應)이나 호응, 자원오행(字源五行)의 배합을 반드시 참고하여
길흉여부를 판단해야 한다. 때때로 패가운이 따르니 객지에서 전전
하다 비참하게 객사를 당하거나 형액·부부이별·질병·신경쇠약
등이 따르기도 한다.


— 정격(貞格)에 46수가 있고, 형격(亨格)에 3이나 7·8수가 있으면
　공직·외교계·의약계·운수계·사업가로 해외에서 성공한다.
— 형격(亨格)에 2나 4, 또는 9·10수가 있으면 덕망이 부족하여 일
　시에 망한다. 일단 성공하면 은퇴하여 근신하는 것이 최선이다.

## 47. 출세격(出歲格) 일확천금지상(一攫千金之像)

지모와 재략이 출중하고 독립심이 강하여 자립으로 대성한다. 권
위가 내포되어 있는 수리이므로 관공직·공익계·교육계·종교계
에서 명성이 진동하는 대길수이다. 그러나 여자에게는 강한 수리이
므로 공직·공익사업·기타 직업여성이 많고, 독립성이 내포되어
자립운은 있으나 가정불운을 초래하기 쉽다. 47수는 남녀 모두 재
물운이 좋고, 만사가 형통하여 부귀영달한다.

─ 정격(貞格)에 47수가 있고, 형격(亨格)에 5·6이나 9·10수가 있
  으면 만사가 여의하여 관공리·교육계·정치계·기타 사업가로
  권위와 명망을 사해에 떨친다.
─ 형격(亨格)에 3·4나 7·8수가 있으면 완강한 고집 때문에 많은
  풍파와 신액을 초래한다. 그러나 타격의 조화가 좋으면 무관하
  다. 형격(亨格)에 1·2수가 있으면 일시적인 성공은 있으나 큰
  발전은 없다.

## 48. 유덕격(有德格) 식록유덕지상(食祿有德之像)

지모가 영민하고 강건하며 덕이 있어 만인을 영도한다. 정치계·
교육계·의학계·문예계·공익사업으로 부귀영달하는 대길수이다.

─ 정격(貞格)에 48수가 있고, 형격(亨格)에 5·6이나 9·10수가 있
  으면 아량이 풍부하고 만사가 여의하니 일생 편안하다.
─ 형격(亨格)에 7·8수가 있으면 관재구설이 따르고, 1·2·3수가
  있으면 각종 질병이 따르나 선천운과 호응조화가 좋으면 길운
  으로 흐른다.

## 49. 은퇴격(隱退格) 은퇴영존지상(隱退永存之像)

재지와 수완은 뛰어나나 길할 때는 길하고 흉할 때는 대흉한 상
으로 길흉의 변화가 무쌍하다. 특히 공명이 있을 때는 크게 성공하
여 만인의 부러움을 받지만 오래 가지 못하고 흉운이 들어와 매사
가 파패되는 대흉수이다.

— 정격(貞格)에 49수가 있고, 형격(亨格)에 1·2나 7·8, 또는 9·
  10수가 있으면 만사여의하다. 만인을 지도하며 재권이 풍부하여
  명성이 일세에 진동한다.

— 형격(亨格)에 3·4수가 있고, 타격과 조화를 이루지 못하면 손
  재손처·관재·질병·불구·단명·변사 등이 따른다.

## 50. 불행격(不行格) 용변어성지상(龍變魚成之像)

 지모가 출중하며 동화력과 통솔력이 뛰어나 지도자적인 위치에서
입신양명하나 다시 패하는 상이다. 50수는 한 번 성공하면 절대 근
신해야 하는 대흉수이다. 그렇지 않으면 형액·고독·질병 등을 벗
어나지 못하고 고생한다.

— 정격(貞格)에 50수가 있고, 형격(亨格)에 1·2나 7·8, 또는 9·
  10수가 있으면 활동력이 왕성하고 수완이 능숙하다. 법조계·정
  치계·교육계·기타 사업가로 해외에서 부귀공명한다.

— 형격(亨格)에 5·6수가 있으면 초년에 성공하나 중년 이후에는
  가정의 몰락·질병·곤고 등으로 흐른다.

## 51. 춘추격(春秋格) 어용득수지상(魚龍得水之像)

 진취적이며 자립성이 강하여 만인의 사표가 되고, 불굴의 노력으
로 성공하여 안과태평하는 대길수이다. 자손도 공명이 진진하며 명
예를 천추에 떨친다.

— 정격(貞格)에 51수가 있고, 형격(亨格)에 1·2나 3·4, 또는 9·
  10수가 있으면 만인의 존경을 받는다. 교육계·문예계·법조
  계·기타 지도자 위치에서 부귀공명한다.

— 형격(亨格)에 5·6이나 7·8수가 있고, 선천운과 조화를 이루지
  못하면 성공해도 불평불만으로 파란이 겹친다. 관재·손재·이
  별·불구 등으로 후반생은 불운하다.

## 52. 능직격(能直格) 만사통달지상(萬事通達之像)

 영민하여 사무에 능하고, 자수성가로 대지대업을 완수하며, 대학
자나 대정치가가 나오는 대길수이다. 여자는 성품이 온유하여 현모
양처가 되어 가업이 번창한다. 자손의 경사가 중중하며, 만사가 형
통하는 대길수이다.


— 정격(貞格)에 52수가 있고, 형격(亨格)에 1·2나 3·4, 또는 9·
  10수가 있으면 교육계·정치계·법조계·공익사업으로 입신양
  명 부귀번창한다.

— 형격(亨格)에 5·6이나 7·8수가 있고, 타격에 조화가 불길하면
  만사불성 선무공덕으로 고독과 역경 속에 사업실패·색난·이
  별·구설·관재·손재·병약·중풍 등의 불운으로 흐른다.

## 53. 불화격(不和格) 불화쟁론지상(不和爭論之像)

 외화내빈격으로 의리가 견고하지 못하여 대개 반평생은 평안하나
말년에는 패가망신한다. 성격이 완강하여 목적은 달성하나 육친무

덕·부부이별·횡사·단명·조난 등을 암시하는 대흉수이다.

— 정격(貞格)에 53수가 있고, 형격(亨格)에 1·2나 5·6, 또는 4수
  가 있으면 출중한 지모와 넓은 아량으로 대업을 성취하여 권세
  와 위풍을 사해에 떨친다. 정치계·교육계·문예계·공익사업
  으로 부귀영달한다.
— 형격(亨格)에 7·8이나 9·10수가 있으면 외화내빈격이다. 불출
  세의 영웅격으로 역경 속에서 방황한다. 가정파란·색난·이
  별·관재구설·행방불명·신액 등으로 패가망신한다.

## 54. 신고격(辛苦格) 낙마골절지상(落馬骨折之像)

 자성이 박약하며 만사불성으로 고욕이 많고, 패가망신·질병·불
구·폐질·형액·단명하는 대흉수이다. 만사가 어쩌다 성사돼도
신액이 따라 오래 가지 못하고, 대개 가족과 인연을 끊고 타향에서
전전하다 비참한 결과를 초래하는 대흉수이다.

— 정격(貞格)에 54수가 있고, 형격(亨格)에 1·2나 3·4, 또는 5수
  가 있으면 활동력이 왕성하여 대지대업을 이루고 부귀장수 안
  과태평한다. 교육계나 문예계에서 입신양명한다.
— 형격(亨格)에 7·8이나 9·10수가 있으면 세련된 수완으로 대업
  을 이루고 부귀영달한다. 그러나 타격이 불길하면 매사불통으로
  처자상별·생리사별·사업실패·불구·단명 등이 따른다.

## 55. 불인격(不忍格) 만사불성지상(萬事不成之像)

 탁월한 두뇌와 능숙한 수완으로 대업을 성취하나 중도좌절로 만사가 불성한다. 파산·병고·부부이별·피살·흉화·조난 등을 암시하는 대흉수이다.


— 정격(貞格)에 55수가 있고, 형격(亨格)에 3·4나 5·6, 또는 7·8수가 있으면 온후독실하며 지덕을 겸비하니 일찍 발달하여 명진사해한다.

— 형격(亨格)에 1·2나 9·10수가 있으면 일시 성공은 기할 수 있으나 외화내빈으로 재해가 속출하고, 매사가 공허중단이다. 가정의 파란과 이별·병약·불구·단명 등으로 흐른다.


## 56. 부족격(不足格) 부족부진지상(不足不振之像)

 고심 끝에 창업하나 만사가 난관을 만나 성취하기 어렵다. 용기마저 잃고 좌절하니 중년부터 말년은 재액과 손재로 불행하고, 눈물 속에 세월을 탄식하는 대흉수이다.


— 정격(貞格)에 56수가있고, 형격(亨格)에 3수나 5·6, 또는 7·8수가 있으면 기품이 온화유정하고 지덕을 겸비하여 대성공으로 부귀영화를 기한다.

— 형격(亨格)에 1·2나 9·10수가 있으면 재지와 덕망은 있으나 노력해도 만사불성이다. 재기할 수 없는 무기력한 운으로 사업

실패·이별·병액 등으로 패가망신하는 운으로 흐른다.

## 57. 노력격(努力格) 노력재기지상(努力再起之像)

자연의 혜택을 입어 부귀영달하고, 구사일생 뒤에 만사형통한다. 부부유정으로 부귀장수하니 자손에게까지 영화가 이어진다.


― 정격(貞格)에 57수가 있고, 형격(亨格)에 5·6이나 7·8, 또는 9·10수가 있으면 성품이 강건하고 용기를 겸비하니 도처춘풍이다. 부귀공명하며 자손도 창성한다.
― 형격(亨格)에 1·2나 3·4수가 있고, 사격과 조화가 불리하면 성공운이 좌절되고, 만사가 순조롭지 못하다. 구설·분쟁·이별·파란·행방불명·불구단명·변사 등의 운으로 빠져든다.

## 58. 자력격(自力格) 대기만성지상(大器晚成之像)

지모가 심원하며 의지가 강건하여 능히 대업을 이루어 명진사해 부귀영달하는 수리이다. 그러나 형격(亨格)과 타격과의 수리호응이 불리하면 의지가 박약하고 인내가 부족하여 성공이 좌절된다. 형격(亨格)과 타격의 배합이 좋으면 무난히 성공하여 부귀공명한다.


― 정격(貞格)에 58수가 있고, 형격(亨格)에 5·6이나 7·8, 또는 9·10수가 있으면 의지가 굳어 여러 가지 장애를 극복하고 상당한 지위와 부귀공명을 이룬다.
― 형격(亨格)에 1·2나 3·4수가 있고, 타격의 조화가 불리하면 일

시 성공도 수포로 돌아가고 재기가 어렵다. 패가망신·색난·관액·이별·병고·불구단명·변사 등의 불운으로 흐른다.

## 59. 불우격(不遇格) 의외실패지상(意外失敗之像)

의지가 약하고 인내심이 부족하며 용기가 없으니 성공과는 거리가 멀고, 역경과 액난 속에 일생을 슬픔으로 보내는 대흉수이다. 그러나 형격(亨格)과 배합이 좋으면 무난히 성공하여 부귀영달한다.

— 정격(貞格)에 59수가 있고, 형격(亨格)에 1·2나 7·8, 또는 9·10수가 있으면 지모가 출중하고 활동력이 왕성하여 대지대업을 이루고 부귀장수 안과태평한다. 정치계·법조계·교육계·문예계에서 크게 성공하고, 때로는 대학자가 나오기도 한다.

— 형격(亨格)에 3·4나 5·6수가 있고, 타격과 조화가 불리하면 일시는 평길하나, 재기하지 못할 역경에 빠져 좌절한다. 병마·관재·불구단명·변사 등의 비운으로 흐른다.

## 60. 암흑격(暗黑格) 암흑무광지상(暗黑無光之像)

매사는 유두무미하고 사업은 항상 불안하다. 동분서주하나 결실은 없고, 부부는 생사이별하며 자손도 발전하지 못한다. 형액·병약·단명하는 대흉수이다. 60수는 공허무한한 수로 5와 6의 원리를 깊이 있게 관찰해야 한다. 즉 오양수(五陽數)에서 육음수(六陰數)로 전락하는 암흑함정 같은 뜻이 내포되어 있다. 고로 형격(亨格)과 선천운인 사주의 조화를 잘 살펴보아야 한다.

— 정격(貞格)에 60수가 있고, 형격(亨格)에 1·2나 5, 또는 9수가 있으면 성품이 온후하며 지덕을 겸비한다. 세인의 존경을 받으며 부귀영달한다.

— 형격(亨格)에 3·4나 6, 또는 10수가 있으면 일시 성공은 기할 수 있으나, 운세가 돌변하여 함정으로 빠져든다. 실패·이별·고독·곤고·병액·형화·살상·변사·단명 등이 따른다.

## 61. 영화격(榮華格)개화만발지상(開花萬發之像)

천운으로 명성을 얻고 부귀공명하는 대길수로 대중의 신망을 얻어 일평생이 편안하다. 특히 여자에게는 부부간에 다정하고 자손이 번창하는 대길수이다.

— 정격(貞格)에 61수가 있고, 형격(亨格)에 1·2나 3·4, 또는 9·10수가 있으면 부귀영화와 수복강녕을 누린다.

— 형격(亨格)에 5·6이나 7·8수가 있으면 외화내빈격으로 겉으로는 손색이 없는 것 같으나 실상은 파란이 많다. 부부이별·자녀상실·가족분쟁·형제불화·관재구설·형화 등이 연속되며, 건강도 지키지 못하고 병약 단명하는 불운이다.

## 62. 고독격(孤獨格) 고독빈천지상(孤獨貧賤之像)

재력과 신용이 없으니 지탄의 대상이 되어 원성과 재난 속에 만사가 순조롭지 못하다. 성공과는 거리가 멀고 가정은 불화 속에 파산하니 번민과 고독 속에 살아가는 대흉수이다.

— 형격(亨格)에 5·6수가 있으면 기반이 점차 약해져 재화가 속출
한다. 사회적으로도 공신력을 잃으니 백사난성으로 가정풍파가
있고, 여난으로 관재와 병약 등의 비운을 맞는다.

## 63. 길상격(吉祥格) 동산회춘지상(東山回春之像)

천성적인 기품과 재략으로 사업이 발전하고 만사가 형통한다. 가
정에 웃음이 떠나지 않으니 행복 속에 살아가는 대길수이다.


— 정격(貞格)에 63수가 있고, 형격(亨格)에 1·2나 4, 또는 5·6수
가 있으면 만사여의로 대지대업을 이루고, 권위와 명성이 사해
에 진동한다.
— 형격(亨格)에 7·8이나 9·10수가 있으면 겉으로는 평온해 보이
나 속으로는 불안하여 이별·고독·객지풍파·관재구설·교통
사고 등이 따른다.

## 64. 침체격(沈滯格) 입신수도지상(立身修道之像)

재략은 있으나 용모가 공허하고 매사가 비참하여 불의의 재난이
속출한다. 모든 일이 침체되어 권리를 침해당하고 명예가 손상된
다. 병고·조난·단명에 이르러 말년이 비참하다.


— 정격(貞格)에 64수가 있고, 형격(亨格)에 1·2나 3·4, 또는 5수
가 있으면 계획한대로 성공하여 부귀공명한다.
— 형격(亨格)에 7·8이나 9·10수가 있으면 성공해도 수포로 돌아

가고, 가산탕진 · 행방불명 · 병액 · 불구단명이 따른다.

## 65. 완미격(完美格) 만화방창지상(萬花芳暢之像)

성품은 준걸하고 사업은 날로 번창하여 부귀와 명예가 따르는 만
인지상의 길수이다. 만사형통으로 공명이 사해에 진진하고 세력이
충천한다. 부부가 다정하고 자손이 번창하는 대길수이다.


— 정격(貞格)에 65수가 있고, 형격(亨格)에 2 · 3수나 5 · 6, 또는
  7 · 8수가 있으면 지덕을 겸비하고 도량이 넓어 가정이 융창하
  며 부귀공명한다.

— 형격(亨格)에 1 · 2수가 있으면 성공운이 지연되고, 신경통 · 간
  장병 · 수술 등의 신고가 따른다. 형격(亨格)에 9 · 10수가 있으
  면 객지에서 풍파를 격고, 가정운도 불행하다.

## 66. 역난격(逆難格) 진퇴양난지상(進退兩難之像)

천품은 영민하며 재지다모하나 내우외환이 교대로 닥쳐와 결국은
패가망신한다. 도난 · 수난 · 색난 · 병난 등을 암시하는 대흉수이다.


— 정격(貞格)에 66수가 있고, 형격(亨格)에 5 · 6이나 8, 또는 9 · 10
  수가 있으면 외유내강으로 만난을 극복하고 부귀를 기약한다.
  그러나 부부이별의 비운이 내포되어 남녀 공히 한 번의 가정파
  란은 면하기 어렵다.

— 형격(亨格)에 1 · 2나 4, 또는 9 · 10수가 있으면 만사불성으로 중

년 이후에는 재액이 끊이지 않고 색난으로 패망한다. 심지어 살
상·피살·변사 등의 불운으로 흐른다.

## 67. 성장격(成長格) 만사통달지상(萬事通達之像)

만사형통으로 대지대업을 성취한다. 선후배의 원조와 후견으로 앞
길을 개척하고 가업도 번창하여 평생 부귀와 영화를 누린다.

— 정격(貞格)에 67수가 있고, 형격(亨格)에 5·6이나 7·8, 또는
  9·10수가 있으면 강유를 겸비한 성품으로 만사형통하여 자수
  성가 부귀영창한다.
— 형격(亨格)에 1·2나 3·4수가 있고, 타격의 조화가 좋으면 무난
  히 성공한다. 그러나 조화가 불리하면 성공해도 점차 운세가 나
  빠져 병약·구설·파란 등의 불운을 초래한다.

## 68. 달성격(達成格) 신안발명지상(新案發明之像)

재지와 수완이 있고 근면 성실하여 반드시 발전한다. 모든 일을
시작하면 이루고마는 기질로 대지대업을 이룬다. 부귀가 사해에 진
진하며 대중의 신망을 얻고, 부귀영화를 누리는 대길수이다.

— 정격(貞格)에 68수가 있고, 형격(亨格)에 5·6이나 7·8, 또는
  9·10수가 있으면 아이디어가 좋아 기술이나 문예계, 공익사업
  으로 입신양명한다.
— 형격(亨格)에 1·2나 3·4수가 있고, 형격(亨格) 수리와 타격의

조화가 좋으면 무난하나, 부조화를 이루면 만사불통이다. 항상 불평불만이 많고, 가정파란·부부이별·객지풍파·질병에 시달리며, 관재 등의 변란을 초래하는 운으로 흐른다.

## 69. 쇠약격(衰弱格) 도로무공격(徒勞無功格)

지모와 재능은 출중해도 역경을 암시하는 수리이다. 시작은 좋으나 점차 쇠퇴하여 파란이 겹친다. 상하의 덕이 전무하니 도로무공으로 중도에 좌절하고, 가정파란·부부이별·병약·단명이 따르는 대흉수이다.

— 정격(貞格)에 69수가 있고, 형격(亨格)에 1·2나 7·8, 또는 9·
  10수가 있으면 왕성한 활동으로 성공하여 부귀공명한다.
— 형격(亨格)에 3·4나 또는 5·6수가 있으면 중년 후 가정불화로
  만사불성되고, 일시적인 영달도 수포로 돌아간다. 정신쇠약·가
  출·행방불명·불구·단명 등의 비운으로 흐른다.

## 70. 병난격(病難格) 궁박병난지상(窮迫病難之像)

선천운이 박약하여 부모와 인연이 없다. 고난과 신고 속에 병약 단명하고, 형제간에 정이 없으며, 일찍 고향을 떠나 비참하게 생활하고, 부부간의 생사이별을 암시하는 대흉수이다.

— 정격(貞格)에 70수가 있고, 형격(亨格)에 1·2나 7·8, 또는 9·
  10수가 있으면 꾸준한 노력으로 대오없이 목적을 달성한다.

— 형격(亨格)에 3·4나 5·6수가 있으면 중년 이후에는 생리적이
나 정신적으로 결함이 많다. 근심과 걱정이 끊이질 않고 형액·
질병·변사 등의 비운으로 흐른다.

## 71. 불안격(不安格) 길흉상반지상(吉凶相半之像)

선천적으로 기초운이 불안하여 매사가 불성된다. 천신만고 끝에
성공해도 오래 가지 못한다. 그러나 무리한 욕심을 버리고 분수를
지키면 대길하다.


— 정격(貞格)에 71수가 있고, 형격(亨格)에 1·2나 3·4, 또는 9·
10수가 있으면 정의와 덕망, 부귀와 권도를 겸비한다.
— 형격(亨格)에 5·6이나 7·8수가 있으면 외실내허운으로 허명무
실 노이무공으로 실패하고, 신고 속에 방황한다. 가정불운·관
재구설·병액·부상·교통사고 등의 불운을 초래한다.

## 72. 상반격(相半格) 패가망신지상(敗家亡身之像)

지모와 재능은 뛰어나나 선천운이 박덕하여 초년 고생은 면할 길
이 없다. 실패가 거듭되어 곤고가 막심하나 중년에는 만사형통하는
길운으로 바뀌는 수리이다.


— 정격(貞格)에 72수가 있고, 형격(亨格)에 1·2나 3·4, 또는 9·
10수가 있으면 외허내실로 만난을 극복하고 목적을 달성한다.
— 형격(亨格)에 5·6이나 7·8수가 있으면 만사가 순조롭지 못하

여 곤고·실패·궁박·불안 등의 비운으로 흐른다.

## 73. 형통격(亨通格) 행복길상지상(幸福吉祥之像)

영명하며 투철하고 재지가 남달라 부귀와 명예를 얻는다. 발전과 성공이 순조로운 대길수이다. 특히 여자는 부창부수하는 현모양처로 자손이 번창하는 대길수이다.

— 정격(貞格)에 73수가 있고, 형격(亨格)에 1·2나 4, 또는 5·6수가 있으면 정의가 충만하고 만난을 극복하여 목적을 이룬다.

— 형격(亨格)에 3수나 7·8, 또는 9·10수가 있고, 타격과 조화가 좋으면 무난하게 성공하나, 조화를 이루지 못하면 외부내빈격으로 호언장담은 잘하나 파란이 겹친다.

## 74. 불교격(不交格) 무지무능지상(無知無能之像)

재지가 영수하고 다방면에 재능이 풍부하나, 기복이 심하여 동요가 많고 불화의 징조가 가시지 않아 명랑하지 못하다. 만일 마음이 어질면 스스로 재산을 모아 안락한 생활(生活)을 누리는 대길수이다.

— 정격(貞格)에 74수가 있고, 형격(亨格)에 1·2나 3, 또는 5수가 있으면 뛰어난 재략과 불굴의 노력으로 점차 성공하여 부귀번성한다.

— 형격(亨格)에 4·6이나 7·8, 또는 9·10수가 있으면 매사에 함정이 도사리고 있고, 사람으로 성공해도 선무공덕이 되어 일생

비운으로 흐른다.

## 75. 왕성격(旺盛格) 개문복래지상(開門福來之像)

순직하며 온유유덕하여 적소성대한다. 면밀하며 이지적인 사고력으로 만사를 이루고 대중의 신망을 얻는다. 자립으로 대성하여 대기만성하는 대길수이다.

— 정격(貞格)에 75수가 있고, 형격(亨格)에 3·4나 5·6, 또는 7·8수가 있으면 아량이 풍부하고 부귀양명한다.

— 형격(亨格)에 1·2나 9·10수가 있고, 타격과 조화가 좋으면 성공이 무난하나 조화가 불리하면 재화를 초래한다. 사람으로 인한 손재와 질병 등으로 고생한다.

## 76. 이별격(離別格) 이별한탄지상(離別恨嘆之象)

지혜와 덕망은 타고 났으나 육친이 무덕하여 가족이 흩어진다. 홀로 객지에서 방황하며 병약과 신고를 면할 수 없는 대흉수이다. 그러나 여자는 과부를 면하기 어렵고, 자손과 인연도 없어 홀로 눈물속에 살아가는 대흉수이다.

— 정격(貞格)에 76수가 있고, 형격(亨格)에 3이나 5·6, 또는 7·8수가 있으면 부귀공명 양명천하한다.

— 형격(亨格)에 1·2나 4, 또는 9·10수가 있으면 성공도 일시이고, 불의의 재난으로 재물과 명예를 잃고 재기불능의 불운으로

빠진다. 처자상별 · 질병 · 불구 · 단명 · 패가망신 등이 따른다.

## 77. 개화격(開花格) 춘성회춘지상(春城回春之象)

선천적으로 의지가 굳고 지모가 뛰어나 순조롭게 목적을 이룬다. 부귀현달하고 자손이 번창하는 대길수이다. 여자에게도 부부간에 다정하고 현모양처인 대길수이다.

— 정격(貞格)에 77수가 있고, 형격(亨格)에 5 · 6이나 8, 또는 9 · 10 수가 있으면 꾸준한 노력으로 목적을 달성하고 부귀안과한다.

— 형격(亨格)에 1 · 2나 3 · 4, 또는 7수가 있고, 타격과 조화가 불리하면 사회적으로 융화하지 못하여 비난과 공격의 대상이 된다. 관재구설 등 성공운이 나빠 재기하기 어렵다.

## 78. 무력격(無力格) 군자실의지상(君子失意之像)

재지와 수완은 뛰어나나 매사가 순조롭지 못하여 신고를 겪는다. 중년 전후까지는 실천력의 부족하여 목적을 이루지 못하고, 주저하는 일이 많아 기회를 잃고 고생을 많이 하는 대흉수이다.

— 정격(貞格)에 78수가 있고, 형격(亨格)에 5 · 6이나 7 · 8, 또는 9 · 10수가 있으면 강건한 의지와 불굴의 노력으로 점차 성공하여 부귀공명한다.

— 형격(亨格)에 1 · 2나 3 · 4수가 있고, 타격과 호응수리가 불리하면 성공해도 40세가 넘으면 쇠퇴한다. 불의의 재난과 가정의 불

운 등으로 흐른다.

## 79. 불신격(不伸格) 궁극불신지상(窮極不伸之像)

위인이 혼미하여 자립하기 어렵고, 만사불성으로 뜻을 이루지 못한다. 병난과 신고가 중중하고 가족과의 인연도 박약하여 자립으로 대성을 꾀하나 결국은 실패하는 대흉수이다.


— 정격(貞格)에 79수가 있고, 형격(亨格)에 1·2나 7·8, 또는 9·
  10수가 있으면 꾸준한 노력으로 무난히 성공하여 부귀번창한다.
— 형격(亨格)에 3·4나 5·6수가 있으면 왕성하게 활동하나 만사
  불성이다. 여색으로 패가망신하는 비운으로 흐른다.

## 80. 일모격(日暮格) 천지종말지상(天地終末之像)

선천적으로 지모와 재략은 뛰어나나 운세가 따라주지 않아 곤난과 신고가 계속된다. 병약과 단명, 형액의 징조가 있어 일생 뜻을 이루지 못하는 대흉수이다. 80수는 음종극수(陰終極數)로 1이나 9를 얻으면 사생(四生)이 되어 좋은 운으로 변하여 입신출세한다. 그렇지 않으면 어둠에서 벗어나지 못하는 수리이다.

## 81. 환희격(還喜格) 청용등천지상(靑龍登天之像)

최극의 수로 기본으로 돌아가는 원리라고 할 수 있다. 지금까지의 고애와 난관을 모두 초월하고 번영과 행복을 암시하는 최대의 대길수이다. 81은 수의 원리에서 기술한 것처럼 천지간에 사람이 있

는 격이라 했다.

 우주는 천지인(天地人) 삼재(三才)의 원리인 3수요, 3에 1을 곱하면 3이요, 3을 3으로 곱하면 9요, 9에 9를 곱하면 81로 만물시생의 1를 3에서부터 3회전이 자승수 즉 최고극수에서 다시 원소 1로 환원된 수로 일도광명이 도출되어 만물을 자생하기 시작하는 뜻으로 자연의 운기력이 왕성하여 길상운으로 흐른다.

 따라서 81은 기본수인 1로 다시 환원하는 수이며, 82는 1의 끝수로 단수이수의 영력과 같고, 83은 단수 3수의 뜻과 같다. 고로 80 이상의 수리는 영수(零數) 80을 제하고, 단수인 최초 1로 환원하여 수리영동은 물론 암시력을 고찰해야 한다.

# 10장. 오행(五行)의 영력과 암시

## 1. 금(金)

### ■ 금금금(金金金) : 고독재난격(孤獨災難格)

뜻밖의 사고로 목숨을 잃고 만사가 순조롭지 못하다. 부부이별·
재산탕진·육친무덕·조난·발광·형액·단명·자살·피살 객사
등의 암시한다. 질병은 호흡기계통이나 폐병을 조심해야 한다.

### ■ 금금수(金金水) : 발전향상격(發展向上格)

강직한 성품과 영민한 두뇌로 문무를 겸비한 덕인이다. 부모와 형
제덕이 있고, 부부간에 유정하며, 자손이 번창하여 한평생 부귀공
명한다.

### ■ 금금목(金金木) : 평생병고격(平生病苦格)

집안에 불화와 언쟁이 생기고 매사가 불성된다. 부부이별·조난

발광·형액·피살·객사 등을 암시하고, 타향에서 방황하다 세상을 하직한다. 질병은 신경쇠약·폐병·간담 등을 조심해야 한다.

■ 금금화(金金火) : 패가망신격(敗家亡身格)

매사가 속성속패하고 부모 재산이 많아도 모두 탕진한다. 부부는 생사이별을 면치 못하고 건강마저 나빠진다. 형액·단명·발광·자살·피살·변사 등을 암시한다. 건강은 호흡기질환·폐병·심장병 등을 조심해야 한다.

■ 금금토(金金土) : 대지대업격(大志大業格)

만사형통으로 성공이 순조롭고 권위가 현달한다. 외교력이 있어 우두머리가 될 수 있는 사람이다. 부모형제와 화목하여 상통하달하고, 부귀공명으로 평생을 편안하게 지낸다.

■ 금수금(金水金) : 부귀공명격(富貴功名格)

만사형통으로 성공이 순조롭고, 부모형제와 화합하며, 자손의 공명이 높다. 모든 일이 적소성대하고 무병장수한다.

■ 금수수(金水水) : 발전평안격(發展平安格)

대중의 신망을 얻어 순조롭게 발전한다. 성품도 착실하고 부모형제가 상부상조하며, 부부는 유정하니 자손의 영화가 있다. 대지대업을 이루어 명진사해하고 일신은 건강하다.

■ 금수목(金水木) : 발전성공격(發展成功格)

　조상의 음덕으로 성공하며 부모형제가 화합하니 집안의 경사가 그치질 않는다. 만사가 순조롭게 성공하여 사해에 명성을 떨치고 가업도 번창한다.

■ 금수화(金水火) : 선무공덕격(善無功德格)

　매사가 상극(相剋)과 상쟁(相爭)이 되어 아무리 노력해도 원망을 듣는다. 부부는 항상 싸우고 운명은 급변하여 재화로 파패되고, 일생 고통이 많다.

■ 금수토(金水土) : 불의재난격(不意災難格)

　한때의 발전과 성공은 있으나 불의의 재화로 비참한 신세가 되기 쉽고, 부모의 조업을 탕진하고 타향에서 전전하다 말년에야 자식덕으로 안정된다. 질병은 당뇨·고혈압·신장·방광 등을 조심해야 한다.

■ 금목금(金木金) : 유전실패격(流轉失敗格)

　의심이 많고 만사가 불길하다. 부부간에 불화의 연속으로 이별하고 재혼하나 실패한다. 부모형제는 동서남북으로 흩어지고, 홀로 절간에 들어가 염불로 세월을 보낸다. 타향에서 조난과 피살을 당할 수 있다. 질병은 신경계통·위장·중풍 등을 조심해야 한다.

■ 금목수(金木水) : 고통난면격(苦痛難免格)

　만사불성으로 성공은 잠시 잠깐이고, 파란 속에 부부불화로 생사이별한다. 타향에서 천신만고하고 육친덕까지 없어 고독과 번민으로 실패하거나 병약·단명한다.

## ■ 금목목(金木木) : 추풍낙엽격(秋風落葉格)

매사 고통스럽고 형제가 무덕하며 부부가 불화한다. 불구자식을 두며 노력과 정성으로 목적을 이룬다고 해도 쉽게 패망한다. 타향에서 조난과 객사를 당할 수 있다. 질병은 신경계통·위장·중풍·폐암 등을 조심해야 한다.

## ■ 금목화(金木火) : 한산공가격(寒山空家格)

조실부모하고 타향에서 전전하다 귀인을 만나 한때 발전하나, 불의의 재난으로 파산하고 부부운도 불길하다. 삼혼 사혼하는 운세이고 자식은 천하에 불효자식이니 한평생 수심이 떠나지 않는다. 병약과 단명을 암시한다.

## ■ 금목토(金木土) : 심신과로격(心身過勞格)

초년에는 부모님의 보살핌으로 평범하게 지내나 청년기로 들면서 가산을 탕진하고 일생을 풍파로 보낸다. 추풍낙엽과 같이 심신이 허약하여 고통을 면하지 못하고 단명으로 세상을 떠난다.

## ■ 금화금(金火金) : 조기만패격(早起晚敗格)

금화(金火)가 서로 무정하니 심신이 피곤하고 병난과 처자를 극하는 불행한 격이다. 부부이별·발광·조난·자살·단명·변사 등 재화가 많다. 질병은 신경쇠약·심장병·폐병 등을 조심해야 한다.

■ 금화수(金火水) : 무주공산격(無主空山格)

만사불성하는 가운데 뜻밖의 불상사를 당한다. 부모형제운이 불길
하여 객지로 전전하며 풍파를 겪고, 불구자손으로 수심이 떠나지
않는다. 육친무덕·불구·단명·발광증·조난 등이 따른다. 질병은
발광증·신경쇠약·심장병 등을 조심해야 한다.

■ 금화목(金火木) : 요구불만격(欲求不滿格)

항상 불평불만이 많고, 신경이 과민하여 뇌와 폐가 상한다. 심하면
변사나 자살에까지 이른다. 부모덕은 좋으나 형제는 고독하여 홀로
앉아 염불하는 격이다.

■ 금화화(金火火) : 병고신음격(病苦呻吟格)

조실부모하고 일생 탄식과 허망 속에 살아간다. 병고로 신음하며
형제와 자손궁에 수심이 많다. 부부궁도 불리하여 재혼하나 다시
실패하고, 일생 불안과 고통으로 고독하게 살아간다. 객사를 면하
기 어렵고 각종 질병에 시달린다. 특히 신경질환을 조심해야 한다.

■ 금화토(金火土) : 입신양명격(立身揚名格)

만사가 평길하나 일시적인 부주의로 재해와 질환으로 고통받는다.
그러나 중년부터는 부모형제와 화목하고 부부도 유정하니 만사여
의하여 부귀공명한다.

■ 금토금(金土金) : 의외득재격(意外得財格)

뜻밖의 재물이 생기며 장수안태한다. 부모형제가 유덕하며 다정하

고, 부부도 유정하며 귀자를 둔다. 집안이 화목하니 만사형통으로
부귀공명하고 명진사해한다.

■ 금토수(金土水) : 재변재난격(財變災難格)

 재난과 병난으로 고생과 고통을 끝이 없고, 조난이나 급사의 위험
이 따른다. 부모의 여덕은 있으나 길지 못하고, 부부운이 불길하니
무자식으로 의지할 곳이 없다. 질병은 폐병·치질 등의 외과질환
을 조심해야 한다.

■ 금토목(金土木) : 평지풍파격(平地風波格)

 항상 가정이 불안하고 수심이 떠나지 않는다. 부모형제가 무덕하
고 부부도 불화한다. 불구의 몸으로 고생을 면할 길이 없고, 노력해
도 도로무공이고, 평생 신고 끝에 객사한다. 질병은 위장·비장 등
을 조심해야 한다.

■ 금토화(金土火) : 고목봉춘격(枯木逢春格)

 순조롭게 성공하여 명진사해한다. 천성이 후덕하여 신망이 두텁
고, 부모형제가 화목하다. 부부도 유정하니 일가가 화평하여 대지
대업을 이루고 영화를 크게 누린다.

■ 금토토(金土土) : 입신출세격(立身出世格)

 명진사해하니 만인이 우러름을 받고, 부모형제와 유정하여 가정이
화목하다. 자손도 출세하고, 부귀와 영화를 누린다. 만사사 순성으
로 입신양명한다.

# 2. 수(水)

**■ 수금금(水金金) : 순풍순성격(順風順成格)**

천성이 영민하고 매사가 순조로우니 대지대업을 이룬다. 부모형제가 화목하고 부부는 다정하며 자손이 창성한다. 무병장수하여 안과태평한다.

**■ 수금수(水金水) : 어변용성격(魚變龍成格)**

물고기가 변하여 용이 되는 격으로 작은 것으로 큰 것을 이룬다. 만사형통으로 부부는 다정하고 자손의 영화가 중중하다.

**■ 수금목(水金木) : 암야행인격(暗夜行人格)**

어두운 밤중의 행인과 같은 격이니 모든 일이 순조롭지 못하다. 수심과 고통, 의외의 재난이 발생하니 풍파가 많다.

**■ 수금화(水金火) : 개화광풍격(開花狂風格)**

꽃이 만발한 동산에 폭풍이 일어나는 격이니 매사가 중도좌절된다. 부모형제의 덕은 박하여 양자로 가거나 이복형제를 본다. 만사불통으로 속성속패하니 결실을 맺기 어렵다.

**■ 수금토(水金土) : 발전성공격(發展成功格)**

착실하며 두뇌가 영민하고 다재다능하다. 만사형통하며 부모덕으로 윗사람을 존경하고 아랫사람을 사랑하니 집안이 화목하다. 부부가 유정하고 자손도 창성하니 평생 복이 많다. 안과태평 부귀쌍전하여 경사가 진진하리라.

### ■ 수수금(水水金) : 춘일방창격(春日芳昌格)

불굴한 성품에 결단력이 강하니 자수성가한다. 부모형제가 화목하고 부부는 다정하며 자손의 영화가 진진하다. 재산도 많고 부귀쌍전 명진사해한다.

### ■ 수수수(水水水) : 평지풍파격(平地風波格)

초년에는 성공이 순조로우나 의외의 광풍을 만나 가산을 탕진하고 말년이 고독하다. 부모형제는 무덕하여 흩어지고 부부는 무정하여 이별한다. 무자식 팔자로 신병으로 고통받다 물난리로 목숨을 잃는다.

### ■ 수수목(水水木) : 만경창화격(萬景暢花格)

천성이 명랑하며 고결하고 백절불굴하니 안과태평한다. 부모형제는 화목하고 부부도 다정하며 자손은 창성하니 부귀공명한다.

### ■ 수수화(水水火) : 고독단명격(孤獨短命格)

만사불성하며 병난으로 신고 끝에 단명한다. 부모형제는 불화하고 육친이 무덕하니 초년 고생은 면할 길이 없다. 매사 속성속패한다.

### ■ 수수토(水水土) : 백모불성격(百謀不成格)

부모덕이 없어 조실부모하고 형제는 불목한다. 수심이 그칠 날이 없고, 꾀하는 일마다 방해와 음모가 따라 이루어지지 않는다. 불구와 신병으로 평생 고생하다 단명한다.

## ■ 수목금(水木金) : 일흉일길격(一凶一吉格)

성공도 일시적이고 병난과 고통 끝에 독좌공한다. 부모형제는 뿔뿔이 흩어지고 육친은 무덕하며 부부는 무정하여 재혼하나 실패한다. 매사 속성속패하며 말년에는 의지할 곳이 없어 타향에서 변사를 면하기 어렵다.

## ■ 수목수(水木水) : 청풍명월격(淸風明月格)

봄바람에 꽃이 피는 격으로 크게 노력하지 않아도 성공한다. 만사가 순조로워 부귀공명 태평성대한다.

## ■ 수목목(水木木) : 만화방창격(萬花芳暢格)

온화하며 외유내강하여 대업을 순조롭게 이루고 공명을 얻는다. 부모형제가 화목하니 육친덕이 풍부하다. 부부도 다정하여 집안이 편안하고 부귀와 공명이 사해에 진진하다.

## ■ 수목화(水木火) : 입신출세격(立身出世格)

천성이 강직하고 성공운이 대길하다. 부모형제가 화목하고 부부가 상합하며 자손이 번창하니 부귀공명한다.

## ■ 수목토(水木土) : 망망대해격(茫茫大海格)

일시적으로 발전하나 불의의 재앙이 닥쳐 고생한다. 부모덕으로 초년에는 편안하나 차차 비운이 들어와 가재를 탕진하고 타향에서 전전한다. 노력해도 재물을 모으기 어렵고 질병만 따른다. 심장병과 폐병을 조심해야 한다.

### ■ 수화금(水火金) : 심신파란격(心身波亂格)

심신이 항상 불안하고 부모운은 박덕하다. 형제도 불화하여 객지로 흩어지고, 부부도 불화한다. 평생 수심과 신고하다 단명한다.

### ■ 수화수(水火水) : 선무공덕격(善無功德格)

만사가 백전백패한다. 부모형제의 덕이 없고 평생 수심이 떠나지 않는다. 부부는 무정하여 공방독좌하고, 자손의 인연도 박하여 자식을 두기 어렵다. 악전고투로 천박하게 살다 세상을 뜬다.

### ■ 수화목(水火木) : 병난신고격(病難身苦格)

운명이 조화롭지 못하여 불의의 변동과 병난을 겪는데 조실부모에 형제가 무정하여 불화쟁론으로 객지로 흩어진다. 부부도 불화하여 평생 수심과 신고에 시달리다 단명한다.

### ■ 수화화(水火火) : 일엽편주격(一葉片舟格)

부모덕으로 초년에는 큰 어려움 없으나, 중년부터는 형제가 불화하고 부부가 무정하여 이별하고 천리강산에서 수심세월이다. 자손궁은 일찍 낳은 자식은 기르기 어렵고 일생을 불행하게 살아간다.

### ■ 수화토(水火土) : 선빈후곤격(先貧後困格)

천성은 고결하나 초년운이 약하여 부모형제의 덕이 없다. 부부궁은 평길하나 자손 중에 불구자가 생겨 수심을 면할 길이 없다. 매사 속성속패하여 불행하다.

### ■ 수토토(水土土) : 강산풍파격(江山風波格)

매사에 장애가 많고 변화무쌍하다. 불구와 신병으로 한평생 고통을 받는다. 부모덕이 없어 형제는 흩어져 타향에서 천박한 직업으로 전전하다 비참하게 죽는다. 질병은 귀신병이나 신경쇠약 등을 주의해야 한다.

### ■ 수토금(水土金) : 선고후안격(先苦後安格)

성공운이 불길하니 악전고투 끝에 평길하다. 부부궁은 조혼은 불리하여 병고와 고통 속에 신음한다. 질병은 심신과로 · 위장 · 비장 등을 조심해야 한다.

### ■ 수토수(水土水) : 병난신고격(病難身苦格)

만사불성이니 가정이 불화하고 부모형제의 덕 이 없어 객지로 흩어진다. 만혼이 길하나 자손의 근심이 있고, 불구가 되어 탄식하며 허송세월한다.

### ■ 수토목(水土木) : 풍전등화격(風前燈火格)

매사 곤고하며 장애가 있다. 초년운이 불안하여 입신난망하고, 부부는 무정하여 생사이별한다. 평생 자식이 없고 평생 수심과 고통 속에 살다가 중년에 사망한다.

■ 수토화(水土火) : 낙마실족격(落馬失足格)

만사불성으로 부모와 형제는 객지로 떠나고 고독한 신세가 된다. 자손의 근심이 있어 자식을 낳아도 기르기 어렵다. 사고무친으로 고생하다 단명한다.

# 3. 목(木)

■ 목금토(木金土) : 초실후득격(初失後得格)

노력이 부족하여 성공하지 못한다. 부모운도 없고 형제도 화합하지 못하여 사방으로 흩어진다. 부부도 무정하고 자식도 불효하나 신고 끝에 발전한다.

■ 목금금(木金金) : 불화쟁론격(不和爭論格)

천성이 완강하며 시비를 잘한다. 만혼은 길하나 조혼은 불리하다. 항상 자식 때문에 수심이 떠나지 않고, 불의의 사고로 몸을 다친다. 관재구설로 고통을 받으며 성공하기가 어렵다.

■ 목금수(木金水) : 만사불성격(萬事不成格)

성공운이 약하고 생활은 항상 불안하다. 초년은 부모덕으로 평길하나 중년부터는 재산이 줄고, 종말에 가서는 의지할 수 없을 정도로 비참한 인생을 살아간다.

■ 목금목(木金木) : 골육상쟁격(骨肉相爭格)

조실부모하고 타향에서 온갖 고생을 하다가 불구가 된다. 초혼은 실패하고 자손덕도 없다. 천신만고 끝에 새로운 것을 꾀해보나 거듭 실패만 하는 신세이다.

## ■ 목금화(木金火) : 독좌탄식격(獨座嘆息格)

성공운이 약하고 가정불화가 그칠 날이 없다. 조난과 자살수가 있고, 부모형제의 무덕으로 고독과 수심 속에서 평생을 보낸다. 중년에 신병으로 세상을 뜨게 된다.

## ■ 목수토(木水土) : 조기만패격(早起晚敗格)

초년에는 부모덕으로 살지만 점차 꾀하는 일마다 실패한다. 마침내 질병에 걸려 고통받다가 일찍 죽는다. 부모와 형제는 뿔뿔이 흩어지고 부부도 이별한다. 자손은 불발하고 모든 일에 신고가 많다.

## ■ 목수금(木水金) : 어변용성격(魚變龍成格)

성공과 발전이 순조롭고 부모와 형제덕이 좋다. 육친이 모두 화합하여 자손이 창성하고 불로장생한다.

## ■ 목수수(木水水) : 대부대귀격(大富大貴格)

판단력이 강하며 추진력이 있어 모든 일을 잘 처리하고, 윗사람을 잘 보좌하여 매사 발전한다. 부모형제와 화목하고 부부는 다정하며 자손이 창성하고 매사 적소성대한다.

## ■ 목수목(木水木) : 부귀쌍전격(富貴雙全格)

만사형통으로 꾀하는 일마다 순조롭게 성사된다. 천성이 고귀하며 이상이 높고 불의를 용납하지 않는다. 부모형제와 화목하고 부부가 화락하며 자손이 창성한다. 재산을 모으고 심산유곡의 백호지상으로 편안하게 평생을 보낸다.

### ■ 목수화(木水火) : 속성속패격(速成速敗格)

일시적인 성공은 있으나 초년운이 불리하여 불의의 재난으로 파란이 중첩된다. 부부는 이별하고 자손이 발전하지 않아 근심이 많으며 형제는 흩어져 고독하다. 단신으로 객지에서 전전하다 변사나 조난을 당하여 단명한다. 질병은 뇌병·폐병·심장병·흉부·질환 등을 각별히 조심해야 한다.

### ■ 목목토(木木土) : 고난신고격(苦難辛苦格)

만사불성으로 꾀하는 일마다 고통스럽다. 부모운은 평길하고 부부궁은 불화가 많다. 질병은 비장이나 위장병을 조심해야 한다.

### ■ 목목금(木木金) : 신고고난격(辛苦苦難格)

성공운은 있으나 박해와 모략이 심하고, 불안한 생활을 면하기 어렵다. 부모형제의 운도 무정하여 흩어지고 부부불합으로 언쟁이 계속되니 가정이 한냉하다. 질병은 발광증이나 신경질환을 조심하라.

### ■ 목목수(木木水) : 성공발전격(成功發展格)

운기가 순조로워 성공과 발전을 기약한다. 부모형제의 운도 화목하고, 일가친척들도 화순하다. 자손도 번창하고 대지대업을 이루니 명진사해한다.

■ 목목목(木木木) : 입신출세격(立身出世格)

성공이 순조로워 발전 융창하는 운이다. 심신이 건전하여 무병장수하고, 부모형제가 화목하고, 자손도 번창한다. 만복이 저절로 들어오니 꾀하는 일마다 잘되어 복록이 진진하고 명진사해한다.

■ 목목화(木木火) : 입신출세격(立身出世格)

성공 발전으로 큰 행복을 누린다. 부모덕이 사해에 진동하며, 형제들이 화목하고, 부부간에 다정하다. 재산은 자손에게까지 이어지고, 매사에 도와주는 사람이 많아 부귀와 영화를 누린다.

■ 목화토(木火土) : 대지대업격(大志大業格)

천성이 비범하며 고귀하여 모든 일을 크게 이룬다. 항상 의로움을 쫓고, 부모형제는 화목하고 부부가 다정하다. 자손도 길성이 도래하여 집안에 편안하다. 부귀와 영화가 후세에까지 이어진다.

■ 목화금(木火金) : 평지풍파격(平地風波格)

일시 성공은 있으나 불행을 초래하여 가산을 파산하고 질병만이 따른다. 부모덕이 전무하고, 형제도 각각 흩어져 혼자 탄식한다. 자손도 박덕하여 불효하니 고통을 겪다가 중년에 세상을 하직한다.

■ 목화수(木火水) : 선부후빈격(先富後貧格)

일시 성공은 있으나 불의의 재앙으로 고통을 받는다. 초년에는 부모의 유산으로 편안하게 지내다 뜻밖의 재앙으로 천리타향에서 전전한다. 부부는 이별하고 꾀하는 일마다 실패하고 고생한다.

■ 목화목(木火木) : 춘산개화격(春山開花格)

만사형통으로 적소성대한다. 부모형제의 덕이 있고 부부가 유정하며 부귀와 영화를 누린다. 대지대업을 이루니 권세와 재물이 사해에 진진한다.

■ 목화화(木火火) : 고목봉춘격(枯木逢春格)

만사형통으로 무한히 발전한다. 한때의 부주의로 어려움은 있으나 큰 불행은 없다. 부모형제가 화목하고 부부가 유정하며 자손에게 영화가 있다. 문무를 겸비하여 명진사해하고 부귀영화를 누린다.

■ 목토토(木土土) : 속성속패격(速成速敗格)

매사 일시 성공을 거두나 곧 실패하여 재산을 탕진한다. 부부운이 불길하고 재난과 병난으로 고생과 고통을 당하며 조난이나 급사의 위험을 당한다.

■ 목토금(木土金) : 패가망신격(敗家亡身格)

만사불성으로 성공하기 어렵고, 실의와 수심 속에 뇌를 상한다. 초년에는 약간 발전하나 부모와 이별한다. 타향에서 홀로 방황하다 병난과 신고 끝에 불구가 되어 불행한 종말을 고한다.

■ 목토수(木土水) : 고목낙엽격(枯木落葉格)

만사불성으로 갑자기 전락하여 조난이나 변사당하기 쉽다. 육친은 무덕하고 부부는 무정하여 결국 이별하고 패가망신한다.

■ 목토목(木土木) : 사고무친격(四顧無親格)

부모와 인연이 없어 조실부모하고, 형제덕도 없어 객지로 분산된다. 사업을 추진하나 실패하여 신고를 면치 못한다. 부부 언쟁만 늘어가다 이별하고 독좌염불격이 된다.

■ 목토화(木土火) : 골육상쟁격(骨肉相爭格)

성공운은 없고 불행만 닥쳐 고생하다 객사한다. 부모운은 좋으나 후천운이 불리하여 가산을 탕진하고, 부부도 이별한다. 천리타향에서 고통받다가 천하게 목숨을 잃는다.

# 4. 화(火)

■ 화금토(火金土) : 선고후길격(先苦後吉格)

고통이 끊이지 않는디. 부모의 인연이 박하고 형제가 무정하여 이복형제가 있다. 부부도 무정하여 불화하며, 일신이 고단하다. 초중년에는 천신만고 끝에 평온을 누린다.

■ 화금금(火金金) : 사고무친격(四顧無親格)

초년운이 불길하며 부모형제가 무덕하여 일찍 고향을 떠난다. 동서남북으로 방황하다 성공은 멀어지고 패가망신한다.

■ 화금수(火金水) : 개화무실격(開花無實格)

만사불성이요 선무공덕이다. 형제는 흩어지고 부부도 이별한다. 자손 때문에 평생을 불안과 근심으로 보내다가 난치병으로 고생하다 비참하게 죽는다.

## ■ 화금목(火金木) : 개화폭풍격(開火暴風格)

꽃이 피었는데 뜻밖의 폭풍이 일어나는 격으로 불의의 재난과 관재구설을 당한다. 부부는 불화하여 언쟁이 분분하다 결국은 이별하고 자식들도 흩어진다.

## ■ 화금화(火金火) : 무주공산격(無主空山格)

만사불성하고 형제는 무덕하여 객지로 흩어진다. 부부는 무정하여 언쟁이 심하고, 일찍 낳은 자식은 기르기 어렵다. 자수성가하나 속패불기로 패가망신한다.

## ■ 화수토(火水土) : 금의야행격(錦衣夜行格)

불성불신하여 항상 파란이 심하고 병약 · 단명 · 변사하기 쉽다. 부모형제는 무덕하여 객지로 흩어지고, 부부가 무정하다. 자식은 불효 중에 불효요, 신병이 들어와 혼자 탄식하다 비참한 생을 마친다.

## ■ 화수금(火水金) : 설상가상격(雪上加霜格)

만사불성으로 병약 · 단명하고, 부모형제의 덕은 바라기 힘들다. 비참한 생활 끝에 변사를 면하기 어렵다. 자손운은 평범하나 무자식으로 고독함을 자탄한다.

## ■ 화수수(火水水) : 병난신고격(病難身苦格)

초년에는 약간 발전하나 점차 가운이 기운다. 부모형제가 흩어지

고, 부부운이 불길하여 생사이별을 면하기 어렵다. 의외의 변난에
휩쓸려 여한을 남겨놓은채 세상을 하직한다.

## ■ 화수목(火水木) : 의외재난격(意外災難格)

의외의 재난으로 가산을 송두리째 날리고, 신음 속에 비참하게 살
아간다. 형제는 3형제이나 독신격으로 고독하게 살아간다. 질병은
심장병이나 고혈압을 조심해야 한다.

## ■ 화수화(火水火) : 추풍낙엽격(秋風落葉格)

만사불성으로 불안 속에서 고심하다 자살이나 정신이상으로 세상
을 떠난다. 부모의 유산은 있으나 지키지 못하고 타향으로 전전하
다 패가망신한다.

## ■ 화목토(火木土) : 만화방창격(萬花芳暢格)

무궁한 발전이 있고 부모덕으로 일가가 화평하며 형제가 우애가
있어 협동하여 모사를 성사시킨다. 부부는 유정하고 자손도 창성하
니 평생 재물이 풍성하다. 심산유곡에서 회춘하는 격으로 복록이
진진한다.

## ■ 화목금(火木金) : 선고후파격(先苦後破格)

일시적인 성공은 있으나 불의의 재앙으로 가산을 탕진한다. 부모
와 인연이 없고, 부부는 불화하며, 자손이 무덕하여 혼자 탄식하다
쓸쓸하게 세상을 떠난다.

■ 화목수(火木水) : 상하인화격(上下人和格)

 만사형통으로 무한하게 발전하며 무병장수한다. 초년에는 부모덕을 보고, 결혼 후에는 부부가 화락하며, 노후에는 자손덕을 보는 최상의 운으로 부귀장수한다.

■ 화목목(火木木) : 부귀안태격(富貴安泰格)

 천성이 영민하며 문장력이 뛰어나다. 부귀영화를 누리는 운으로 자손의 공명과 영화가 사해에 진진한다. 무병장수하며 천추만대까지 복록이 진진한다.

■ 화목화(火木火) : 용득봉운격(龍得逢雲格)

 성공운이 순조로워 부귀안태하다. 부부는 다정하여 가정에 웃음이 떠나지 않고, 자손이 번창하고 행복을 누리는 최상의 운이다.

■ 화화목(火火木) : 일진월가격(日進月加格)

 천품이 고결하며 영민하여 만인을 영도한다. 부모형제는 화목하고 부부는 다정하며 자손이 효심과 충심이 있다. 의기충천하여 부귀쌍전한다.

■ 화화화(火火火) : 개화봉우격(開花逢雨格)

 불안한 운기로 급변급사의 우려가 있다. 급진적인 발전은 있으나 경솔함으로 실패가 중중하다.

■ 화화토(火火土) : 강산미려격(江山美麗格)

천성이 화합유덕하여 대지대업을 이룬다. 부모형제가 유덕하고 부부가 화친하니 가정이 화락하며 자손은 입신출세한다.

■ 화화금(火火金) : 유두무미격(有頭無尾格)

시작은 호랑이를 잡을 것 같으나 토끼 한 마리도 잡지 못하는 격이다. 부모와 형제는 흩어지고 부부는 무정하여 이혼하며 자손은 불효막심하다.

■ 화화수(火火水) : 평지풍파격(平地風波格)

만사불성으로 의외의 변난으로 가업을 파산한다. 부부는 이별하고 타향에서 방황하다 불구의 몸으로 고생하다 객사한다.

■ 화토목(火土木) : 선길후고격(先吉後苦格)

선천적인 여덕으로 큰 고생없이 지내다 중년 말부터 매사불성으로 변한다. 종신무자로 신병으로 혼자 고생하다가 세상을 뜬다.

■ 화토화(火土火) : 일흥중천격(日興中天格)

천품이 현철하며 침착과 심덕이 있어 꾀하는 일마다 크게 성공한다. 부모형제가 화목하며 부부는 유정하고 자손에게도 영화가 있다. 무병장수하며 후세의 공명이 명진사해한다.

■ 화토토(火土土) : 만화방창격(萬花芳暢格)

만사형통하는 운으로 부모형제는 화목하고 부부는 다정하며 자손에게는 공명이 있다. 재물운이 대길하니 부귀영화를 누린다.

■ 화토금(火土金) : 화류장춘격(花流長春格)

 부모덕으로 평생 행복하다. 형제는 화목하고 부부는 다정하며 자손에게는 영화가 있다. 부귀공명으로 평생이 태평하다.

■ 화토수(火土水) : 대해편주격(大海片舟格)

 일시적인 성공은 있으나 의외의 재난을 만난다. 병고·단명·급사 등이 따라 속성속패한다.

# 5. 토(土)

■ 토금금(土金金) : 유곡회춘격(幽谷回春格)

 만사형통으로 부귀공명 안태수복하다. 건전하여 부모와 형제가 화합하고, 부부의 정이 좋으며, 자손이 번창한다.

■ 토금수(土金水) : 금상유문격(錦上有紋格)

 매사는 적소성대하여 자수성가하여 대업을 이룬다. 부모형제가 화목하여 집안이 화평하다. 부부는 화합하고 자손의 공명이 진진하여 재물운도 순조롭다. 금옥만당(金玉滿堂)으로 일신이 무병하여 평생 영화를 누린다.

■ 토금목(土金木) : 봉학상익지상(鳳鶴傷翼之像)

 일시적인 발전은 있으나 초년운이 불길하여 아내를 극하고 불행

한 종말이 맞는다. 부모덕으로 초년은 큰 어려움 없이 지내다 차차
운수가 불리해져 평생 동분서주하다 불구가 된다.

## ■ 토금화(土金火) : 재기무력격(再起無力格)

안락도 일시적이고 창파에 일엽편주격으로 일찍 고향을 떠나 온
갖 고생을 겪는다. 부부는 불화로 이별하고 매사 되는 일이 없다.
고생 끝에 병을 얻어 투병으로 한평생을 보낸다.

## ■ 토금토(土金土) : 일광춘풍격(日光春風格)

천품이 영민하여 대중의 우러름을 받으며, 일모이성의 순조로운
운이다. 부모형제는 화목하고 부부는 다정하며 자손에게는 공명이
있다. 부유한 일생으로 안태수복 부귀공명한다.

## ■ 토수금(土水金) : 고난자성격(苦難自成格)

만사불성으로 부모형제는 무덕하다. 단신으로 노력하지만 성사되
는 일은 없고, 고생 끝에 병을 얻는다.

## ■ 토수수(土水水) : 일장춘몽격(一場春夢格)

선천운은 평길하나 파란과 재난으로 매사불성한다. 육친은 유리
분산되니 사고무친이요, 평생 노력해도 의지할 곳이 없다.

## ■ 토수목(土水木) : 노이무공격(勞而無功格)

선무공덕으로 하는 일마다 허무하다. 부모와 인연이 없어 조실부
모하고, 부부는 무정하며 일찍 둔 자식은 키우기 어렵다. 한 평생

동분서주하나 만사불성이다.

## ■ 토수화(土水火) : 풍파절목격(風波折木格)

불의의 재난과 풍파로 처자를 극한다. 부모형제는 사방으로 흩어지고 재산마저 잃으니 말년에는 걸식을 면하기 어렵다.

## ■ 토수토(土水土) : 패가망신격(敗家亡身格)

매사 속성속패하고 곤경에서 벗어나지 못한다. 부모형제는 흩어지고 부부도 이별하니 자손의 근심이 있다. 큰 뜻을 품고 일을 모사해도 일시변난으로 대패한다.

## ■ 토목금(土木金) : 소사난성격(小事難成格)

항상 마음 고생이 많고 성공운이 약하여 파란이 많다. 병약을 초래하고 재물이 유실되며 부부가 무정하니 자손덕도 없다.

## ■ 토목수(土木水) : 유두무미격(有頭無尾格)

모든 일이 허사가 되어 허허탄식으로 세월을 보내다 신병으로 자살에까지 이른다. 부부는 이별하고 형제는 무덕하며 자식덕도 없다. 말년에는 의지할 곳이 없으니 혼자 탄식하다 세상을 떠난다.

## ■ 토목목(土木木) : 허명무실격(虛名無實格)

외모는 강건하나 곤고가 많고 희망과 목적을 달성하기 어렵다. 타향에 고생만 거듭하다 불의의 재앙으로 처자를 극하고 허송세월을 보낸다.

■ 토목화(土木火) : 운중지월격(雲中之月格)

겉으로는 운기가 있어 보이나 만사불성으로 고난과 신고를 겪는다. 부모형제는 유리 분산되고, 부부는 무정하여 이별한다.

■ 토목토(土木土) : 고목낙엽격(枯木落葉格)

성공운이 약하여 성취가 늦어지니 신고와 고난이 많다. 조실부모하고 일찍 고향을 떠나 동분서주하나 매사는 불성된다. 문전걸식을 면하기 어렵고 신병 난치로 불구단명한다.

■ 토화금(土火金) : 고난자성격(苦難自成格)

초년운이 불길하여 조실부모하고 형제는 분산된다. 온갖 신고 끝에 중년에는 가족이 합심하여 대지대업을 이룬다. 부귀영화 속에 무병장수하며 자손의 공명이 진진한다.

■ 토화수(土火水) : 진퇴양난격(進退兩難格)

선천의 여덕으로 초년에는 편안하나 중년부터 불운이 닥친다. 부부는 이별하고 자식은 고아원으로 가고 재산을 송두리째 날리고, 문전걸식하는 비운을 맞이한다.

■ 토화목(土火木) : 일광춘성격(日光春城格)

발전이 순조로워 대지대업을 이룬다. 부모형제가 화목하고 부부는 다복하며 자손의 공명이 진진하며 부귀쌍전한다.

■ 토화화(土火火) : 춘일방창격(春日芳暢格)

만사가 뜻대로 이루어지고, 부모와 형제는 화기애애하며, 부부는 화합된다. 집안에 영화가 중중하고 부귀공명으로 평생 안락하다.

■ 토화토(土火土) : 입신출세격(立身出世格)

만사가 순조롭고 선천의 여덕을 기초로 육친이 화합한다. 형제가 융합하고 부부는 해로하며 자손의 영화가 있다. 재성(財星)이 들어와 공명이 사해에 진진하며 평생 안락하다.

■ 토토금(土土金) : 고원회춘격(古園回春格)

성품이 강직하며 대기만성한다. 부모의 기반이 튼튼하여 많은 도움을 받고, 형제는 화목하며 부부가 다정하여 집안이 화목하다. 근면하니 적소성대하고 부귀공명으로 무병장수한다.

■ 토토수(土土水) : 사고무친격(四顧無親格)

일시적인 성공은 있으나 기초운이 불리하여 오래 지속되기 어렵다. 부모형제는 객지로 흩어지고 부부는 이별하며 자식도 천하의 불효자식으로 남은 재산마저 탕진하고 가출한다. 평생 고생하다 병을 얻어 비참한 생을 마친다.

■ 토토목(土土木) :선고후패격(先苦後敗格)

만사불성이다. 부모운이 없어 조실부모하거나 다른 집에 양자로 간다. 형제가 무정하여 흩어지고 부부운이 불리하다. 일찍 결혼하면 반드시 패하고, 자손의 근심이 많으며 고독하게 세상을 뜬다.

■ 토토화(土土火) : 금상유문격(錦上有紋格)

선조덕으로 초운에는 평길하다 뜻밖에 횡재하여 일취월장한다. 부모형제가 화합하고 부부는 다정하며 온 가족이 근면 성실하다. 한 가지 일을 꾀하면 두 가지 일이 성취된다.

■ 토토토(土土土) : 일경일고격(一慶一苦格)

한편으로는 경사요 한편으로는 근심인 격이다. 부모형제는 유정하고 부부의 정도 평범하나 개화무실이라 자식을 두기 어렵다.

# 대법원 발표 인명용 한자 4,794

| 음령<br>오행 | 한자 | 뜻 | 부수 | 자원<br>오행 | 획수<br>(오행) |
|---|---|---|---|---|---|
| 가<br>(木) | 加 | 더할, 있을 가 | 力 | 水 | 5(土) |
| | 佳 | 아름다울, 좋을 가 | 人 | 火 | 8(金) |
| | 架 | 시렁, 세울 대 | 木 | 木 | 9(水) |
| | 可 | 옳을, 찬성할 가 | 口 | 水 | 5(土) |
| | 家 | 집, 집안 가 | 宀 | 木 | 10(水) |
| | 嘉 | 아름다울, 착할 가 | 口 | 水 | 14(火) |
| | 街 | 거리, 대로 가 | 行 | 火 | 12(木) |
| | 暇 | 겨를, 여유있을 가 | 日 | 火 | 13(火) |
| | 賈 | 성씨, 값, 장사 가 | 貝 | 金 | 13(火) |
| | 稼 | 농사, 심을 가 | 禾 | 木 | 15(土) |
| | 珂 | 옥이름 가 | 玉 | 金 | 10(水) |
| | 茄 | 연줄기, 연 가 | 艸 | 木 | 11(木) |
| | 哥 | 노래, 노랫소리 가 | 口 | 水 | 10(水) |
| | 跏 | 책상다리할 가 | 足 | 土 | 12(木) |
| | 袈 | 가사, 승려옷 가 | 衣 | 木 | 11(木) |
| | 軻 | 굴대 가 | 車 | 火 | 12(木) |
| | 枷 | 도리깨 가 | 木 | 木 | 9(水) |
| | 歌 | 노래, 읊을 가 | 欠 | 金 | 14(火) |

| 음령<br>오행 | 한자 | 뜻 | 부수 | 자원<br>오행 | 획수<br>(오행) |
|---|---|---|---|---|---|
| 가<br>(火) | 價 | 값, 가치 가 | 人 | 火 | 15(土) |
| | 假 | 거짓, 임시 가 | 人 | 火 | 11(木) |
| | 嫁 | 시집갈, 떠넘길 가 | 女 | 土 | 13(火) |
| | 駕 | 멍에, 수레 가 | 馬 | 土 | 15(土) |
| | 迦 | 부처이름, 막을 가 | 辵 | 土 | 12(木) |
| | 柯 | 가지, 자루 가 | 木 | 木 | 9(水) |
| | 伽 | 절 가 | 人 | 火 | 7(金) |
| | 呵 | 꾸짖을, 웃을 가 | 口 | 水 | 8(金) |
| | 痂 | 헌데딱지, 옴 가 | 疒 | 水 | 10(水) |
| | 苛 | 매울, 사나울 가 | 艸 | 木 | 11(木) |
| | 訶 | 꾸짖을, 야단할 가 | 言 | 金 | 12(木) |
| 각<br>(木) | 各 | 각각, 시각 각 | 口 | 水 | 6(土) |
| | 角 | 뿔, 견줄 각 | 角 | 木 | 7(金) |
| | 閣 | 문설주, 세울 각 | 門 | 木 | 14(火) |
| | 覺 | 깨달을, 터득할 각 | 見 | 火 | 20(水) |
| | 刻 | 새길, 벗길 각 | 刀 | 金 | 8(金) |
| | 珏 | 쌍옥 각 | 玉 | 金 | 10(水) |
| | 恪 | 삼갈, 정성 각 | 心 | 火 | 10(水) |

| 음령<br>오행 | 한자 | 뜻 | 부수 | 자원<br>오행 | 획수<br>(오행) |
|---|---|---|---|---|---|
| 각<br>(木) | 慤 | 성실할 각 | 心 | 火 | 16(土) |
| | 殼 | 껍질, 씨 각 | 殳 | 金 | 12(木) |
| | 脚 | 다리, 정강이 각 | 肉 | 水 | 13(火) |
| | 却 | 물리칠, 그칠 각 | 卩 | 木 | 7(金) |
| 간<br>(木) | 間 | 사이, 가까울 간 | 門 | 木 | 12(木) |
| | 看 | 볼, 지킬 간 | 目 | 木 | 9(水) |
| | 刊 | 책펴낼, 깎을 간 | 刀 | 金 | 5(土) |
| | 幹 | 줄기, 몸 간 | 干 | 木 | 3(火) |
| | 干 | 방패, 방어 간 | 干 | 木 | 3(火) |
| | 肝 | 간, 충정 간 | 肉 | 水 | 9(水) |
| | 簡 | 글, 편지 간 | 竹 | 木 | 18(金) |
| | 侃 | 강직할, 화락할 간 | 人 | 火 | 8(金) |
| | 杆 | 지레, 나무이름 간 | 木 | 木 | 7(金) |
| | 竿 | 장대, 죽순 간 | 竹 | 木 | 9(水) |
| | 揀 | 가려낼, 구별할 간 | 手 | 木 | 13(火) |
| | 諫 | 고칠, 충고할 간 | 言 | 金 | 16(土) |
| | 玕 | 옥돌, 아름다운돌 간 | 玉 | 金 | 8(金) |
| | 栞 | 깎을, 도표 간 | 木 | 木 | 10(水) |

| 음령<br>오행 | 한자 | 뜻 | 부수 | 자원<br>오행 | 획수<br>(오행) |
|---|---|---|---|---|---|
| 간<br>(木) | 澗 | 산골물 간 | 水 | 水 | 16(土) |
| | 姦 | 간사할, 거짓 간 | 女 | 土 | 9(水) |
| | 懇 | 정성, 간절할 간 | 心 | 火 | 17(金) |
| | 艮 | 괘이름, 그칠 간 | 艮 | 土 | 6(土) |
| | 墾 | 개간할, 다스릴 간 | 土 | 土 | 16(土) |
| | 奸 | 범할, 간통할 간 | 女 | 土 | 6(土) |
| | 柬 | 가릴, 분간 간 | 木 | 木 | 9(水) |
| | 桿 | 나무이름 간 | 木 | 木 | 11(木) |
| | 磵 | 산골물 간 | 石 | 金 | 17(金) |
| | 稈 | 짚, 볏짚 간 | 禾 | 木 | 12(木) |
| | 艱 | 어려울, 괴로워할 간 | 艮 | 土 | 17(金) |
| | 癇 | 간기, 경풍 간 | 疒 | 水 | 17(金) |
| 갈<br>(木) | 鞨 | 가죽신, 두건 갈 | 革 | 金 | 18(金) |
| | 葛 | 칡, 넝쿨 갈 | 艸 | 木 | 15(土) |
| | 渴 | 목마를, 급할 갈 | 水 | 水 | 13(火) |
| | 乫 | 땅이름 갈 | 乙 | 木 | 6(土) |
| | 曷 | 어찌, 언제 갈 | 曰 | 火 | 9(水) |
| | 碣 | 비, 돌을세울 갈 | 石 | 金 | 14(火) |

| 음령<br>오행 | 한자 | 뜻 | 부수 | 자원<br>오행 | 획수<br>(오행) |
|---|---|---|---|---|---|
| | 竭 | 다할, 물마를 갈 | 立 | 金 | 14(火) |
| | 褐 | 털옷, 베옷 갈 | 衣 | 木 | 15(土) |
| | 喝 | 더위먹을 갈 | 口 | 水 | 12(木) |
| | 蝎 | 나무좀 갈 | 虫 | 木 | 15(土) |
| 감<br>(木) | 感 | 느낄, 감동할 감 | 心 | 火 | 13(火) |
| | 敢 | 굳셀, 용감할 감 | 攴 | 金 | 12(木) |
| | 鑑 | 거울, 성찰할 감 | 金 | 金 | 22(木) |
| | 鑒 | 거울, 성찰할 감 | 金 | 金 | 22(木) |
| | 甘 | 성씨, 달, 상쾌할 감 | 甘 | 土 | 5(土) |
| | 減 | 덜, 줄일 감 | 水 | 水 | 13(火) |
| | 監 | 볼, 보살필 감 | 皿 | 金 | 14(火) |
| | 勘 | 헤아릴, 조사할 감 | 力 | 土 | 11(木) |
| | 堪 | 견딜, 뛰어날 감 | 土 | 土 | 12(木) |
| | 瞰 | 내려다볼, 멀리볼 감 | 目 | 木 | 17(金) |
| | 嵌 | 산이깊을 감 | 山 | 土 | 12(木) |
| | 柑 | 감자나무, 재갈 감 | 木 | 木 | 9(水) |
| | 橄 | 감람나무 감 | 木 | 木 | 16(土) |
| | 紺 | 감색, 밤물 감 | 糸 | 木 | 11(木) |

| 음령<br>오행 | 한자 | 뜻 | 부수 | 자원<br>오행 | 획수<br>(오행) |
|---|---|---|---|---|---|
| | 邯 | 땅이름, 강이름 감 | 邑 | 土 | 12(木) |
| | 龕 | 감실 감 | 龍 | 土 | 22(木) |
| | 憾 | 한할, 서운해할 감 | 心 | 火 | 17(金) |
| | 戡 | 칠, 평정할 감 | 戈 | 金 | 13(火) |
| | 坎 | 구덩이, 험할 감 | 土 | 土 | 7(金) |
| | 疳 | 감질, 감병 감 | 疒 | 水 | 10(水) |
| 갑<br>(木) | 甲 | 첫째천간, 껍질 갑 | 田 | 木 | 5(土) |
| | 鉀 | 갑옷 갑 | 金 | 金 | 13(火) |
| | 岬 | 산허리, 산골짜기 갑 | 山 | 土 | 18(金) |
| | 胛 | 어깨 갑 | 肉 | 水 | 11(木) |
| | 閘 | 물문, 수문 갑 | 門 | 木 | 13(火) |
| | 匣 | 작은상자 갑 | 匚 | 木 | 7(金) |
| 강<br>(木) | 江 | 강, 큰내 강 | 水 | 水 | 7(金) |
| | 講 | 강론할, 익힐 강 | 言 | 金 | 17(金) |
| | 强 | 성씨, 굳셀, 강할 강 | 弓 | 金 | 12(木) |
| | 強 | 强의 속자 | 弓 | 金 | 11(木) |
| | 康 | 성씨, 평안할, 즐거울 강 | 广 | 木 | 11(木) |
| | 姜 | 성씨, 굳셀 강 | 女 | 土 | 9(水) |

| 음령<br>오행 | 한자 | 뜻 | 부수 | 자원<br>오행 | 획수<br>(오행) |
|---|---|---|---|---|---|
| 강<br>(木) | 剛 | 성씨, 굳셀, 강철 강 | 刀 | 金 | 10(水) |
| | 鋼 | 강철, 강쇠 강 | 金 | 金 | 16(土) |
| | 綱 | 벼리, 법 강 | 糸 | 木 | 14(火) |
| | 杠 | 깃대, 다리 강 | 木 | 土 | 7(金) |
| | 堈 | 언덕, 항아리 강 | 土 | 土 | 11(木) |
| | 橿 | 나무이름, 굳센모양 강 | 木 | 木 | 17(金) |
| | 彊 | 굳셀, 힘센활 강 | 弓 | 金 | 16(土) |
| | 糠 | 겨, 쌀겨 강 | 米 | 木 | 17(金) |
| | 絳 | 진홍색 강 | 糸 | 木 | 17(金) |
| | 羌 | 종족이름, 굳셀 강 | 羊 | 土 | 8(金) |
| | 舡 | 배 강 | 舟 | 木 | 9(水) |
| | 薑 | 생강 강 | 艸 | 木 | 19(水) |
| | 襁 | 포대기 강 | 衣 | 木 | 18(金) |
| | 鱇 | 아귀 강 | 魚 | 水 | 22(木) |
| | 岡 | 산등성이, 언덕 강 | 山 | 土 | 8(金) |
| | 崗 | 언덕, 산봉우리 강 | 山 | 土 | 11(木) |
| | 降 | 내릴, 항복할 강 | 阜 | 土 | 14(火) |
| | 慷 | 강개할, 슬퍼할 강 | 心 | 火 | 15(土) |

| 음령<br>오행 | 한자 | 뜻 | 부수 | 자원<br>오행 | 획수<br>(오행) |
|---|---|---|---|---|---|
| | 畺 | 지경 강 | 田 | 土 | 13(火) |
| | 彊 | 지경, 끝 강 | 田 | 土 | 19(水) |
| | 腔 | 속이빌 강 | 肉 | 水 | 14(火) |
| 개<br>(木) | 改 | 고치다, 바꿀 개 | 攴 | 金 | 7(金) |
| | 皆 | 다, 함께 개 | 白 | 火 | 9(水) |
| | 個 | 낱, 단위 개 | 人 | 火 | 10(水) |
| | 箇 | 個와 같음 | 竹 | 木 | 14(火) |
| | 開 | 열, 개척할 개 | 門 | 木 | 12(木) |
| | 价 | 착할, 클 개 | 人 | 火 | 6(土) |
| | 介 | 성씨, 끼일, 갑옷 개 | 人 | 火 | 4(火) |
| | 凱 | 즐길, 함성 개 | 几 | 木 | 12(木) |
| | 愷 | 즐거울, 편안할 개 | 心 | 火 | 14(火) |
| | 漑 | 물댈, 씻을 개 | 水 | 水 | 15(土) |
| | 塏 | 높고건조할 개 | 土 | 土 | 13(火) |
| | 豈 | 어찌, 개가 개 | 豆 | 水 | 10(水) |
| | 鎧 | 갑옷, 무장할 개 | 金 | 金 | 18(金) |
| | 慨 | 분개할, 슬퍼할 개 | 心 | 火 | 15(土) |
| | 蓋 | 덮을, 대개 개 | 艸 | 木 | 16(土) |

| 음령<br>오행 | 한자 | 뜻 | 부수 | 자원<br>오행 | 획수<br>(오행) |
|---|---|---|---|---|---|
| | 盖 | 蓋의 속자 | 艸 | 水 | 11(木) |
| | 愒 | 성낼, 가득할 개 | 心 | 火 | 14(火) |
| | 疥 | 옴, 학질 개 | 疒 | 水 | 9(水) |
| | 芥 | 티끌, 먼지 개 | 艸 | 木 | 10(水) |
| | 槪 | 대개, 대강 개 | 木 | 木 | 15(土) |
| 객<br>(木) | 客 | 손님, 나그네 객 | 宀 | 木 | 9(水) |
| | 喀 | 토할 객 | 口 | 水 | 12(木) |
| 갱<br>(木) | 更 | 다시, 고칠 갱 | 日 | 火 | 7(金) |
| | 坑 | 구덩이, 빠질 갱 | 土 | 土 | 7(金) |
| | 粳 | 메벼 갱 | 米 | 木 | 13(火) |
| | 羹 | 국, 땅이름 갱 | 羊 | 土 | 19(水) |
| 갹<br>(木) | 醵 | 술잔치, 추렴할 갹 | 酉 | 金 | 20(水) |
| 거<br>(木) | 車 | 수레, 수레바퀴 거 | 車 | 火 | 7(金) |
| | 擧 | 들, 오를 거 | 手 | 木 | 18(金) |
| | 巨 | 클, 많을 거 | 工 | 火 | 5(土) |
| | 鉅 | 강할, 클 거 | 金 | 金 | 13(火) |
| | 炬 | 횃불, 태울 거 | 火 | 火 | 9(水) |
| | 居 | 살, 있을 거 | 尸 | 木 | 8(金) |

| 음령<br>오행 | 한자 | 뜻 | 부수 | 자원<br>오행 | 획수<br>(오행) |
|---|---|---|---|---|---|
| 거<br>(木) | 距 | 떨어질, 클 거 | 足 | 土 | 12(木) |
| | 拒 | 막을, 방어할 거 | 手 | 木 | 9(水) |
| | 據 | 의지할, 증거 거 | 手 | 木 | 17(金) |
| | 渠 | 개천, 클 거 | 水 | 水 | 13(火) |
| | 遽 | 급할, 두려울 거 | 辵 | 土 | 20(水) |
| | 据 | 일할, 의거할 거 | 手 | 木 | 12(木) |
| | 踞 | 웅크릴, 걸터앉을 거 | 足 | 土 | 15(土) |
| | 去 | 갈, 버릴 거 | 厶 | 水 | 5(土) |
| | 鋸 | 톱, 톱질할 거 | 金 | 金 | 16(土) |
| | 祛 | 쫓을, 보낼 거 | 示 | 木 | 10(水) |
| | 倨 | 거만할, 멍할 거 | 人 | 火 | 10(水) |
| 건<br>(木) | 虔 | 정성, 공경할 건 | 虍 | 木 | 10(水) |
| | 健 | 건강할, 튼튼할 건 | 人 | 火 | 11(木) |
| | 建 | 세울, 일으킬 건 | 廴 | 木 | 9(水) |
| | 乾 | 하늘, 마를 건 | 乙 | 金 | 11(木) |
| | 件 | 사건, 구별할 건 | 人 | 火 | 6(土) |
| | 巾 | 수건, 덮을 건 | 巾 | 木 | 3(火) |
| | 楗 | 문빗장, 방죽 건 | 木 | 木 | 13(火) |

| 음령<br>오행 | 한자 | 뜻 | 부수 | 자원<br>오행 | 획수<br>(오행) |
|---|---|---|---|---|---|
| | 鍵 | 열쇠, 빗장 건 | 金 | 金 | 17(金) |
| | 愆 | 허물, 과실 건 | 心 | 火 | 12(木) |
| | 腱 | 힘줄 건 | 肉 | 水 | 15(土) |
| | 騫 | 이지러질, 손상할 건 | 馬 | 火 | 20(水) |
| | 蹇 | 절, 멈출 건 | 足 | 土 | 17(金) |
| 걸<br>(木) | 傑 | 뛰어날, 클 걸 | 木 | 木 | 8(金) |
| | 杰 | 傑의 속자 | 人 | 火 | 12(木) |
| | 桀 | 홰, 뛰어날 걸 | 木 | 木 | 10(水) |
| | 乞 | 빌, 구할 걸 | 乙 | 木 | 3(火) |
| 검<br>(木) | 儉 | 검소할, 적을 검 | 人 | 火 | 15(土) |
| | 檢 | 검사할, 교정할 검 | 木 | 木 | 17(金) |
| | 劍 | 칼, 찌를 검 | 刀 | 金 | 15(土) |
| | 劒 | 劍과 같은 자 | 刀 | 金 | 16(土) |
| | 瞼 | 눈꺼풀 검 | 目 | 木 | 18(金) |
| | 鈐 | 비녀장 검 | 金 | 金 | 12(木) |
| | 黔 | 검을, 그을릴 검 | 黑 | 水 | 16(土) |
| 겁<br>(木) | 怯 | 겁낼, 무서워할 겁 | 心 | 火 | 9(水) |
| | 法 | 갈 겁 | 辵 | 土 | 14(火) |

| 음령<br>오행 | 한자 | 뜻 | 부수 | 자원<br>오행 | 획수<br>(오행) |
|---|---|---|---|---|---|
| | 劫 | 위협할, 빼앗을 겁 | 力 | 水 | 7(金) |
| 게<br>(木) | 憩 | 쉴, 휴식할 게 | 心 | 火 | 16(土) |
| | 揭 | 높이들, 올릴 게 | 手 | 木 | 13(火) |
| | 偈 | 쉴, 굳센모양 게 | 人 | 火 | 11(木) |
| 격<br>(木) | 格 | 격식, 바로잡을 격 | 木 | 木 | 10(水) |
| | 擊 | 부딪힐, 방해될 격 | 手 | 木 | 17(金) |
| | 激 | 과격할, 흐를 격 | 水 | 水 | 17(金) |
| | 隔 | 막을, 멀 격 | 阜 | 土 | 18(金) |
| | 檄 | 격문, 편지 격 | 木 | 木 | 17(金) |
| | 膈 | 흉격, 종틀 격 | 肉 | 水 | 16(土) |
| | 覡 | 박수, 남자무당 격 | 見 | 火 | 14(火) |
| 견<br>(木) | 堅 | 굳을, 튼튼할 견 | 土 | 土 | 11(木) |
| | 犬 | 개 견 | 犬 | 土 | 4(火) |
| | 甄 | 질그릇, 가마 견 | 瓦 | 土 | 14(火) |
| | 繭 | 누에고치 견 | 糸 | 木 | 21(木) |
| | 譴 | 꾸짖을, 허물 견 | 言 | 金 | 21(木) |
| | 見 | 볼, 보일 견 | 見 | 火 | 7(金) |
| | 肩 | 어깨, 견딜 견 | 肉 | 水 | 10(水) |

| 음령<br>오행 | 한자 | 뜻 | 부수 | 자원<br>오행 | 획수<br>(오행) |
|---|---|---|---|---|---|
|  | 絹 | 비단, 명주 견 | 糸 | 木 | 13(火) |
|  | 遣 | 보낼, 파견할 견 | 辵 | 土 | 17(金) |
|  | 牽 | 당길, 거느릴 견 | 牛 | 土 | 11(木) |
|  | 鵑 | 두견새, 접동새 견 | 鳥 | 火 | 18(金) |
| 결<br>(木) | 結 | 맺을, 마칠 결 | 糸 | 木 | 12(木) |
|  | 決 | 결단할, 터질 결 | 水 | 水 | 8(金) |
|  | 潔 | 깨끗할, 바를 결 | 水 | 水 | 16(土) |
|  | 缺 | 이지러질, 모자랄 결 | 岳 | 土 | 10(水) |
|  | 訣 | 이별할, 작별할 결 | 言 | 金 | 11(木) |
|  | 抉 | 도려낼, 폭로할 결 | 手 | 木 | 8(金) |
| 겸<br>(木) | 兼 | 겸할, 쌓을 겸 | 八 | 金 | 10(水) |
|  | 謙 | 겸손할, 공손할 겸 | 言 | 金 | 17(金) |
|  | 鎌 | 낫, 모서리 겸 | 金 | 金 | 18(金) |
|  | 慊 | 흐뭇하지 않을 겸 | 心 | 火 | 14(火) |
|  | 箝 | 끼울, 재갈먹일 겸 | 竹 | 木 | 14(火) |
|  | 鉗 | 칼 겸 | 金 | 金 | 13(火) |
| 경<br>(木) | 京 | 서울, 클 경 | 亠 | 土 | 8(金) |
|  | 景 | 볕, 경치 경 | 日 | 火 | 12(木) |

| 음령<br>오행 | 한자 | 뜻 | 부수 | 자원<br>오행 | 획수<br>(오행) |
|---|---|---|---|---|---|
| 경<br>(木) | 經 | 경서, 경영할 경 | 糸 | 木 | 13(火) |
| | 敬 | 성씨, 공경할, 훈계할 경 | 攴 | 金 | 13(火) |
| | 慶 | 성씨, 경사, 착할 경 | 心 | 火 | 15(土) |
| | 境 | 지경, 장소 경 | 土 | 土 | 14(火) |
| | 竟 | 다할, 마칠 경 | 立 | 金 | 11(木) |
| | 徑 | 지름길, 곧을 경 | 彳 | 火 | 10(水) |
| | 卿 | 성씨, 벼슬 경 | 卩 | 木 | 12(水) |
| | 硬 | 굳을, 단단할 경 | 石 | 金 | 12(木) |
| | 倞 | 굳셀, 다툴 경 | 人 | 火 | 10(水) |
| | 坰 | 들, 땅이름 경 | 土 | 土 | 8(金) |
| | 耿 | 빛날, 비칠 경 | 耳 | 火 | 10(水) |
| | 炅 | 성씨, 빛날, 깨끗할 경 | 火 | 火 | 8(金) |
| | 暻 | 밝을, 환할 경 | 日 | 火 | 15(土) |
| | 璟 | 옥빛 경 | 玉 | 金 | 17(金) |
| | 熲 | 빛날, 불빛 경 | 火 | 火 | 15(土) |
| | 勍 | 셀, 강할 경 | 力 | 水 | 10(水) |
| | 冏 | 빛날, 밝을 경 | 冂 | 火 | 7(土) |
| | 莖 | 줄기, 근본 경 | 艸 | 木 | 11(木) |

| 음령<br>오행 | 한자 | 뜻 | 부수 | 자원<br>오행 | 획수<br>(오행) |
|---|---|---|---|---|---|
| 경<br>(木) | 勁 | 힘, 굳셀 경 | 力 | 金 | 9(水) |
| | 庚 | 일곱째 천간, 나이 경 | 广 | 金 | 8(金) |
| | 耕 | 밭갈, 평평하게할 경 | 未 | 土 | 10(水) |
| | 頃 | 밭이랑, 요사이 경 | 頁 | 火 | 11(木) |
| | 鯨 | 고래, 쳐들 경 | 魚 | 水 | 19(水) |
| | 更 | 고칠, 개선할 경 | 日 | 火 | 7(金) |
| | 梗 | 대강, 가시나무 경 | 木 | 木 | 11(木) |
| | 憬 | 깨달을, 그리워할 경 | 心 | 火 | 16(土) |
| | 瓊 | 옥, 주사위 경 | 玉 | 金 | 20(水) |
| | 擎 | 높이들, 높을 경 | 手 | 木 | 17(金) |
| | 儆 | 경계할, 위급할 경 | 人 | 火 | 15(土) |
| | 俓 | 지름길, 곧을 경 | 人 | 火 | 9(水) |
| | 逕 | 좁을길, 지름길 경 | 辵 | 土 | 14(火) |
| | 焩 | 빛날, 밝을 경 | 火 | 火 | 11(木) |
| | 璥 | 경옥 경 | 玉 | 金 | 18(金) |
| | 涇 | 통할, 흐를 경 | 水 | 水 | 11(木) |
| | 輕 | 가벼울, 모자랄 경 | 車 | 火 | 14(火) |
| | 警 | 경계할, 방어할 경 | 言 | 金 | 20(水) |

| 음령<br>오행 | 한자 | 뜻 | 부수 | 자원<br>오행 | 획수<br>(오행) |
|---|---|---|---|---|---|
| 경<br>(木) | 驚 | 놀랄, 두려울 경 | 馬 | 火 | 23(火) |
| | 傾 | 기울, 누울 경 | 人 | 火 | 13(火) |
| | 競 | 겨룰, 나아갈 경 | 立 | 金 | 20(水) |
| | 鏡 | 거울, 비출 경 | 金 | 金 | 19(水) |
| 계<br>(木) | 癸 | 열째천간, 헤아릴 계 | 癶 | 水 | 9(水) |
| | 季 | 끝, 막내 계 | 子 | 水 | 8(金) |
| | 界 | 지경, 경계 계 | 田 | 土 | 9(水) |
| | 計 | 셈할, 계획 계 | 言 | 金 | 9(水) |
| | 溪 | 시내, 산골짜기 계 | 水 | 水 | 14(火) |
| | 鷄 | 닭, 가금 계 | 鳥 | 火 | 21(木) |
| | 系 | 이을, 실마리 계 | 糸 | 木 | 7(金) |
| | 係 | 걸릴, 이을 계 | 人 | 火 | 9(水) |
| | 桂 | 성씨, 월계수 계 | 木 | 木 | 10(水) |
| | 啓 | 가르칠, 인도할 계 | 口 | 水 | 11(木) |
| | 階 | 섬돌, 계단 계 | 阜 | 土 | 16(土) |
| | 烓 | 화덕, 밝을 계 | 火 | 火 | 10(水) |
| | 繼 | 이을, 계통 계 | 糸 | 木 | 20(水) |
| | 契 | 맺을, 약속 계 | 大 | 木 | 9(水) |

| 음령<br>오행 | 한자 | 뜻 | 부수 | 자원<br>오행 | 획수<br>(오행) |
|---|---|---|---|---|---|
| 계<br>(木) | 堺 | 지경 계 | 土 | 土 | 12(木) |
| | 屆 | 이를, 다다를 계 | 尸 | 木 | 8(金) |
| | 悸 | 두근거릴 계 | 心 | 火 | 12(木) |
| | 棨 | 창 계 | 木 | 木 | 12(木) |
| | 戒 | 경계할, 삼가다 계 | 戈 | 金 | 7(金) |
| | 械 | 형틀, 기구 계 | 木 | 木 | 11(木) |
| | 誡 | 경계할, 훈계할 계 | 言 | 金 | 14(火) |
| | 稽 | 머무를, 쌓을 계 | 禾 | 木 | 15(土) |
| | 繫 | 맬, 죄수 계 | 糸 | 木 | 19(水) |
| | 谿 | 막힌시내 계 | 谷 | 水 | 17(金) |
| | 磎 | 谿와 같은 자 | 石 | 金 | 15(土) |
| 고<br>(木) | 固 | 굳을, 단단할 고 | 口 | 水 | 8(金) |
| | 高 | 성씨, 높을 고 | 高 | 火 | 10(水) |
| | 告 | 알릴, 고할 고 | 口 | 水 | 7(金) |
| | 皐 | 못, 늪 고 | 目 | 木 | 14(火) |
| | 沽 | 팔, 매매할 고 | 水 | 水 | 9(水) |
| | 膏 | 살찔, 기름진땅 고 | 肉 | 水 | 14(火) |
| | 苽 | 줄, 진고 고 | 艸 | 木 | 11(木) |

| 음령<br>오행 | 한자 | 뜻 | 부수 | 자원<br>오행 | 획수<br>(오행) |
|---|---|---|---|---|---|
| 고<br>(木) | 菰 | 향초, 옥이름 고 | 艸 | 木 | 14(火) |
| | 誥 | 고할 고 | 言 | 金 | 14(火) |
| | 賈 | 장사 고 | 貝 | 金 | 13(火) |
| | 羔 | 새끼양, 흑양 고 | 羊 | 土 | 10(水) |
| | 古 | 옛, 오랠 고 | 口 | 水 | 5(土) |
| | 故 | 옛, 원래 고 | 攴 | 金 | 9(水) |
| | 苦 | 쓸, 괴로울 고 | 艸 | 木 | 11(木) |
| | 考 | 상고할, 밝힐 고 | 老 | 土 | 8(金) |
| | 攷 | 考의 옛글자 | 老 | 土 | 6(土) |
| | 枯 | 마를, 수척할 고 | 木 | 木 | 9(水) |
| | 姑 | 시어머니, 아직 고 | 女 | 土 | 8(金) |
| | 庫 | 창고, 곳집 고 | 广 | 木 | 10(水) |
| | 稿 | 볏짚, 원고 고 | 禾 | 木 | 15(土) |
| | 顧 | 돌아볼, 관찰할 고 | 頁 | 火 | 21(木) |
| | 叩 | 두드릴, 물어볼 고 | 口 | 水 | 5(土) |
| | 敲 | 두드릴, 회초리 고 | 攴 | 金 | 14(火) |
| | 皋 | 고할, 언덕 고 | 白 | 水 | 11(木) |
| | 暠 | 흴, 밝을 고 | 日 | 火 | 14(火) |

| 음령<br>오행 | 한자 | 뜻 | 부수 | 자원<br>오행 | 획수<br>(오행) |
|---|---|---|---|---|---|
| 고<br>(木) | 呱 | 울 고 | 口 | 水 | 8(金) |
| | 孤 | 외로울, 고아 고 | 子 | 水 | 8(金) |
| | 鼓 | 북, 두드릴 고 | 鼓 | 金 | 13(火) |
| | 尻 | 꽁무니, 자리잡을 고 | 尸 | 水 | 5(土) |
| | 拷 | 칠, 빼앗을 고 | 手 | 木 | 10(水) |
| | 槁 | 마를 고 | 木 | 木 | 14(火) |
| | 痼 | 고질 고 | 疒 | 水 | 13(火) |
| | 股 | 넓적다리 고 | 肉 | 水 | 10(水) |
| | 藁 | 마를 고 | 艸 | 木 | 20(水) |
| | 蠱 | 독, 벌레 고 | 虫 | 水 | 23(火) |
| | 袴 | 바지, 사타구니 고 | 衣 | 木 | 12(木) |
| | 辜 | 허물 고 | 辛 | 金 | 12(木) |
| | 錮 | 땜질할, 가둘 고 | 金 | 金 | 16(土) |
| | 雇 | 품삯, 새이름 고 | 隹 | 火 | 12(木) |
| 곡<br>(木) | 谷 | 골짜기, 좁은길 곡 | 谷 | 水 | 7(金) |
| | 曲 | 굽다, 휘다 곡 | 曰 | 土 | 6(土) |
| | 穀 | 곡식, 기를 곡 | 禾 | 木 | 15(土) |
| | 哭 | 울, 노래할 곡 | 口 | 水 | 10(水) |

| 음령<br>오행 | 한자 | 뜻 | 부수 | 자원<br>오행 | 획수<br>(오행) |
|---|---|---|---|---|---|
| 곡<br>(木) | 斛 | 휘, 헤아릴 곡 | 斗 | 火 | 11(木) |
|  | 鵠 | 고니, 흴 고 | 鳥 | 火 | 18(金) |
|  | 梏 | 쇠고랑, 묶을 곡 | 木 | 木 | 11(木) |
| 곤<br>(木) | 坤 | 땅, 괘이름 곤 | 土 | 土 | 8(金) |
|  | 琨 | 옥돌, 패옥 곤 | 玉 | 金 | 13(火) |
|  | 昆 | 형, 맏 곤 | 日 | 火 | 8(金) |
|  | 崑 | 산이름 곤 | 山 | 土 | 11(木) |
|  | 困 | 괴로울, 부족할 곤 | 口 | 水 | 7(金) |
|  | 錕 | 구리, 붉은쇠 곤 | 金 | 金 | 16(土) |
|  | 梱 | 문지방, 두드릴 곤 | 木 | 木 | 11(木) |
|  | 滾 | 흐를, 샘솟을 곤 | 水 | 水 | 15(土) |
|  | 袞 | 곤룡포 곤 | 衣 | 木 | 11(木) |
|  | 鯤 | 고니, 물고기알 곤 | 魚 | 水 | 19(水) |
|  | 棍 | 몽둥이, 곤장 곤 | 木 | 木 | 12(木) |
| 골<br>(木) | 骨 | 성씨, 뼈, 강직할 골 | 骨 | 金 | 10(水) |
|  | 汨 | 빠질, 잠길 골 | 水 | 水 | 8(金) |
|  | 滑 | 미끄러울, 어지러울 골 | 水 | 水 | 14(火) |
| 공<br>(木) | 工 | 장인, 공교할 공 | 工 | 火 | 3(火) |

| 음령<br>오행 | 한자 | 뜻 | 부수 | 자원<br>오행 | 획수<br>(오행) |
|---|---|---|---|---|---|
| 공<br>(木) | 功 | 일, 공로 공 | 力 | 木 | 5(土) |
| | 共 | 함께, 한가지 공 | 八 | 金 | 6(土) |
| | 公 | 귀, 공변될 공 | 八 | 金 | 4(火) |
| | 孔 | 성씨, 구멍 공 | 子 | 水 | 4(火) |
| | 供 | 이바지할, 공손할 공 | 人 | 火 | 8(金) |
| | 恭 | 공손할, 조심할 공 | 心 | 火 | 10(水) |
| | 貢 | 바칠, 천거할 공 | 貝 | 金 | 10(水) |
| | 琪 | 큰옥, 옥이름 공 | 玉 | 金 | 11(水) |
| | 拱 | 당길, 고할 공 | 手 | 木 | 10(水) |
| | 蚣 | 지네 공 | 虫 | 水 | 10(水) |
| | 鞏 | 묶을 공 | 革 | 金 | 15(土) |
| | 空 | 빌, 없을 공 | 穴 | 水 | 8(金) |
| | 攻 | 칠, 공격할 공 | 攵 | 金 | 7(金) |
| | 恐 | 두려울 공, 협박할 공 | 心 | 火 | 10(水) |
| | 控 | 고할, 아뢸 공 | 手 | 木 | 12(木) |
| 곶<br>(木) | 串 | 곶, 익힐, 꿸 곶 | ｜ | 金 | 7(金) |
| 과<br>(木) | 果 | 과실, 이룰 과 | 木 | 木 | 8(金) |
| | 課 | 매길, 고시 과 | 言 | 金 | 15(土) |

| 음령<br>오행 | 한자 | 뜻 | 부수 | 자원<br>오행 | 획수<br>(오행) |
|---|---|---|---|---|---|
| 과<br>(木) | 科 | 과정, 과거 과 | 禾 | 木 | 9(水) |
| | 跨 | 타넘을, 건너갈 과 | 足 | 土 | 13(火) |
| | 鍋 | 냄비, 대통 과 | 金 | 金 | 17(金) |
| | 踝 | 낟알, 흙덩이 과 | 頁 | 火 | 17(金) |
| | 過 | 지날, 초월할 과 | 辶 | 土 | 16(土) |
| | 戈 | 창, 전쟁 과 | 戈 | 金 | 4(火) |
| | 瓜 | 성씨, 오이, 참외 과 | 瓜 | 木 | 5(土) |
| | 誇 | 자랑할, 자만할 과 | 言 | 金 | 13(火) |
| | 寡 | 적을, 과부 과 | 宀 | 木 | 14(火) |
| | 菓 | 과일, 과자 과 | 艸 | 木 | 14(火) |
| 곽<br>(木) | 郭 | 성씨, 성곽, 둘레 곽 | 邑 | 土 | 15(土) |
| | 廓 | 둘레, 클 곽 | 广 | 木 | 14(火) |
| | 槨 | 덧널, 궤 곽 | 木 | 木 | 15(土) |
| | 藿 | 콩잎, 쥐눈이콩 곽 | 艸 | 木 | 22(木) |
| 관<br>(木) | 官 | 벼슬, 관청 관 | 宀 | 木 | 8(金) |
| | 觀 | 볼, 드러낼 관 | 見 | 火 | 25(土) |
| | 管 | 주관할, 피리 관 | 竹 | 木 | 14(火) |
| | 冠 | 성씨, 갓, 볏 관 | 冖 | 木 | 9(水) |

| 음령오행 | 한자 | 뜻 | 부수 | 자원오행 | 획수(오행) |
|---|---|---|---|---|---|
| 관(木) | 寬 | 너그러울, 넓을 관 | 宀 | 木 | 15(土) |
| | 款 | 정성, 사랑 관 | 欠 | 金 | 12(木) |
| | 琯 | 옥피리, 옥돌 관 | 玉 | 金 | 13(火) |
| | 菅 | 난초, 등골나무 관 | 艸 | 木 | 14(火) |
| | 串 | 익힐, 꿸 관 | 丨 | 金 | 7(金) |
| | 鑵 | 두레박 관 | 岳 | 土 | 24(火) |
| | 貫 | 꿰뚫을, 적중할 관 | 貝 | 金 | 11(木) |
| | 慣 | 버릇, 익술할 관 | 心 | 火 | 15(土) |
| | 館 | 객사, 관청 관 | 食 | 水 | 17(金) |
| | 舘 | 館의 속자 | 舌 | 水 | 16(土) |
| | 灌 | 물댈, 따를 관 | 水 | 水 | 22(木) |
| | 瓘 | 옥이름 관 | 玉 | 金 | 23(火) |
| | 梡 | 도마, 장작 관 | 木 | 木 | 11(木) |
| | 關 | 빗장, 잠글 관 | 門 | 木 | 19(水) |
| | 錧 | 쟁기, 비녀장 관 | 金 | 金 | 16(土) |
| | 棺 | 널, 입관할 관 | 木 | 木 | 12(木) |
| 괄(木) | 括 | 묶을, 단속할 괄 | 手 | 木 | 10(水) |
| | 适 | 빠를, 신속할 괄 | 辵 | 土 | 13(火) |

| 음령<br>오행 | 한자 | 뜻 | 부수 | 자원<br>오행 | 획수<br>(오행) |
|---|---|---|---|---|---|
| 괄<br>(木) | 刮 | 깎을, 갈 괄 | 刀 | 金 | 8(金) |
| | 恝 | 걱정없을 괄 | 心 | 火 | 10(水) |
| 광<br>(木) | 光 | 빛날, 경치 광 | 儿 | 火 | 6(土) |
| | 炚 | 빛날, 뜨거울 광 | 火 | 火 | 8(金) |
| | 廣 | 성씨, 넓을 광 | 广 | 木 | 15(土) |
| | 広 | 廣의 속자 | 广 | 木 | 5(土) |
| | 鑛 | 쇳돌, 광석 광 | 金 | 金 | 8(金) |
| | 侊 | 클, 성할 광 | 人 | 火 | 8(土) |
| | 洸 | 성씨, 물솟을, 성맬 광 | 水 | 水 | 10(金) |
| | 珖 | 옥피리, 옥이름 광 | 玉 | 金 | 11(木) |
| | 匡 | 바르다, 구제할 광 | 匚 | 土 | 6(土) |
| | 曠 | 밝을, 황야 광 | 日 | 火 | 19(水) |
| | 筐 | 광주리 광 | 竹 | 木 | 12(木) |
| | 壙 | 들판, 공허할 광 | 土 | 土 | 18(金) |
| | 狂 | 미칠 광 | 犬 | 土 | 7(金) |
| | 胱 | 방광 광 | 肉 | 水 | 12(木) |
| 괘<br>(木) | 掛 | 걸, 걸어놓을 괘 | 手 | 木 | 12(木) |
| | 卦 | 걸, 매달 괘 | 卜 | 木 | 8(金) |

| 음령<br>오행 | 한자 | 뜻 | 부수 | 자원<br>오행 | 획수<br>(오행) |
|---|---|---|---|---|---|
| 괘<br>(木) | 罫 | 줄, 꺼리낄 괘 | 网 | 木 | 14(火) |
| 괴<br>(木) | 傀 | 클, 좋을 괴 | 人 | 火 | 12(木) |
| | 魁 | 으뜸, 우두머리 괴 | 鬼 | 火 | 14(火) |
| | 槐 | 홰나무 괴 | 木 | 木 | 14(火) |
| | 塊 | 흙덩어리 괴 | 土 | 土 | 13(火) |
| | 愧 | 부끄러워할, 탓할 괴 | 心 | 火 | 14(火) |
| | 怪 | 기이할, 도깨비 괴 | 心 | 火 | 9(水) |
| | 壞 | 무너질 괴 | 土 | 土 | 19(水) |
| | 拐 | 속일, 꾀일 괴 | 手 | 木 | 9(水) |
| | 乖 | 어그러질 괴 | 丿 | 火 | 8(金) |
| 굉<br>(木) | 宏 | 클, 광대할 굉 | 宀 | 木 | 7(金) |
| | 紘 | 갓끈, 밧줄 굉 | 糸 | 木 | 10(水) |
| | 肱 | 팔뚝 굉 | 肉 | 水 | 10(水) |
| | 轟 | 울릴, 천둥소리 굉 | 車 | 火 | 21(木) |
| 교<br>(木) | 交 | 사귈, 서로 교 | 亠 | 火 | 6(土) |
| | 校 | 학교, 교정할 교 | 木 | 木 | 10(水) |
| | 敎 | 가르칠, 본받을 교 | 攴 | 金 | 11(木) |
| | 教 | 敎의 속자 | 攴 | 金 | 11(木) |

| 음령<br>오행 | 한자 | 뜻 | 부수 | 자원<br>오행 | 획수<br>(오행) |
|---|---|---|---|---|---|
| 교<br>(木) | 郊 | 성밖, 교외 교 | 邑 | 土 | 13(火) |
| | 較 | 견줄, 비교할 교 | 車 | 火 | 13(火) |
| | 巧 | 공교할, 예쁠 교 | 工 | 火 | 5(土) |
| | 矯 | 바로잡을 교 | 矢 | 金 | 17(金) |
| | 僑 | 높을, 거처 교 | 人 | 火 | 14(火) |
| | 喬 | 높을, 솟을 교 | 口 | 水 | 12(木) |
| | 嬌 | 아리따울, 맵시 교 | 女 | 土 | 15(土) |
| | 膠 | 아교, 굳을 교 | 肉 | 水 | 17(金) |
| | 咬 | 새소리 교 | 曰 | 水 | 9(水) |
| | 皎 | 달빛, 햇빛 교 | 白 | 金 | 11(木) |
| | 翹 | 꼬리, 날개 교 | 羽 | 火 | 18(金) |
| | 蕎 | 메밀, 풀 교 | 艸 | 木 | 18(金) |
| | 蛟 | 상어, 교룡 교 | 虫 | 水 | 12(木) |
| | 轎 | 가마 교 | 車 | 金 | 19(水) |
| | 餃 | 경단 교 | 食 | 水 | 15(土) |
| | 鮫 | 상어, 교룡 교 | 魚 | 水 | 17(金) |
| | 驕 | 교만할, 무례할 교 | 馬 | 火 | 22(木) |
| | 嶠 | 높을, 산길 교 | 山 | 土 | 15(土) |

| 음령<br>오행 | 한자 | 뜻 | 부수 | 자원<br>오행 | 획수<br>(오행) |
|---|---|---|---|---|---|
| 교<br>(木) | 攪 | 어지러울, 뒤섞을 교 | 手 | 木 | 24(火) |
| | 狡 | 교활할, 간교할 교 | 犬 | 土 | 9(水) |
| | 絞 | 목맬, 꼴 교 | 糸 | 木 | 12(木) |
| | 橋 | 다리, 강할 교 | 木 | 木 | 16(土) |
| 구<br>(木) | 求 | 구할, 청할 구 | 水 | 水 | 7(金) |
| | 救 | 도울, 구원할 구 | 攴 | 金 | 11(木) |
| | 具 | 성씨, 갖출, 온전할 구 | 八 | 金 | 8(金) |
| | 俱 | 성씨, 함께, 갖출 구 | 人 | 火 | 10(水) |
| | 構 | 얽을, 지을 구 | 木 | 木 | 14(火) |
| | 球 | 지구, 공 구 | 玉 | 金 | 12(木) |
| | 坵 | 언덕 구 | 土 | 土 | 8(金) |
| | 玖 | 옥돌, 아홉 구 | 玉 | 金 | 8(金) |
| | 丘 | 높을, 언덕 구 | 一 | 土 | 5(土) |
| | 邱 | 언덕, 땅이름 구 | 邑 | 土 | 12(土) |
| | 九 | 아홉, 많을 구 | 乙 | 水 | 9(水) |
| | 口 | 입, 구멍 구 | 口 | 水 | 3(火) |
| | 究 | 궁리할, 다할 구 | 穴 | 水 | 7(金) |
| | 久 | 오랠, 기다릴 구 | 丿 | 水 | 3(火) |

| 음령<br>오행 | 한자 | 뜻 | 부수 | 자원<br>오행 | 획수<br>(오행) |
|---|---|---|---|---|---|
| 구<br>(木) | 句 | 글귀, 굽을 구 | 口 | 水 | 5(土) |
| | 舊 | 옛, 오랠 구 | 臼 | 土 | 18(金) |
| | 區 | 구역, 나눌 구 | 匚 | 土 | 11(木) |
| | 驅 | 달릴, 몰아낼 구 | 馬 | 火 | 21(木) |
| | 鷗 | 갈매기 구 | 鳥 | 火 | 22(木) |
| | 苟 | 진실로, 다만 구 | 艸 | 木 | 11(木) |
| | 拘 | 잡을, 꺼리낄 구 | 手 | 木 | 9(水) |
| | 狗 | 개, 강아지 구 | 犬 | 土 | 9(水) |
| | 懼 | 놀랄, 위태로울 구 | 心 | 火 | 22(木) |
| | 龜 | 거북, 나라이름 구 | 龜 | 水 | 16(土) |
| | 矩 | 곱자, 법 구 | 失 | 金 | 10(水) |
| | 銶 | 글 구 | 金 | 金 | 15(土) |
| | 溝 | 도랑, 개천 구 | 水 | 水 | 14(火) |
| | 購 | 살, 화해할 구 | 貝 | 金 | 17(金) |
| | 鳩 | 비둘기, 모을 구 | 鳥 | 火 | 13(火) |
| | 耉 | 늙을, 늙은이 구 | 老 | 土 | 11(木) |
| | 枸 | 구기자, 레몬 구 | 木 | 木 | 9(水) |
| | 嘔 | 노래할 구 | 口 | 水 | 14(火) |

| 음령<br>오행 | 한자 | 뜻 | 부수 | 자원<br>오행 | 획수<br>(오행) |
|---|---|---|---|---|---|
| 구<br>(木) | 絿 | 급할, 구할 구 | 糸 | 木 | 13(火) |
| | 臼 | 절구질할 구 | 臼 | 土 | 6(土) |
| | 舅 | 시아버지 구 | 臼 | 土 | 13(火) |
| | 衢 | 네거리, 도로구 | 行 | 火 | 24(火) |
| | 謳 | 노래할, 읊조릴 구 | 言 | 金 | 18(金) |
| | 逑 | 짝, 배우자 구 | 辵 | 土 | 12(木) |
| | 駒 | 망아지, 말 구 | 馬 | 火 | 15(土) |
| | 鉤 | 갈고리, 낫 구 | 金 | 金 | 13(火) |
| | 垢 | 때, 티끌 | 土 | 土 | 9(水) |
| | 寇 | 도둑, 원수 구 | 宀 | 木 | 11(木) |
| | 嶇 | 험할, 괴로워할 구 | 山 | 土 | 14(火) |
| | 廐 | 마구, 마구간 구 | 广 | 木 | 14(火) |
| | 仇 | 원수 구 | 人 | 火 | 4(火) |
| | 勾 | 굽을, 갈고리 구 | 勹 | 金 | 4(火) |
| | 咎 | 허물, 재앙 구 | 口 | 水 | 8(金) |
| | 柩 | 널, 나무상자 구 | 木 | 木 | 9(金) |
| | 歐 | 토할, 뱉을 구 | 欠 | 火 | 15(土) |
| | 毆 | 때릴, 구타할 구 | 殳 | 金 | 15(土) |

| 음령<br>오행 | 한자 | 뜻 | 부수 | 자원<br>오행 | 획수<br>(오행) |
|---|---|---|---|---|---|
| 구<br>(木) | 毬 | 공, 둥근물체 구 | 毛 | 木 | 11(木) |
| | 灸 | 뜸, 뜸질할 구 | 火 | 火 | 7(金) |
| | 瞿 | 볼, 놀라서볼 구 | 目 | 木 | 18(金) |
| 국<br>(木) | 局 | 판, 판국 | 尸 | 木 | 7(金) |
| | 鞠 | 공, 궁할 국 | 革 | 金 | 17(金) |
| | 國 | 나라, 고행 국 | 囗 | 水 | 11(木) |
| | 国 | 國의 속자 | 囗 | 水 | 8(金) |
| | 菊 | 국화, 대국 국 | 艸 | 木 | 14(火) |
| | 鞫 | 국문할, 다할 국 | 革 | 金 | 18(金) |
| | 麴 | 누룩, 술 국 | 麥 | 木 | 19(水) |
| 군<br>(木) | 君 | 임금, 주권자 군 | 口 | 水 | 7(金) |
| | 郡 | 고을, 관청 군 | 邑 | 土 | 14(火) |
| | 軍 | 군사, 진칠 군 | 車 | 火 | 9(水) |
| | 群 | 무리, 떼 군 | 羊 | 土 | 13(火) |
| | 窘 | 막힐, 궁해질 군 | 穴 | 水 | 12(木) |
| | 裙 | 치마, 속옷 군 | 衣 | 木 | 13(火) |
| 굴<br>(木) | 屈 | 굽을 다할 굴 | 尸 | 土 | 8(金) |
| | 窟 | 움, 굴 굴 | 穴 | 水 | 13(火) |

| 음령<br>오행 | 한자 | 뜻 | 부수 | 자원<br>오행 | 획수<br>(오행) |
|---|---|---|---|---|---|
| 굴<br>(木) | 堀 | 굴, 땅굴팔 굴 | 土 | 土 | 11(木) |
| | 掘 | 팔, 파낼 굴 | 手 | 木 | 13(火) |
| 궁<br>(木) | 弓 | 성씨, 활, 궁술 궁 | 弓 | 火 | 3(火) |
| | 躬 | 몸, 자신 궁 | 身 | 水 | 10(水) |
| | 宮 | 집, 담 궁 | 宀 | 木 | 10(水) |
| | 窮 | 다할, 궁할 궁 | 穴 | 水 | 15(土) |
| | 芎 | 궁궁이, 천궁 궁 | 艸 | 木 | 9(水) |
| | 穹 | 하늘, 막다른 궁 | 穴 | 水 | 8(金) |
| 권<br>(木) | 權 | 성씨, 권세, 저울 권 | 木 | 木 | 22(木) |
| | 勸 | 권할, 도울 권 | 力 | 土 | 20(水) |
| | 券 | 문서, 확실할 권 | 刀 | 土 | 8(金) |
| | 眷 | 돌아볼, 그리워할 권 | 目 | 木 | 11(木) |
| | 卷 | 책, 접을 권 | 卩 | 木 | 8(金) |
| | 拳 | 주먹, 힘쓸 권 | 手 | 木 | 10(水) |
| | 圈 | 우리, 감방 권 | 口 | 水 | 11(木) |
| | 倦 | 게으를, 피로할 권 | 人 | 火 | 10(水) |
| | 捲 | 걷을, 힘쓸 권 | 手 | 木 | 12(木) |
| | 港 | 물돌아흐를 권 | 水 | 水 | 12(木) |

| 음령<br>오행 | 한자 | 뜻 | 부수 | 자원<br>오행 | 획수<br>(오행) |
|---|---|---|---|---|---|
| 궐<br>(木) | 厥 | 그것, 다할 궐 | 厂 | 土 | 12(木) |
| | 闕 | 대궐, 문 궐 | 門 | 木 | 18(金) |
| | 獗 | 사납게날뛸 궐 | 犬 | 土 | 15(土) |
| | 蕨 | 고사리, 고비 궐 | 艸 | 木 | 18(金) |
| | 蹶 | 넘어질, 엎어질 궐 | 足 | 土 | 19(水) |
| 궤<br>(木) | 軌 | 길, 궤도 궤 | 車 | 火 | 9(水) |
| | 机 | 책상, 나무이름 궤 | 木 | 木 | 6(土) |
| | 櫃 | 함, 궤 궤 | 木 | 木 | 16(土) |
| | 潰 | 무너질, 성낼 궤 | 水 | 水 | 16(土) |
| | 詭 | 속일, 기만할 궤 | 言 | 金 | 13(火) |
| | 饋 | 먹일, 대접할 궤 | 木 | 水 | 21(木) |
| 귀<br>(木) | 貴 | 귀할, 소중할 귀 | 貝 | 金 | 12(木) |
| | 歸 | 돌아갈, 시집갈 귀 | 止 | 土 | 18(金) |
| | 鬼 | 귀신, 도깨비 귀 | 鬼 | 火 | 10(水) |
| | 龜 | 나라이름, 거북 귀 | 龜 | 水 | 16(土) |
| | 句 | 구절, 구 귀 | 口 | 水 | 5(土) |
| | 晷 | 그림자, 햇빛 귀 | 日 | 火 | 12(木) |
| 규<br>(木) | 規 | 모범, 규범 규 | 見 | 火 | 11(木) |

| 음령<br>오행 | 한자 | 뜻 | 부수 | 자원<br>오행 | 획수<br>(오행) |
|---|---|---|---|---|---|
| 규<br>(木) | 閨 | 규수, 계집 규 | 門 | 木 | 14(火) |
| | 圭 | 홀, 모서리 규 | 土 | 土 | 6(土) |
| | 奎 | 별이름, 가랑이 규 | 大 | 土 | 9(水) |
| | 珪 | 서옥, 이름 규 | 玉 | 金 | 11(木) |
| | 揆 | 헤아릴, 법 규 | 土 | 土 | 13(火) |
| | 逵 | 큰길, 거리 규 | 辵 | 土 | 15(土) |
| | 葵 | 해바라기 | 艸 | 木 | 15(土) |
| | 窺 | 엿볼, 볼 규 | 穴 | 水 | 16(土) |
| | 叫 | 부르짖을, 울 규 | 口 | 水 | 16(土) |
| | 槻 | 물푸레나무 규 | 木 | 木 | 15(土) |
| | 硅 | 규소, 깨트릴 규 | 石 | 金 | 11(木) |
| | 竅 | 구멍, 통할 규 | 穴 | 水 | 18(金) |
| | 糾 | 끌어모을, 거둘 규 | 糸 | 木 | 8(金) |
| | 赳 | 용감할, 재능 규 | 走 | 土 | 9(水) |
| 균<br>(木) | 均 | 고를, 평평할 평 | 土 | 土 | 7(金) |
| | 鈞 | 고를, 가락 균 | 金 | 金 | 12(木) |
| | 畇 | 일굴, 개간 균 | 田 | 土 | 9(水) |
| | 菌 | 버섯, 세균 균 | 艸 | 木 | 14(火) |

| 음령<br>오행 | 한자 | 뜻 | 부수 | 자원<br>오행 | 획수<br>(오행) |
|---|---|---|---|---|---|
| 균<br>(木) | 勻 | 적을, 흩어질 균 | 勹 | 金 | 4(火) |
| | 筠 | 대나무 균 | 竹 | 木 | 13(火) |
| | 龜 | 틀 균 | 龜 | 水 | 16(土) |
| 귤<br>(木) | 橘 | 귤나무, 귤 귤 | 木 | 木 | 16(土) |
| 극<br>(木) | 極 | 다할, 극진할 극 | 木 | 木 | 13(火) |
| | 克 | 이길, 능할 극 | 儿 | 木 | 7(金) |
| | 劇 | 심할, 연극 극 | 刀 | 金 | 15(土) |
| | 剋 | 이길, 능할 극 | 刀 | 金 | 9(水) |
| | 隙 | 틈, 여가 극 | 阜 | 土 | 18(金) |
| | 戟 | 창 극 | 戈 | 金 | 12(木) |
| | 棘 | 가시나무 극 | 木 | 金 | 12(木) |
| 근<br>(木) | 根 | 뿌리, 근본 근 | 木 | 木 | 10(水) |
| | 漌 | 맑을, 적실 근 | 水 | 水 | 15(土) |
| | 近 | 가까울, 닮을 근 | 辵 | 土 | 11(木) |
| | 勤 | 부지런할, 일 근 | 力 | 土 | 13(火) |
| | 嫤 | 고울, 아름다울 근 | 女 | 土 | 14(火) |
| | 劤 | 강할, 힘셀 근 | 力 | 水 | 6(土) |
| | 筋 | 힘줄, 기운 근 | 竹 | 木 | 12(木) |

| 음령<br>오행 | 한자 | 뜻 | 부수 | 자원<br>오행 | 획수<br>(오행) |
|---|---|---|---|---|---|
| 근<br>(木) | 槿 | 무궁화 근 | 木 | 木 | 15(木) |
| | 瑾 | 아름다운옥 근 | 玉 | 金 | 16(土) |
| | 懃 | 은근할, 일에힘쓸 근 | 心 | 火 | 17(金) |
| | 芹 | 미나리 근 | 艸 | 木 | 14(火) |
| | 菫 | 오랑캐꽃, 오두 근 | 艸 | 木 | 14(火) |
| | 謹 | 삼갈, 엄할 근 | 言 | 金 | 18(金) |
| | 覲 | 뵐, 볼 근 | 見 | 火 | 18(金) |
| | 斤 | 성씨, 도끼, 벨 근 | 斤 | 金 | 4(火) |
| | 僅 | 겨우, 조금 근 | 人 | 火 | 13(火) |
| | 墐 | 매흙질할, 묻을 근 | 土 | 土 | 14(火) |
| | 饉 | 흉년들 근 | 食 | 水 | 20(水) |
| 글<br>(木) | 契 | 부족이름 글 | 大 | 木 | 9(水) |
| 금<br>(木) | 昑 | 밝을 금 | 日 | 火 | 8(金) |
| | 金 | 쇠, 돈, 황금 금 | 金 | 金 | 8(金) |
| | 今 | 이제, 이에 금 | 人 | 火 | 4(火) |
| | 錦 | 비단, 아름다울 금 | 金 | 金 | 16(土) |
| | 琴 | 성씨, 거문고 금 | 玉 | 金 | 13(火) |
| | 衾 | 이불, 침구 금 | 衣 | 木 | 10(水) |

| 음령<br>오행 | 한자 | 뜻 | 부수 | 자원<br>오행 | 획수<br>(오행) |
|---|---|---|---|---|---|
| 금<br>(木) | 襟 | 옷깃, 가슴 금 | 衣 | 木 | 19(水) |
| | 禽 | 날짐승, 새 금 | 内 | 火 | 13(火) |
| | 禁 | 금할, 꺼릴 금 | 示 | 木 | 13(火) |
| | 妗 | 외숙모, 방정맞을 금 | 女 | 土 | 7(金) |
| | 擒 | 사로잡을, 생포할 금 | 手 | 水 | 17(金) |
| | 檎 | 능금나무 금 | 木 | 木 | 17(金) |
| | 芩 | 풀이름 금 | 艸 | 木 | 10(水) |
| | 衿 | 옷깃, 옷고름 금 | 衣 | 木 | 9(水) |
| 급<br>(木) | 給 | 넉넉할, 더할 급 | 糸 | 木 | 12(木) |
| | 級 | 등급, 순서 급 | 糸 | 木 | 10(水) |
| | 及 | 미칠, 이름 급 | 又 | 水 | 4(火) |
| | 急 | 급할, 빠를 급 | 心 | 火 | 9(水) |
| | 汲 | 길을, 분주할 급 | 水 | 水 | 8(金) |
| | 伋 | 속일, 인명 급 | 人 | 火 | 6(土) |
| | 扱 | 미칠, 이를 급 | 手 | 木 | 7(金) |
| 긍<br>(木) | 肯 | 옳을, 여길 긍 | 肉 | 水 | 10(水) |
| | 亘 | 걸칠, 펼 긍 | 瓦 | 火 | 6(土) |
| | 瓦 | 亘의 속자 | 二 | 火 | 6(土) |

| 음령<br>오행 | 한자 | 뜻 | 부수 | 자원<br>오행 | 획수<br>(오행) |
|---|---|---|---|---|---|
| 긍<br>(木) | 兢 | 삼갈, 두려워할 | 儿 | 水 | 14(火) |
| | 矜 | 자랑할, 가엾게여길 긍 | 矛 | 金 | 9(水) |
| 기<br>(木) | 企 | 꾀할, 바랄 기 | 人 | 火 | 6(土) |
| | 棋 | 바둑, 장기 기 | 木 | 木 | 12(木) |
| | 碁 | 棋와 같은 자 | 石 | 金 | 13(火) |
| | 淇 | 강이름 기 | 水 | 水 | 12(木) |
| | 琪 | 옥이름 기 | 玉 | 金 | 13(火) |
| | 玘 | 패옥, 노리개 기 | 玉 | 金 | 8(金) |
| | 杞 | 버들, 나무이름 기 | 木 | 木 | 7(金) |
| | 晞 | 볕기운 기 | 日 | 火 | 14(火) |
| | 沂 | 물이름 기 | 水 | 水 | 8(金) |
| | 圻 | 경기, 지경 기 | 土 | 土 | 7(金) |
| | 己 | 자기, 몸 기 | 己 | 土 | 3(火) |
| | 記 | 기록할, 적을 기 | 言 | 金 | 10(水) |
| | 起 | 일어날, 시작할 기 | 走 | 火 | 10(水) |
| | 其 | 그, 어조사 기 | 八 | 金 | 12(木) |
| | 期 | 기약, 정할 기 | 月 | 水 | 12(木) |
| | 基 | 터, 기초 기 | 土 | 土 | 11(水) |

| 음령<br>오행 | 한자 | 뜻 | 부수 | 자원<br>오행 | 획수<br>(오행) |
|---|---|---|---|---|---|
| 기<br>(木) | 氣 | 기운, 공기 기 | 气 | 水 | 10(水) |
| | 伎 | 재주, 기술 기 | 人 | 火 | 6(土) |
| | 技 | 재주, 묘기 기 | 手 | 木 | 8(金) |
| | 祁 | 성할, 클 기 | 示 | 木 | 9(水) |
| | 紀 | 벼리, 실마리 기 | 糸 | 木 | 9(水) |
| | 奇 | 성씨, 기이할 기 | 大 | 土 | 8(金) |
| | 畿 | 경기, 지경 기 | 田 | 土 | 15(土) |
| | 飢 | 주릴, 기아 기 | 食 | 水 | 11(木) |
| | 器 | 그릇, 쓰일 기 | 口 | 水 | 16(土) |
| | 機 | 틀, 기계 기 | 木 | 木 | 16(土) |
| | 璂 | 옥, 꾸미개 기 | 玉 | 金 | 16(土) |
| | 祺 | 복, 즐거움 기 | 示 | 木 | 13(火) |
| | 麒 | 기린 기 | 鹿 | 土 | 19(水) |
| | 埼 | 언덕머리 기 | 土 | 土 | 11(木) |
| | 崎 | 험할, 산길 기 | 山 | 土 | 11(木) |
| | 琦 | 클, 옥 기 | 玉 | 金 | 13(火) |
| | 綺 | 비단, 아름다울 기 | 糸 | 木 | 14(火) |
| | 錡 | 솥, 가마 기 | 金 | 金 | 16(土) |

| 음령<br>오행 | 한자 | 뜻 | 부수 | 자원<br>오행 | 획수<br>(오행) |
|---|---|---|---|---|---|
| 기<br>(木) | 箕 | 키, 쓰레받기 기 | 竹 | 木 | 14(火) |
| | 岐 | 갈림길 기 | 山 | 土 | 7(金) |
| | 汽 | 김, 증기 기 | 水 | 水 | 8(金) |
| | 譏 | 나무랄, 원망할 기 | 言 | 金 | 19(水) |
| | 覬 | 바랄, 원할 기 | 八 | 土 | 19(水) |
| | 驥 | 천리마 기 | 馬 | 火 | 27(金) |
| | 嗜 | 즐길, 좋아할 기 | 口 | 水 | 13(火) |
| | 幾 | 기미, 조짐 기 | 幺 | 火 | 12(木) |
| | 旣 | 이미, 처음부터 기 | 无 | 水 | 11(木) |
| | 忌 | 꺼릴, 증오할 기 | 心 | 火 | 7(金) |
| | 旗 | 기, 표지 기 | 方 | 木 | 14(火) |
| | 欺 | 속일, 업신여길 기 | 欠 | 金 | 12(木) |
| | 騎 | 기병, 말탈 기 | 馬 | 火 | 18(金) |
| | 寄 | 부칠, 위탁할 기 | 宀 | 木 | 11(木) |
| | 豈 | 어찌, 바랄 기 | 豆 | 水 | 9(水) |
| | 棄 | 버릴, 폐할 기 | 木 | 木 | 12(木) |
| | 祈 | 빌, 고함 기 | 木 | 木 | 12(木) |
| | 錤 | 호미 기 | 金 | 金 | 16(土) |

| 음령<br>오행 | 한자 | 뜻 | 부수 | 자원<br>오행 | 획수<br>(오행) |
|---|---|---|---|---|---|
| 기<br>(木) | 騏 | 천리마, 얼룩말 기 | 馬 | 火 | 18(金) |
| | 耆 | 늙은이, 어른 기 | 老 | 土 | 10(水) |
| | 璣 | 구슬, 거울 기 | 玉 | 金 | 17(金) |
| | 磯 | 물가, 자갈밭 기 | 石 | 金 | 17(金) |
| | 夔 | 조심할, 두려울 기 | 夊 | 土 | 17(金) |
| | 妓 | 기생 기 | 女 | 土 | 7(金) |
| | 朞 | 돌, 1주년 기 | 月 | 火 | 12(木) |
| | 畸 | 뙈기밭 기 | 田 | 土 | 13(火) |
| | 祇 | 마침, 다만 기 | 示 | 水 | 9(水) |
| | 羈 | 굴레, 재갈 기 | 革 | 火 | 25(火) |
| | 耭 | 갈 기 | 耒 | 木 | 18(金) |
| | 肌 | 근육, 신체 기 | 肉 | 水 | 8(金) |
| | 饑 | 굶주릴, 흉년 기 | 食 | 水 | 21(木) |
| 긴<br>(木) | 緊 | 감길, 오그라질 긴 | 糸 | 木 | 14(火) |
| 길<br>(木) | 吉 | 성씨, 길할 길 | 口 | 水 | 6(土) |
| | 佶 | 건장할, 바를 길 | 人 | 火 | 8(金) |
| | 桔 | 도라지 길 | 木 | 木 | 10(水) |
| | 姞 | 성씨, 삼갈 길 | 女 | 土 | 9(水) |

| 음령<br>오행 | 한자 | 뜻 | 부수 | 자원<br>오행 | 획수<br>(오행) |
|---|---|---|---|---|---|
| 길<br>(木) | 拮 | 일할, 겨룰 길 | 手 | 木 | 10(水) |
| 김<br>(木) | 金 | 성씨, 쇠, 돈 김 | 金 | 金 | 8(金) |
| 끽<br>(木) | 喫 | 마실, 먹을 끽 | 口 | 水 | 12(木) |
| 나<br>(火) | 娜 | 아리따울, 모양 나 | 女 | 土 | 10(水) |
| | 奈 | 어찌, 능금나무 나 | 木 | 木 | 9(水) |
| | 那 | 성씨, 어찌, 나라이름 나 | 邑 | 土 | 11(木) |
| | 羅 | 벌릴 나 | 网 | 木 | 20(水) |
| | 奈 | 어찌, 나락 나 | 大 | 火 | 8(金) |
| | 拿 | 붙잡을, 사로잡을 나 | 手 | 木 | 10(水) |
| | 儺 | 공손한모양 나 | 人 | 火 | 21(木) |
| | 喇 | 나팔, 말할 나 | 口 | 水 | 12(木) |
| | 挐 | 잡을, 비빌 나 | 手 | 木 | 9(水) |
| | 懦 | 나약할, 무력할 나 | 心 | 火 | 18(金) |
| 낙<br>(火) | 諾 | 대답할, 승낙할 낙 | 言 | 金 | 16(土) |
| | 樂 | 즐거울, 좋아할 낙 | 木 | 木 | 15(土) |
| | 絡 | 명주 낙 | 糸 | 木 | 12(木) |
| | 珞 | 구슬, 조약돌 낙 | 玉 | 金 | 11(木) |
| | 洛 | 낙수, 물이름 낙 | 水 | 水 | 10(水) |

| 음령<br>오행 | 한자 | 뜻 | 부수 | 자원<br>오행 | 획수<br>(오행) |
|---|---|---|---|---|---|
| 낙<br>(火) | 落 | 떨어질 낙 | 艸 | 木 | 15(土) |
| | 酪 | 즙, 식초 낙 | 酉 | 金 | 13(火) |
| 난<br>(火) | 煖 | 따뜻할 난 | 火 | 火 | 13(火) |
| | 暖 | 따뜻할 난 | 日 | 火 | 13(火) |
| | 卵 | 기를 난 | 卩 | 水 | 7(金) |
| | 蘭 | 난초, 목련 난 | 艸 | 木 | 23(火) |
| | 爛 | 익을, 밝을 난 | 火 | 火 | 21(木) |
| | 瀾 | 물결 난 | 水 | 水 | 21(木) |
| | 瓓 | 옥광채 난 | 玉 | 金 | 22(木) |
| | 難 | 어려울, 근심 난 | 隹 | 火 | 19(水) |
| | 亂 | 어지러울 난 | 乙 | 木 | 13(火) |
| 날<br>(火) | 捺 | 누를, 찍을 날 | 手 | 木 | 12(木) |
| | 捏 | 이길, 반죽할 날 | 手 | 木 | 11(木) |
| 남<br>(火) | 南 | 성씨, 남녘 남 | 十 | 火 | 9(水) |
| | 男 | 사내, 아들 남 | 田 | 土 | 7(金) |
| | 楠 | 녹나무 남 | 木 | 木 | 13(火) |
| | 湳 | 강이름 남 | 水 | 水 | 13(火) |
| | 枏 | 녹나무 남 | 木 | 木 | 8(金) |

| 음령<br>오행 | 한자 | 뜻 | 부수 | 자원<br>오행 | 획수<br>(오행) |
|---|---|---|---|---|---|
| 남<br>(火) | 藍 | 남루할, 쪽 남 | 艸 | 木 | 20(水) |
| | 濫 | 넘칠, 담글 남 | 水 | 水 | 18(金) |
| 납<br>(火) | 納 | 바칠, 수확할 납 | 糸 | 木 | 10(水) |
| | 衲 | 옷수선할 납 | 衣 | 木 | 10(水) |
| 낭<br>(火) | 娘 | 아가씨, 어머니 낭 | 女 | 土 | 10(水) |
| | 郎 | 사내, 남편 낭 | 邑 | 土 | 14(火) |
| | 朗 | 밝은 낭 | 月 | 水 | 11(木) |
| | 琅 | 옥이름 낭 | 玉 | 金 | 12(金) |
| | 瑯 | 고을이름 낭 | 玉 | 金 | 15(土) |
| | 浪 | 물결, 파도 낭 | 水 | 水 | 11(木) |
| | 廊 | 복도, 행랑 낭 | 广 | 木 | 13(火) |
| | 囊 | 주머니 낭 | 口 | 水 | 22(木) |
| 내<br>(火) | 內 | 안, 들일 내 | 入 | 木 | 14(火) |
| | 乃 | 성씨, 곧, 이에 내 | 丿 | 金 | 2(木) |
| | 奈 | 어찌, 어찌할 내 | 大 | 火 | 8(金) |
| | 耐 | 견딜, 감당할 내 | 而 | 水 | 9(水) |
| | 柰 | 능금나무, 어찌 내 | 木 | 木 | 9(水) |
| | 來 | 올, 부를 내 | 人 | 火 | 8(金) |

| 음령<br>오행 | 한자 | 뜻 | 부수 | 자원<br>오행 | 획수<br>(오행) |
|---|---|---|---|---|---|
| 내<br>(火) | 萊 | 명아주 내 | 艸 | 木 | 14(火) |
| | 崍 | 산이름 내 | 山 | 土 | 11(木) |
| 냉<br>(火) | 冷 | 찰, 맑을 냉 | 冫 | 水 | 7(金) |
| 녀<br>(火) | 女 | 계집, 너 녀 | 女 | 土 | 3(火) |
| 년<br>(火) | 年 | 해, 나이 년 | 干 | 木 | 6(土) |
| | 秊 | 年의 속자 | 禾 | 木 | 8(金) |
| | 撚 | 비틀 년 | 手 | 木 | 16(土) |
| | 恬 | 편안할, 조용할 년 | 心 | 火 | 10(水) |
| 념<br>(火) | 拈 | 집어들 념 | 手 | 木 | 9(金) |
| | 念 | 생각할, 욀 념 | 心 | 火 | 8(金) |
| | 捻 | 비틀, 비꼴 념 | 手 | 木 | 12(木) |
| 녕<br>(火) | 寧 | 편안할 녕 | 宀 | 火 | 14(火) |
| | 寍 | 차라리 녕 | 宀 | 火 | 13(火) |
| | 獰 | 모질, 흉악할 녕 | 犬 | 土 | 17(金) |
| 노<br>(火) | 努 | 힘쓸 노 | 力 | 土 | 7(金) |
| | 勞 | 일할, 근심할 노 | 力 | 火 | 12(木) |
| | 路 | 길, 클 노 | 足 | 土 | 13(火) |
| | 露 | 이슬, 적실 노 | 雨 | 水 | 20(水) |

| 음령<br>오행 | 한자 | 뜻 | 부수 | 자원<br>오행 | 획수<br>(오행) |
|---|---|---|---|---|---|
| 노<br>(火) | 爐 | 화로, 향로 노 | 火 | 火 | 20(水) |
| | 盧 | 성씨, 밥그릇, 화로 노 | 皿 | 水 | 16(土) |
| | 鷺 | 해오라기 노 | 鳥 | 火 | 23(火) |
| | 弩 | 쇠뇌 노 | 弓 | 火 | 8(金) |
| | 駑 | 둔할, 마련할 노 | 馬 | 火 | 15(土) |
| | 瑙 | 마노 노 | 玉 | 金 | 14(火) |
| | 怒 | 성낼, 화낼 노 | 心 | 火 | 9(水) |
| | 奴 | 종, 포로 노 | 女 | 土 | 5(土) |
| | 老 | 늙은이 노 | 老 | 土 | 6(土) |
| | 魯 | 둔할, 마련할 노 | 魚 | 水 | 15(土) |
| 뇨<br>(火) | 尿 | 오줌 뇨 | 尸 | 水 | 7(金) |
| | 鬧 | 시끄러울 뇨 | 鬥 | 金 | 14(火) |
| | 撓 | 어지러울, 휠 뇨 | 手 | 木 | 16(土) |
| 녹<br>(火) | 祿 | 녹봉 녹 | 示 | 木 | 13(火) |
| | 錄 | 기록할 녹 | 金 | 金 | 16(土) |
| | 綠 | 초록빛 녹 | 糸 | 木 | 14(火) |
| | 鹿 | 사슴 녹 | 鹿 | 土 | 11(木) |
| | 彔 | 근본, 깎을 녹 | 彐 | 火 | 8(金) |

| 음령<br>오행 | 한자 | 뜻 | 부수 | 자원<br>오행 | 획수<br>(오행) |
|---|---|---|---|---|---|
| 논<br>(火) | 論 | 말할, 고할 논 | 言 | 金 | 15(土) |
| 농<br>(火) | 農 | 농사, 농업 농 | 辰 | 土 | 13(火) |
| | 濃 | 무성할, 짙을 농 | 水 | 水 | 17(金) |
| | 瀧 | 젖을, 비올 농 | 水 | 水 | 20(水) |
| | 瓏 | 옥소리 농 | 玉 | 金 | 21(木) |
| | 籠 | 대그릇, 삼태기 농 | 竹 | 木 | 22(木) |
| | 弄 | 희롱할 농 | 廾 | 金 | 7(金) |
| | 膿 | 고름, 짓무를 농 | 肉 | 水 | 19(水) |
| 뇌<br>(火) | 賴 | 힘입을, 의뢰할 뇌 | 貝 | 金 | 16(土) |
| | 雷 | 우뢰, 천둥 뇌 | 雨 | 水 | 13(火) |
| | 腦 | 뇌, 정신 뇌 | 肉 | 水 | 15(土) |
| | 惱 | 괴로워할 뇌 | 心 | 火 | 13(火) |
| 누<br>(火) | 漏 | 샐, 스며들 누 | 水 | 水 | 15(土) |
| | 累 | 묶을, 누기칠 누 | 糸 | 木 | 11(木) |
| | 樓 | 다락, 포갤 누 | 木 | 木 | 15(土) |
| | 屢 | 여러, 자주 누 | 尸 | 水 | 14(火) |
| | 淚 | 눈물 누 | 水 | 水 | 12(木) |
| 눈<br>(火) | 嫩 | 어릴, 예쁠 눈 | 女 | 土 | 14(火) |

| 음령<br>오행 | 한자 | 뜻 | 부수 | 자원<br>오행 | 획수<br>(오행) |
|---|---|---|---|---|---|
| 눌<br>(火) | 訥 | 말더듬을 눌 | 言 | 金 | 11(木) |
| 뉴<br>(火) | 紐 | 성씨, 끈, 맬 뉴 | 糸 | 水 | 10(水) |
| | 鈕 | 성씨, 단추 뉴 | 金 | 金 | 12(木) |
| | 杻 | 감탕나무 뉴 | 木 | 木 | 8(金) |
| 늠<br>(火) | 凜 | 찰, 의젓할 늠 | 水 | 水 | 15(土) |
| 능<br>(火) | 能 | 능할, 재주 능 | 肉 | 水 | 12(木) |
| | 陵 | 언덕, 높을 능 | 阜 | 土 | 16(土) |
| | 綾 | 비단 능 | 糸 | 木 | 14(火) |
| | 菱 | 마름, 모날 능 | 艸 | 木 | 14(火) |
| 니<br>(火) | 泥 | 진흙, 흐릴 니 | 水 | 水 | 9(水) |
| | 尼 | 여승, 비구니 니 | 尸 | 水 | 5(土) |
| 닉<br>(火) | 匿 | 숨을, 숨길 닉 | 匚 | 水 | 11(木) |
| | 溺 | 빠질, 잠길 닉 | 水 | 水 | 14(火) |
| 다<br>(火) | 多 | 많을, 넓을 다 | 夕 | 水 | 6(土) |
| | 茶 | 차 다 | 艸 | 木 | 12(木) |
| 단<br>(火) | 旦 | 아침, 밤세울 단 | 日 | 火 | 5(土) |
| | 丹 | 붉을, 정성스러울 단 | 丶 | 火 | 4(火) |
| | 但 | 다만, 무릇 단 | 人 | 火 | 7(金) |

| 음령<br>오행 | 한자 | 뜻 | 부수 | 자원<br>오행 | 획수<br>(오행) |
|---|---|---|---|---|---|
| 단<br>(火) | 單 | 성씨, 하나, 오직 단 | 口 | 水 | 12(木) |
| | 端 | 바를, 곧을 단 | 立 | 金 | 14(火) |
| | 壇 | 제터, 뜰 단 | 土 | 土 | 16(土) |
| | 團 | 둥글, 모일 단 | 口 | 水 | 14(火) |
| | 緞 | 비단 단 | 糸 | 木 | 15(土) |
| | 鍛 | 쇠불릴, 숫돌 단 | 金 | 金 | 17(金) |
| | 亶 | 믿음 단 | 亠 | 土 | 13(火) |
| | 彖 | 판단할 단 | 彐 | 火 | 9(水) |
| | 湍 | 여울, 급류 단 | 水 | 水 | 13(火) |
| | 簞 | 대광주리 단 | 竹 | 木 | 18(金) |
| | 蛋 | 새알 단 | 虫 | 水 | 11(木) |
| | 袒 | 웃통벗을 단 | 衣 | 木 | 11(木) |
| | 鄲 | 나라이름 단 | 邑 | 土 | 19(水) |
| | 短 | 짧을, 적을 단 | 失 | 金 | 12(木) |
| | 段 | 성씨, 구분, 조각 단 | 殳 | 金 | 9(水) |
| | 斷 | 끊을, 근절할 단 | 斤 | 金 | 18(金) |
| 달<br>(火) | 達 | 통달할, 깨달을 달 | 辵 | 土 | 16(土) |
| | 撻 | 매질할 달 | 手 | 木 | 17(金) |

| 음령<br>오행 | 한자 | 뜻 | 부수 | 자원<br>오행 | 획수<br>(오행) |
|---|---|---|---|---|---|
| 달<br>(火) | 澾 | 미끄러울 달 | 水 | 水 | 17(金) |
| | 獺 | 수달 달 | 犬 | 土 | 19(水) |
| | 疸 | 황달 달 | 疒 | 水 | 10(水) |
| 담<br>(火) | 憺 | 편안할 담 | 心 | 火 | 17(金) |
| | 談 | 말씀, 언론 담 | 言 | 金 | 15(土) |
| | 潭 | 깊을, 물가 담 | 水 | 水 | 16(土) |
| | 譚 | 이야기, 완만할 담 | 言 | 金 | 19(水) |
| | 澹 | 담박할, 조용할 담 | 水 | 水 | 17(金) |
| | 啖 | 먹을, 탐할 담 | 口 | 水 | 11(木) |
| | 湛 | 즐길, 탐닉할 담 | 水 | 水 | 13(火) |
| | 聃 | 주의, 나라이름 담 | 耳 | 火 | 11(木) |
| | 薚 | 지모 담 | 艹 | 木 | 18(金) |
| | 坍 | 무너질 담 | 土 | 土 | 7(金) |
| | 曇 | 흐릴, 구름이길 담 | 日 | 火 | 16(土) |
| | 膽 | 쓸개, 담력 담 | 肉 | 水 | 19(水) |
| | 淡 | 묽을, 싱거울 담 | 水 | 水 | 12(木) |
| | 擔 | 멜, 책임질 담 | 手 | 木 | 17(金) |
| | 覃 | 미칠, 퍼질 담 | 襾 | 金 | 12(木) |

| 음령<br>오행 | 한자 | 뜻 | 부수 | 자원<br>오행 | 획수<br>(오행) |
|---|---|---|---|---|---|
| 담<br>(火) | 痰 | 가래, 천식 담 | 疒 | 水 | 13(火) |
| | 錟 | 창, 찌를 담 | 金 | 金 | 16(土) |
| 답<br>(火) | 畓 | 논 답 | 田 | 土 | 9(水) |
| | 答 | 대답할, 맞출 답 | 竹 | 木 | 12(木) |
| | 踏 | 밟을, 디딜 답 | 足 | 土 | 15(土) |
| | 沓 | 유창할, 합할 답 | 水 | 水 | 8(金) |
| | 遝 | 뒤섞일, 미칠 답 | 辶 | 土 | 17(金) |
| 당<br>(火) | 堂 | 집, 평평할 당 | 土 | 土 | 11(木) |
| | 當 | 당할, 적합할 당 | 田 | 土 | 13(火) |
| | 唐 | 당나라, 허풍 당 | 口 | 水 | 10(水) |
| | 黨 | 무리, 바를 당 | 黑 | 水 | 20(水) |
| | 塘 | 못, 방죽 당 | 土 | 土 | 13(火) |
| | 幢 | 기, 휘장 당 | 巾 | 木 | 15(土) |
| | 棠 | 팥배나무, 해당화 당 | 木 | 木 | 12(木) |
| | 戇 | 어리석을, 외고집 당 | 心 | 火 | 28(金) |
| | 螳 | 사마귀 당 | 虫 | 水 | 17(金) |
| | 糖 | 사탕, 엿 당 | 米 | 木 | 16(土) |
| | 撞 | 칠, 두드릴 당 | 手 | 木 | 16(土) |

| 음령오행 | 한자 | 뜻 | 부수 | 자원오행 | 획수(오행) |
|---|---|---|---|---|---|
| 당(火) | 鐺 | 쇠사슬, 종고소리 당 | 金 | 金 | 21(木) |
| 대(火) | 垈 | 집터, 밭 대 | 土 | 土 | 8(金) |
| | 玳 | 대모 대 | 玉 | 金 | 10(水) |
| | 旲 | 햇빛 대 | 日 | 火 | 7(金) |
| | 大 | 성씨, 클, 넓을 대 | 大 | 木 | 3(火) |
| | 代 | 대신, 시내 대 | 人 | 火 | 5(土) |
| | 待 | 기다릴, 갖출 대 | 彳 | 火 | 9(水) |
| | 對 | 대답할, 상대 대 | 寸 | 木 | 14(火) |
| | 帶 | 띠, 찰, 장식 대 | 巾 | 木 | 11(木) |
| | 臺 | 돈대, 관청 대 | 至 | 土 | 14(火) |
| | 袋 | 자루, 부대 대 | 衣 | 木 | 14(火) |
| | 戴 | 느낄, 생각할 대 | 戈 | 金 | 17(金) |
| | 擡 | 들어올릴 대 | 手 | 木 | 18(金) |
| | 坮 | 대 대 | 土 | 土 | 8(金) |
| | 黛 | 눈섭먹, 여자눈썹 대 | 黑 | 水 | 17(金) |
| | 貸 | 빌릴, 갚을 대 | 貝 | 金 | 12(木) |
| | 隊 | 무리 대 | 阜 | 土 | 17(金) |
| 덕(火) | 德 | 덕, 선행 덕 | 彳 | 火 | 15(土) |

| 음령<br>오행 | 한자 | 뜻 | 부수 | 자원<br>오행 | 획수<br>(오행) |
|---|---|---|---|---|---|
| 덕<br>(火) | 悳 | 德의 속자 | 心 | 火 | 12(木) |
| 댁<br>(火) | 宅 | 댁, 집 댁 | 宀 | 木 | 6(土) |
| 도<br>(火) | 到 | 이를, 주밀할 도 | 刀 | 金 | 8(金) |
| | 度 | 법, 제도 도 | 广 | 木 | 9(水) |
| | 徒 | 무리, 동아리 도 | 彳 | 火 | 10(水) |
| | 渡 | 건널, 통할 도 | 水 | 水 | 13(火) |
| | 途 | 길, 도로 도 | 辵 | 土 | 14(火) |
| | 堵 | 담장, 주거 도 | 土 | 土 | 12(木) |
| | 塗 | 진흙, 바를 도 | 土 | 土 | 12(木) |
| | 棹 | 노, 키 도 | 木 | 木 | 12(木) |
| | 導 | 이끌, 인도할 도 | 寸 | 木 | 16(土) |
| | 禱 | 빌, 기원 도 | 示 | 木 | 19(水) |
| | 鍍 | 도금할 도 | 金 | 金 | 17(金) |
| | 櫂 | 노, 상앗대 도 | 木 | 木 | 18(金) |
| | 淘 | 일, 씻을 도 | 水 | 水 | 12(木) |
| | 滔 | 물, 넘칠 도 | 水 | 水 | 14(火) |
| | 睹 | 볼, 분별할 도 | 目 | 木 | 14(火) |
| | 萄 | 포도, 풀이름 도 | 艸 | 木 | 14(火) |

| 음령<br>오행 | 한자 | 뜻 | 부수 | 자원<br>오행 | 획수<br>(오행) |
|---|---|---|---|---|---|
| 도<br>(火) | 覩 | 볼 도 | 見 | 火 | 16(土) |
| | 賭 | 걸, 노름 도 | 貝 | 金 | 16(土) |
| | 韜 | 감출, 갈무리할 도 | 韋 | 金 | 19(水) |
| | 道 | 길, 이치 도 | 辵 | 土 | 16(土) |
| | 島 | 섬 도 | 山 | 土 | 10(水) |
| | 桃 | 복숭아, 앵도 도 | 木 | 木 | 10(水) |
| | 都 | 성씨, 도읍, 서울 도 | 邑 | 土 | 16(土) |
| | 圖 | 그림, 꾀할 도 | 口 | 水 | 14(火) |
| | 陶 | 질그릇, 옹기장이 도 | 阜 | 土 | 16(土) |
| | 稻 | 성씨, 벼, 땅이름 도 | 禾 | 木 | 15(土) |
| | 嶋 | 섬 도 | 山 | 土 | 14(火) |
| | 屠 | 잡을, 무찌를 도 | 尸 | 水 | 12(木) |
| | 悼 | 슬퍼할, 떨 도 | 心 | 火 | 12(木) |
| | 搗 | 찧을, 두드릴 도 | 手 | 木 | 14(火) |
| | 挑 | 휠, 굽을 도 | 手 | 木 | 10(木) |
| | 倒 | 넘어질, 거꾸로 도 | 人 | 火 | 10(水) |
| | 刀 | 칼, 작은배 도 | 刀 | 金 | 2(木) |
| | 挑 | 휠, 굽을 도 | 手 | 木 | 10(木) |

| 음령<br>오행 | 한자 | 뜻 | 부수 | 자원<br>오행 | 획수<br>(오행) |
|---|---|---|---|---|---|
| 도<br>(火) | 跳 | 뛸, 달아날 도 | 足 | 土 | 13(火) |
| | 逃 | 달아날, 숨을 도 | 辶 | 土 | 13(火) |
| | 盜 | 훔칠, 도둑질 도 | 皿 | 金 | 12(木) |
| | 濤 | 물결, 씻을 도 | 水 | 水 | 18(金) |
| | 燾 | 비출, 덮을 도 | 木 | 火 | 18(金) |
| | 跳 | 밟을 도 | 足 | 土 | 13(火) |
| 독<br>(火) | 讀 | 읽을, 풍류 독 | 言 | 金 | 22(土) |
| | 篤 | 도타울, 굳을 독 | 竹 | 木 | 16(土) |
| | 督 | 살펴볼, 거느릴 독 | 目 | 木 | 13(火) |
| | 纛 | 독, 소꼬리 독 | 糸 | 木 | 25(土) |
| | 牘 | 편지, 나무조각 도 | 片 | 木 | 19(木) |
| | 犢 | 송아지 독 | 牛 | 土 | 19(水) |
| | 瀆 | 도랑, 하수도 독 | 水 | 水 | 19(水) |
| | 禿 | 대머리, 벗어질 독 | 禾 | 木 | 7(金) |
| | 獨 | 홀로, 외로울 독 | 犬 | 土 | 17(金) |
| | 毒 | 독, 해칠 독 | 母 | 土 | 8(金) |
| 돈<br>(火) | 敦 | 성씨, 도타울 돈 | 攴 | 金 | 12(木) |
| | 惇 | 도타울, 인정많을 돈 | 心 | 火 | 12(木) |

| 음령<br>오행 | 한자 | 뜻 | 부수 | 자원<br>오행 | 획수<br>(오행) |
|---|---|---|---|---|---|
| 돈<br>(火) | 暾 | 아침해돋을 돈 | 日 | 火 | 16(土) |
| | 燉 | 불빛, 이글거릴 돈 | 火 | 火 | 16(土) |
| | 墩 | 돈대, 흙더미 돈 | 土 | 土 | 15(土) |
| | 旽 | 밝을, 친밀할 돈 | 日 | 火 | 8(金) |
| | 焞 | 어스레할, 성할 돈 | 火 | 火 | 12(木) |
| | 沌 | 어두울 돈 | 水 | 水 | 8(金) |
| | 豚 | 돼지, 복어 돈 | 豕 | 水 | 11(木) |
| | 頓 | 조아릴, 깨질 돈 | 頁 | 火 | 13(火) |
| 돌<br>(火) | 乭 | 돌, 사람이름 돌 | 乙 | 金 | 6(土) |
| | 突 | 갑자기, 부딪힐 돌 | 穴 | 水 | 9(水) |
| 동<br>(火) | 東 | 성씨, 동녘 동 | 木 | 木 | 8(金) |
| | 桐 | 오동나무 동 | 木 | 木 | 10(水) |
| | 董 | 바를, 동독할 동 | 艸 | 木 | 15(土) |
| | 同 | 한가지, 모을 동 | 口 | 水 | 6(土) |
| | 洞 | 골짜기, 동굴 동 | 水 | 水 | 10(水) |
| | 垌 | 항아리 동 | 土 | 土 | 9(水) |
| | 童 | 아리, 어리석을 동 | 立 | 金 | 12(木) |
| | 動 | 움직일, 자주 동 | 力 | 水 | 11(木) |

| 음령오행 | 한자 | 뜻 | 부수 | 자원오행 | 획수(오행) |
|---|---|---|---|---|---|
| 동(火) | 銅 | 구리 동 | 金 | 金 | 14(火) |
| | 棟 | 마룻대, 용마루 동 | 木 | 木 | 12(木) |
| | 潼 | 강이름 동 | 水 | 水 | 16(土) |
| | 瞳 | 눈동자 동 | 目 | 木 | 17(金) |
| | 蝀 | 무지개 동 | 虫 | 水 | 14(火) |
| | 仝 | 한가지 동 | 人 | 火 | 5(土) |
| | 憧 | 그리워할, 그리움 동 | 心 | 火 | 16(土) |
| | 疼 | 아플, 욱신거릴 동 | 疒 | 水 | 10(水) |
| | 胴 | 창자 동 | 肉 | 水 | 10(水) |
| | 冬 | 겨울 동 | 冫 | 水 | 5(土) |
| | 凍 | 얼, 추울 동 | 冫 | 水 | 10(水) |
| 두(火) | 斗 | 말, 별이름 두 | 斗 | 火 | 4(火) |
| | 豆 | 콩, 제기 두 | 豆 | 木 | 7(金) |
| | 枓 | 두공, 기둥머리 두 | 木 | 木 | 8(金) |
| | 頭 | 머리, 두목 두 | 頁 | 火 | 16(土) |
| | 杜 | 성씨, 아가위, 막을 두 | 木 | 木 | 7(金) |
| | 荳 | 콩 두 | 艸 | 木 | 13(木) |
| | 讀 | 구절, 읽을 두 | 言 | 金 | 22(木) |

| 음령<br>오행 | 한자 | 뜻 | 부수 | 자원<br>오행 | 획수<br>(오행) |
|---|---|---|---|---|---|
| 두<br>(火) | 逗 | 머무를, 무덤 두 | 辶 | 土 | 14(火) |
| | 兜 | 투구, 쓰개 두 | 儿 | 木 | 11(木) |
| | 痘 | 천연두 두 | 疒 | 水 | 12(木) |
| | 竇 | 구멍, 물길 두 | 穴 | 水 | 20(水) |
| 둔<br>(火) | 鈍 | 무딜, 둔할 둔 | 金 | 金 | 12(木) |
| | 屯 | 진칠, 주둔 둔 | 屮 | 木 | 4(火) |
| | 遁 | 달아날, 끊을 둔 | 辶 | 土 | 16(土) |
| | 芚 | 채소이름 둔 | 艸 | 水 | 19(水) |
| | 臀 | 볼기 둔 | 肉 | 水 | 19(水) |
| | 遯 | 달아날, 피할 둔 | 辶 | 土 | 18(金) |
| 득<br>(火) | 得 | 얻을, 탐할 득 | 彳 | 火 | 11(木) |
| 등<br>(火) | 登 | 오를, 이룰 등 | 癶 | 火 | 12(木) |
| | 橙 | 등자나무 등 | 木 | 木 | 16(土) |
| | 嶝 | 고개, 비탈길 등 | 山 | 土 | 15(土) |
| | 等 | 가지런할, 등급 등 | 竹 | 木 | 12(木) |
| | 燈 | 등잔, 등불 등 | 火 | 火 | 16(土) |
| | 藤 | 등나무 등 | 艸 | 木 | 21(木) |
| | 騰 | 값오를, 오를 등 | 馬 | 火 | 20(水) |

| 음령<br>오행 | 한자 | 뜻 | 부수 | 자원<br>오행 | 획수<br>(오행) |
|---|---|---|---|---|---|
| 등<br>(火) | 謄 | 베낄 등 | 言 | 金 | 17(金) |
| | 鄧 | 성씨, 고을이름 등 | 邑 | 土 | 19(水) |
| 라<br>(火) | 邏 | 순행할 라 | 辵 | 土 | 26(土) |
| | 羅 | 성씨, 새그물, 벌릴 라 | 网 | 木 | 20(水) |
| | 螺 | 소라 라 | 虫 | 水 | 17(金) |
| | 喇 | 나팔 라 | 口 | 水 | 12(木) |
| | 蘿 | 무, 미나리 라 | 艸 | 木 | 25(土) |
| | 懶 | 게으를, 나른할 라 | 心 | 火 | 20(水) |
| | 癩 | 약물중독 라 | 疒 | 水 | 21(木) |
| | 裸 | 벌거벗을 라 | 衣 | 木 | 14(火) |
| 락<br>(火) | 樂 | 즐길, 풍류, 좋아할 락 | 木 | 木 | 15(土) |
| | 洛 | 낙수, 강이름 락 | 水 | 水 | 10(水) |
| | 絡 | 묶을, 그물 락 | 糸 | 木 | 12(木) |
| | 珞 | 구슬, 조약돌 락 | 玉 | 金 | 11(木) |
| | 酪 | 유즙, 식초 락 | 酉 | 金 | 13(火) |
| | 烙 | 지질 락 | 火 | 火 | 10(水) |
| | 駱 | 낙타 락 | 馬 | 火 | 16(土) |
| | 落 | 떨어질, 흩어질 락 | 艸 | 木 | 15(土) |

| 음령<br>오행 | 한자 | 뜻 | 부수 | 자원<br>오행 | 획수<br>(오행) |
|---|---|---|---|---|---|
| 란<br>(火) | 卵 | 알, 기를 란 | 卩 | 水 | 7(金) |
| | 亂 | 어지러울 란 | 乙 | 木 | 13(火) |
| | 蘭 | 난초, 목련 란 | 艹 | 木 | 23(火) |
| | 欄 | 목란 란 | 木 | 木 | 21(木) |
| | 爛 | 익을, 밝을 란 | 火 | 火 | 21(木) |
| | 瀾 | 물결 란 | 水 | 水 | 21(木) |
| | 瓓 | 옥광채 란 | 玉 | 金 | 22(木) |
| | 丹 | 붉을, 정상 란 | 丶 | 火 | 4(火) |
| | 欒 | 나무이름 란 | 木 | 木 | 23(火) |
| | 鸞 | 방울 란 | 馬 | 火 | 30(水) |
| 랄<br>(火) | 辣 | 매울 란 | 辛 | 金 | 14(火) |
| | 剌 | 어그러질 랄 | 刀 | 金 | 9(水) |
| 람<br>(火) | 藍 | 남루할, 쪽 람 | 艹 | 木 | 20(水) |
| | 濫 | 넘칠, 담글 람 | 水 | 水 | 18(金) |
| | 嵐 | 산이름, 산바람 람 | 山 | 土 | 12(木) |
| | 欖 | 감람나무 람 | 木 | 木 | 25(土) |
| | 纜 | 닻줄 람 | 糸 | 木 | 27(金) |
| | 擥 | 잡을, 딸 람 | 手 | 木 | 19(水) |

| 음령<br>오행 | 한자 | 뜻 | 부수 | 자원<br>오행 | 획수<br>(오행) |
|---|---|---|---|---|---|
| 람<br>(火) | 攬 | 잡을, 딸 람 | 手 | 木 | 25(土) |
| | 襤 | 누더기 람 | 衣 | 木 | 21(木) |
| 랍<br>(火) | 拉 | 꺾을, 데려갈 랍 | 手 | 木 | 9(水) |
| | 臘 | 납향 랍 | 肉 | 水 | 21(土) |
| | 蠟 | 밀초 랍 | 虫 | 水 | 21(木) |
| 랑<br>(火) | 浪 | 물결, 파도 랑 | 水 | 水 | 11(木) |
| | 郎 | 사내, 남편 랑 | 邑 | 土 | 14(火) |
| | 朗 | 밝은 랑 | 月 | 水 | 11(木) |
| | 廊 | 복도, 행랑 랑 | 广 | 木 | 13(火) |
| | 琅 | 옥이름 랑 | 玉 | 金 | 12(金) |
| | 瑯 | 고을이름 랑 | 玉 | 金 | 15(土) |
| | 狼 | 이리, 짐승이름 랑 | 犬 | 土 | 10(水) |
| | 螂 | 사마귀 랑 | 虫 | 水 | 16(土) |
| 래<br>(火) | 來 | 올, 부를 래 | 人 | 火 | 8(金) |
| | 崍 | 산이름 래 | 山 | 土 | 11(木) |
| | 萊 | 명아주 래 | 艹 | 木 | 14(火) |
| | 徠 | 올, 위로할 래 | 彳 | 火 | 11(木) |
| 랭<br>(火) | 冷 | 찰, 맑을 랭 | 冫 | 水 | 7(金) |

| 음령<br>오행 | 한자 | 뜻 | 부수 | 자원<br>오행 | 획수<br>(오행) |
|---|---|---|---|---|---|
| 략<br>(火) | 略 | 간략할, 다스릴 략 | 田 | 土 | 11(木) |
| | 掠 | 노략질할 략 | 手 | 水 | 12(木) |
| 량<br>(火) | 良 | 착할, 어질 량 | 艮 | 土 | 7(金) |
| | 兩 | 둘, 짝 량 | 人 | 土 | 8(金) |
| | 量 | 헤아릴, 좋을 량 | 里 | 火 | 12(木) |
| | 凉 | 성씨, 서늘할 량 | 水 | 水 | 10(水) |
| | 梁 | 성씨, 들보, 더리 량 | 木 | 木 | 11(木) |
| | 粮 | 양식, 먹이 량 | 米 | 木 | 13(火) |
| | 輛 | 수레, 단위 량 | 車 | 火 | 15(土) |
| | 涼 | 서늘할, 도울 량 | 水 | 水 | 12(木) |
| | 糧 | 양식 량 | 米 | 木 | 18(金) |
| | 諒 | 믿을, 어질 량 | 言 | 金 | 15(土) |
| | 倆 | 재주, 솜씨 량 | 人 | 火 | 10(水) |
| | 亮 | 밝을, 도울 량 | 亠 | 火 | 9(水) |
| | 樑 | 대들보, 굳셀 량 | 木 | 木 | 15(土) |
| | 粱 | 기장, 기장밥 량 | 米 | 木 | 13(火) |
| 려<br>(火) | 旅 | 나그네, 함께 려 | 方 | 土 | 10(水) |
| | 儷 | 우아할, 짝 려 | 鹿 | 土 | 19(水) |

| 음령<br>오행 | 한자 | 뜻 | 부수 | 자원<br>오행 | 획수<br>(오행) |
|---|---|---|---|---|---|
| 려<br>(火) | 慮 | 생각, 의심할 려 | 心 | 火 | 15(土) |
| | 勵 | 힘쓸, 권할 려 | 力 | 土 | 17(金) |
| | 呂 | 성씨, 당이름 려 | 口 | 水 | 7(金) |
| | 侶 | 벗할, 동행할 려 | 人 | 火 | 9(水) |
| | 黎 | 검을, 무리 려 | 黍 | 木 | 15(土) |
| | 閭 | 마을 문 려 | 門 | 木 | 15(土) |
| | 儷 | 짝, 부부 려 | 人 | 火 | 21(木) |
| | 廬 | 오두막집, 주막 려 | 广 | 木 | 19(水) |
| | 櫚 | 종려나무 려 | 木 | 木 | 19(水) |
| | 濾 | 거를, 씻을 려 | 水 | 水 | 19(水) |
| | 藜 | 나라이름 려 | 艸 | 木 | 21(木) |
| | 礪 | 거친숫돌 려 | 石 | 金 | 20(水) |
| | 蠣 | 굴 려 | 虫 | 水 | 21(木) |
| | 驢 | 나귀, 당나귀 려 | 馬 | 火 | 29(水) |
| | 驪 | 검을, 나라이름 려 | 馬 | 火 | 29(水) |
| | 戾 | 어그러질, 벗어날 려 | 戶 | 金 | 8(金) |
| 력<br>(火) | 力 | 힘, 힘쓸 력 | 力 | 土 | 2(木) |
| | 歷 | 지날, 겪은일 력 | 止 | 土 | 16(土) |

| 음령<br>오행 | 한자 | 뜻 | 부수 | 자원<br>오행 | 획수<br>(오행) |
|---|---|---|---|---|---|
| 력<br>(火) | 曆 | 책력, 셀 력 | 日 | 火 | 16(土) |
| | 瀝 | 거를, 받침 력 | 水 | 水 | 20(水) |
| | 礫 | 조약돌 력 | 石 | 金 | 20(水) |
| | 轢 | 삐걱거릴, 칠 력 | 車 | 火 | 22(木) |
| | 靂 | 벼락, 천둥 력 | 雨 | 水 | 24(火) |
| 련<br>(火) | 連 | 맺을, 연결할 련 | 辵 | 土 | 14(火) |
| | 練 | 단련할, 익힐 련 | 糸 | 木 | 15(土) |
| | 鍊 | 불릴, 단련할 련 | 金 | 金 | 17(金) |
| | 聯 | 잇닿을, 연결할 련 | 耳 | 火 | 17(金) |
| | 戀 | 사모할, 그리움 련 | 心 | 火 | 23(火) |
| | 蓮 | 연밥, 연꽃 련 | 艸 | 木 | 17(金) |
| | 煉 | 불릴, 구울 련 | 心 | 火 | 13(火) |
| | 璉 | 호련, 이을 련 | 玉 | 金 | 16(土) |
| | 攣 | 걸릴, 이어질 련 | 手 | 木 | 23(火) |
| | 漣 | 물놀이 련 | 水 | 水 | 15(土) |
| | 輦 | 손수레, 나를 련 | 車 | 火 | 15(土) |
| | 憐 | 불상할, 가엾을 련 | 心 | 火 | 16(土) |
| 렬<br>(火) | 列 | 줄, 항렬 렬 | 刀 | 金 | 6(土) |

| 음령<br>오행 | 한자 | 뜻 | 부수 | 자원<br>오행 | 획수<br>(오행) |
|---|---|---|---|---|---|
| 렬<br>(火) | 烈 | 빛날, 매울 렬 | 火 | 火 | 10(水) |
| | 洌 | 맑을, 물이름 렬 | 水 | 水 | 10(水) |
| | 冽 | 찰 렬 | 冫 | 水 | 8(金) |
| | 裂 | 찢을, 무너질 렬 | 衣 | 木 | 12(木) |
| | 劣 | 못할, 적을 렬 | 力 | 土 | 6(土) |
| 렴<br>(火) | 廉 | 성씨, 맑을, 청렴할 렴 | 广 | 木 | 13(火) |
| | 濂 | 성씨, 시내이름, 싱거울 렴 | 水 | 水 | 17(金) |
| | 簾 | 발, 주렴 렴 | 竹 | 木 | 19(水) |
| | 斂 | 성씨, 거둘, 저장할 렴 | 攴 | 金 | 17(金) |
| | 殮 | 염할, 빈소할 렴 | 歹 | 水 | 17(金) |
| 렵<br>(火) | 獵 | 사냥, 사로잡을 렵 | 犬 | 土 | 19(水) |
| 령<br>(火) | 伶 | 영리할 령 | 人 | 火 | 7(金) |
| | 昤 | 날빛영리할 령 | 日 | 火 | 9(水) |
| | 玲 | 옥소리 령 | 玉 | 金 | 10(水) |
| | 姈 | 계집, 슬기로울 령 | 女 | 土 | 8(金) |
| | 怜 | 영리할, 지혜로울 령 | 心 | 火 | 9(水) |
| | 令 | 하여금, 가령 령 | 人 | 火 | 5(土) |
| | 領 | 옷깃, 거느릴 령 | 頁 | 火 | 14(火) |

| 음령<br>오행 | 한자 | 뜻 | 부수 | 자원<br>오행 | 획수<br>(오행) |
|---|---|---|---|---|---|
| 령<br>(火) | 嶺 | 고개, 산길 령 | 山 | 土 | 17(金) |
| | 零 | 떨어질, 이슬비 령 | 雨 | 水 | 13(火) |
| | 靈 | 성씨, 신령, 영혼 령 | 雨 | 水 | 24(火) |
| | 鈴 | 방울 령 | 金 | 金 | 13(火) |
| | 齡 | 나이 령 | 齒 | 金 | 20(水) |
| | 岺 | 재 령 | 山 | 土 | 8(金) |
| | 笭 | 원추리 령 | 竹 | 木 | 11(木) |
| | 羚 | 영양 령 | 羊 | 土 | 11(木) |
| | 翎 | 깃 령 | 羽 | 火 | 11(木) |
| | 逞 | 굳셀, 즐거울 령 | 辶 | 土 | 12(木) |
| | 囹 | 옥, 감옥 령 | 口 | 水 | 8(金) |
| | 聆 | 들을, 쫓을 령 | 耳 | 火 | 11(木) |
| 례<br>(火) | 例 | 법식, 보기 례 | 人 | 火 | 8(金) |
| | 禮 | 예도, 인사 례 | 示 | 木 | 18(金) |
| | 礼 | 禮의 속자 | 示 | 木 | 6(土) |
| | 澧 | 강이름 례 | 水 | 水 | 17(金) |
| | 醴 | 단술, 단 례 | 酉 | 金 | 20(水) |
| | 隸 | 붙을, 좇을 례 | 隶 | 水 | 16(土) |

| 음령<br>오행 | 한자 | 뜻 | 부수 | 자원<br>오행 | 획수<br>(오행) |
|---|---|---|---|---|---|
| 로<br>(火) | 路 | 길, 클 로 | 足 | 土 | 13(火) |
| | 露 | 이슬, 적실 로 | 雨 | 水 | 20(水) |
| | 老 | 늙은이 로 | 老 | 土 | 6(土) |
| | 努 | 힘쓸 로 | 力 | 土 | 7(金) |
| | 爐 | 화로, 향로 로 | 火 | 火 | 20(水) |
| | 魯 | 둔할, 마련할 로 | 魚 | 水 | 15(土) |
| | 盧 | 성씨, 밥그릇, 화로 로 | 皿 | 水 | 16(土) |
| | 鷺 | 해오라기 로 | 鳥 | 火 | 23(火) |
| | 櫓 | 방패, 노 로 | 木 | 木 | 19(水) |
| | 潞 | 강이름 로 | 水 | 水 | 17(金) |
| | 瀘 | 강이름 로 | 水 | 水 | 20(水) |
| | 蘆 | 갈대, 무 로 | 艸 | 木 | 22(水) |
| | 虜 | 포로, 종로 로 | 虍 | 木 | 12(木) |
| | 輅 | 수레 로 | 車 | 火 | 13(火) |
| | 鹵 | 소금, 황무지 로 | 鹵 | 水 | 11(木) |
| | 擄 | 노략질할 로 | 手 | 木 | 17(金) |
| | 撈 | 잡을, 건져낼 로 | 手 | 木 | 16(土) |
| 록<br>(火) | 祿 | 녹봉 록 | 示 | 木 | 13(火) |

| 음령<br>오행 | 한자 | 뜻 | 부수 | 자원<br>오행 | 획수<br>(오행) |
|---|---|---|---|---|---|
| 록<br>(火) | 錄 | 기록할 록 | 金 | 金 | 16(土) |
| | 綠 | 초록빛 록 | 糸 | 木 | 14(火) |
| | 鹿 | 사슴 록 | 鹿 | 土 | 11(木) |
| | 彔 | 근본, 깎을 록 | ヨ | 火 | 8(金) |
| | 碌 | 돌모양 록 | 石 | 金 | 13(火) |
| | 菉 | 조개풀, 기록할 록 | 艸 | 木 | 14(火) |
| | 麓 | 사슴 록 | 鹿 | 土 | 19(水) |
| 론<br>(火) | 論 | 말할, 고할 론 | 言 | 金 | 15(土) |
| 롱<br>(火) | 瀧 | 젖을, 비올 롱 | 水 | 水 | 20(水) |
| | 瓏 | 옥소리, 바람소리 롱 | 玉 | 金 | 21(木) |
| | 籠 | 대그릇, 삼태기 롱 | 竹 | 木 | 22(木) |
| | 壟 | 언덕, 무덤 롱 | 土 | 土 | 19(水) |
| | 朧 | 흐릿할 롱 | 月 | 水 | 20(水) |
| | 聾 | 귀머거리, 어리석을 롱 | 耳 | 火 | 22(木) |
| | 弄 | 희롱할 롱 | 廾 | 金 | 7(金) |
| 뢰<br>(火) | 雷 | 성씨, 천둥, 우뢰 뢰 | 雨 | 水 | 13(火) |
| | 賴 | 힘입을, 의뢰할 뢰 | 貝 | 金 | 16(土) |
| | 瀨 | 여울, 급류 뢰 | 水 | 水 | 20(水) |

| 음령<br>오행 | 한자 | 뜻 | 부수 | 자원<br>오행 | 획수<br>(오행) |
|---|---|---|---|---|---|
| 뢰<br>(火) | 儡 | 영락할, 피로할 뢰 | 人 | 火 | 17(金) |
| | 牢 | 우리, 둘러쌀 뢰 | 牛 | 土 | 7(金) |
| | 磊 | 돌무더기 뢰 | 石 | 金 | 15(土) |
| | 賂 | 뇌물, 재화 뢰 | 貝 | 金 | 13(火) |
| | 賚 | 줄, 하사품 뢰 | 貝 | 金 | 15(土) |
| 료<br>(火) | 料 | 될, 헤아릴 료 | 斗 | 火 | 10(水) |
| | 了 | 마칠, 깨달을 료 | 亅 | 金 | 2(木) |
| | 僚 | 벗, 동관 료 | 人 | 火 | 14(火) |
| | 遼 | 멀, 늦출 료 | 辵 | 土 | 19(水) |
| | 寮 | 동료 료 | 宀 | 木 | 15(土) |
| | 燎 | 밝을, 비출 료 | 火 | 火 | 16(土) |
| | 瞭 | 밝을, 멀 료 | 目 | 木 | 17(金) |
| | 聊 | 귀울, 의지할 료 | 耳 | 火 | 11(木) |
| | 蓼 | 여뀌, 나라이름 료 | 艸 | 木 | 17(金) |
| | 療 | 병고칠 료 | 疒 | 水 | 17(金) |
| | 廖 | 공허할, 나라이름 료 | 广 | 木 | 14(火) |
| 룡<br>(火) | 龍 | 성씨, 용, 임금 룡 | 龍 | 土 | 16(土) |
| | 竜 | 龍의 옛글자 | 立 | 金 | 10(水) |

| 음령<br>오행 | 한자 | 뜻 | 부수 | 자원<br>오행 | 획수<br>(오행) |
|---|---|---|---|---|---|
| 루<br>(火) | 壘 | 쌓을 루 | 土 | 土 | 18(金) |
| | 婁 | 별이름, 거둘 루 | 女 | 土 | 11(木) |
| | 縷 | 실, 명주 루 | 糸 | 木 | 17(金) |
| | 蔞 | 쑥, 풀자란모양 루 | 艸 | 木 | 17(金) |
| | 鏤 | 아로새길 루 | 金 | 金 | 19(水) |
| | 陋 | 장소좁을 루 | 阜 | 土 | 13(火) |
| | 褸 | 남루할 루 | 衣 | 木 | 17(金) |
| | 瘻 | 부스럼, 혹 루 | 疒 | 水 | 16(土) |
| | 累 | 묶을, 누끼칠 루 | 糸 | 木 | 11(木) |
| | 樓 | 다락, 포갤 루 | 木 | 木 | 15(土) |
| | 屢 | 여러, 번거로울 루 | 尸 | 水 | 14(火) |
| | 淚 | 눈물흘릴 루 | 水 | 水 | 12(木) |
| | 漏 | 샐, 스며들 루 | 水 | 水 | 15(土) |
| 류<br>(火) | 柳 | 성씨, 버들 류 | 木 | 木 | 9(水) |
| | 留 | 머무를, 더딜 류 | 田 | 土 | 10(水) |
| | 流 | 흐를, 구할 류 | 水 | 水 | 11(木) |
| | 類 | 착할, 나눌 류 | 頁 | 火 | 19(水) |
| | 琉 | 유리 류 | 玉 | 金 | 15(土) |

| 음령<br>오행 | 한자 | 뜻 | 부수 | 자원<br>오행 | 획수<br>(오행) |
|---|---|---|---|---|---|
| 류<br>(火) | 劉 | 성씨, 이길, 칼 류 | 刀 | 金 | 15(土) |
| | 硫 | 유황 류 | 石 | 金 | 12(木) |
| | 旒 | 깃발 류 | 方 | 土 | 13(火) |
| | 榴 | 석류나무 류 | 木 | 木 | 14(火) |
| | 溜 | 방울져떨어질, 여울 류 | 水 | 水 | 14(火) |
| | 瀏 | 맑을 류 | 水 | 水 | 19(水) |
| | 謬 | 그릇될, 어긋날 류 | 言 | 金 | 18(金) |
| | 瘤 | 혹 류 | 疒 | 水 | 15(土) |
| 륙<br>(火) | 六 | 여섯 륙 | 八 | 土 | 6(土) |
| | 陸 | 성씨, 육지, 뭍 륙 | 阜 | 土 | 16(土) |
| | 戮 | 죽일, 형벌 륙 | 戈 | 金 | 15(土) |
| 륜<br>(火) | 倫 | 인륜, 무리 륜 | 人 | 火 | 10(水) |
| | 輪 | 바퀴, 수레 륜 | 車 | 火 | 15(土) |
| | 侖 | 둥글, 생각할 륜 | 人 | 火 | 8(金) |
| | 崙 | 산리름, 뫼 륜 | 山 | 土 | 11(木) |
| | 綸 | 낚싯줄, 실 륜 | 糸 | 木 | 14(火) |
| | 淪 | 물놀이, 잔물결 륜 | 水 | 水 | 12(木) |
| 률<br>(火) | 律 | 성씨, 법 률 | 彳 | 火 | 9(水) |

| 음령<br>오행 | 한자 | 뜻 | 부수 | 자원<br>오행 | 획수<br>(오행) |
|---|---|---|---|---|---|
| 률<br>(火) | 栗 | 밤, 공손할 률 | 木 | 木 | 10(水) |
| | 率 | 헤아릴, 거느릴, 장수 률 | 玄 | 火 | 11(木) |
| | 慄 | 두려워할, 떨 률 | 心 | 火 | 14(火) |
| 륭<br>(火) | 隆 | 성할, 높을 륭 | 阜 | 土 | 17(金) |
| 륵<br>(火) | 勒 | 굴레, 재갈 륵 | 力 | 金 | 11(木) |
| | 肋 | 갈비, 힘줄 륵 | 肉 | 水 | 8(金) |
| 름<br>(火) | 凜 | 의젓할, 꿋꿋할 름 | 广 | 水 | 15(土) |
| 릉<br>(火) | 陵 | 언덕, 높을 릉 | 阜 | 土 | 16(土) |
| | 綾 | 비단 릉 | 糸 | 木 | 14(火) |
| | 菱 | 마름, 모날 릉 | 艸 | 木 | 14(火) |
| | 凌 | 능가할, 깔볼 릉 | 冫 | 水 | 10(水) |
| | 楞 | 모 릉 | 木 | 木 | 13(火) |
| | 稜 | 서슬, 모서리 릉 | 禾 | 木 | 13(火) |
| 리<br>(火) | 利 | 길할, 좋을 리 | 刀 | 金 | 7(金) |
| | 里 | 마을, 이웃 리 | 里 | 土 | 7(金) |
| | 理 | 다스릴, 성품 리 | 玉 | 金 | 12(木) |
| | 梨 | 배, 배나무 리 | 木 | 木 | 11(木) |
| | 李 | 성씨, 오얏 리 | 木 | 木 | 7(金) |

| 음령<br>오행 | 한자 | 뜻 | 부수 | 자원<br>오행 | 획수<br>(오행) |
|---|---|---|---|---|---|
| 리<br>(火) | 吏 | 아전, 관리 리 | 口 | 水 | 6(土) |
| | 俐 | 똑똑할 리 | 人 | 火 | 9(水) |
| | 履 | 신, 밟을 리 | 尸 | 木 | 15(土) |
| | 俚 | 속될, 상말 리 | 人 | 火 | 9(水) |
| | 璃 | 유리, 구슬이름 리 | 玉 | 金 | 16(土) |
| | 莉 | 말리나무 리 | 艹 | 木 | 13(火) |
| | 悧 | 영리할 리 | 心 | 火 | 11(木) |
| | 厘 | 釐의 속자 | 厂 | 土 | 9(水) |
| | 唎 | 가는소리 리 | 口 | 水 | 10(水) |
| | 浬 | 해리 리 | 水 | 水 | 12(木) |
| | 犂 | 얼룩소, 쟁기 리 | 牛 | 土 | 12(木) |
| | 鯉 | 잉어 리 | 魚 | 水 | 18(金) |
| | 离 | 산신, 맹수 리 | 内 | 火 | 11(木) |
| | 狸 | 삵괭이, 너구리 리 | 犬 | 土 | 11(木) |
| | 痢 | 설사, 이질 리 | 疒 | 水 | 12(木) |
| | 籬 | 울타리 리 | 竹 | 木 | 25(土) |
| | 罹 | 근심 리 | 网 | 木 | 16(土) |
| | 羸 | 여윌, 약할 리 | 羊 | 土 | 19(水) |

| 음령<br>오행 | 한자 | 뜻 | 부수 | 자원<br>오행 | 획수<br>(오행) |
|---|---|---|---|---|---|
| 리<br>(火) | 裏 | 속, 내부 리 | 衣 | 木 | 13(火) |
| | 裡 | 裏와 같은 자 | 衣 | 木 | 13(火) |
| | 離 | 베풀, 걸릴 리 | 隹 | 火 | 19(水) |
| 린<br>(火) | 隣 | 이웃, 마을 린 | 阜 | 土 | 20(水) |
| | 潾 | 맑을, 석간수 리 | 水 | 水 | 16(土) |
| | 璘 | 옥빛, 옥무늬 린 | 玉 | 金 | 17(金) |
| | 麟 | 기린 린 | 鹿 | 土 | 23(火) |
| | 吝 | 아낄, 탐할 린 | 口 | 水 | 7(金) |
| | 燐 | 도깨비불, 반딧불 린 | 火 | 火 | 16(土) |
| | 藺 | 골풀, 조약돌 린 | 艸 | 木 | 22(木) |
| | 鱗 | 비늘, 물고기 린 | 魚 | 水 | 23(火) |
| | 躙 | 유린할, 짓밟을 린 | 足 | 土 | 27(金) |
| 림<br>(火) | 林 | 성씨, 수풀 림 | 木 | 木 | 8(金) |
| | 琳 | 아름다운옥 림 | 玉 | 金 | 13(火) |
| | 淋 | 물뿌릴, 장마림 | 水 | 水 | 12(木) |
| | 臨 | 임할, 다스릴 림 | 臣 | 火 | 17(金) |
| | 霖 | 장마 림 | 雨 | 水 | 16(土) |
| 립<br>(火) | 立 | 설, 세울 립 | 立 | 金 | 5(土) |

| 음령<br>오행 | 한자 | 뜻 | 부수 | 자원<br>오행 | 획수<br>(오행) |
|---|---|---|---|---|---|
| 립<br>(火) | 笠 | 삿갓, 당이름 립 | 竹 | 木 | 11(木) |
| | 粒 | 낟알, 쌀알 립 | 米 | 木 | 11(木) |
| | 砬 | 돌소리 립 | 石 | 金 | 10(水) |
| 마<br>(水) | 馬 | 성씨, 말 마 | 馬 | 火 | 10(水) |
| | 麻 | 마, 삼베 마 | 广 | 木 | 11(木) |
| | 瑪 | 옥돌이름 마 | 玉 | 金 | 15(土) |
| | 摩 | 갈, 문지를 마 | 手 | 木 | 15(土) |
| | 碼 | 저울추 마 | 石 | 金 | 15(土) |
| | 魔 | 마귀, 악마 마 | 鬼 | 火 | 21(木) |
| | 痲 | 저릴, 홍역 마 | 疒 | 水 | 13(火) |
| | 磨 | 갈, 숫돌에갈 마 | 石 | 金 | 16(土) |
| 막<br>(水) | 莫 | 없을, 저물 막 | 艸 | 木 | 13(火) |
| | 幕 | 장막, 군막 막 | 巾 | 木 | 15(火) |
| | 漠 | 사막, 조용할 막 | 水 | 水 | 15(土) |
| | 寞 | 쓸슬할 막 | 宀 | 木 | 14(火) |
| | 膜 | 어루만질 막 | 肉 | 水 | 17(金) |
| | 邈 | 멀, 경멸할 막 | 辵 | 土 | 21(金) |
| 만<br>(水) | 万 | 일만 만 | 一 | 木 | 3(火) |

| 음령<br>오행 | 한자 | 뜻 | 부수 | 자원<br>오행 | 획수<br>(오행) |
|---|---|---|---|---|---|
| 만<br>(水) | 曼 | 길게끌, 길 만 | 日 | 土 | 11(木) |
| | 萬 | 성씨, 일만, 많을 만 | 艸 | 木 | 15(土) |
| | 晚 | 저물, 늦을 만 | 日 | 火 | 11(木) |
| | 卍 | 만자 만 | 十 | 火 | 6(土) |
| | 娩 | 해산할, 순박할 만 | 女 | 土 | 10(水) |
| | 挽 | 당길, 말릴 만 | 手 | 木 | 11(木) |
| | 灣 | 물굽이 만 | 水 | 水 | 26(土) |
| | 饅 | 만두 만 | 食 | 水 | 20(水) |
| | 鰻 | 뱀장어 만 | 魚 | 水 | 22(木) |
| | 瞞 | 속일 만 | 目 | 木 | 16(土) |
| | 輓 | 수레끌 만 | 車 | 火 | 14(火) |
| | 巒 | 뫼 만 | 山 | 土 | 22(木) |
| | 彎 | 굽을, 당길 만 | 弓 | 火 | 22(木) |
| | 滿 | 찰, 가득할 만 | 水 | 水 | 15(土) |
| | 蔓 | 넝쿨, 뻗어나갈 만 | 艸 | 木 | 17(金) |
| | 鏋 | 금, 금정기 만 | 金 | 金 | 19(水) |
| | 漫 | 질펀할, 넘칠 만 | 水 | 水 | 15(土) |
| | 蠻 | 오랑캐, 야만 만 | 虫 | 水 | 25(土) |

| 음령<br>오행 | 한자 | 뜻 | 부수 | 자원<br>오행 | 획수<br>(오행) |
|---|---|---|---|---|---|
| 말<br>(火) | 末 | 끝, 다할 말 | 木 | 木 | 5(土) |
| | 茉 | 말리나무 말 | 艸 | 木 | 11(木) |
| | 抹 | 바를, 칠할 말 | 手 | 木 | 9(金) |
| | 沫 | 거품, 물방울 말 | 水 | 水 | 9(水) |
| | 襪 | 버선 말 | 衣 | 木 | 21(木) |
| | 靺 | 북방종족이름 말 | 革 | 金 | 14(火) |
| | 唜 | 끝 말 | 口 | 水 | 10(水) |
| 망<br>(水) | 望 | 바랄, 원할 망 | 月 | 水 | 11(木) |
| | 忙 | 바쁠, 조급할 망 | 心 | 火 | 7(金) |
| | 忘 | 잊을, 다할 망 | 心 | 火 | 7(金) |
| | 網 | 그물, 규칙 망 | 糸 | 木 | 14(火) |
| | 芒 | 털끝, 바늘 망 | 艸 | 木 | 9(水) |
| | 莽 | 우거질, 잡초 망 | 艸 | 木 | 12(木) |
| | 輞 | 바퀴테 망 | 車 | 火 | 15(土) |
| | 邙 | 산이름, 고을이름 망 | 邑 | 土 | 10(水) |
| | 茫 | 아득할, 망망할 망 | 艸 | 木 | 12(木) |
| | 罔 | 그물, 잡을 망 | 网 | 木 | 9(水) |
| | 妄 | 허망할, 거짓 망 | 女 | 土 | 6(土) |

| 음령<br>오행 | 한자 | 뜻 | 부수 | 자원<br>오행 | 획수<br>(오행) |
|---|---|---|---|---|---|
| 망<br>(水) | 亡 | 죽일, 망할 망 | 亠 | 水 | 3(火) |
| 매<br>(水) | 每 | 매양, 각각 매 | 母 | 土 | 7(金) |
| | 買 | 성씨, 살 매 | 貝 | 金 | 12(木) |
| | 賣 | 팔 매 | 貝 | 金 | 15(土) |
| | 妹 | 누이, 소녀 매 | 女 | 土 | 8(金) |
| | 梅 | 성씨, 매화나무 매 | 木 | 木 | 11(木) |
| | 埋 | 묻을, 메울 매 | 土 | 土 | 10(水) |
| | 媒 | 중매할, 매개할 매 | 女 | 土 | 12(木) |
| | 昧 | 새벽, 동틀무렵 매 | 日 | 火 | 9(水) |
| | 枚 | 줄기, 채찍 매 | 木 | 木 | 8(金) |
| | 煤 | 그을음, 먹 매 | 火 | 火 | 13(火) |
| | 罵 | 욕할, 꾸짖을 매 | 馬 | 火 | 16(土) |
| | 邁 | 갈, 떠날 매 | 辵 | 土 | 19(水) |
| | 魅 | 도깨비, 미혹할 매 | 鬼 | 火 | 15(土) |
| | 寐 | 잠잘, 죽을 매 | 宀 | 木 | 12(木) |
| 맥<br>(水) | 麥 | 보리, 매장할 맥 | 麥 | 木 | 11(木) |
| | 脈 | 맥, 줄기 맥 | 月 | 水 | 12(木) |
| | 貊 | 고요할, 맹수이름, 북방종족이름 맥 | 豸 | 水 | 13(火) |

| 음령<br>오행 | 한자 | 뜻 | 부수 | 자원<br>오행 | 획수<br>(오행) |
|---|---|---|---|---|---|
| 맥<br>(水) | 陌 | 두렁, 경계, 길 맥 | 阜 | 土 | 13(火) |
| | 驀 | 말탈, 금세 맥 | 馬 | 火 | 21(木) |
| 맹<br>(水) | 孟 | 맏이, 힘쓸 맹 | 子 | 水 | 8(金) |
| | 猛 | 사나울, 용감할 맹 | 犬 | 土 | 12(木) |
| | 盟 | 맹세할, 약속할 맹 | 皿 | 土 | 13(火) |
| | 萌 | 싹, 비롯할 맹 | 艸 | 木 | 14(火) |
| | 氓 | 백성 맹 | 氏 | 火 | 8(金) |
| | 盲 | 소경, 눈멀 맹 | 目 | 木 | 8(金) |
| 멱<br>(水) | 覓 | 찾을, 곁눈질 멱 | 見 | 火 | 11(木) |
| | 冪 | 덮을, 막 멱 | 冖 | 土 | 16(土) |
| 면<br>(水) | 綿 | 이을, 솜 면 | 糸 | 木 | 14(火) |
| | 棉 | 목화나무 면 | 木 | 木 | 12(木) |
| | 免 | 면할, 해직할 면 | 儿 | 木 | 7(金) |
| | 勉 | 힘쓸, 부지런할 면 | 力 | 金 | 9(水) |
| | 面 | 낯, 얼굴 면 | 面 | 火 | 9(水) |
| | 沔 | 씻을, 물흐를 면 | 水 | 水 | 8(金) |
| | 緬 | 가는실, 멀 면 | 糸 | 木 | 15(土) |
| | 麵 | 밀가루 면 | 麥 | 木 | 20(水) |

| 음령<br>오행 | 한자 | 뜻 | 부수 | 자원<br>오행 | 획수<br>(오행) |
|---|---|---|---|---|---|
| 면<br>(水) | 眄 | 애꾸눈 면 | 目 | 木 | 9(水) |
| | 眠 | 잠잘, 쉴 면 | 目 | 木 | 10(水) |
| | 冕 | 면류관 면 | 日 | 木 | 11(木) |
| 멸<br>(水) | 滅 | 멸망할, 제거할 멸 | 水 | 水 | 14(火) |
| | 蔑 | 업신여길, 버릴 멸 | 艸 | 木 | 17(金) |
| 명<br>(水) | 銘 | 새길, 기록할 명 | 金 | 金 | 14(火) |
| | 名 | 이름, 이름날, 명 명 | 口 | 水 | 6(土) |
| | 命 | 목숨, 운 명 | 口 | 水 | 8(金) |
| | 明 | 성씨, 밝을 명 | 日 | 火 | 8(金) |
| | 酩 | 술취할 명 | 酉 | 金 | 13(火) |
| | 茗 | 차싹 명 | 艸 | 木 | 12(木) |
| | 蓂 | 명협풀, 약초이름 명 | 艸 | 木 | 16(土) |
| | 皿 | 그릇 명 | 皿 | 土 | 5(土) |
| | 瞑 | 눈감을, 소경 명 | 目 | 木 | 15(土) |
| | 螟 | 마디충, 해충 명 | 虫 | 水 | 16(土) |
| | 暝 | 어두울 명 | 日 | 火 | 14(火) |
| | 椧 | 홈통 명 | 木 | 木 | 12(木) |
| | 鳴 | 울, 새울음 명 | 鳥 | 火 | 14(火) |

| 음령<br>오행 | 한자 | 뜻 | 부수 | 자원<br>오행 | 획수<br>(오행) |
|---|---|---|---|---|---|
| 명<br>(水) | 冥 | 어두울, 아득할 명 | 冖 | 木 | 10(水) |
| | 溟 | 어두울, 바다 명 | 水 | 水 | 14(火) |
| 메<br>(水) | 袂 | 소매 메 | 衣 | 木 | 10(水) |
| 모<br>(水) | 模 | 법, 본보기 모 | 木 | 木 | 15(土) |
| | 募 | 모을, 부를 모 | 力 | 土 | 13(火) |
| | 瑁 | 서옥 모 | 玉 | 金 | 14(火) |
| | 芼 | 풀우거질 모 | 艸 | 木 | 10(水) |
| | 慕 | 사모할, 생각할 모 | 心 | 火 | 15(土) |
| | 母 | 어미, 유모 모 | 母 | 土 | 5(土) |
| | 毛 | 성씨, 털 모 | 毛 | 火 | 4(火) |
| | 暮 | 저녁, 해질 모 | 日 | 火 | 15(土) |
| | 某 | 아무, 아무개 모 | 木 | 木 | 9(水) |
| | 謀 | 꾀할, 논할 모 | 言 | 金 | 18(金) |
| | 摸 | 본뜰, 찾을 모 | 手 | 木 | 15(土) |
| | 牟 | 성씨, 클, 보리 모 | 牛 | 土 | 6(土) |
| | 謨 | 꾀, 계책 모 | 言 | 金 | 16(土) |
| | 姆 | 여스승, 맏동서 모 | 女 | 土 | 8(金) |
| | 帽 | 모자 모 | 巾 | 木 | 12(木) |

| 음령<br>오행 | 한자 | 뜻 | 부수 | 자원<br>오행 | 획수<br>(오행) |
|---|---|---|---|---|---|
| 모<br>(水) | 眸 | 눈동자, 자세히볼 모 | 目 | 木 | 11(木) |
| | 茅 | 띠 모 | 艸 | 木 | 11(木) |
| | 耗 | 줄일, 없앨 모 | 耒 | 木 | 10(水) |
| | 摹 | 베낄, 본뜰 모 | 手 | 木 | 15(土) |
| | 牡 | 수컷, 왼쪽 모 | 牛 | 土 | 7(金) |
| | 侮 | 업신여길, 깔볼 모 | 人 | 火 | 9(水) |
| | 矛 | 창, 모순될 모 | 矛 | 金 | 5(土) |
| | 貌 | 얼굴, 다스릴 모 | 豸 | 水 | 14(火) |
| | 冒 | 무릅쓸, 가릴 모 | 冂 | 水 | 9(水) |
| 목<br>(水) | 木 | 나무 목 | 木 | 木 | 4(火) |
| | 睦 | 성씨, 화목할, 공손할 목 | 目 | 木 | 13(火) |
| | 穆 | 공경할, 화할 목 | 禾 | 木 | 16(土) |
| | 目 | 눈, 볼 목 | 目 | 木 | 5(土) |
| | 牧 | 길, 칠, 목장 목 | 牛 | 土 | 8(金) |
| | 沐 | 머리감을, 다스릴 목 | 水 | 水 | 8(金) |
| | 鶩 | 집오리 목 | 鳥 | 火 | 20(水) |
| 몰<br>(水) | 沒 | 잠길, 죽을 몰 | 水 | 水 | 8(金) |
| | 歿 | 죽을, 끝낼 몰 | 歹 | 水 | 8(金) |

| 음령<br>오행 | 한자 | 뜻 | 부수 | 자원<br>오행 | 획수<br>(오행) |
|---|---|---|---|---|---|
| 몽<br>(水) | 夢 | 꿈, 환상 몽 | 夕 | 木 | 14(火) |
| | 蒙 | 어릴, 기운 몽 | 艸 | 木 | 16(土) |
| | 朦 | 풍부할, 큰모양 몽 | 月 | 水 | 18(金) |
| 묘<br>(水) | 描 | 그릴, 본뜰 묘 | 手 | 水 | 13(火) |
| | 錨 | 성씨, 닻 묘 | 金 | 金 | 17(金) |
| | 卯 | 토끼, 무성할 묘 | 卩 | 木 | 5(土) |
| | 妙 | 묘할, 예쁠 묘 | 女 | 土 | 7(金) |
| | 苗 | 모, 싹, 이을 묘 | 艸 | 木 | 11(木) |
| | 廟 | 사당 묘 | 广 | 木 | 15(土) |
| | 墓 | 무덤, 묘지 묘 | 土 | 土 | 14(火) |
| | 畝 | 밭이랑 묘 | 田 | 土 | 10(水) |
| | 昴 | 별자리이름 묘 | 日 | 金 | 9(水) |
| | 昹 | 땅이름 묘 | 日 | 金 | 9(水) |
| | 杳 | 어두울, 멀 묘 | 木 | 木 | 9(水) |
| | 渺 | 아득할, 작을 묘 | 水 | 水 | 13(火) |
| | 猫 | 고양이 묘 | 犬 | 土 | 12(木) |
| 무<br>(水) | 戊 | 천간, 무성할 무 | 戊 | 土 | 5(土) |
| | 茂 | 풀우거질, 힘쓸 무 | 艸 | 木 | 11(木) |

| 음령<br>오행 | 한자 | 뜻 | 부수 | 자원<br>오행 | 획수<br>(오행) |
|---|---|---|---|---|---|
| 무<br>(水) | 武 | 건장할, 굳셀 무 | 止 | 土 | 8(金) |
| | 霧 | 안개, 어두울 무 | 雨 | 水 | 19(水) |
| | 珷 | 옥돌이름 무 | 玉 | 金 | 13(火) |
| | 務 | 힘쓸, 일 무 | 力 | 土 | 11(木) |
| | 無 | 없을, 아닐 무 | 火 | 火 | 12(木) |
| | 无 | 無의 옛글자 | 无 | 水 | 4(金) |
| | 舞 | 춤, 춤출 무 | 舛 | 木 | 14(火) |
| | 貿 | 바꿀, 무역 무 | 貝 | 金 | 12(木) |
| | 拇 | 엄지손가락 무 | 手 | 木 | 9(水) |
| | 畝 | 밭이랑 무 | 田 | 土 | 10(水) |
| | 撫 | 어루만질, 누를 무 | 手 | 木 | 16(土) |
| | 懋 | 힘쓸, 노력할 무 | 心 | 火 | 17(金) |
| | 楙 | 무성할, 아름다울 무 | 木 | 木 | 13(火) |
| | 繆 | 삼열단, 묶을 무 | 糸 | 木 | 17(金) |
| | 蕪 | 거칠어질 무 | 艸 | 木 | 18(金) |
| | 毋 | 없을, 아니 무 | 毋 | 土 | 4(火) |
| | 誣 | 무고할, 깔볼 무 | 言 | 金 | 14(火) |
| | 鵡 | 앵무새 무 | 鳥 | 火 | 19(水) |

| 음령<br>오행 | 한자 | 뜻 | 부수 | 자원<br>오행 | 획수<br>(오행) |
|---|---|---|---|---|---|
| 무<br>(水) | 巫 | 무당, 의사 무 | 工 | 火 | 7(金) |
| | 憮 | 어루만질 무 | 心 | 火 | 16(土) |
| 묵<br>(水) | 墨 | 성씨, 먹, 검을 먹 | 土 | 土 | 15(土) |
| | 默 | 잠잠할, 조용할 묵 | 墨 | 水 | 16(土) |
| 문<br>(水) | 門 | 성씨, 문, 집안 문 | 門 | 木 | 8(金) |
| | 問 | 물을, 문안할 문 | 口 | 水 | 11(木) |
| | 聞 | 성씨, 들을, 소문 문 | 耳 | 火 | 14(火) |
| | 文 | 성씨, 글월, 글자 문 | 文 | 木 | 4(火) |
| | 汶 | 물이름, 더럽힐 문 | 水 | 水 | 8(金) |
| | 炆 | 따뜻할 문 | 火 | 火 | 8(金) |
| | 紋 | 무늬, 문채 문 | 糸 | 木 | 10(水) |
| | 們 | 들, 무리 문 | 人 | 火 | 10(水) |
| | 吻 | 입술, 입가 문 | 口 | 水 | 7(金) |
| | 雯 | 구름무늬 문 | 雨 | 水 | 12(木) |
| | 紊 | 어지러울 문 | 糸 | 木 | 10(水) |
| | 蚊 | 모기 문 | 虫 | 水 | 10(水) |
| | 刎 | 끊을, 자를 문 | 刀 | 金 | 6(土) |
| 물<br>(水) | 勿 | 없을, 말 물 | 勹 | 金 | 4(火) |

| 음령<br>오행 | 한자 | 뜻 | 부수 | 자원<br>오행 | 획수<br>(오행) |
|---|---|---|---|---|---|
| 물<br>(水) | 物 | 만물 물 | 牛 | 土 | 8(金) |
| | 沕 | 아득할 물 | 水 | 水 | 8(金) |
| 미<br>(水) | 米 | 성씨, 쌀, 미터 미 | 米 | 木 | 6(土) |
| | 味 | 맛, 기분 미 | 口 | 水 | 8(金) |
| | 美 | 아름다울, 예쁠 미 | 羊 | 土 | 9(水) |
| | 尾 | 꼬리, 끝 미 | 尸 | 木 | 7(金) |
| | 渼 | 물이름, 물결 미 | 水 | 水 | 13(火) |
| | 薇 | 장미, 고비 미 | 艸 | 木 | 19(水) |
| | 媄 | 빛고을 미 | 女 | 土 | 12(木) |
| | 嵋 | 사랑할, 순종할 미 | 女 | 土 | 12(木) |
| | 彌 | 두루, 널리 미 | 弓 | 金 | 17(金) |
| | 弥 | 彌와 같은 자 | 弓 | 金 | 8(金) |
| | 楣 | 문미, 처마 미 | 木 | 木 | 13(火) |
| | 湄 | 물가, 더운물 미 | 水 | 水 | 13(火) |
| | 微 | 작을, 적을 미 | 彳 | 火 | 13(火) |
| | 楣 | 문미, 처마 미 | 木 | 木 | 13(火) |
| | 謎 | 수수께기, 헷갈릴 미 | 言 | 金 | 17(金) |
| | 嵄 | 산, 산이름 미 | 山 | 土 | 12(木) |

| 음령<br>오행 | 한자 | 뜻 | 부수 | 자원<br>오행 | 획수<br>(오행) |
|---|---|---|---|---|---|
| 미<br>(水) | 靡 | 쓰러질, 쏠릴 미 | 非 | 水 | 19(水) |
| | 迷 | 미혹할 미 | 辵 | 土 | 13(火) |
| | 未 | 아닐, 못할 미 | 木 | 木 | 5(土) |
| | 黴 | 곰팡이, 검을 미 | 墨 | 水 | 23(火) |
| | 眉 | 눈썹, 언저리 미 | 目 | 木 | 9(水) |
| 민<br>(水) | 民 | 백성, 별이름 민 | 氏 | 火 | 5(土) |
| | 玟 | 옥돌, 돌이름 민 | 玉 | 金 | 9(水) |
| | 旻 | 하늘, 가을하늘 민 | 日 | 火 | 8(金) |
| | 旼 | 온화할, 화락할 민 | 日 | 火 | 8(金) |
| | 頣 | 강할, 굳셀 민 | 頁 | 火 | 14(火) |
| | 敃 | 강할, 힘쓸 민 | 攴 | 金 | 9(水) |
| | 珉 | 옥돌, 아름다운돌 민 | 玉 | 金 | 10(水) |
| | 潣 | 물흘러내릴 민 | 水 | 水 | 16(土) |
| | 慜 | 총명할 민 | 心 | 火 | 15(土) |
| | 忞 | 힘쓸, 어지러울 미 | 心 | 火 | 15(土) |
| | 岷 | 봉우리, 민산 민 | 山 | 土 | 8(金) |
| | 閔 | 성씨, 민망할, 위문할 민 | 門 | 木 | 12(木) |
| | 敏 | 민첩할, 총명할 민 | 攴 | 金 | 11(木) |

| 음령<br>오행 | 한자 | 뜻 | 부수 | 자원<br>오행 | 획수<br>(오행) |
|---|---|---|---|---|---|
| 민<br>(水) | 憫 | 근심할, 불쌍히여길 민 | 心 | 火 | 13(火) |
| | 暋 | 굳셀, 강할 민 | 日 | 火 | 16(土) |
| | 緡 | 낚싯줄, 입을 민 | 糸 | 木 | 15(土) |
| | 愍 | 근심할, 불상히여길 민 | 心 | 火 | 13(火) |
| | 悶 | 번민할, 어두울 민 | 心 | 火 | 12(木) |
| | 泯 | 물맑을, 어리석을 민 | 水 | 水 | 9(水) |
| 밀<br>(水) | 密 | 빽빽할, 비밀 밀 | 宀 | 木 | 11(木) |
| | 蜜 | 꿀 밀 | 虫 | 水 | 14(火) |
| | 謐 | 고요할, 상세할 밀 | 言 | 金 | 17(金) |
| 박<br>(水) | 珀 | 호박 박 | 玉 | 金 | 10(水) |
| | 泊 | 배댈, 쉴 박 | 水 | 水 | 9(水) |
| | 拍 | 손뼉칠, 두드릴 박 | 手 | 木 | 9(水) |
| | 迫 | 닥칠, 궁할 박 | 辵 | 土 | 9(水) |
| | 朴 | 성씨, 순박할, 후박나무 박 | 木 | 木 | 6(土) |
| | 博 | 넓을 박 | 十 | 水 | 12(木) |
| | 撲 | 칠, 때릴, 넘어질 박 | 手 | 木 | 16(土) |
| | 璞 | 옥돌, 본바탕 박 | 玉 | 金 | 17(金) |
| | 舶 | 큰배, 장삿배 박 | 舟 | 木 | 11(木) |

| 음령<br>오행 | 한자 | 뜻 | 부수 | 자원<br>오행 | 획수<br>(오행) |
|---|---|---|---|---|---|
| 박<br>(水) | 鉑 | 금박 박 | 金 | 金 | 13(火) |
| | 薄 | 엷을, 가벼울 박 | 艸 | 木 | 19(木) |
| | 樸 | 통나무 박 | 木 | 木 | 16(土) |
| | 剝 | 벗길, 괴롭힐 박 | 刀 | 金 | 10(水) |
| | 箔 | 발, 금속, 조각 박 | 竹 | 木 | 14(火) |
| | 粕 | 지게미 박 | 米 | 木 | 11(木) |
| | 縛 | 묶을, 동여맬 박 | 糸 | 木 | 16(土) |
| | 膊 | 포, 들추어낼 박 | 肉 | 水 | 15(土) |
| | 雹 | 누리, 우박 박 | 雨 | 水 | 13(火) |
| | 駮 | 얼룩말, 섞일 박 | 馬 | 火 | 14(火) |
| 반<br>(水) | 半 | 절반, 가운데 반 | 十 | 土 | 5(土) |
| | 般 | 돌릴, 즐길 반 | 舟 | 木 | 10(水) |
| | 班 | 나눌, 차례 반 | 玉 | 金 | 11(木) |
| | 頒 | 반포할, 구분 반 | 頁 | 火 | 13(火) |
| | 潘 | 성씨, 물이름 반 | 水 | 水 | 16(土) |
| | 盤 | 소반, 대야 반 | 皿 | 金 | 15(土) |
| | 飯 | 밥, 먹을 반 | 食 | 水 | 13(火) |
| | 槃 | 쟁반, 소반 반 | 木 | 木 | 14(火) |

| 음령<br>오행 | 한자 | 뜻 | 부수 | 자원<br>오행 | 획수<br>(오행) |
|---|---|---|---|---|---|
| 반<br>(水) | 泮 | 학교, 녹을 반 | 水 | 水 | 9(水) |
| | 盼 | 눈예쁠 반 | 目 | 木 | 9(水) |
| | 磻 | 강이름, 주살돌추 반 | 石 | 金 | 17(金) |
| | 絆 | 줄, 얽어맬 반 | 糸 | 木 | 11(木) |
| | 礬 | 명반 반 | 石 | 金 | 20(水) |
| | 畔 | 밭두둑, 물가 반 | 田 | 土 | 10(水) |
| | 磐 | 너럭바위, 이을 반 | 石 | 金 | 15(土) |
| | 拌 | 버릴, 쪼갤 반 | 手 | 木 | 9(水) |
| | 攀 | 더위잡을 반 | 手 | 木 | 19(水) |
| | 搬 | 옮길, 나를 반 | 手 | 木 | 14(火) |
| | 返 | 돌아올, 바꿀 반 | 辵 | 土 | 11(木) |
| | 叛 | 배반할 반 | 又 | 水 | 9(水) |
| | 伴 | 동반할, 짝 반 | 人 | 火 | 7(金) |
| | 斑 | 얼룩 반 | 文 | 木 | 12(木) |
| | 瘢 | 흉터, 주근깨 반 | 疒 | 水 | 15(土) |
| | 蟠 | 서릴, 두를 반 | 虫 | 水 | 18(金) |
| | 反 | 되돌릴, 배반할 반 | 又 | 水 | 4(火) |
| 발<br>(水) | 發 | 일어날, 펼 발 | 癶 | 火 | 12(木) |

| 음령<br>오행 | 한자 | 뜻 | 부수 | 자원<br>오행 | 획수<br>(오행) |
|---|---|---|---|---|---|
| 발<br>(水) | 拔 | 뺄, 특출할 발 | 手 | 木 | 9(水) |
| | 髮 | 머리카락, 터럭 발 | 髟 | 火 | 15(土) |
| | 鉢 | 바리때 발 | 金 | 金 | 13(火) |
| | 渤 | 바다이름 발 | 水 | 水 | 13(火) |
| | 潑 | 물뿌릴, 물솟을 발 | 水 | 水 | 16(土) |
| | 勃 | 갑자기, 성할 발 | 力 | 土 | 9(水) |
| | 撥 | 다스릴, 없앨 발 | 手 | 木 | 16(土) |
| | 跋 | 밟을, 넘을 발 | 足 | 土 | 12(木) |
| | 醱 | 술이괼 발 | 酉 | 金 | 19(水) |
| | 魃 | 가물귀신 발 | 鬼 | 火 | 15(土) |
| 방<br>(水) | 訪 | 찾을, 의논할 방 | 言 | 金 | 11(木) |
| | 芳 | 꽃다울, 향기 방 | 艸 | 木 | 10(水) |
| | 傍 | 성씨, 곁, 의지할 방 | 人 | 火 | 12(木) |
| | 昉 | 밝을, 때마침 방 | 日 | 火 | 8(金) |
| | 方 | 모, 방위 방 | 方 | 土 | 4(火) |
| | 防 | 둑, 막을 방 | 阜 | 土 | 12(木) |
| | 放 | 내칠, 놓을 방 | 攴 | 金 | 8(金) |
| | 妨 | 방해할, 거리낄 방 | 女 | 土 | 7(金) |

| 음령<br>오행 | 한자 | 뜻 | 부수 | 자원<br>오행 | 획수<br>(오행) |
|---|---|---|---|---|---|
| 방<br>(水) | 倣 | 본뜰, 의지할 방 | 人 | 火 | 10(水) |
| | 邦 | 나라, 봉할 방 | 邑 | 土 | 11(木) |
| | 坊 | 동네, 막을 방 | 土 | 土 | 7(金) |
| | 彷 | 거닐, 비슷할 방 | 彳 | 火 | 7(金) |
| | 枋 | 매, 방목 방 | 木 | 木 | 14(火) |
| | 龐 | 성씨, 클, 높을 방 | 龍 | 土 | 19(土) |
| | 尨 | 삽살개, 섞일, 클 방 | 尢 | 土 | 7(金) |
| | 幇 | 도울, 곁들 방 | 巾 | 木 | 12(木) |
| | 旁 | 두루, 널리 방 | 方 | 土 | 10(水) |
| | 枋 | 다목 방 | 木 | 木 | 8(金) |
| | 滂 | 비퍼부을 방 | 水 | 水 | 14(火) |
| | 紡 | 자을, 실 방 | 糸 | 木 | 10(水) |
| | 膀 | 기름, 비계 방 | 肉 | 水 | 10(水) |
| | 膀 | 쌍배 방 | 肉 | 水 | 16(土) |
| | 舫 | 배, 뗏목 방 | 舟 | 木 | 10(水) |
| | 蒡 | 인동덩굴, 우엉 방 | 艸 | 木 | 16(土) |
| | 蚌 | 방합, 씹조개 방 | 虫 | 水 | 10(水) |
| | 訪 | 비방할, 헐뜯을 방 | 言 | 金 | 17(金) |

| 음령<br>오행 | 한자 | 뜻 | 부수 | 자원<br>오행 | 획수<br>(오행) |
|---|---|---|---|---|---|
| 방<br>(水) | 磅 | 돌소리 방 | 石 | 金 | 15(土) |
| | 房 | 방, 집 방 | 戶 | 木 | 8(金) |
| 배<br>(水) | 杯 | 술잔, 잔 배 | 木 | 木 | 8(金) |
| | 盃 | 杯의 속자 | 皿 | 木 | 9(水) |
| | 倍 | 갑절, 더할 배 | 人 | 火 | 10(水) |
| | 培 | 북돋을, 다스릴 배 | 土 | 土 | 11(木) |
| | 配 | 짝할, 도울 배 | 酉 | 金 | 10(水) |
| | 背 | 등, 무리 배 | 肉 | 水 | 11(木) |
| | 陪 | 도울, 모실 배 | 阜 | 土 | 15(土) |
| | 裵 | 성씨, 옷치렁치렁할 배 | 衣 | 木 | 14(火) |
| | 裴 | 裵의 같은 자 | 衣 | 木 | 14(火) |
| | 湃 | 물결이는 모양 배 | 水 | 手 | 13(火) |
| | 焙 | 불에쬘 배 | 火 | 火 | 12(木) |
| | 胚 | 아이밸, 어릴 배 | 肉 | 水 | 11(木) |
| | 褙 | 속적삼 배 | 衣 | 木 | 15(土) |
| | 賠 | 물어줄, 배상할 배 | 貝 | 金 | 15(土) |
| | 北 | 달아날, 북녘 배 | 匕 | 水 | 5(土) |
| | 俳 | 광대, 장난 배 | 人 | 火 | 10(水) |

| 음령<br>오행 | 한자 | 뜻 | 부수 | 자원<br>오행 | 획수<br>(오행) |
|---|---|---|---|---|---|
| 배<br>(水) | 徘 | 노닐 배 | 彳 | 火 | 11(木) |
| | 拜 | 절할, 감사할 배 | 手 | 木 | 9(水) |
| | 排 | 밀칠, 물리칠 배 | 手 | 木 | 12(木) |
| | 輩 | 무리, 동류 배 | 車 | 火 | 15(土) |
| 백<br>(水) | 帛 | 비단, 풀이름 백 | 巾 | 木 | 8(金) |
| | 白 | 흴, 밝을 백 | 白 | 金 | 5(土) |
| | 百 | 일백, 많을 백 | 白 | 水 | 6(土) |
| | 伯 | 맏, 우두머리 백 | 人 | 火 | 7(金) |
| | 栢 | 측백나무, 잣 백 | 木 | 木 | 9(水) |
| | 佰 | 栢의 속자 | 木 | 木 | 10(水) |
| | 魄 | 넋, 혼 백 | 鬼 | 火 | 15(土) |
| 번<br>(水) | 番 | 차례, 한번들 번 | 田 | 土 | 12(木) |
| | 煩 | 번거로울 번 | 火 | 火 | 13(火) |
| | 繁 | 성할, 번잡할 번 | 糸 | 木 | 17(金) |
| | 蕃 | 우거질, 번성할 번 | 艹 | 木 | 18(金) |
| | 燔 | 구울, 말릴 번 | 火 | 火 | 16(土) |
| | 磻 | 주살돌추 번 | 石 | 金 | 17(金) |
| | 藩 | 덮을, 지킬 번 | 艹 | 木 | 21(木) |

| 음령<br>오행 | 한자 | 뜻 | 부수 | 자원<br>오행 | 획수<br>(오행) |
|---|---|---|---|---|---|
| 번<br>(水) | 幡 | 기, 표기 번 | 巾 | 木 | 15(土) |
| | 樊 | 울타리, 에워쌀 번 | 木 | 木 | 15(土) |
| | 飜 | 뒤칠, 날 번 | 飛 | 火 | 21(木) |
| | 翻 | 飜의 같은 자 | 羽 | 火 | 18(金) |
| 벌<br>(水) | 伐 | 칠, 공적 벌 | 人 | 火 | 6(土) |
| | 罰 | 벌줄, 꾸짖을 벌 | 网 | 木 | 15(土) |
| | 閥 | 가문, 공훈 벌 | 門 | 木 | 14(火) |
| | 筏 | 뗏목 벌 | 竹 | 木 | 12(木) |
| 범<br>(水) | 凡 | 무릇, 범상할 범 | 几 | 水 | 3(火) |
| | 犯 | 범할, 어긋날 범 | 犬 | 土 | 6(土) |
| | 範 | 법, 본보기 범 | 竹 | 木 | 15(土) |
| | 汎 | 뜰, 넓을 범 | 水 | 水 | 7(金) |
| | 帆 | 돛, 돛달 범 | 巾 | 木 | 6(土) |
| | 氾 | 넘칠, 떠다닐 범 | 水 | 水 | 6(土) |
| | 范 | 범, 범풀 범 | 艸 | 木 | 11(木) |
| | 梵 | 범어 범 | 木 | 木 | 11(木) |
| | 泛 | 뜰, 띄울 범 | 水 | 水 | 8(金) |
| | 机 | 나무이름 범 | 木 | 木 | 7(金) |

| 음령<br>오행 | 한자 | 뜻 | 부수 | 자원<br>오행 | 획수<br>(오행) |
|---|---|---|---|---|---|
| 법<br>(水) | 法 | 법, 예의, 도리 법 | 水 | 水 | 9(水) |
| | 琺 | 법랑 법 | 玉 | 金 | 13(火) |
| 벽<br>(水) | 壁 | 벽, 울타리 벽 | 土 | 土 | 16(土) |
| | 璧 | 옥구슬, 아름다울 벽 | 玉 | 金 | 14(火) |
| | 闢 | 열, 물리칠 벽 | 門 | 木 | 21(木) |
| | 碧 | 푸를, 푸른옥 벽 | 石 | 金 | 14(火) |
| | 蘗 | 괴로울, 쓸 벽 | 艸 | 木 | 23(火) |
| | 僻 | 후미질, 치우칠 벽 | 人 | 火 | 15(土) |
| | 劈 | 쪼갤, 가를 벽 | 刀 | 金 | 15(土) |
| | 擘 | 엄지손가락, 쪼갤 벽 | 手 | 木 | 17(金) |
| | 癖 | 버릇, 적취 벽 | 疒 | 水 | 18(金) |
| | 霹 | 벼락, 천둥 벽 | 雨 | 水 | 21(木) |
| 변<br>(水) | 變 | 변할, 달라질 변 | 言 | 金 | 23(火) |
| | 辯 | 말잘할, 다질 변 | 辛 | 金 | 21(木) |
| | 邊 | 가장자리, 국경 변 | 辵 | 土 | 22(木) |
| | 卞 | 법, 조급할 변 | 卜 | 土 | 4(火) |
| | 弁 | 고깔, 서두를 변 | 廾 | 木 | 5(土) |
| | 便 | 문득, 소식, 편안할 변 | 人 | 火 | 9(水) |

| 음령<br>오행 | 한자 | 뜻 | 부수 | 자원<br>오행 | 획수<br>(오행) |
|---|---|---|---|---|---|
| 변<br>(水) | 辨 | 판단할, 구별할 변 | 辛 | 金 | 16(土) |
| 별<br>(水) | 別 | 나눌, 이별할 별 | 刀 | 金 | 7(金) |
| | 瞥 | 잠간볼 별 | 目 | 木 | 17(金) |
| | 鱉 | 금계 별 | 魚 | 水 | 23(火) |
| | 鼈 | 자라, 고사리 별 | 黽 | 土 | 25(土) |
| 병<br>(水) | 瓶 | 병, 항아리 병 | 瓦 | 土 | 11(木) |
| | 軿 | 가벼운수레 병 | 車 | 火 | 15(土) |
| | 炳 | 밝을, 빛날 병 | 火 | 火 | 9(水) |
| | 柄 | 자루, 권세 병 | 木 | 木 | 9(水) |
| | 昞 | 밝을, 빛날 병 | 日 | 火 | 9(水) |
| | 昺 | 昞과 같은 자 | 日 | 火 | 9(水) |
| | 秉 | 잡을, 자루 병 | 禾 | 木 | 8(金) |
| | 丙 | 남쪽, 셋째천간 병 | 一 | 火 | 5(土) |
| | 兵 | 무기, 군사 병 | 八 | 金 | 7(金) |
| | 竝 | 곁, 나란할 병 | 立 | 金 | 10(水) |
| | 並 | 竝의 같은 자 | 一 | 金 | 10(金) |
| | 屛 | 병풍, 가릴 병 | 尸 | 水 | 11(木) |
| | 幷 | 어우를, 어울릴 병 | 干 | 火 | 8(金) |

| 음령오행 | 한자 | 뜻 | 부수 | 자원오행 | 획수(오행) |
|---|---|---|---|---|---|
| 병(水) | 幷 | 幷의 속자 | 干 | 火 | 6(金) |
| | 鉼 | 판금, 가마솥 병 | 金 | 金 | 14(火) |
| | 棅 | 권세, 자루 병 | 木 | 木 | 12(木) |
| | 倂 | 아우를, 나란할 병 | 亻 | 火 | 10(水) |
| | 餠 | 떡, 먹을 병 | 食 | 水 | 17(金) |
| | 騈 | 나란히할 병 | 馬 | 火 | 18(金) |
| | 病 | 병들, 괴로울 병 | 疒 | 水 | 10(水) |
| 보(水) | 保 | 보전할, 도울 보 | 人 | 火 | 9(水) |
| | 步 | 걸음, 다닐 보 | 止 | 土 | 7(金) |
| | 報 | 갚을, 알릴 보 | 土 | 土 | 12(木) |
| | 普 | 넓을, 클 보 | 日 | 火 | 12(木) |
| | 補 | 도울, 수선할 보 | 衣 | 木 | 13(火) |
| | 甫 | 클, 많을 보 | 用 | 水 | 7(金) |
| | 譜 | 문서, 족보 보 | 言 | 金 | 20(水) |
| | 寶 | 보배, 귀할 보 | 宀 | 木 | 20(水) |
| | 宝 | 寶의 속자 | 宀 | 木 | 8(金) |
| | 堡 | 둑, 방축 보 | 土 | 土 | 12(木) |
| | 輔 | 덧방나무, 도울 보 | 車 | 火 | 14(火) |

| 음령<br>오행 | 한자 | 뜻 | 부수 | 자원<br>오행 | 획수<br>(오행) |
|---|---|---|---|---|---|
| 보<br>(水) | 洑 | 보, 돌아흐를 보 | 水 | 水 | 13(火) |
| | 湺 | 보 보 | 水 | 水 | 13(火) |
| | 珤 | 보배 보 | 玉 | 金 | 11(木) |
| | 褓 | 포대기 보 | 衣 | 木 | 15(土) |
| | 潽 | 물 보 | 水 | 水 | 16(土) |
| | 菩 | 보살 보 | 艸 | 木 | 14(火) |
| 복<br>(水) | 福 | 복, 착할 복 | 示 | 木 | 14(火) |
| | 腹 | 배, 두터울 복 | 肉 | 水 | 15(土) |
| | 服 | 옷, 입을 복 | 月 | 水 | 8(金) |
| | 復 | 돌아올, 회복할 복 | 彳 | 火 | 12(木) |
| | 複 | 겹옷, 겹칠 복 | 衣 | 木 | 15(土) |
| | 卜 | 점칠, 가릴 복 | 卜 | 火 | 2(木) |
| | 馥 | 향기 복 | 香 | 木 | 18(金) |
| | 鍑 | 가마솥 복 | 金 | 金 | 17(金) |
| | 宓 | 성씨, 편안할, 몰래 복 | 宀 | 木 | 8(金) |
| | 茯 | 복령 복 | 艸 | 木 | 12(木) |
| | 蔔 | 무 복 | 艸 | 木 | 17(金) |
| | 輹 | 복토 복 | 車 | 火 | 16(土) |

| 음령<br>오행 | 한자 | 뜻 | 부수 | 자원<br>오행 | 획수<br>(오행) |
|---|---|---|---|---|---|
| 복<br>(水) | 輻 | 바퀴살, 모여들 복 | 車 | 火 | 16(土) |
| | 鰒 | 전복, 오분자기 복 | 漁 | 水 | 20(水) |
| | 覆 | 뒤집힐, 반전할 복 | 襾 | 金 | 18(金) |
| | 僕 | 종, 마부 복 | 人 | 火 | 14(火) |
| | 匐 | 길, 엎드릴 복 | 勹 | 金 | 11(木) |
| | 伏 | 엎드릴, 굴복할 복 | 人 | 火 | 6(土) |
| 본<br>(水) | 本 | 근본, 뿌리 본 | 木 | 木 | 5(土) |
| 볼<br>(水) | 曹 | 땅이름 볼 | 乙 | 木 | 8(金) |
| 봉<br>(水) | 烽 | 봉화, 경계 봉 | 火 | 火 | 11(木) |
| | 奉 | 받을, 드릴 봉 | 大 | 木 | 8(金) |
| | 逢 | 만날, 영접할 봉 | 辵 | 土 | 14(火) |
| | 峯 | 봉우리 봉 | 山 | 土 | 10(水) |
| | 峰 | 峯와 같은 자 | 山 | 土 | 10(水) |
| | 蜂 | 벌 봉 | 虫 | 水 | 12(火) |
| | 封 | 봉할, 담을 봉 | 寸 | 土 | 9(水) |
| | 鳳 | 봉황새 봉 | 鳥 | 火 | 14(火) |
| | 俸 | 녹, 급료 봉 | 人 | 火 | 10(水) |
| | 捧 | 받들, 들어올릴 봉 | 手 | 木 | 12(木) |

| 음령<br>오행 | 한자 | 뜻 | 부수 | 자원<br>오행 | 획수<br>(오행) |
|---|---|---|---|---|---|
| 봉<br>(水) | 燧 | 연기자욱할, 화기 봉 | 火 | 火 | 15(土) |
| | 縫 | 꿰맬 봉 | 糸 | 木 | 17(金) |
| | 琫 | 칼집장식옥 봉 | 玉 | 金 | 13(火) |
| | 棒 | 몽둥이, 칠 봉 | 木 | 木 | 12(木) |
| | 蓬 | 쑥, 풀숲 봉 | 艸 | 木 | 17(金) |
| | 鋒 | 칼끝, 첨단 봉 | 金 | 金 | 15(土) |
| 부<br>(水) | 付 | 부칠, 부탁 부 | 人 | 火 | 5(土) |
| | 副 | 버금, 도울 부 | 刀 | 金 | 11(木) |
| | 夫 | 지아비, 사내 부 | 大 | 木 | 4(火) |
| | 扶 | 도울, 붙들 부 | 手 | 木 | 8(金) |
| | 父 | 아비, 아버지 부 | 父 | 木 | 4(火) |
| | 富 | 풍성할, 부자 부 | 宀 | 木 | 12(木) |
| | 部 | 나눌, 거느릴 부 | 邑 | 土 | 15(土) |
| | 婦 | 며느리, 아내 부 | 女 | 土 | 11(木) |
| | 否 | 비웃을, 아닐 부 | 口 | 水 | 7(金) |
| | 浮 | 뜰, 넘칠 부 | 水 | 水 | 11(木) |
| | 符 | 부적, 부신 부 | 竹 | 木 | 11(木) |
| | 附 | 붙을, 의지할 부 | 阜 | 土 | 13(火) |

| 음령<br>오행 | 한자 | 뜻 | 부수 | 자원<br>오행 | 획수<br>(오행) |
|---|---|---|---|---|---|
| 부<br>(水) | 府 | 곳집, 마을, 관청 부 | 广 | 土 | 8(金) |
| | 腐 | 썩을 부 | 肉 | 水 | 14(火) |
| | 負 | 짐질, 빚질 부 | 貝 | 金 | 9(水) |
| | 簿 | 장부, 회계부 부 | 竹 | 木 | 19(水) |
| | 膚 | 살갗 부 | 肉 | 水 | 17(金) |
| | 赴 | 나아갈, 다다를 부 | 走 | 火 | 9(水) |
| | 賦 | 구실, 조세 부 | 貝 | 金 | 15(土) |
| | 孚 | 미쁠, 기를 부 | 子 | 水 | 7(金) |
| | 傅 | 스승, 후견인 부 | 人 | 火 | 12(木) |
| | 溥 | 넓을, 두루미칠 부 | 水 | 水 | 14(火) |
| | 敷 | 펼, 발표할 부 | 攴 | 金 | 15(土) |
| | 復 | 다시, 대답할 부 | 彳 | 火 | 12(木) |
| | 芙 | 연꽃, 부용 부 | 艸 | 木 | 10(水) |
| | 呋 | 분부할 부 | 口 | 水 | 8(金) |
| | 缶 | 장군 부 | 缶 | 土 | 6(土) |
| | 釜 | 가마 부 | 金 | 金 | 10(水) |
| | 阜 | 언덕 부 | 阜 | 土 | 7(金) |
| | 埠 | 선창 부 | 土 | 土 | 11(木) |

| 음령<br>오행 | 한자 | 뜻 | 부수 | 자원<br>오행 | 획수<br>(오행) |
|---|---|---|---|---|---|
| 부<br>(水) | 鮒 | 곁마, 가까울 부 | 魚 | 火 | 15(土) |
| | 鳧 | 오리, 산이름 부 | 鳥 | 火 | 13(火) |
| | 艀 | 작은배 부 | 舟 | 木 | 13(火) |
| | 莩 | 풀이름, 갈대청 부 | 艸 | 木 | 13(火) |
| | 訃 | 부고 부 | 言 | 金 | 9(水) |
| | 趺 | 책상다리, 발등 부 | 足 | 土 | 11(木) |
| | 不 | 아닐, 클 부 | 一 | 水 | 4(火) |
| | 俯 | 구부릴, 숨을 부 | 人 | 火 | 10(水) |
| | 剖 | 쪼갤, 가를 부 | 刀 | 金 | 10(水) |
| | 孵 | 알깔, 기를 부 | 子 | 水 | 14(火) |
| | 斧 | 도끼, 벨 부 | 斤 | 金 | 8(金) |
| | 腑 | 오장육부 부 | 肉 | 水 | 14(火) |
| | 賻 | 부의 부 | 貝 | 金 | 17(金) |
| 북<br>(水) | 北 | 북녘, 뒤 북 | 匕 | 水 | 5(土) |
| 분<br>(水) | 墳 | 봉분, 클 분 | 土 | 土 | 15(土) |
| | 紛 | 어지러울, 성할, 섞일 분 | 糸 | 木 | 10(水) |
| | 汾 | 클, 흐를 분 | 水 | 水 | 8(金) |
| | 盆 | 동이 분 | 皿 | 金 | 9(水) |

| 음령오행 | 한자 | 뜻 | 부수 | 자원오행 | 획수(오행) |
|---|---|---|---|---|---|
| 분(水) | 昐 | 햇빛 분 | 日 | 火 | 8(金) |
| | 芬 | 향기로울 분 | 艸 | 木 | 10(水) |
| | 吩 | 뿜을, 명령할 분 | 口 | 水 | 7(金) |
| | 分 | 나눌, 쪼갤 분 | 刀 | 金 | 4(火) |
| | 粉 | 가루 분 | 米 | 木 | 10(水) |
| | 奔 | 달릴, 달아날 분 | 大 | 木 | 8(金) |
| | 憤 | 성낼, 번민할 분 | 心 | 火 | 16(土) |
| | 奮 | 떨칠, 성맬 분 | 大 | 木 | 16(土) |
| | 扮 | 꾸밀 분 | 手 | 木 | 8(金) |
| | 糞 | 똥, 소제할 분 | 米 | 木 | 17(金) |
| | 賁 | 클, 날랠 분 | 貝 | 金 | 12(木) |
| | 雰 | 안개, 어지러울 분 | 雨 | 水 | 12(木) |
| | 噴 | 뿜을, 화낼 분 | 口 | 水 | 15(土) |
| | 焚 | 불사를 분 | 心 | 火 | 8(金) |
| | 焚 | 불사를, 탈 분 | 火 | 火 | 12(木) |
| 불(水) | 不 | 아니, 않을 불 | 一 | 水 | 4(火) |
| | 佛 | 부처, 도울 불 | 人 | 火 | 7(金) |
| | 弗 | 아닐, 빠를 불 | 弓 | 木 | 5(土) |

| 음령<br>오행 | 한자 | 뜻 | 부수 | 자원<br>오행 | 획수<br>(오행) |
|---|---|---|---|---|---|
| 불<br>(水) | 拂 | 떨, 닦을 불 | 手 | 木 | 9(水) |
| | 彿 | 비슷할 불 | 彳 | 火 | 8(金) |
| 붕<br>(水) | 朋 | 벗, 무리 붕 | 月 | 水 | 8(金) |
| | 鵬 | 붕새, 큰새 붕 | 鳥 | 火 | 19(水) |
| | 棚 | 시렁, 선반 붕 | 木 | 木 | 12(木) |
| | 硼 | 붕산 붕 | 石 | 金 | 13(火) |
| | 繃 | 묶을, 감을 붕 | 糸 | 木 | 17(金) |
| | 崩 | 무너질, 흩어질 붕 | 山 | 土 | 11(木) |
| 비<br>(水) | 조 | 클, 으뜸 비 | 一 | 水 | 5(土) |
| | 備 | 갖출, 준비 비 | 人 | 火 | 12(木) |
| | 沸 | 끓을 비 | 水 | 水 | 9(水) |
| | 毗 | 도울, 힘보탤 비 | 比 | 火 | 9(水) |
| | 泌 | 샘물흐르는모양 비 | 水 | 水 | 9(水) |
| | 裨 | 도울, 보좌할 비 | 衣 | 木 | 14(火) |
| | 費 | 없앨, 허비할 비 | 貝 | 金 | 12(木) |
| | 比 | 견줄, 도울 비 | 比 | 火 | 4(火) |
| | 非 | 아닐, 그를 비 | 非 | 木 | 8(金) |
| | 悲 | 슬플, 비애 비 | 心 | 火 | 12(木) |

| 음령<br>오행 | 한자 | 뜻 | 부수 | 자원<br>오행 | 획수<br>(오행) |
|---|---|---|---|---|---|
| 비<br>(水) | 卑 | 낮을, 천할 비 | 十 | 土 | 8(金) |
| | 婢 | 첩, 여자종 비 | 女 | 土 | 11(木) |
| | 碑 | 비석, 비문 비 | 石 | 金 | 13(火) |
| | 妃 | 왕비, 짝 비 | 女 | 土 | 6(土) |
| | 肥 | 살찔, 거름 비 | 肉 | 水 | 10(水) |
| | 粃 | 쭉정이, 모를, 아밀 비 | 米 | 木 | 10(水) |
| | 秘 | 숨길, 비밀 비 | 示 | 木 | 10(水) |
| | 庇 | 덮을, 의탁할 비 | 广 | 木 | 7(金) |
| | 匕 | 비수, 숟가락 비 | 匕 | 金 | 2(木) |
| | 匪 | 대상자 비 | 匚 | 木 | 10(水) |
| | 緋 | 붉은빛 비 | 糸 | 木 | 14(火) |
| | 翡 | 물총새 비 | 羽 | 火 | 14(火) |
| | 痺 | 암메추라기 비 | 疒 | 水 | 13(火) |
| | 砒 | 비상, 비소 비 | 石 | 金 | 9(水) |
| | 憊 | 고달플, 피곤할 비 | 心 | 火 | 16(土) |
| | 斐 | 오락가락할 비 | 文 | 木 | 12(木) |
| | 榧 | 비자나무 비 | 木 | 木 | 14(火) |
| | 毖 | 삼갈, 근신할 비 | 比 | 火 | 9(水) |

| 음령<br>오행 | 한자 | 뜻 | 부수 | 자원<br>오행 | 획수<br>(오행) |
|---|---|---|---|---|---|
| 비<br>(水) | 秕 | 쭉정이, 더럽힐 비 | 禾 | 木 | 9(水) |
| | 脾 | 지라 비 | 肉 | 水 | 14(火) |
| | 臂 | 팔 비 | 肉 | 水 | 19(水) |
| | 菲 | 엷을, 쇠퇴할 비 | 艸 | 木 | 14(火) |
| | 蜚 | 곤충이름, 바퀴 비 | 虫 | 水 | 14(火) |
| | 誹 | 헐뜯을, 비방할 비 | 言 | 金 | 15(土) |
| | 鄙 | 다라울, 인색할 비 | 邑 | 土 | 18(金) |
| | 飛 | 날, 오를 비 | 飛 | 火 | 9(水) |
| | 鼻 | 코 비 | 鼻 | 金 | 14(火) |
| | 批 | 칠, 때릴 비 | 手 | 木 | 8(金) |
| | 枇 | 비파나무, 비파 비 | 木 | 木 | 8(金) |
| | 琵 | 비파 비 | 玉 | 金 | 13(火) |
| | 扉 | 사립문, 문짝 비 | 戶 | 木 | 12(木) |
| | 譬 | 비유할, 깨우칠 비 | 言 | 金 | 20(水) |
| 빈<br>(水) | 賓 | 손님, 인도할 빈 | 貝 | 金 | 14(火) |
| | 濱 | 물가, 가까울 빈 | 水 | 水 | 18(金) |
| | 嬪 | 아내, 귀녀 빈 | 女 | 土 | 17(金) |
| | 儐 | 인도할, 베풀 빈 | 人 | 火 | 16(土) |

| 음령<br>오행 | 한자 | 뜻 | 부수 | 자원<br>오행 | 획수<br>(오행) |
|---|---|---|---|---|---|
| 빈<br>(水) | 彬 | 빛날, 밝을 빈 | 彡 | 火 | 11(木) |
| | 斌 | 빛날, 아롱질 빈 | 文 | 木 | 12(木) |
| | 頻 | 자주, 급박할 빈 | 頁 | 火 | 16(土) |
| | 檳 | 빈랑나무 빈 | 木 | 木 | 18(金) |
| | 穦 | 향기 빈 | 禾 | 木 | 19(水) |
| | 浜 | 물가 빈 | 水 | 水 | 11(木) |
| | 瀕 | 물가, 임박할 빈 | 水 | 水 | 20(水) |
| | 牝 | 암컷, 골짜기 빈 | 牛 | 土 | 6(土) |
| | 嚬 | 찡그릴 빈 | 口 | 水 | 19(水) |
| | 殯 | 염할 빈 | 歹 | 水 | 18(金) |
| | 瓘 | 진주이름 빈 | 玉 | 金 | 19(水) |
| | 玭 | 구슬이름 빈 | 玉 | 金 | 9(水) |
| | 貧 | 가난할, 구차할 빈 | 貝 | 金 | 11(木) |
| 빙<br>(水) | 氷 | 얼음 빙 | 水 | 水 | 5(土) |
| | 聘 | 방문할, 부를 빙 | 耳 | 火 | 13(火) |
| | 憑 | 기댈, 의지할 빙 | 心 | 火 | 16(土) |
| | 騁 | 달릴 빙 | 馬 | 火 | 17(金) |
| 사<br>(金) | 捨 | 놓을, 베풀 사 | 手 | 木 | 12(木) |

| 음령<br>오행 | 한자 | 뜻 | 부수 | 자원<br>오행 | 획수<br>(오행) |
|---|---|---|---|---|---|
| 사<br>(金) | 史 | 역사, 빛날 사 | 口 | 水 | 5(土) |
| | 師 | 스승, 본받을 사 | 巾 | 木 | 10(水) |
| | 似 | 같을, 이을 사 | 人 | 火 | 7(金) |
| | 社 | 단체, 사직 사 | 示 | 木 | 8(金) |
| | 賜 | 줄, 하사할 사 | 貝 | 金 | 15(土) |
| | 思 | 생각할, 의사 사 | 心 | 火 | 9(水) |
| | 事 | 일, 섬길 사 | \| | 木 | 8(金) |
| | 司 | 벼슬, 맡을 사 | 口 | 水 | 5(土) |
| | 詞 | 고할, 말씀 사 | 言 | 金 | 12(木) |
| | 四 | 사방, 넷 사 | 口 | 水 | 4(火) |
| | 巳 | 뱀, 여섯째 사 | 己 | 土 | 3(火) |
| | 士 | 선비, 일할 사 | 士 | 木 | 3(火) |
| | 仕 | 벼슬할, 섬길 사 | 人 | 火 | 5(土) |
| | 寺 | 절, 사찰 사 | 寸 | 木 | 6(土) |
| | 使 | 하여금, 시킬 사 | 人 | 火 | 8(金) |
| | 舍 | 집, 관청 사 | 舌 | 火 | 8(金) |
| | 謝 | 말씀, 자랑할 사 | 言 | 金 | 17(金) |
| | 嗣 | 이을, 상속할 사 | 口 | 水 | 13(火) |

| 음령<br>오행 | 한자 | 뜻 | 부수 | 자원<br>오행 | 획수<br>(오행) |
|---|---|---|---|---|---|
| 사<br>(金) | 私 | 사사로울, 개인 사 | 禾 | 木 | 7(金) |
| | 絲 | 실, 명주실 사 | 糸 | 木 | 12(木) |
| | 蛇 | 뱀, 별이름 사 | 虫 | 水 | 11(木) |
| | 斜 | 비낄, 비스듬할 사 | 斗 | 火 | 11(木) |
| | 詐 | 속일, 꾸밀 사 | 言 | 金 | 12(木) |
| | 沙 | 모래, 사막 사 | 水 | 水 | 8(金) |
| | 査 | 조사할 사 | 木 | 木 | 9(水) |
| | 寫 | 베낄, 없앨 사 | 宀 | 木 | 15(土) |
| | 辭 | 말씀, 하소연할 사 | 辛 | 金 | 19(水) |
| | 斯 | 어조사, 이, 즉 사 | 斤 | 金 | 12(木) |
| | 祀 | 제사, 해 사 | 示 | 木 | 8(金) |
| | 泗 | 물이름 사 | 水 | 水 | 9(水) |
| | 砂 | 모래, 주사 사 | 石 | 金 | 9(水) |
| | 糸 | 가는실 사 | 糸 | 木 | 6(土) |
| | 紗 | 깁, 나삿 사 | 糸 | 木 | 10(水) |
| | 裟 | 가사, 승복 사 | 女 | 土 | 10(水) |
| | 徙 | 옮길, 귀양갈 사 | 彳 | 火 | 11(木) |
| | 奢 | 사치할, 자랑할 사 | 大 | 土 | 12(木) |
| 음령<br>오행 | 한자 | 뜻 | 부수 | 자원<br>오행 | 획수<br>(오행) |

| 음령<br>오행 | 한자 | 뜻 | 부수 | 자원<br>오행 | 획수<br>(오행) |
|---|---|---|---|---|---|
| 사<br>(金) | 赦 | 용서할, 사면할 사 | 赤 | 火 | 11(木) |
| | 莎 | 향부자, 손비빌 사 | 竹 | 木 | 13(火) |
| | 飼 | 먹일, 기를 사 | 食 | 水 | 14(火) |
| | 駟 | 사마 사 | 馬 | 火 | 15(土) |
| | 麝 | 사향노루 사 | 鹿 | 土 | 21(木) |
| | 柶 | 숟가락, 윷 사 | 木 | 木 | 9(水) |
| | 梭 | 북 사 | 木 | 木 | 11(木) |
| | 渣 | 강이름 사 | 木 | 水 | 13(火) |
| | 瀉 | 쏟을, 물흐를 사 | 水 | 水 | 19(水) |
| | 獅 | 사자 사 | 犬 | 土 | 14(火) |
| | 祠 | 사당, 제사 사 | 示 | 木 | 10(水) |
| | 篩 | 체로칠 사 | 竹 | 木 | 16(土) |
| | 俟 | 기다릴, 클 사 | 人 | 火 | 9(水) |
| | 傞 | 잘게부술 사 | 人 | 火 | 15(土) |
| | 唆 | 부추길 사 | 口 | 水 | 10(水) |
| | 乍 | 잠깐, 갑자기 사 | 丿 | 金 | 5(土) |
| | 些 | 적을, 조금 사 | 二 | 木 | 7(金) |
| | 伺 | 엿볼, 찾을 사 | 人 | 火 | 7(金) |

| 음령<br>오행 | 한자 | 뜻 | 부수 | 자원<br>오행 | 획수<br>(오행) |
|---|---|---|---|---|---|
| 사<br>(金) | 肆 | 방자할, 극에달할 사 | 聿 | 火 | 13(火) |
| | 射 | 화살같이빠를, 쏠 사 | 寸 | 土 | 10(水) |
| | 死 | 죽을, 끊을 사 | 歹 | 水 | 6(土) |
| | 邪 | 간사할, 사기 사 | 邑 | 土 | 11(木) |
| 삭<br>(金) | 削 | 깎을, 범할 삭 | 刀 | 金 | 9(水) |
| | 朔 | 처음, 초하루 삭 | 月 | 水 | 10(水) |
| | 數 | 자주, 셀, 촘촘할 삭 | 攴 | 金 | 15(土) |
| | 索 | 동아줄, 꼴 삭 | 糸 | 木 | 10(水) |
| 산<br>(金) | 山 | 뫼 산 | 山 | 土 | 3(火) |
| | 産 | 낳을, 생산할 산 | 生 | 木 | 11(木) |
| | 算 | 셀, 산술 산 | 竹 | 木 | 14(火) |
| | 酸 | 식초, 신기 산 | 酉 | 金 | 14(火) |
| | 珊 | 산호, 패옥 산 | 玉 | 金 | 10(水) |
| | 傘 | 우산, 일 산 | 人 | 火 | 12(木) |
| | 汕 | 오구, 헤엄치는모양 산 | 水 | 水 | 7(金) |
| | 疝 | 산증 산 | 疒 | 水 | 8(金) |
| | 蒜 | 달래, 작은마늘 산 | 竹 | 木 | 16(土) |
| | 刪 | 깎을 산 | 刀 | 金 | 7(金) |

| 음령<br>오행 | 한자 | 뜻 | 부수 | 자원<br>오행 | 획수<br>(오행) |
|---|---|---|---|---|---|
| 산<br>(金) | 霰 | 싸라기눈 산 | 雨 | 水 | 20(水) |
| | 散 | 흩어질, 펼 산 | 攴 | 金 | 12(木) |
| 살<br>(金) | 殺 | 죽일, 벨 살 | 殳 | 金 | 11(木) |
| | 薩 | 보살 살 | 艸 | 木 | 20(水) |
| | 撒 | 뿌릴, 놓아줄 살 | 手 | 木 | 16(土) |
| | 乷 | 음역자 살 | 乙 | 木 | 8(金) |
| | 煞 | 죽일, 겸손할 살 | 火 | 火 | 13(火) |
| 삼<br>(金) | 三 | 석, 셋 삼 | 一 | 火 | 3(火) |
| | 森 | 성할, 나무빽빽할 삼 | 木 | 木 | 12(木) |
| | 參 | 참여할, 석삼 | 厶 | 火 | 11(木) |
| | 蔘 | 인삼, 더덕 삼 | 艸 | 木 | 17(金) |
| | 杉 | 삼나무 삼 | 木 | 木 | 7(金) |
| | 衫 | 적삼, 내의 삼 | 衣 | 木 | 9(水) |
| | 滲 | 스밀, 샐 삼 | 水 | 水 | 15(土) |
| | 芟 | 풀벨, 제거 삼 | 艸 | 木 | 10(水) |
| 삽<br>(金) | 揷 | 끼울, 꽂을 삽 | 手 | 木 | 13(火) |
| | 插 | 揷의 본자 | 手 | 木 | 13(火) |
| | 澁 | 말더듬을 삽 | 水 | 水 | 16(土) |

| 음령<br>오행 | 한자 | 뜻 | 부수 | 자원<br>오행 | 획수<br>(오행) |
|---|---|---|---|---|---|
| 삽<br>(金) | 鈒 | 창, 새길 삽 | 金 | 金 | 12(木) |
|  | 颯 | 바람소리 삽 | 風 | 木 | 14(火) |
| 상<br>(金) | 庠 | 학교, 고남 상 | 广 | 木 | 9(水) |
|  | 詳 | 상세할, 자세할 상 | 言 | 金 | 13(火) |
|  | 祥 | 상서로울 상 | 示 | 金 | 11(木) |
|  | 牀 | 평상, 마루 상 | 爿 | 木 | 8(金) |
|  | 床 | 牀의 속자 | 广 | 木 | 7(金) |
|  | 象 | 형상, 코끼리 상 | 豕 | 水 | 12(木) |
|  | 像 | 모양, 형상 상 | 人 | 火 | 14(火) |
|  | 桑 | 뽕나무 상 | 木 | 木 | 10(水) |
|  | 狀 | 형상, 용모 상 | 犬 | 土 | 8(金) |
|  | 上 | 위, 높을 상 | 一 | 木 | 3(火) |
|  | 尙 | 높일, 숭상할 상 | 小 | 金 | 8(金) |
|  | 常 | 항상, 떳떳할 상 | 巾 | 木 | 11(木) |
|  | 賞 | 상줄, 구경할 상 | 貝 | 金 | 15(土) |
|  | 商 | 장사, 헤아릴 상 | 口 | 水 | 11(木) |
|  | 相 | 서로, 도울 상 | 目 | 木 | 9(水) |
|  | 想 | 생각할, 희망할 상 | 心 | 火 | 13(火) |

| 음령<br>오행 | 한자 | 뜻 | 부수 | 자원<br>오행 | 획수<br>(오행) |
|---|---|---|---|---|---|
| 상<br>(金) | 償 | 갚을, 보답 상 | 人 | 火 | 17(金) |
| | 湘 | 물이름, 삶을 상 | 水 | 水 | 13(火) |
| | 箱 | 상자, 곳간 상 | 竹 | 木 | 15(土) |
| | 爽 | 시원할, 날이샐 상 | 爻 | 火 | 11(木) |
| | 峠 | 고개 상 | 山 | 土 | 9(水) |
| | 橡 | 상수리나무 상 | 木 | 木 | 16(土) |
| | 觴 | 술잔, 잔질할 상 | 角 | 木 | 18(金) |
| | 廂 | 행랑 상 | 广 | 木 | 12(木) |
| | 孀 | 과부 상 | 女 | 土 | 20(水) |
| | 塽 | 넓고밝은땅 상 | 土 | 土 | 14(火) |
| | 傷 | 상할, 근심 상 | 人 | 火 | 13(火) |
| | 喪 | 죽을, 초상 상 | 口 | 水 | 12(木) |
| | 嘗 | 맛볼, 일찍이 상 | 口 | 水 | 14(火) |
| | 裳 | 치마, 옷 상 | 衣 | 木 | 14(火) |
| | 霜 | 서리, 세월 상 | 雨 | 水 | 17(金) |
| | 翔 | 높이날, 빙빙돌 상 | 羽 | 火 | 12(木) |
| 새<br>(金) | 塞 | 변방, 요새 새 | 土 | 土 | 13(火) |
| | 璽 | 도장, 옥새 새 | 玉 | 金 | 19(水) |

| 음령<br>오행 | 한자 | 뜻 | 부수 | 자원<br>오행 | 획수<br>(오행) |
|---|---|---|---|---|---|
| 새<br>(金) | 賽 | 굿할 새 | 貝 | 金 | 17(金) |
| 색<br>(金) | 色 | 색, 모양 색 | 色 | 土 | 6(土) |
| | 索 | 찾을, 법 색 | 糸 | 木 | 10(水) |
| | 嗇 | 아낄, 탐낼 색 | 口 | 水 | 13(火) |
| | 穡 | 거둘, 곡식 색 | 禾 | 木 | 18(金) |
| | 塞 | 막힐, 변방 색 | 土 | 土 | 13(火) |
| 생<br>(金) | 生 | 낳을, 기를 생 | 生 | 木 | 5(土) |
| | 牲 | 희생 생 | 牛 | 土 | 9(水) |
| | 甥 | 생질, 자매의아들 생 | 生 | 木 | 12(木) |
| | 省 | 덜 생 | 目 | 木 | 9(水) |
| | 笙 | 생황 생 | 竹 | 木 | 11(木) |
| 서<br>(金) | 舒 | 펼, 열릴 서 | 舌 | 火 | 12(木) |
| | 瑞 | 상서, 경사 서 | 玉 | 金 | 14(火) |
| | 棲 | 깃들일, 살 서 | 木 | 木 | 12(木) |
| | 栖 | 棲의 속자 | 木 | 木 | 10(水) |
| | 胥 | 서로, 함께 서 | 肉 | 水 | 9(水) |
| | 西 | 서쪽, 서양 서 | 襾 | 金 | 6(土) |
| | 序 | 차례, 학교 서 | 广 | 木 | 7(金) |

| 음령<br>오행 | 한자 | 뜻 | 부수 | 자원<br>오행 | 획수<br>(오행) |
|---|---|---|---|---|---|
| 서<br>(金) | 書 | 쓸, 기록할 서 | 曰 | 木 | 10(水) |
| | 敍 | 차례, 베풀 서 | 攴 | 金 | 11(木) |
| | 叙 | 敍의 속자 | 又 | 水 | 9(水) |
| | 徐 | 천천히, 한가할 서 | 彳 | 火 | 10(水) |
| | 諝 | 슬기로울 서 | 言 | 金 | 16(土) |
| | 惰 | 지혜로울 서 | 心 | 火 | 13(火) |
| | 庶 | 여러, 무리, 백성 서 | 广 | 木 | 11(木) |
| | 緒 | 실마리, 나머지 서 | 糸 | 木 | 15(土) |
| | 抒 | 당길, 펼 서 | 手 | 木 | 8(金) |
| | 曙 | 새벽, 동틀 서 | 日 | 火 | 18(金) |
| | 絮 | 솜, 헌풀솜 서 | 糸 | 木 | 12(木) |
| | 捿 | 살, 깃들 서 | 手 | 木 | 12(木) |
| | 墅 | 농막, 들 서 | 土 | 土 | 14(火) |
| | 嶼 | 섬, 작은섬 서 | 山 | 土 | 17(金) |
| | 犀 | 무소, 무소뿔 서 | 牛 | 土 | 12(木) |
| | 筮 | 점대, 점칠 서 | 竹 | 木 | 13(火) |
| | 逝 | 갈, 떠날 서 | 辵 | 土 | 14(火) |
| | 鋤 | 호미, 김맬 서 | 金 | 金 | 15(土) |

| 음령<br>오행 | 한자 | 뜻 | 부수 | 자원<br>오행 | 획수<br>(오행) |
|---|---|---|---|---|---|
| 서<br>(金) | 黍 | 기장살 서 | 麥 | 木 | 12(木) |
| | 鼠 | 쥐, 근심할 서 | 鼠 | 木 | 13(火) |
| | 恕 | 용서할, 어질 서 | 心 | 火 | 10(水) |
| | 署 | 관청, 대신일볼 서 | 网 | 木 | 15(土) |
| | 暑 | 더위, 여름 서 | 日 | 火 | 13(火) |
| | 薯 | 참마, 산약 서 | 艹 | 木 | 20(水) |
| | 誓 | 맹서할, 경계할 서 | 言 | 金 | 14(火) |
| | 壻 | 사위, 땅이름 서 | 土 | 木 | 12(木) |
| | 婿 | 壻와 같은 자 | 女 | 土 | 12(木) |
| 석<br>(金) | 席 | 자리, 지위 석 | 巾 | 木 | 10(水) |
| | 碩 | 클, 충실할 석 | 石 | 金 | 14(火) |
| | 奭 | 성씨, 클, 성할 석 | 大 | 火 | 15(土) |
| | 晳 | 밝을, 분명할 석 | 日 | 火 | 15(土) |
| | 錫 | 주석, 줄 석 | 金 | 金 | 16(土) |
| | 蓆 | 자리, 넓고많을 석 | 艹 | 木 | 16(土) |
| | 石 | 돌, 단단할 석 | 石 | 金 | 5(土) |
| | 夕 | 저녁, 밤 석 | 夕 | 水 | 3(火) |
| | 昔 | 옛, 오랠 석 | 日 | 火 | 8(金) |

| 음령<br>오행 | 한자 | 뜻 | 부수 | 자원<br>오행 | 획수<br>(오행) |
|---|---|---|---|---|---|
| 석<br>(金) | 惜 | 아낄, 가엾을 석 | 心 | 火 | 12(木) |
| | 析 | 나눌, 쪼갤 석 | 木 | 木 | 8(金) |
| | 釋 | 풀, 내놓을 석 | 釆 | 火 | 20(水) |
| | 汐 | 저녁조수, 날물 석 | 水 | 水 | 7(金) |
| | 淅 | 쌀일, 빗소리 석 | 水 | 水 | 12(木) |
| | 鉐 | 놋쇠 석 | 金 | 金 | 13(火) |
| | 稙 | 섬 석 | 禾 | 木 | 10(水) |
| | 潟 | 개펄 석 | 水 | 水 | 16(土) |
| 선<br>(金) | 先 | 먼저, 나아갈 선 | 儿 | 木 | 6(土) |
| | 仙 | 신선, 고상할 선 | 人 | 火 | 5(土) |
| | 善 | 착할, 길할 선 | 口 | 水 | 12(木) |
| | 宣 | 베풀, 펼 선 | 宀 | 木 | 9(水) |
| | 敾 | 글잘쓸 선 | 攴 | 金 | 16(土) |
| | 璇 | 옥돌, 구슬 선 | 玉 | 金 | 11(木) |
| | 姺 | 예쁠, 아름다울 선 | 女 | 土 | 14(火) |
| | 鐥 | 복자, 좋은쇠 선 | 金 | 金 | 20(水) |
| | 線 | 줄, 실 선 | 糸 | 木 | 15(土) |
| | 鮮 | 고울, 생선 선 | 魚 | 水 | 17(金) |

| 음령<br>오행 | 한자 | 뜻 | 부수 | 자원<br>오행 | 획수<br>(오행) |
|---|---|---|---|---|---|
| 선<br>(金) | 船 | 베, 옷깃 선 | 舟 | 木 | 11(木) |
| | 選 | 가릴, 뽑을 선 | 辵 | 土 | 19(水) |
| | 旋 | 돌, 돌릴 선 | 方 | 木 | 11(木) |
| | 禪 | 봉선, 고요할 선 | 示 | 木 | 17(金) |
| | 渲 | 바림, 물적실 선 | 水 | 水 | 13(火) |
| | 瑄 | 도리옥, 구슬 선 | 玉 | 金 | 14(火) |
| | 愃 | 쾌할, 너그러울 선 | 心 | 火 | 13(火) |
| | 墡 | 백토 선 | 土 | 土 | 15(土) |
| | 膳 | 반찬, 먹을 선 | 肉 | 水 | 18(金) |
| | 繕 | 기울, 고칠, 다스릴 선 | 糸 | 木 | 18(金) |
| | 琁 | 아름다운옥 선 | 玉 | 金 | 12(木) |
| | 璇 | 옥이름, 별이름 선 | 玉 | 金 | 16(土) |
| | 璿 | 아름다운옥 선 | 玉 | 金 | 19(水) |
| | 羨 | 부러워할 선 | 羊 | 土 | 13(火) |
| | 銑 | 무쇠, 끌 선 | 金 | 金 | 14(火) |
| | 嬋 | 고울, 잇닿을 선 | 女 | 土 | 15(土) |
| | 腺 | 샘 선 | 肉 | 水 | 15(土) |
| | 蟬 | 매미, 뻗을 선 | 虫 | 水 | 18(金) |

| 음령<br>오행 | 한자 | 뜻 | 부수 | 자원<br>오행 | 획수<br>(오행) |
|---|---|---|---|---|---|
| 선<br>(金) | 詵 | 많을 선 | 言 | 金 | 13(火) |
| | 僊 | 춤출, 선인 선 | 人 | 火 | 13(火) |
| | 煽 | 부칠, 부추길 선 | 火 | 火 | 14(火) |
| | 癬 | 옴, 종기 선 | 疒 | 水 | 22(木) |
| | 跣 | 맨발 선 | 足 | 土 | 13(火) |
| | 饍 | 반찬, 먹을 선 | 食 | 水 | 21(木) |
| | 扇 | 사립문, 부채 선 | 戶 | 木 | 10(水) |
| 설<br>(金) | 楔 | 문설주 설 | 木 | 木 | 13(火) |
| | 說 | 말씀, 고할 설 | 言 | 金 | 14(火) |
| | 設 | 베풀, 만들 설 | 言 | 金 | 11(木) |
| | 薛 | 맑은대쑥 설 | 艸 | 木 | 19(水) |
| | 卨 | 은나라시조이름 설 | 卜 | 土 | 11(木) |
| | 雪 | 눈, 씻을 설 | 雨 | 水 | 11(木) |
| | 泄 | 물샐 설 | 水 | 水 | 9(水) |
| | 洩 | 성씨, 샐, 폭포 설 | 水 | 水 | 10(水) |
| | 屑 | 가루, 부스러기 설 | 尸 | 水 | 10(水) |
| | 舌 | 혀, 말 설 | 舌 | 火 | 6(土) |
| | 渫 | 칠, 흩어질 설 | 水 | 水 | 13(火) |

| 음령<br>오행 | 한자 | 뜻 | 부수 | 자원<br>오행 | 획수<br>(오행) |
|---|---|---|---|---|---|
| 설<br>(金) | 褻 | 더러울 설 | 衣 | 木 | 17(金) |
| | 齧 | 물어뜯을 설 | 齒 | 金 | 21(木) |
| 섬<br>(金) | 贍 | 넉넉할, 구휼할 섬 | 貝 | 金 | 20(水) |
| | 陝 | 고을이름 섬 | 阜 | 土 | 14(火) |
| | 暹 | 해돋을, 햇살처럼나아갈 섬 | 日 | 火 | 16(土) |
| | 閃 | 번쩍일, 깜빡일 섬 | 門 | 木 | 10(水) |
| | 剡 | 땅이름, 벨 섬 | 刀 | 金 | 19(水) |
| | 殲 | 죽일, 면할 섬 | 歹 | 水 | 21(木) |
| | 纖 | 가늘, 고운비단 섬 | 糸 | 木 | 23(火) |
| | 蟾 | 두꺼비, 달 섬 | 虫 | 水 | 19(水) |
| 섭<br>(金) | 燮 | 불꽃, 익힐 섭 | 火 | 火 | 17(金) |
| | 涉 | 건널, 돌아다닐 섭 | 水 | 水 | 11(木) |
| | 攝 | 당길, 잡을 섭 | 手 | 木 | 22(木) |
| | 葉 | 잎, 당이름 섭 | 艸 | 木 | 15(土) |
| 성<br>(金) | 成 | 이룰, 될 성 | 戈 | 火 | 7(金) |
| | 城 | 성곽, 나라 성 | 土 | 土 | 10(水) |
| | 誠 | 정성, 진실 성 | 言 | 金 | 14(火) |
| | 盛 | 성할, 채울 성 | 皿 | 火 | 12(木) |

| 음령<br>오행 | 한자 | 뜻 | 부수 | 자원<br>오행 | 획수<br>(오행) |
|---|---|---|---|---|---|
| 성<br>(金) | 省 | 살필, 깨달을 성 | 目 | 木 | 9(水) |
| | 聖 | 성인, 착할 성 | 耳 | 火 | 13(火) |
| | 晟 | 밝을, 햇살 성 | 日 | 火 | 11(木) |
| | 晠 | 晟와 같은 자 | 日 | 火 | 11(木) |
| | 珹 | 옥이름 성 | 玉 | 金 | 12(木) |
| | 瑆 | 옥빛, 빛날 성 | 玉 | 金 | 14(火) |
| | 姓 | 성씨, 겨레 성 | 女 | 土 | 8(金) |
| | 性 | 성품, 마음 성 | 心 | 火 | 9(水) |
| | 娍 | 아름다울, 헌걸찰 성 | 女 | 土 | 10(水) |
| | 星 | 별, 세월 성 | 日 | 火 | 9(水) |
| | 聲 | 소리, 음향 성 | 耳 | 火 | 17(金) |
| | 惺 | 영리할, 깨달을 성 | 心 | 火 | 13(火) |
| | 醒 | 깰, 술깰, 깨달을 성 | 酉 | 金 | 16(土) |
| | 宬 | 서고, 장서실 성 | 宀 | 木 | 10(水) |
| | 猩 | 성성이, 붉은빛 성 | 犬 | 土 | 13(火) |
| | 筬 | 바디, 베틀 성 | 竹 | 木 | 13(火) |
| | 腥 | 비릴, 군살, 기름 성 | 肉 | 水 | 15(土) |
| 세<br>(金) | 世 | 인간, 세상 세 | 一 | 火 | 5(土) |

| 음령<br>오행 | 한자 | 뜻 | 부수 | 자원<br>오행 | 획수<br>(오행) |
|---|---|---|---|---|---|
| 세<br>(金) | 洗 | 씻을, 깨끗할 세 | 水 | 水 | 10(水) |
| | 細 | 가늘, 미미할 세 | 糸 | 木 | 11(木) |
| | 勢 | 기세, 무리 세 | 力 | 金 | 13(火) |
| | 歲 | 해, 세월 세 | 止 | 土 | 13(火) |
| | 笹 | 조릿대 세 | 竹 | 木 | 11(木) |
| | 說 | 달랠 세 | 言 | 金 | 14(火) |
| | 貰 | 빌릴, 세낼 세 | 貝 | 金 | 12(木) |
| | 稅 | 세금, 장수 세 | 禾 | 木 | 12(木) |
| 소<br>(金) | 昭 | 밝을, 소명할 소 | 日 | 火 | 9(水) |
| | 玿 | 아름다운옥 소 | 玉 | 金 | 10(水) |
| | 沼 | 못, 늪 소 | 水 | 水 | 9(水) |
| | 炤 | 밝을, 비출 소 | 火 | 火 | 9(水) |
| | 紹 | 이을, 소개할 소 | 糸 | 木 | 11(木) |
| | 邵 | 고을이름 소 | 邑 | 土 | 12(木) |
| | 韶 | 풍류이름, 이을 소 | 音 | 金 | 14(火) |
| | 小 | 작을, 짧을 소 | 小 | 水 | 3(火) |
| | 少 | 적을, 조금 소 | 小 | 水 | 4(火) |
| | 所 | 바, 연고 소 | 戶 | 木 | 8(金) |

| 음령<br>오행 | 한자 | 뜻 | 부수 | 자원<br>오행 | 획수<br>(오행) |
|---|---|---|---|---|---|
| 소<br>(金) | 消 | 다할, 사라질 소 | 水 | 水 | 11(木) |
| | 素 | 흴, 근본 소 | 糸 | 木 | 10(水) |
| | 笑 | 웃을, 웃음 소 | 竹 | 木 | 10(水) |
| | 召 | 부를, 청할 소 | 口 | 水 | 5(土) |
| | 蘇 | 성씨, 차조기 소 | 艸 | 木 | 22(木) |
| | 燒 | 불사를, 익힐 소 | 火 | 火 | 16(土) |
| | 疎 | 트일, 통할 소 | 疋 | 土 | 12(木) |
| | 蔬 | 푸성귀, 채소 소 | 艸 | 木 | 17(金) |
| | 巢 | 집, 지을 소 | 巛 | 水 | 11(木) |
| | 疏 | 나눌, 통할 소 | 疋 | 土 | 11(木) |
| | 遡 | 거스를, 올라갈 소 | 辵 | 土 | 17(金) |
| | 嘯 | 휘파람불, 읊조릴 소 | 口 | 水 | 15(土) |
| | 塑 | 토우 소 | 土 | 土 | 13(火) |
| | 宵 | 밤, 야간 소 | 宀 | 木 | 10(水) |
| | 梳 | 빗, 머리빗을 소 | 木 | 木 | 11(木) |
| | 溯 | 거슬러올라갈 소 | 水 | 水 | 14(火) |
| | 瀟 | 강이름 소 | 水 | 水 | 20(水) |
| | 甦 | 긁어모을, 가득찰 소 | 生 | 水 | 12(木) |

| 음령<br>오행 | 한자 | 뜻 | 부수 | 자원<br>오행 | 획수<br>(오행) |
|---|---|---|---|---|---|
| 소<br>(金) | 瘙 | 종기, 부스럼 소 | 疒 | 水 | 15(土) |
| | 篠 | 조릿대 소 | 竹 | 木 | 16(土) |
| | 簫 | 퉁소 소 | 竹 | 木 | 18(金) |
| | 蕭 | 맑은대쑥 소 | 艸 | 木 | 18(金) |
| | 逍 | 거닐, 노닐 소 | 辵 | 土 | 13(火) |
| | 銷 | 녹일, 흩어질 소 | 金 | 金 | 15(土) |
| | 梢 | 나무흔들릴 소 | 木 | 木 | 9(水) |
| | 搔 | 긁을, 마음움직일 소 | 手 | 水 | 13(火) |
| | 訴 | 하소연할, 알릴 소 | 言 | 金 | 12(木) |
| | 掃 | 쓸, 제거할 소 | 手 | 木 | 12(木) |
| | 騷 | 떠들, 긁을 소 | 馬 | 火 | 20(水) |
| 속<br>(金) | 俗 | 풍속, 버릇 속 | 人 | 火 | 9(水) |
| | 涑 | 헹굴, 강이름 속 | 水 | 水 | 11(木) |
| | 謖 | 일어설 속 | 言 | 金 | 17(金) |
| | 贖 | 속바칠, 바꿀 속 | 貝 | 金 | 22(木) |
| | 續 | 이을, 계속 속 | 糸 | 木 | 21(木) |
| | 束 | 묶을, 동여맬 속 | 木 | 木 | 7(金) |
| | 粟 | 좁쌀, 조 속 | 米 | 木 | 12(木) |

| 음령<br>오행 | 한자 | 뜻 | 부수 | 자원<br>오행 | 획수<br>(오행) |
|---|---|---|---|---|---|
| 속<br>(金) | 屬 | 붙일 속 | 尸 | 木 | 21(木) |
|  | 速 | 빠를, 부를 속 | 辶 | 土 | 14(火) |
| 손<br>(金) | 孫 | 손자, 후손 손 | 子 | 水 | 10(水) |
|  | 巽 | 손괘, 공손할 손 | 己 | 木 | 12(木) |
|  | 蓀 | 향풀이름 손 | 艹 | 木 | 16(土) |
|  | 飧 | 저녁밥, 먹을 손 | 食 | 水 | 11(木) |
|  | 損 | 덜, 감소할 손 | 手 | 木 | 14(火) |
|  | 遜 | 겸손할, 따를 손 | 辶 | 土 | 17(金) |
| 솔<br>(金) | 帥 | 통솔자, 거느릴 솔 | 巾 | 木 | 9(水) |
|  | 率 | 거느릴, 쫓을 솔 | 玄 | 火 | 11(木) |
| 송<br>(金) | 送 | 보낼, 전송할 송 | 辶 | 土 | 13(火) |
|  | 頌 | 칭송할, 기릴 송 | 頁 | 火 | 13(火) |
|  | 誦 | 욀, 여쭐 송 | 言 | 金 | 14(火) |
|  | 松 | 소나무, 향풀 송 | 木 | 木 | 8(金) |
|  | 訟 | 시비할, 송사할 송 | 言 | 金 | 11(木) |
|  | 宋 | 성씨, 송나라 송 | 宀 | 木 | 7(金) |
|  | 淞 | 물, 강이름 송 | 水 | 水 | 12(木) |
|  | 悚 | 두려워할, 당황할 송 | 心 | 火 | 11(木) |

| 음령<br>오행 | 한자 | 뜻 | 부수 | 자원<br>오행 | 획수<br>(오행) |
|---|---|---|---|---|---|
| 쇄<br>(金) | 刷 | 인쇄할, 닦을 쇄 | 刀 | 金 | 8(金) |
| | 灑 | 뿌릴, 끼얹을 쇄 | 水 | 水 | 22(火) |
| | 殺 | 빠를 쇄 | 殳 | 金 | 11(木) |
| | 碎 | 부술, 깨트릴 쇄 | 石 | 金 | 13(火) |
| | 鎖 | 쇠사슬, 자물쇠 쇄 | 金 | 金 | 18(金) |
| | 鏁 | 鎖와 같은 자 | 金 | 金 | 19(水) |
| 쇠<br>(金) | 衰 | 약할, 쇠할 쇠 | 衣 | 木 | 10(水) |
| | 釗 | 사람이름, 힘쓸 쇠 | 金 | 金 | 10(水) |
| 수<br>(金) | 受 | 받을, 이을 수 | 又 | 水 | 8(金) |
| | 守 | 지킬, 보살필 수 | 宀 | 木 | 6(土) |
| | 收 | 거둘, 모을 수 | 攴 | 金 | 6(土) |
| | 樹 | 나무, 세울 수 | 木 | 木 | 16(土) |
| | 帥 | 장수, 통솔자 수 | 巾 | 水 | 9(水) |
| | 修 | 닦을, 다스릴 수 | 人 | 火 | 10(水) |
| | 脩 | 修와 같은 자 | 肉 | 水 | 13(火) |
| | 秀 | 빼어날, 성할 수 | 禾 | 木 | 7(金) |
| | 洙 | 물가, 물이름 수 | 水 | 水 | 10(水) |
| | 琇 | 옥돌, 귀막이 수 | 玉 | 金 | 12(木) |

| 음령<br>오행 | 한자 | 뜻 | 부수 | 자원<br>오행 | 획수<br>(오행) |
|---|---|---|---|---|---|
| 수<br>(金) | 綏 | 편안할 수 | 糸 | 木 | 13(火) |
| | 羞 | 바칠, 드릴 수 | 羊 | 土 | 11(木) |
| | 搜 | 찾을, 모을 수 | 手 | 木 | 14(火) |
| | 袖 | 소매 수 | 衣 | 木 | 11(木) |
| | 水 | 물, 물길, 홍수 수 | 水 | 水 | 4(火) |
| | 手 | 손, 솜씨, 힘 수 | 手 | 木 | 4(火) |
| | 授 | 줄, 수여할 수 | 手 | 木 | 12(木) |
| | 首 | 머리, 먼저 수 | 首 | 水 | 9(水) |
| | 誰 | 누구, 무엇 수 | 言 | 金 | 15(土) |
| | 須 | 모름지기, 수염 수 | 頁 | 火 | 12(木) |
| | 壽 | 목숨, 오래살 수 | 士 | 水 | 14(火) |
| | 寿 | 壽의 속자 | 寸 | 木 | 7(金) |
| | 數 | 셀, 헤아릴 수 | 攴 | 金 | 15(土) |
| | 隨 | 따를, 맡길 수 | 阜 | 土 | 21(木) |
| | 輸 | 나를, 옮길 수 | 車 | 火 | 16(土) |
| | 遂 | 이룰, 성취할 수 | 辵 | 土 | 16(土) |
| | 垂 | 드리울, 변방 수 | 土 | 土 | 8(金) |
| | 隋 | 수나라 수 | 阜 | 土 | 17(金) |

| 음령<br>오행 | 한자 | 뜻 | 부수 | 자원<br>오행 | 획수<br>(오행) |
|---|---|---|---|---|---|
| 수<br>(金) | 粹 | 순수할, 온전할 수 | 米 | 木 | 14(火) |
| | 茱 | 수유나무 수 | 艸 | 木 | 12(木) |
| | 蒐 | 꼭두서니 수 | 艸 | 木 | 16(木) |
| | 峀 | 산굴, 산봉우리 수 | 山 | 土 | 8(金) |
| | 岫 | 산굴 수 | 山 | 土 | 8(金) |
| | 戍 | 지킬 수 | 戈 | 金 | 6(土) |
| | 漱 | 양치할, 씻을 수 | 水 | 水 | 15(土) |
| | 燧 | 부싯돌, 봉화 수 | 火 | 火 | 17(金) |
| | 璲 | 패옥 수 | 玉 | 金 | 18(金) |
| | 竪 | 세울 수 | 立 | 金 | 13(火) |
| | 綬 | 인끈, 이을 수 | 糸 | 木 | 14(火) |
| | 隧 | 길, 도로 수 | 阜 | 土 | 20(水) |
| | 鬚 | 수염, 동물수염 수 | 髟 | 火 | 22(木) |
| | 邃 | 깊을, 심오할 수 | 辵 | 土 | 21(木) |
| | 酬 | 갚을, 보답할 수 | 酉 | 金 | 13(火) |
| | 蒐 | 기쁠, 수산 수 | 艸 | 木 | 16(土) |
| | 藪 | 늪, 덤불 수 | 艸 | 木 | 21(木) |
| | 嗽 | 기침할, 양치할 수 | 口 | 水 | 14(火) |

| 음령<br>오행 | 한자 | 뜻 | 부수 | 자원<br>오행 | 획수<br>(오행) |
|---|---|---|---|---|---|
| 수<br>(金) | 嫂 | 형수 수 | 女 | 土 | 13(火) |
| | 狩 | 사냥할 수 | 犬 | 土 | 9(水) |
| | 瘦 | 여윌, 마를 수 | 水 | 水 | 15(土) |
| | 讐 | 원수, 갚을 수 | 言 | 金 | 23(火) |
| | 銹 | 녹슬 수 | 金 | 金 | 15(土) |
| | 雖 | 비록, 벌레이름 수 | 隹 | 火 | 17(金) |
| | 愁 | 근심, 염려할 수 | 心 | 火 | 13(火) |
| | 囚 | 가둘, 죄인 수 | 口 | 水 | 5(土) |
| | 需 | 구할, 바랄 수 | 雨 | 水 | 14(火) |
| | 殊 | 죽을, 베일 수 | 歹 | 水 | 10(水) |
| | 獸 | 짐승, 포 수 | 犬 | 土 | 19(水) |
| | 睡 | 잘, 졸음 수 | 目 | 木 | 13(火) |
| | 穗 | 이삭 수 | 禾 | 木 | 17(金) |
| | 穟 | 穗의 속자 | 禾 | 木 | 15(土) |
| | 繡 | 수놓을 수 | 糸 | 木 | 18(金) |
| | 髓 | 골수, 마음속 수 | 金 | 金 | 23(火) |
| 숙<br>(金) | 淑 | 맑을, 착할 숙 | 水 | 水 | 12(木) |
| | 琡 | 옥이름, 큰홀 숙 | 玉 | 金 | 13(火) |

| 음령<br>오행 | 한자 | 뜻 | 부수 | 자원<br>오행 | 획수<br>(오행) |
|---|---|---|---|---|---|
| 숙<br>(金) | 宿 | 잘, 묵을 숙 | 宀 | 木 | 11(木) |
| | 叔 | 아재비, 어릴 숙 | 又 | 水 | 8(金) |
| | 孰 | 누구, 어느 숙 | 子 | 水 | 11(木) |
| | 熟 | 익을, 이룰 수 | 火 | 火 | 15(土) |
| | 肅 | 엄숙할, 공경할 숙 | 聿 | 火 | 13(火) |
| | 塾 | 글방, 사랑방 숙 | 土 | 土 | 14(火) |
| | 璹 | 옥그릇 숙 | 玉 | 金 | 19(水) |
| | 橚 | 나무우거질 숙 | 木 | 木 | 16(土) |
| | 夙 | 일찍, 삼갈 숙 | 夕 | 木 | 6(土) |
| | 菽 | 콩, 콩잎 숙 | 艸 | 木 | 14(火) |
| | 潚 | 빠를 숙 | 水 | 水 | 16(土) |
| 순<br>(金) | 淳 | 순박할, 맑을 순 | 水 | 水 | 12(木) |
| | 焞 | 밝을, 불빛 순 | 火 | 火 | 12(木) |
| | 順 | 순할, 따를 순 | 頁 | 火 | 12(木) |
| | 純 | 순수할, 온전할 순 | 糸 | 木 | 10(水) |
| | 旬 | 열흘, 두루할 순 | 日 | 火 | 6(土) |
| | 洵 | 멀, 믿을 순 | 水 | 水 | 10(水) |
| | 珣 | 옥이름, 옥그릇 순 | 玉 | 金 | 11(木) |

| 음령<br>오행 | 한자 | 뜻 | 부수 | 자원<br>오행 | 획수<br>(오행) |
|---|---|---|---|---|---|
| 순<br>(金) | 荀 | 성씨, 풀이름 순 | 艹 | 木 | 12(木) |
| | 筍 | 죽순, 대싹 순 | 竹 | 木 | 12(木) |
| | 舜 | 순임금, 무궁화 순 | 舛 | 木 | 12(木) |
| | 殉 | 따라죽을, 목숨바칠 순 | 歹 | 水 | 10(水) |
| | 盾 | 방패, 피할 순 | 目 | 木 | 9(水) |
| | 循 | 좇을, 빙빙돌 순 | 彳 | 火 | 12(木) |
| | 脣 | 입술 순 | 肉 | 水 | 13(火) |
| | 巡 | 순행할, 돌 순 | 巛 | 水 | 7(金) |
| | 諄 | 타이를, 정성스러울 순 | 言 | 金 | 15(土) |
| | 錞 | 악기이름 순 | 金 | 金 | 16(土) |
| | 醇 | 진한술, 순수할 순 | 酉 | 金 | 15(土) |
| | 恂 | 정성, 미쁠 순 | 心 | 火 | 10(水) |
| | 栒 | 나무이름 순 | 木 | 木 | 10(水) |
| | 橓 | 무궁화나무 순 | 木 | 木 | 16(土) |
| | 蓴 | 순채, 부들꽃 순 | 艹 | 木 | 17(金) |
| | 蕣 | 무궁화 순 | 艹 | 木 | 18(金) |
| | 詢 | 자문할, 꾀할 순 | 言 | 金 | 13(火) |
| | 馴 | 길들, 순종할 순 | 馬 | 火 | 13(火) |

| 음령<br>오행 | 한자 | 뜻 | 부수 | 자원<br>오행 | 획수<br>(오행) |
|---|---|---|---|---|---|
| 순<br>(金) | 楯 | 난간, 방패 순 | 木 | 木 | 13(火) |
| | 徇 | 주창할, 호령할 순 | 彳 | 火 | 9(水) |
| | 瞬 | 잠깐, 눈깜짝할 순 | 目 | 木 | 17(金) |
| 술<br>(金) | 戌 | 개, 열한째지지 술 | 戈 | 土 | 6(土) |
| | 述 | 지을, 이를 술 | 辵 | 土 | 12(木) |
| | 術 | 꾀, 계략, 방법 술 | 行 | 火 | 11(木) |
| | 鉥 | 돗바늘 술 | 金 | 金 | 13(火) |
| 숭<br>(金) | 崇 | 높일, 존중할 숭 | 山 | 土 | 11(木) |
| | 嵩 | 높을, 우뚝솟을 숭 | 山 | 土 | 13(火) |
| | 崧 | 솟을, 산이름 숭 | 山 | 土 | 11(木) |
| 슬<br>(金) | 瑟 | 큰거문고 슬 | 玉 | 金 | 14(火) |
| | 膝 | 무릎 슬 | 肉 | 水 | 17(金) |
| | 璱 | 푸른구슬 슬 | 玉 | 金 | 17(金) |
| | 蝨 | 이, 참깨 슬 | 虫 | 水 | 15(土) |
| 습<br>(金) | 習 | 익힐, 손에익을 습 | 羽 | 火 | 11(木) |
| | 拾 | 주울, 팔지 습 | 手 | 木 | 10(水) |
| | 濕 | 축축할 습 | 水 | 水 | 18(金) |
| | 襲 | 엄습할 습 | 衣 | 木 | 17(金) |

| 음령<br>오행 | 한자 | 뜻 | 부수 | 자원<br>오행 | 획수<br>(오행) |
|---|---|---|---|---|---|
| 습<br>(金) | 褶 | 주름, 겹옷 습 | 衣 | 木 | 17(金) |
| 승<br>(金) | 承 | 이을, 받을 승 | 手 | 木 | 8(金) |
| | 昇 | 오를, 해돋을 승 | 日 | 火 | 8(金) |
| | 丞 | 도울, 이을 승 | 一 | 木 | 6(土) |
| | 乘 | 탈, 오를 승 | 丿 | 火 | 10(水) |
| | 勝 | 이길, 나을 승 | 力 | 土 | 12(木) |
| | 升 | 되, 오를 승 | 十 | 木 | 4(火) |
| | 陞 | 오를, 나아갈 승 | 阜 | 土 | 15(土) |
| | 蠅 | 파리, 거미 승 | 虫 | 水 | 19(水) |
| | 繩 | 줄, 새끼 승 | 糸 | 木 | 9(水) |
| | 僧 | 중, 승려 승 | 人 | 火 | 14(火) |
| 시<br>(金) | 柿 | 감나무 시 | 木 | 木 | 9(水) |
| | 是 | 옳을, 바를 시 | 日 | 火 | 9(水) |
| | 時 | 때, 기약 시 | 日 | 火 | 10(水) |
| | 施 | 베풀, 퍼질 시 | 方 | 土 | 9(木) |
| | 失 | 화살, 곧을 시 | 大 | 金 | 5(土) |
| | 市 | 저자, 시장 시 | 巾 | 木 | 5(土) |
| | 示 | 보일, 알릴 시 | 示 | 木 | 5(土) |

| 음령<br>오행 | 한자 | 뜻 | 부수 | 자원<br>오행 | 획수<br>(오행) |
|---|---|---|---|---|---|
| 시<br>(金) | 詩 | 시, 풍류 시 | 言 | 金 | 13(火) |
| | 視 | 볼, 살필 시 | 見 | 火 | 12(木) |
| | 試 | 시험할, 비교할 시 | 言 | 金 | 13(火) |
| | 始 | 처음, 비롯할 시 | 女 | 土 | 8(金) |
| | 恃 | 믿을, 의지할 시 | 心 | 火 | 10(水) |
| | 侍 | 모실, 받들 시 | 人 | 火 | 8(金) |
| | 柴 | 섶, 왜소한잡목 시 | 木 | 木 | 9(水) |
| | 匙 | 숟가락, 열쇠 시 | 匕 | 金 | 11(木) |
| | 媤 | 시집 시 | 女 | 土 | 12(木) |
| | 翅 | 날개 시 | 羽 | 水 | 10(水) |
| | 蒔 | 모종낼, 옮겨심을 시 | 日 | 木 | 16(土) |
| | 蓍 | 시초 시 | 艸 | 木 | 14(火) |
| | 尸 | 주검, 시체 시 | 尸 | 水 | 3(火) |
| | 屎 | 똥, 앓을 시 | 尸 | 水 | 9(水) |
| | 屍 | 주검 시 | 尸 | 水 | 9(水) |
| | 弑 | 죽일 시 | 弋 | 金 | 12(木) |
| | 啻 | 울, 흐느낄 시 | 日 | 水 | 15(土) |
| | 猜 | 원망할, 의심할 시 | 犬 | 土 | 12(木) |

| 음령<br>오행 | 한자 | 뜻 | 부수 | 자원<br>오행 | 획수<br>(오행) |
|---|---|---|---|---|---|
| 시<br>(金) | 諡 | 시호 시 | 言 | 金 | 16(土) |
| | 豕 | 돼지 시 | 豕 | 水 | 7(金) |
| | 豺 | 승냥이 시 | 豸 | 水 | 10(水) |
| 식<br>(金) | 植 | 심을, 세울 식 | 木 | 木 | 12(木) |
| | 識 | 일, 인정할 식 | 言 | 金 | 19(水) |
| | 食 | 밥, 음식 식 | 食 | 水 | 9(水) |
| | 式 | 법, 제도 식 | 弋 | 金 | 6(土) |
| | 飾 | 꾸밀, 청소할 식 | 食 | 水 | 14(火) |
| | 埴 | 찰흙, 진흙 식 | 土 | 土 | 11(木) |
| | 殖 | 자랄, 번성할 식 | 歹 | 水 | 12(木) |
| | 湜 | 물맑을, 엄정할 식 | 水 | 水 | 13(火) |
| | 軾 | 수레난간 식 | 車 | 火 | 13(火) |
| | 寔 | 이, 참으로 식 | 宀 | 木 | 12(木) |
| | 息 | 숨쉴, 처할 식 | 心 | 火 | 10(水) |
| | 拭 | 닦을 식 | 木 | 木 | 10(水) |
| | 栻 | 점기구, 나무판 식 | 木 | 木 | 10(水) |
| | 熄 | 꺼질, 그칠 식 | 火 | 火 | 14(火) |
| | 簻 | 대밥통 식 | 竹 | 木 | 15(土) |

| 음령<br>오행 | 한자 | 뜻 | 부수 | 자원<br>오행 | 획수<br>(오행) |
|---|---|---|---|---|---|
| 식<br>(金) | 蝕 | 좀먹을 식 | 虫 | 水 | 15(土) |
| 신<br>(金) | 申 | 펼, 거듭 신 | 田 | 金 | 5(土) |
| | 信 | 믿을, 참될 신 | 人 | 火 | 9(水) |
| | 新 | 새, 처음 신 | 斤 | 金 | 13(火) |
| | 伸 | 펼, 말할 신 | 人 | 火 | 7(金) |
| | 晨 | 새벽, 샛별 신 | 日 | 火 | 11(木) |
| | 愼 | 삼갈, 진실로 신 | 心 | 火 | 14(火) |
| | 臣 | 심하, 하인 신 | 臣 | 火 | 6(土) |
| | 身 | 몸, 몸소 신 | 身 | 火 | 7(金) |
| | 紳 | 큰띠, 다발 신 | 糸 | 木 | 11(木) |
| | 莘 | 긴모양, 족도리풀 신 | 艹 | 木 | 19(水) |
| | 薪 | 섶나무, 땔나무 신 | 艹 | 木 | 19(水) |
| | 侁 | 걷는모양 신 | 人 | 火 | 8(金) |
| | 娠 | 잉태할 신 | 女 | 土 | 10(水) |
| | 宸 | 집, 처마 신 | 宀 | 木 | 10(水) |
| | 燼 | 깜부기불 신 | 火 | 火 | 18(金) |
| | 辰 | 날, 별이름 신 | 辰 | 土 | 7(金) |
| | 蓋 | 조개풀 신 | 艹 | 木 | 20(水) |

| 음령<br>오행 | 한자 | 뜻 | 부수 | 자원<br>오행 | 획수<br>(오행) |
|---|---|---|---|---|---|
| 신<br>(金) | 蜃 | 무명조개, 이무기 신 | 虫 | 水 | 13(火) |
| | 腎 | 콩팥, 단단할 신 | 肉 | 水 | 14(火) |
| | 呻 | 끙끙거릴 신 | 口 | 水 | 8(金) |
| | 辛 | 매울, 고생할 신 | 辛 | 金 | 7(金) |
| | 神 | 귀신, 정신 신 | 示 | 木 | 10(水) |
| | 迅 | 빠를 신속할 신 | 辵 | 土 | 10(水) |
| | 訊 | 물을, 허물할 신 | 言 | 金 | 10(水) |
| 실<br>(金) | 實 | 열매, 가득찰 실 | 宀 | 木 | 14(火) |
| | 実 | 實의 속자 | 宀 | 木 | 8(金) |
| | 室 | 집, 방실 | 宀 | 木 | 9(水) |
| | 失 | 잃을, 그릇될 신 | 大 | 木 | 5(土) |
| | 悉 | 다할, 남김없음 실 | 心 | 火 | 11(木) |
| 심<br>(金) | 沈 | 성씨, 잠길 심 | 心 | 火 | 8(金) |
| | 心 | 마음, 가운데 심 | 心 | 火 | 4(火) |
| | 深 | 깊을, 으슥할 심 | 水 | 水 | 12(木) |
| | 尋 | 찾을, 생각할 심 | 寸 | 金 | 12(木) |
| | 審 | 살필, 자세할 심 | 宀 | 木 | 15(土) |
| | 沁 | 감이름, 물적실 심 | 水 | 水 | 8(金) |

| 음령<br>오행 | 한자 | 뜻 | 부수 | 자원<br>오행 | 획수<br>(오행) |
|---|---|---|---|---|---|
| 심<br>(金) | 芯 | 등심초 심 | 艸 | 木 | 10(水) |
| | 諶 | 참, 진실로 심 | 言 | 金 | 16(土) |
| | 甚 | 심할, 더욱 심 | 甘 | 土 | 9(水) |
| 십<br>(金) | 十 | 열, 열번 십 | 十 | 水 | 10(水) |
| | 什 | 열사람 십 | 人 | 火 | 4(水) |
| | 拾 | 열 십 | 水 | 木 | 10(水) |
| 쌍<br>(金) | 雙 | 쌍, 짝 쌍 | 隹 | 火 | 18(金) |
| 씨<br>(金) | 氏 | 각시, 성씨 씨 | 氏 | 火 | 4(火) |
| 아<br>(土) | 我 | 나, 우리 아 | 戈 | 金 | 7(金) |
| | 妸 | 고울 아 | 女 | 土 | 8(金) |
| | 芽 | 싹, 조짐보일 아 | 艸 | 木 | 10(水) |
| | 雅 | 맑을, 바를 아 | 隹 | 火 | 12(木) |
| | 娥 | 어여쁠, 미녀 아 | 女 | 土 | 10(水) |
| | 兒 | 아이, 아기 아 | 儿 | 水 | 8(金) |
| | 皃 | 兒의 속자 | 儿 | 水 | 7(金) |
| | 亞 | 버금, 동서 아 | 二 | 火 | 8(金) |
| | 亜 | 亞의 속자 | 二 | 火 | 7(金) |
| | 阿 | 언덕, 구석 아 | 阜 | 土 | 13(火) |

| 음령<br>오행 | 한자 | 뜻 | 부수 | 자원<br>오행 | 획수<br>(오행) |
|---|---|---|---|---|---|
| 아<br>(土) | 餓 | 굶주릴 아 | 食 | 水 | 16(土) |
| | 峨 | 산높을, 산이름 아 | 山 | 土 | 10(水) |
| | 衙 | 마을, 관청 아 | 行 | 火 | 13(火) |
| | 莪 | 지칭개, 약초이름 아 | 艸 | 木 | 13(火) |
| | 蛾 | 나방, 초승달 아 | 虫 | 水 | 13(火) |
| | 訝 | 맞을, 위로할 아 | 言 | 金 | 11(木) |
| | 鴉 | 갈까마귀, 검을 아 | 鳥 | 火 | 15(土) |
| | 鵝 | 거위 아 | 鳥 | 火 | 18(金) |
| | 俄 | 갑자기, 기울 아 | 人 | 火 | 9(水) |
| | 啞 | 벙어리 아 | 口 | 水 | 11(木) |
| | 牙 | 어금니, 무기 아 | 牙 | 金 | 4(火) |
| 악<br>(土) | 岳 | 큰산 산 | 山 | 土 | 8(金) |
| | 渥 | 두터울, 살뜰할 악 | 水 | 水 | 13(火) |
| | 樂 | 풍류 악 | 木 | 木 | 15(土) |
| | 堊 | 석회, 백토 악 | 土 | 土 | 11(木) |
| | 顎 | 턱, 근엄할 악 | 頁 | 火 | 18(金) |
| | 鄂 | 땅이름 악 | 邑 | 土 | 16(土) |
| | 鰐 | 악어 악 | 魚 | 水 | 20(水) |

| 음령<br>오행 | 한자 | 뜻 | 부수 | 자원<br>오행 | 획수<br>(오행) |
|---|---|---|---|---|---|
| 악<br>(土) | 幄 | 휘장, 천막 악 | 巾 | 木 | 12(木) |
| | 握 | 쥘, 주먹 악 | 手 | 木 | 13(火) |
| | 愕 | 놀랄, 직언할 악 | 心 | 火 | 13(火) |
| | 鍔 | 칼날 악 | 金 | 金 | 17(土) |
| | 齷 | 악착스러울 악 | 齒 | 金 | 24(火) |
| | 嶽 | 큰산, 위엄 악 | 山 | 土 | 17(金) |
| | 惡 | 악할, 모질 악 | 心 | 火 | 12(木) |
| 안<br>(土) | 安 | 편안할, 즐거울 안 | 宀 | 木 | 6(土) |
| | 案 | 책상, 안석 안 | 木 | 木 | 10(水) |
| | 晏 | 늦을, 맑을 안 | 日 | 火 | 10(水) |
| | 按 | 누를, 어루만질 안 | 手 | 木 | 10(水) |
| | 顔 | 얼굴, 안면 안 | 頁 | 火 | 18(金) |
| | 雁 | 기러기 안 | 鳥 | 火 | 15(土) |
| | 鴈 | 雁와 같은 자 | 隹 | 火 | 12(木) |
| | 鞍 | 안장 안 | 革 | 金 | 15(土) |
| | 鮟 | 아귀, 메기 안 | 魚 | 水 | 17(金) |
| | 眼 | 눈, 볼 안 | 目 | 木 | 11(木) |
| | 岸 | 언덕, 기슭 안 | 山 | 土 | 8(金) |

| 음령<br>오행 | 한자 | 뜻 | 부수 | 자원<br>오행 | 획수<br>(오행) |
|---|---|---|---|---|---|
| 알<br>(土) | 謁 | 아뢸, 뵈올 알 | 言 | 金 | 16(土) |
| | 斡 | 관리할 알 | 斗 | 火 | 14(火) |
| | 軋 | 삐걱거릴 알 | 車 | 金 | 8(金) |
| | 閼 | 가로막을, 그칠 알 | 門 | 木 | 16(土) |
| 암<br>(土) | 庵 | 암자, 초막 암 | 广 | 木 | 11(木) |
| | 巖 | 바위, 험할 암 | 山 | 土 | 23(火) |
| | 岩 | 巖의 속자 | 石 | 土 | 8(金) |
| | 菴 | 암자, 풀이름 암 | 艹 | 木 | 14(火) |
| | 暗 | 어두울, 몰래할 암 | 日 | 火 | 13(火) |
| | 唵 | 머금을 암 | 口 | 水 | 11(木) |
| | 闇 | 닫힌문, 어두울 암 | 門 | 木 | 17(金) |
| | 癌 | 암 암 | 疒 | 水 | 17(金) |
| 압<br>(土) | 鴨 | 집오리 압 | 鳥 | 火 | 16(土) |
| | 押 | 누를, 수결 압 | 手 | 木 | 9(水) |
| | 狎 | 익숙할, 업신여길 압 | 犬 | 土 | 8(金) |
| | 壓 | 누를, 억압할 압 | 土 | 土 | 17(金) |
| 앙<br>(土) | 仰 | 우러를, 믿을 앙 | 人 | 火 | 6(土) |
| | 央 | 가운데, 넓을 앙 | 大 | 土 | 5(土) |

| 음령<br>오행 | 한자 | 뜻 | 부수 | 자원<br>오행 | 획수<br>(오행) |
|---|---|---|---|---|---|
| 앙<br>(土) | 昂 | 밝을, 높을 앙 | 日 | 火 | 8(金) |
| | 秧 | 모, 심을 앙 | 禾 | 木 | 10(水) |
| | 鴦 | 원앙새 앙 | 鳥 | 火 | 16(土) |
| | 怏 | 원망할 앙 | 心 | 火 | 9(水) |
| | 殃 | 재앙, 해칠 앙 | 歹 | 水 | 9(水) |
| 애<br>(土) | 涯 | 물가, 끝 애 | 水 | 水 | 12(土) |
| | 厓 | 언덕, 물가 애 | 厂 | 土 | 8(金) |
| | 艾 | 쑥, 쑥빛 애 | 艸 | 木 | 8(金) |
| | 愛 | 사랑, 애모 애 | 心 | 火 | 13(火) |
| | 碍 | 거리낄, 방해할 애 | 石 | 金 | 13(火) |
| | 靄 | 아지랑이 애 | 雨 | 水 | 24(火) |
| | 埃 | 티끌, 먼지 애 | 土 | 土 | 10(水) |
| | 曖 | 가릴, 흐릴 애 | 日 | 火 | 17(金) |
| | 隘 | 좁을, 험할 애 | 阜 | 土 | 17(金) |
| | 哀 | 슬플, 불쌍히여길 애 | 口 | 水 | 9(水) |
| | 崖 | 언덕, 벼랑 애 | 山 | 土 | 11(木) |
| 액<br>(土) | 厄 | 재앙, 멍에 액 | 厂 | 水 | 4(火) |
| | 額 | 이마, 현판 액 | 頁 | 火 | 18(金) |

| 음령<br>오행 | 한자 | 뜻 | 부수 | 자원<br>오행 | 획수<br>(오행) |
|---|---|---|---|---|---|
| 액<br>(土) | 液 | 진액, 겨드랑이 액 | 水 | 水 | 12(木) |
| | 扼 | 누를, 멍에 액 | 手 | 木 | 8(金) |
| | 掖 | 낄, 부축할 액 | 手 | 木 | 12(木) |
| | 縊 | 목맬 액 | 糸 | 木 | 16(土) |
| | 腋 | 겨드랑이 액 | 肉 | 水 | 14(木) |
| 앵<br>(土) | 櫻 | 앵두나무 앵 | 木 | 木 | 21(木) |
| | 鶯 | 꾀꼬리 앵 | 鳥 | 火 | 21(木) |
| | 鸚 | 앵무새, 앵무조개 앵 | 鳥 | 火 | 28(金) |
| | 罌 | 양병, 병의 총칭 앵 | 缶 | 土 | 20(水) |
| 야<br>(土) | 也 | 어조사, 또 야 | 乙 | 水 | 3(火) |
| | 野 | 들, 촌스러울 야 | 里 | 土 | 11(木) |
| | 耶 | 어조사 야 | 耳 | 火 | 9(水) |
| | 冶 | 불릴, 대장장이 야 | 冫 | 水 | 7(金) |
| | 倻 | 땅이름, 나라이름 야 | 人 | 火 | 11(木) |
| | 惹 | 이끌, 끌어당길 야 | 心 | 火 | 13(火) |
| | 揶 | 희롱할 야 | 手 | 木 | 16(土) |
| | 椰 | 야자나무 야 | 木 | 木 | 13(火) |
| | 爺 | 아비, 아버지 야 | 父 | 木 | 13(火) |

| 음령<br>오행 | 한자 | 뜻 | 부수 | 자원<br>오행 | 획수<br>(오행) |
|---|---|---|---|---|---|
| 야<br>(土) | 若 | 반야 야 | 艸 | 木 | 11(木) |
| | 夜 | 밤, 어두울 야 | 夕 | 水 | 8(金) |
| 약<br>(土) | 若 | 같을, 순할 약 | 艸 | 木 | 11(木) |
| | 約 | 묶을, 합칠 약 | 糸 | 木 | 9(水) |
| | 藥 | 약, 치료할 약 | 艸 | 木 | 21(木) |
| | 葯 | 구리때잎 약 | 艸 | 木 | 15(土) |
| | 蒻 | 부들, 왕골 약 | 艸 | 木 | 16(土) |
| | 弱 | 어릴, 약할 약 | 弓 | 金 | 10(水) |
| | 躍 | 뛸, 뛰어오를 약 | 足 | 土 | 21(木) |
| 양<br>(土) | 羊 | 양, 노닐 양 | 羊 | 土 | 6(土) |
| | 洋 | 큰바다 양 | 水 | 水 | 10(水) |
| | 養 | 기를, 성장시킬 양 | 食 | 水 | 15(土) |
| | 陽 | 볕, 밝을 양 | 阜 | 土 | 17(金) |
| | 暘 | 해돋이, 해뜰 양 | 日 | 火 | 13(火) |
| | 讓 | 겸손할, 사양할 양 | 言 | 金 | 24(火) |
| | 壤 | 고운흙 양 | 土 | 土 | 20(水) |
| | 樣 | 모양, 본 양 | 木 | 木 | 15(土) |
| | 襄 | 도울, 오를 양 | 衣 | 木 | 17(金) |

| 음령<br>오행 | 한자 | 뜻 | 부수 | 자원<br>오행 | 획수<br>(오행) |
| --- | --- | --- | --- | --- | --- |
| 양<br>(土) | 楊 | 왕버들, 메버들 양 | 木 | 木 | 13(火) |
| | 諒 | 믿을 양 | 言 | 金 | 15(土) |
| | 亮 | 밝을, 도울 양 | 亠 | 火 | 9(水) |
| | 良 | 좋을 양 | 艮 | 土 | 7(金) |
| | 兩 | 두, 둘 양 | 入 | 土 | 8(金) |
| | 量 | 헤아릴 양 | 里 | 火 | 12(木) |
| | 糧 | 양식 양 | 米 | 木 | 18(金) |
| | 倆 | 재주, 두사람 양 | 人 | 火 | 10(水) |
| | 凉 | 서늘할 양 | 冫 | 水 | 10(水) |
| | 梁 | 들보 양 | 木 | 木 | 11(木) |
| | 樑 | 대들보, 굳셀 양 | 木 | 木 | 15(土) |
| | 攘 | 물리칠, 제거할 양 | 手 | 木 | 21(木) |
| | 敭 | 오를, 나를 양 | 攴 | 金 | 13(火) |
| | 瀁 | 내이름 양 | 水 | 水 | 18(金) |
| | 煬 | 쬘, 말릴 양 | 火 | 火 | 13(火) |
| | 穰 | 볏대, 수숫대, 풍족할, 풍년 양 | 禾 | 木 | 22(木) |
| | 佯 | 거짓, 헤맬 양 | 人 | 火 | 8(金) |
| | 恙 | 근심, 걱정할 양 | 心 | 火 | 10(水) |

| 음령<br>오행 | 한자 | 뜻 | 부수 | 자원<br>오행 | 획수<br>(오행) |
|---|---|---|---|---|---|
| 양<br>(土) | 瘍 | 종기, 상처 양 | 疒 | 水 | 14(火) |
| | 禳 | 제사이름 양 | 示 | 木 | 22(木) |
| | 釀 | 술빚을 양 | 酉 | 金 | 24(火) |
| | 揚 | 오를, 떨칠 양 | 手 | 木 | 13(火) |
| | 孃 | 아가씨, 어머니 양 | 女 | 土 | 20(水) |
| | 漾 | 출렁거릴, 띄울 양 | 水 | 水 | 15(土) |
| | 痒 | 앓을, 종기 양 | 疒 | 水 | 11(木) |
| | 攘 | 물리칠, 물러날 양 | 手 | 木 | 21(木) |
| 어<br>(土) | 語 | 말할, 말씀 어 | 言 | 金 | 14(火) |
| | 魚 | 물고기, 생선 어 | 魚 | 水 | 11(木) |
| | 漁 | 고기잡을 어 | 水 | 水 | 15(土) |
| | 於 | 어조사, 살 어 | 方 | 土 | 8(金) |
| | 御 | 어거할, 다스릴 어 | 彳 | 火 | 11(木) |
| | 圄 | 감옥, 가둘 어 | 口 | 水 | 10(水) |
| | 瘀 | 병, 어혈 어 | 疒 | 水 | 13(火) |
| | 禦 | 막을, 감당할 어 | 示 | 木 | 16(土) |
| | 馭 | 말부릴, 말몰 어 | 馬 | 火 | 12(火) |
| | 齬 | 어긋날 어 | 齒 | 金 | 22(火) |

| 음령<br>오행 | 한자 | 뜻 | 부수 | 자원<br>오행 | 획수<br>(오행) |
|---|---|---|---|---|---|
| 억<br>(土) | 億 | 억, 편안할 억 | 人 | 火 | 15(土) |
| | 憶 | 기억할, 생각할 억 | 心 | 火 | 17(金) |
| | 檍 | 감탕나무 억 | 木 | 木 | 17(金) |
| | 臆 | 가슴, 가슴뼈 억 | 肉 | 水 | 19(水) |
| | 抑 | 누를, 굽힐 억 | 手 | 木 | 8(金) |
| 언<br>(土) | 彦 | 선비, 클 언 | 彡 | 火 | 9(水) |
| | 言 | 말씀, 말할 언 | 言 | 金 | 7(金) |
| | 焉 | 어디, 어찌 언 | 火 | 火 | 11(木) |
| | 堰 | 방죽, 보막을 언 | 土 | 土 | 12(木) |
| | 偃 | 쓰러질, 넘어질 언 | 人 | 火 | 11(木) |
| | 諺 | 상소리 언 | 言 | 金 | 16(土) |
| 얼<br>(土) | 孼 | 서자, 치장할 얼 | 子 | 水 | 19(水) |
| | 蘖 | 그루터기, 움 얼 | 艸 | 木 | 23(火) |
| 엄<br>(土) | 俺 | 나, 클 엄 | 人 | 水 | 10(水) |
| | 嚴 | 엄할, 굳셀 언 | 口 | 火 | 20(水) |
| | 儼 | 의젓할, 삼갈 언 | 人 | 火 | 22(木) |
| | 淹 | 담글, 적실 엄 | 水 | 水 | 12(木) |
| | 奄 | 문득, 가릴 엄 | 大 | 水 | 8(金) |

| 음령<br>오행 | 한자 | 뜻 | 부수 | 자원<br>오행 | 획수<br>(오행) |
|---|---|---|---|---|---|
| 엄<br>(土) | 掩 | 가릴, 닫을 엄 | 手 | 木 | 12(木) |
| 업<br>(土) | 業 | 일, 사업 업 | 木 | 木 | 13(火) |
| | 嶪 | 산높을, 웅장할 업 | 山 | 土 | 16(土) |
| 엔<br>(土) | 円 | 圓의 속자 | 口 | 土 | 4(火) |
| 여<br>(土) | 如 | 같을, 따를 여 | 女 | 土 | 6(土) |
| | 汝 | 너, 물이름 여 | 水 | 水 | 7(金) |
| | 與 | 줄, 남을 여 | 臼 | 土 | 14(火) |
| | 余 | 나, 자신 여 | 人 | 火 | 7(金) |
| | 餘 | 남을, 나머지 여 | 食 | 水 | 16(土) |
| | 予 | 줄, 나 여 | 丨 | 金 | 4(火) |
| | 輿 | 수레, 무리 여 | 車 | 火 | 17(金) |
| | 旅 | 나그네, 군사 여 | 方 | 土 | 10(水) |
| | 麗 | 고울, 우아할 여 | 鹿 | 土 | 19(水) |
| | 呂 | 음률, 풍류 여 | 口 | 水 | 7(金) |
| | 侶 | 짝, 벗할 여 | 人 | 火 | 9(水) |
| | 慮 | 생각, 꾀할 여 | 心 | 火 | 15(土) |
| | 勵 | 힘쓸, 권장할 여 | 力 | 土 | 17(金) |
| | 閭 | 마을문 여 | 門 | 木 | 15(土) |

| 음령<br>오행 | 한자 | 뜻 | 부수 | 자원<br>오행 | 획수<br>(오행) |
|---|---|---|---|---|---|
| 여<br>(土) | 黎 | 검을, 많을 여 | 黍 | 木 | 15(土) |
| | 歟 | 어조사 여 | 欠 | 火 | 19(水) |
| | 璵 | 옥 여 | 玉 | 金 | 18(金) |
| | 轝 | 수레 여 | 車 | 火 | 21(木) |
| | 艅 | 배이름 여 | 舟 | 木 | 13(火) |
| | 茹 | 먹을, 말기를 여 | 艸 | 木 | 12(木) |
| | 礖 | 돌이름 여 | 石 | 金 | 19(水) |
| 역<br>(土) | 繹 | 풀어낼, 다스릴 역 | 糸 | 木 | 19(水) |
| | 亦 | 또, 또한, 클 역 | 亠 | 水 | 6(土) |
| | 易 | 바꿀, 역서 역 | 日 | 火 | 8(金) |
| | 譯 | 통변할, 통역 역 | 言 | 金 | 20(水) |
| | 驛 | 역말, 잇댈 역 | 馬 | 火 | 23(火) |
| | 力 | 힘, 힘쓸 역 | 力 | 土 | 2(木) |
| | 歷 | 지날, 겪은일 역 | 止 | 土 | 16(土) |
| | 曆 | 책력, 셀 역 | 日 | 火 | 16(土) |
| | 睗 | 해밝을 역 | 日 | 火 | 12(火) |
| | 役 | 부릴, 싸울 역 | 彳 | 火 | 7(金) |
| | 疫 | 염병, 돌림병 역 | 疒 | 水 | 9(水) |

| 음령<br>오행 | 한자 | 뜻 | 부수 | 자원<br>오행 | 획수<br>(오행) |
|---|---|---|---|---|---|
| 역<br>(土) | 域 | 나라, 지경 역 | 土 | 土 | 11(木) |
|  | 逆 | 거스를, 어길 역 | 辶 | 土 | 13(火) |
| 연<br>(土) | 然 | 그러할, 옳을 연 | 火 | 火 | 12(木) |
|  | 硏 | 연구할, 연마할 연 | 石 | 金 | 11(木) |
|  | 硯 | 벼루, 매끄러운돌 연 | 石 | 金 | 12(火) |
|  | 延 | 맞을 끌 연 | 廴 | 土 | 7(金) |
|  | 燕 | 제비, 편안할 연 | 火 | 火 | 16(土) |
|  | 沿 | 따를, 쫓을 연 | 水 | 水 | 9(水) |
|  | 軟 | 연할, 부드러울 연 | 車 | 火 | 11(木) |
|  | 演 | 멀리흐를, 통할 연 | 水 | 水 | 15(土) |
|  | 緣 | 가선, 인연 연 | 糸 | 木 | 15(土) |
|  | 姃 | 빛날, 예쁠 연 | 女 | 土 | 10(水) |
|  | 烟 | 연기 연 | 火 | 火 | 10(水) |
|  | 淵 | 깊을, 못 연 | 水 | 水 | 12(木) |
|  | 姸 | 고울, 총명할 연 | 女 | 土 | 9(水) |
|  | 娟 | 고울, 어여쁠 연 | 女 | 土 | 10(水) |
|  | 涓 | 시내, 물방울 연 | 水 | 水 | 11(木) |
|  | 沇 | 물흐를, 물이름 연 | 水 | 水 | 8(金) |

| 음령<br>오행 | 한자 | 뜻 | 부수 | 자원<br>오행 | 획수<br>(오행) |
|---|---|---|---|---|---|
| 연<br>(土) | 燃 | 태울, 불사를 연 | 火 | 火 | 16(土) |
| | 煙 | 연기, 그을음 연 | 火 | 火 | 13(火) |
| | 衍 | 넘칠, 순행할 연 | 行 | 火 | 9(水) |
| | 筵 | 대자리, 좌석 연 | 竹 | 木 | 13(火) |
| | 鉛 | 납, 분 연 | 金 | 金 | 13(火) |
| | 宴 | 잔치, 즐길 연 | 宀 | 木 | 10(木) |
| | 連 | 맺을, 연결할 연 | 辵 | 土 | 14(火) |
| | 練 | 단련할, 익힐 연 | 糸 | 木 | 15(土) |
| | 鍊 | 불릴, 단련할 연 | 金 | 金 | 17(金) |
| | 憐 | 불쌍히여길, 사랑할 연 | 心 | 火 | 16(土) |
| | 聯 | 잇닿을, 연결할 연 | 耳 | 火 | 17(金) |
| | 戀 | 사모할, 그리움 연 | 心 | 火 | 23(火) |
| | 蓮 | 연밥, 연꽃 연 | 艸 | 木 | 17(金) |
| | 煉 | 불릴, 구울 연 | 心 | 火 | 13(火) |
| | 璉 | 호련, 이을 연 | 玉 | 金 | 16(土) |
| | 曣 | 청명할 연 | 日 | 火 | 20(水) |
| | 堧 | 빈터 연 | 土 | 土 | 12(木) |
| | 椽 | 서까래 연 | 木 | 木 | 13(火) |

| 음령<br>오행 | 한자 | 뜻 | 부수 | 자원<br>오행 | 획수<br>(오행) |
|---|---|---|---|---|---|
| 연<br>(土) | 鳶 | 솔개, 연 연 | 鳥 | 火 | 14(火) |
| | 捐 | 버릴, 마칠 연 | 手 | 木 | 11(木) |
| | 挻 | 늘일, 이길 연 | 手 | 木 | 11(木) |
| | 涎 | 침, 정액 연 | 水 | 水 | 11(木) |
| | 縯 | 당길, 길 연 | 糸 | 木 | 17(金) |
| 열<br>(土) | 熱 | 더울, 정성 열 | 火 | 火 | 15(土) |
| | 悅 | 기쁠, 즐거울 열 | 心 | 火 | 11(木) |
| | 說 | 달랠 열 | 言 | 金 | 14(火) |
| | 閱 | 살필, 검열할 열 | 門 | 金 | 15(土) |
| | 列 | 줄, 항렬 렬 | 刀 | 金 | 6(土) |
| | 烈 | 빛날, 매울 렬 | 火 | 火 | 10(水) |
| | 洌 | 맑을, 물이름 렬 | 水 | 水 | 10(水) |
| | 裂 | 찢을, 무너질 렬 | 衣 | 木 | 12(木) |
| | 劣 | 못할, 적을 렬 | 力 | 土 | 6(土) |
| | 咽 | 목멜 열 | 口 | 木 | 9(水) |
| 염<br>(土) | 炎 | 불탈, 불꽃 염 | 火 | 木 | 8(金) |
| | 染 | 물들일, 염색할 염 | 木 | 木 | 9(水) |
| | 鹽 | 소금, 자반 염 | 鹵 | 火 | 24(火) |

| 음령<br>오행 | 한자 | 뜻 | 부수 | 자원<br>오행 | 획수<br>(오행) |
|---|---|---|---|---|---|
| 염<br>(土) | 琰 | 옥갈, 옥홀 염 | 玉 | 火 | 13(火) |
| | 艷 | 고울, 광택 염 | 色 | 金 | 24(火) |
| | 艶 | 艷의 속자 | 色 | 火 | 19(水) |
| | 廉 | 성씨, 맑을, 청렴할 염 | 广 | 木 | 13(火) |
| | 濂 | 성씨, 시내이름, 싱거울 염 | 水 | 水 | 17(金) |
| | 簾 | 발, 주렴 염 | 竹 | 木 | 19(水) |
| | 斂 | 성씨, 거둘, 저장할 염 | 攴 | 金 | 17(金) |
| | 殮 | 염할, 빈소할 염 | 歹 | 水 | 17(金) |
| | 焰 | 불당길, 불꽃 염 | 火 | 金 | 12(木) |
| | 苒 | 풀우거질 염 | 艸 | 木 | 11(木) |
| | 閻 | 번화한거리, 열 염 | 門 | 土 | 16(土) |
| | 厭 | 싫을, 가득찰 염 | 厂 | 水 | 14(火) |
| | 髯 | 구레나룻 염 | 髟 | 木 | 14(火) |
| 엽<br>(土) | 曄 | 빛날, 성할 엽 | 日 | 金 | 16(土) |
| | 葉 | 잎, 나뭇잎 엽 | 艸 | 木 | 15(土) |
| | 爗 | 빛날 엽 | 火 | 火 | 16(土) |
| 영<br>(土) | 永 | 길, 오랠 영 | 水 | 水 | 5(土) |
| | 英 | 꽃부리, 영웅 영 | 艸 | 木 | 11(木) |

| 음령<br>오행 | 한자 | 뜻 | 부수 | 자원<br>오행 | 획수<br>(오행) |
|---|---|---|---|---|---|
| 영<br>(土) | 榮 | 영화, 꽃 영 | 木 | 木 | 14(火) |
| | 栄 | 榮의 속자 | 木 | 木 | 9(水) |
| | 泳 | 헤엄칠 영 | 水 | 水 | 9(水) |
| | 詠 | 읊을, 노래 영 | 言 | 金 | 12(木) |
| | 映 | 비출, 밝을 영 | 日 | 火 | 9(水) |
| | 渶 | 물맑을 영 | 水 | 水 | 13(火) |
| | 煐 | 빛날, 사람이름 영 | 火 | 火 | 13(火) |
| | 瑩 | 밝을, 옥빛 영 | 玉 | 金 | 15(土) |
| | 瑛 | 옥빛, 수정 영 | 玉 | 金 | 14(火) |
| | 伶 | 영리할 령 | 人 | 火 | 7(金) |
| | 玲 | 옥소리 령 | 玉 | 金 | 10(水) |
| | 姈 | 계집슬기로울 영 | 女 | 土 | 8(金) |
| | 昤 | 날빛, 영롱할 영 | 日 | 火 | 9(水) |
| | 令 | 하여금, 가령 령 | 人 | 火 | 5(土) |
| | 領 | 옷깃, 거느릴 령 | 頁 | 火 | 14(火) |
| | 鈴 | 방울 영 | 金 | 金 | 13(火) |
| | 嶺 | 고개, 산길 영 | 山 | 土 | 17(金) |
| | 零 | 떨어질, 이슬비 영 | 雨 | 水 | 13(火) |

| 음령<br>오행 | 한자 | 뜻 | 부수 | 자원<br>오행 | 획수<br>(오행) |
|---|---|---|---|---|---|
| 영<br>(土) | 靈 | 성씨, 신령, 영혼 영 | 雨 | 水 | 24(火) |
| | 暎 | 비출, 햇빛 영 | 日 | 火 | 13(火) |
| | 濚 | 물소리 영 | 水 | 水 | 21(木) |
| | 盈 | 찰, 가득할 영 | 皿 | 水 | 9(水) |
| | 楹 | 기둥, 원활할 영 | 木 | 木 | 13(火) |
| | 嬰 | 어릴, 두를 영 | 女 | 土 | 17(金) |
| | 營 | 경영할, 다스릴 영 | 火 | 火 | 17(金) |
| | 迎 | 맞이할 영 | 辵 | 土 | 11(木) |
| | 咏 | 노래할 영 | 口 | 水 | 8(金) |
| | 齡 | 나이 영 | 齒 | 金 | 20(水) |
| | 潁 | 강이름 영 | 水 | 水 | 15(土) |
| | 瀛 | 바다, 늪속 영 | 水 | 水 | 20(水) |
| | 纓 | 갓끈 영 | 糸 | 木 | 23(火) |
| | 霙 | 진눈깨비 영 | 雨 | 水 | 17(金) |
| | 影 | 형상, 그림자 영 | 彡 | 火 | 15(土) |
| | 鍈 | 방울소리 영 | 金 | 金 | 17(金) |
| 예<br>(土) | 叡 | 밝을, 임금 예 | 又 | 火 | 16(土) |
| | 睿 | 叡와 같은 자 | 目 | 木 | 14(火) |

| 음령<br>오행 | 한자 | 뜻 | 부수 | 자원<br>오행 | 획수<br>(오행) |
|---|---|---|---|---|---|
| 예<br>(土) | 芮 | 물가, 나라이름 예 | 艸 | 木 | 10(水) |
| | 詣 | 이를, 도착할 예 | 言 | 金 | 13(火) |
| | 藝 | 심을, 재주 예 | 艸 | 木 | 21(木) |
| | 豫 | 미리, 즐길 예 | 豕 | 木 | 16(土) |
| | 譽 | 기릴, 칭찬할 예 | 言 | 金 | 21(木) |
| | 預 | 참여할, 미리 예 | 頁 | 火 | 13(火) |
| | 禮 | 예도 예 | 示 | 木 | 18(金) |
| | 例 | 법식, 보기 예 | 人 | 火 | 8(金) |
| | 汭 | 물굽이 예 | 水 | 水 | 8(金) |
| | 濊 | 깊을, 넉넉할 예 | 水 | 水 | 16(土) |
| | 蓺 | 심을 예 | 艸 | 木 | 20(水) |
| | 猊 | 사자 예 | 犬 | 土 | 11(木) |
| | 裔 | 후손, 옷자락 예 | 衣 | 木 | 13(火) |
| | 乂 | 어질, 다스릴 예 | 丿 | 金 | 2(木) |
| | 倪 | 어린이, 흘겨볼 예 | 人 | 火 | 10(水) |
| | 曳 | 끌, 고달플 예 | 曰 | 火 | 6(土) |
| | 穢 | 더러울, 거칠 예 | 禾 | 木 | 18(金) |
| | 霓 | 무지개 예 | 雨 | 水 | 16(土) |

| 음령<br>오행 | 한자 | 뜻 | 부수 | 자원<br>오행 | 획수<br>(오행) |
|---|---|---|---|---|---|
| 예<br>(土) | 銳 | 뾰족할, 날카로울 예 | 金 | 金 | 15(土) |
| 오<br>(土) | 五 | 다섯, 다섯번 오 | 二 | 土 | 5(土) |
| | 吾 | 나, 당신 오 | 口 | 水 | 7(金) |
| | 伍 | 다섯, 다섯사람 오 | 人 | 火 | 6(土) |
| | 吳 | 성씨, 오나라 오 | 口 | 水 | 7(金) |
| | 旿 | 밝을, 대낮 오 | 日 | 火 | 8(金) |
| | 晤 | 밝을, 만날 오 | 日 | 火 | 11(木) |
| | 珸 | 옥돌, 옥빛 오 | 玉 | 金 | 12(木) |
| | 梧 | 벽오동나무 오 | 木 | 木 | 11(木) |
| | 俉 | 맞이할 오 | 人 | 火 | 9(水) |
| | 塢 | 둑, 마을 오 | 土 | 土 | 13(火) |
| | 墺 | 물가, 육지 오 | 土 | 土 | 16(土) |
| | 午 | 낮, 남쪽, 거역할 오 | 十 | 火 | 4(火) |
| | 蜈 | 지네 오 | 虫 | 水 | 13(火) |
| | 悟 | 깨달을, 깨우칠 오 | 心 | 火 | 11(木) |
| | 誤 | 그릇될, 잘못할 오 | 言 | 金 | 14(火) |
| | 烏 | 까마귀, 검을 오 | 火 | 火 | 10(水) |
| | 汚 | 더러울, 추잡할 오 | 水 | 水 | 7(金) |

| 음령<br>오행 | 한자 | 뜻 | 부수 | 자원<br>오행 | 획수<br>(오행) |
|---|---|---|---|---|---|
| 오<br>(土) | 嗚 | 탄식할, 새소리 오 | 口 | 水 | 13(火) |
| | 娛 | 기쁠, 즐거울 오 | 女 | 土 | 10(水) |
| | 傲 | 거만할 오 | 人 | 火 | 13(火) |
| | 奧 | 속, 아랫목 오 | 大 | 火 | 13(火) |
| | 筽 | 버들고리 오 | 竹 | 火 | 13(火) |
| | 寤 | 깰, 깨달을 오 | 宀 | 火 | 14(火) |
| | 惡 | 미워할, 악할 오 | 心 | 火 | 12(火) |
| | 懊 | 한할, 괴로워할 오 | 心 | 土 | 16(土) |
| | 敖 | 놀, 시끄러울 오 | 攴 | 木 | 11(木) |
| | 熬 | 볶을, 탈 오 | 火 | 土 | 15(土) |
| | 獒 | 개, 맹견 오 | 犬 | 土 | 15(土) |
| | 鰲 | 자라, 큰거북 오 | 龜 | 火 | 24(火) |
| | 鰲 | 鰲의 속자 | 魚 | 火 | 22(火) |
| 옥<br>(土) | 沃 | 윤택할, 물댈 옥 | 水 | 金 | 8(金) |
| | 鈺 | 보배, 보물 옥 | 金 | 火 | 13(火) |
| | 玉 | 옥, 구슬 옥 | 玉 | 土 | 5(土) |
| | 屋 | 집, 주거 옥 | 尸 | 水 | 9(水) |
| | 獄 | 옥, 감옥 옥 | 犬 | 火 | 14(火) |

| 음령<br>오행 | 한자 | 뜻 | 부수 | 자원<br>오행 | 획수<br>(오행) |
|---|---|---|---|---|---|
| 온<br>(土) | 溫 | 따뜻할, 온화할 온 | 水 | 火 | 14(火) |
| | 蘊 | 쌓을, 저축할 온 | 艸 | 木 | 22(木) |
| | 瑥 | 사람이름 온 | 玉 | 土 | 15(土) |
| | 穩 | 평온할, 곡식걷어모을 온 | 禾 | 水 | 19(水) |
| | 縕 | 헌솜, 풍부할 온 | 糸 | 木 | 16(土) |
| | 瘟 | 염병, 괴로울 온 | 疒 | 水 | 15(土) |
| | 媼 | 할미, 어머니 온 | 女 | 土 | 13(火) |
| 올<br>(土) | 兀 | 우뚝할 올 | 儿 | 土 | 13(火) |
| 옹<br>(土) | 邕 | 화할, 화목할 옹 | 邑 | 土 | 10(水) |
| | 饔 | 아침, 조반 옹 | 食 | 水 | 22(火) |
| | 雍 | 온화할, 누그러질 옹 | 隹 | 火 | 13(火) |
| | 擁 | 안을, 가릴 옹 | 手 | 木 | 17(金) |
| | 甕 | 독, 항아리 옹 | 瓦 | 土 | 9(水) |
| | 壅 | 막을, 북돋을 옹 | 土 | 土 | 16(土) |
| | 翁 | 늙은이, 아비 옹 | 羽 | 火 | 10(水) |
| | 癰 | 악창, 등창 옹 | 疒 | 水 | 23(火) |
| 와<br>(土) | 瓦 | 기와, 질그릇 와 | 瓦 | 土 | 5(土) |
| | 臥 | 누울, 쉴 와 | 臣 | 火 | 8(金) |

| 음령오행 | 한자 | 뜻 | 부수 | 자원오행 | 획수(오행) |
|---|---|---|---|---|---|
| 와<br>(土) | 渦 | 소용돌이 와 | 水 | 水 | 12(火) |
| | 窩 | 움집, 굴 와 | 穴 | 水 | 14(火) |
| | 窪 | 웅덩이, 맑은물 와 | 穴 | 水 | 14(火) |
| | 蝸 | 달팽이, 고둥 와 | 虫 | 水 | 15(土) |
| | 蛙 | 개구리, 음란할 와 | 虫 | 水 | 12(火) |
| | 訛 | 그릇될, 속일 와 | 言 | 金 | 11(木) |
| 완<br>(土) | 完 | 완전할, 지킬 완 | 宀 | 木 | 7(金) |
| | 玩 | 놀, 익힐 완 | 玉 | 金 | 9(水) |
| | 垸 | 바를, 둑 완 | 土 | 土 | 10(水) |
| | 浣 | 씻을, 열흘사이 완 | 水 | 水 | 11(木) |
| | 莞 | 왕골, 자리 완 | 艸 | 木 | 13(火) |
| | 琓 | 서옥, 옥이름 완 | 玉 | 金 | 13(火) |
| | 緩 | 느릴, 느슨할 완 | 糸 | 木 | 15(土) |
| | 琬 | 홀, 아름다운옥 완 | 玉 | 金 | 13(火) |
| | 婠 | 예쁠, 몸맵시 완 | 女 | 土 | 11(木) |
| | 婉 | 순할, 예쁠 완 | 女 | 土 | 11(木) |
| | 梡 | 도마, 장작 완 | 木 | 木 | 11(木) |
| | 椀 | 주발, 그릇 완 | 木 | 木 | 12(木) |

| 음령<br>오행 | 한자 | 뜻 | 부수 | 자원<br>오행 | 획수<br>(오행) |
|---|---|---|---|---|---|
| 완<br>(土) | 碗 | 주발 완 | 石 | 金 | 13(火) |
| | 脘 | 위, 밥통 완 | 肉 | 水 | 13(火) |
| | 腕 | 팔, 팔뚝 완 | 肉 | 水 | 14(火) |
| | 豌 | 완두 완 | 豆 | 火 | 15(土) |
| | 阮 | 관문이름, 월금 완 | 阜 | 土 | 11(木) |
| | 頑 | 완고할, 무딜 완 | 頁 | 火 | 13(火) |
| | 翫 | 가지고놀, 기뻐할 완 | 羽 | 火 | 15(土) |
| | 宛 | 굽을, 마치 완 | 宀 | 木 | 8(金) |
| 왈<br>(土) | 曰 | 가로, 일컬을 왈 | 曰 | 火 | 4(火) |
| 왕<br>(土) | 王 | 임금, 제후, 어른 왕 | 玉 | 金 | 5(土) |
| | 往 | 갈, 이따금 왕 | 彳 | 火 | 8(金) |
| | 旺 | 왕성할, 고울 와 | 日 | 火 | 8(金) |
| | 汪 | 못, 넓을 왕 | 水 | 水 | 8(金) |
| | 枉 | 굽을, 굽힐 왕 | 木 | 木 | 8(金) |
| 왜<br>(土) | 娃 | 예쁠 왜 | 女 | 土 | 9(水) |
| | 倭 | 순할, 왜국 왜 | 人 | 火 | 10(水) |
| | 歪 | 삐뚤, 기울 왜 | 止 | 土 | 9(水) |
| | 矮 | 키작을, 짧게할 왜 | 失 | 金 | 13(火) |

| 음령<br>오행 | 한자 | 뜻 | 부수 | 자원<br>오행 | 획수<br>(오행) |
|---|---|---|---|---|---|
| 외<br>(土) | 猥 | 함부로, 뒤섞일 외 | 犬 | 土 | 13(火) |
| | 嵬 | 높을 외 | 山 | 土 | 13(火) |
| | 巍 | 높고큰모양 외 | 山 | 土 | 21(木) |
| | 外 | 바깥, 겉 외 | 夕 | 火 | 5(土) |
| | 畏 | 두려울, 겁낼 외 | 田 | 土 | 9(水) |
| 요<br>(土) | 夭 | 어릴, 젊을 요 | 大 | 水 | 4(火) |
| | 堯 | 높을, 요임금 요 | 土 | 土 | 12(木) |
| | 曜 | 요일, 해비칠 요 | 日 | 火 | 18(金) |
| | 耀 | 빛날 요 | 羽 | 火 | 20(水) |
| | 妖 | 아리따울 요 | 女 | 土 | 7(金) |
| | 嶢 | 높을 요 | 山 | 土 | 15(土) |
| | 燿 | 빛날 요 | 火 | 火 | 18(金) |
| | 窯 | 가마, 도기 요 | 穴 | 水 | 15(土) |
| | 繇 | 역사, 따를 요 | 糸 | 木 | 17(金) |
| | 繞 | 두를, 둘러쌀 요 | 糸 | 木 | 18(金) |
| | 姚 | 예쁠, 멀리 요 | 女 | 土 | 9(水) |
| | 僥 | 바랄, 요행 요 | 人 | 火 | 14(火) |
| | 凹 | 오목할 요 | 凵 | 火 | 5(土) |

| 음령<br>오행 | 한자 | 뜻 | 부수 | 자원<br>오행 | 획수<br>(오행) |
|---|---|---|---|---|---|
| 요<br>(土) | 邀 | 맞을, 부를 요 | 辵 | 土 | 19(水) |
| | 要 | 구할, 중요할 요 | 襾 | 金 | 9(水) |
| | 瑤 | 아름다운옥 요 | 玉 | 金 | 15(土) |
| | 窈 | 그윽할, 고상할 요 | 穴 | 水 | 10(水) |
| | 拗 | 꺾을, 비틀 요 | 手 | 木 | 9(水) |
| | 擾 | 어지러울, 흐려질 요 | 手 | 木 | 19(水) |
| | 橈 | 굽힐, 꺾일 요 | 木 | 木 | 16(土) |
| | 蟯 | 요충, 기생충 요 | 虫 | 水 | 18(金) |
| | 腰 | 허리 요 | 肉 | 水 | 15(土) |
| | 搖 | 움직일, 별이름 요 | 手 | 木 | 14(火) |
| | 遙 | 멀, 노닐 요 | 辵 | 土 | 17(金) |
| | 謠 | 노래, 풍설 요 | 言 | 金 | 17(金) |
| | 饒 | 넉넉할, 배불리먹을 요 | 食 | 水 | 21(木) |
| | 樂 | 좋아할 요 | 木 | 木 | 15(土) |
| | 料 | 셀, 헤아릴 요 | 斗 | 火 | 10(水) |
| | 了 | 마칠, 깨달을 요 | ㅣ | 金 | 2(木) |
| | 僚 | 동료, 벼슬아치 요 | 人 | 火 | 14(火) |
| 욕<br>(土) | 欲 | 하고자할, 원할 욕 | 欠 | 木 | 11(木) |

| 음령<br>오행 | 한자 | 뜻 | 부수 | 자원<br>오행 | 획수<br>(오행) |
|---|---|---|---|---|---|
| 욕<br>(土) | 浴 | 목욕, 깨끗이할 욕 | 水 | 水 | 11(木) |
| | 慾 | 욕심, 욕정 욕 | 心 | 火 | 15(土) |
| | 辱 | 욕될, 굽힐 욕 | 辰 | 土 | 10(水) |
| | 縟 | 무늬, 채색 욕 | 糸 | 木 | 16(土) |
| | 褥 | 요, 침구 욕 | 衣 | 木 | 16(土) |
| 용<br>(土) | 用 | 쓸, 행할 용 | 用 | 水 | 5(土) |
| | 容 | 얼굴, 모양 용 | 宀 | 木 | 10(水) |
| | 庸 | 떳떳할, 항상 용 | 广 | 木 | 11(木) |
| | 溶 | 질펀히흐를, 녹일 용 | 水 | 水 | 14(火) |
| | 甬 | 길, 솟을 용 | 用 | 水 | 7(金) |
| | 鎔 | 녹일, 거푸집 용 | 金 | 金 | 18(金) |
| | 熔 | 鎔의 속자 | 火 | 火 | 14(火) |
| | 瑢 | 패옥소리 용 | 玉 | 金 | 15(土) |
| | 榕 | 목나무 용 | 木 | 木 | 14(火) |
| | 湧 | 샘솟을, 성할 용 | 水 | 水 | 13(火) |
| | 埇 | 길돋울, 골목길 용 | 土 | 土 | 10(水) |
| | 鏞 | 큰쇠북 용 | 金 | 金 | 19(水) |
| | 蓉 | 연꽃, 나무연꽃 용 | 艸 | 木 | 16(土) |

| 음령<br>오행 | 한자 | 뜻 | 부수 | 자원<br>오행 | 획수<br>(오행) |
|---|---|---|---|---|---|
| 용<br>(土) | 勇 | 날랠, 용기 용 | 力 | 土 | 9(水) |
| | 冗 | 무익할, 여가 용 | 冖 | 木 | 4(火) |
| | 慂 | 권할, 억지로권할 용 | 心 | 火 | 14(火) |
| | 聳 | 솟을, 삼갈 용 | 耳 | 火 | 17(金) |
| | 俑 | 허수아비 용 | 人 | 火 | 9(水) |
| | 傭 | 품팔이 용 | 人 | 火 | 13(火) |
| | 墉 | 담, 벽 용 | 土 | 土 | 14(火) |
| | 湧 | 용맹할, 날쌜 용 | 水 | 水 | 13(火) |
| | 踊 | 뛸, 춤출 용 | 足 | 土 | 14(火) |
| | 龍 | 임금, 용 용 | 龍 | 土 | 16(土) |
| | 茸 | 녹용, 뾰죽날 용 | 艹 | 木 | 12(木) |
| 우<br>(土) | 宇 | 집, 지붕 우 | 宀 | 木 | 6(土) |
| | 旴 | 해돋을, 클 우 | 日 | 火 | 7(金) |
| | 雨 | 비, 비올 우 | 雨 | 水 | 8(金) |
| | 佑 | 도울, 도움될 우 | 人 | 火 | 7(金) |
| | 祐 | 도울, 행복 우 | 示 | 火 | 10(水) |
| | 禹 | 하우씨, 펼 우 | 禸 | 土 | 9(水) |
| | 瑀 | 옥돌 우 | 玉 | 金 | 14(火) |

| 음령<br>오행 | 한자 | 뜻 | 부수 | 자원<br>오행 | 획수<br>(오행) |
|---|---|---|---|---|---|
| 우<br>(土) | 玗 | 옥돌, 지명 우 | 玉 | 金 | 8(金) |
| | 右 | 오른쪽, 높일 우 | 口 | 水 | 5(土) |
| | 牛 | 소, 별이름 우 | 午 | 土 | 4(火) |
| | 友 | 벗, 친구 우 | 又 | 水 | 4(火) |
| | 又 | 또, 용서할 우 | 又 | 水 | 2(木) |
| | 遇 | 만날, 대접할 우 | 辵 | 土 | 16(土) |
| | 羽 | 깃, 우성 우 | 羽 | 火 | 6(土) |
| | 郵 | 역말, 우편 우 | 邑 | 土 | 15(土) |
| | 偶 | 무리, 짝지을 우 | 人 | 火 | 17(金) |
| | 優 | 넉넉할, 부드러울 우 | 人 | 火 | 17(金) |
| | 隅 | 기슭, 모퉁이 우 | 阜 | 土 | 17(金) |
| | 釪 | 바리때, 요령 우 | 金 | 金 | 11(木) |
| | 迂 | 길이멀, 굽을 우 | 辵 | 土 | 10(水) |
| | 盂 | 바리, 사발 우 | 皿 | 金 | 8(金) |
| | 祐 | 복 우 | 示 | 木 | 14(火) |
| | 紆 | 굽을 우 | 糸 | 木 | 9(金) |
| | 芋 | 토란 우 | 艸 | 木 | 9(水) |
| | 藕 | 연뿌리 우 | 艸 | 木 | 21(木) |

| 음령<br>오행 | 한자 | 뜻 | 부수 | 자원<br>오행 | 획수<br>(오행) |
|---|---|---|---|---|---|
| 우<br>(土) | 虞 | 헤아릴 우 | 虍 | 木 | 13(火) |
| | 雩 | 기우제 우 | 雨 | 水 | 11(木) |
| | 于 | 어조사, 행할 우 | 二 | 水 | 3(火) |
| | 堣 | 땅이름 우 | 土 | 土 | 12(木) |
| | 愚 | 어리석을 우 | 心 | 火 | 13(火) |
| | 尤 | 더욱, 특히 우 | 尤 | 土 | 4(火) |
| | 憂 | 근심할, 걱정할 우 | 心 | 火 | 15(土) |
| | 寓 | 머무를, 숙소 우 | 宀 | 木 | 12(木) |
| 욱<br>(土) | 旭 | 빛날, 아침해 욱 | 日 | 火 | 6(土) |
| | 昱 | 햇빛, 빛날 욱 | 日 | 火 | 9(水) |
| | 煜 | 빛날, 성할 욱 | 火 | 火 | 13(火) |
| | 郁 | 문채날, 향기 욱 | 邑 | 土 | 13(火) |
| | 彧 | 문체, 문채빛날 욱 | 彡 | 火 | 10(水) |
| | 勖 | 힘쓸 욱 | 力 | 土 | 11(木) |
| | 栯 | 산앵두 욱 | 木 | 木 | 10(水) |
| | 稶 | 서직, 무성할 욱 | 禾 | 木 | 15(土) |
| | 頊 | 삼갈, 머리숙일 욱 | 頁 | 金 | 13(火) |
| 운<br>(土) | 云 | 이를, 어조사 운 | 二 | 水 | 4(火) |

| 음령<br>오행 | 한자 | 뜻 | 부수 | 자원<br>오행 | 획수<br>(오행) |
|---|---|---|---|---|---|
| 운<br>(土) | 夽 | 높을, 클 운 | 大 | 木 | 7(金) |
| | 贇 | 넉넉할 운 | 貝 | 金 | 16(土) |
| | 沄 | 소용돌이칠, 넓을 운 | 水 | 水 | 8(金) |
| | 芸 | 향초이름, 성한모양 운 | 艹 | 木 | 10(水) |
| | 雲 | 구름, 습기 운 | 雨 | 水 | 12(木) |
| | 運 | 움직일, 옮길 운 | 辶 | 土 | 16(土) |
| | 韻 | 음운, 울림 운 | 音 | 金 | 19(水) |
| | 熉 | 노란모양 운 | 火 | 火 | 14(火) |
| | 蕓 | 평지, 겨자풀 운 | 艹 | 木 | 18(金) |
| | 耘 | 김맬, 없앨 운 | 耒 | 木 | 10(水) |
| | 暈 | 달무리 운 | 日 | 火 | 13(火) |
| | 橒 | 나무무늬 운 | 木 | 木 | 16(土) |
| | 隕 | 떨어질, 잃을 운 | 阜 | 土 | 17(金) |
| | 殞 | 죽을, 떨어질 운 | 歹 | 水 | 14(火) |
| | 澐 | 큰물결 운 | 水 | 水 | 16(土) |
| 울<br>(土) | 蔚 | 땅, 고을이름 운 | 艹 | 木 | 17(金) |
| | 圥 | 땅이름 울 | 二 | 木 | 4(火) |
| | 鬱 | 막힐, 우거질 울 | 鬯 | 木 | 29(水) |

| 음령<br>오행 | 한자 | 뜻 | 부수 | 자원<br>오행 | 획수<br>(오행) |
|---|---|---|---|---|---|
| 웅<br>(土) | 雄 | 영웅, 수컷 웅 | 隹 | 火 | 12(木) |
| | 熊 | 곰, 빛나는모양 웅 | 火 | 火 | 14(火) |
| 원<br>(土) | 元 | 으뜸, 근본 원 | 儿 | 木 | 4(火) |
| | 原 | 근본, 벌판 원 | 厂 | 土 | 10(水) |
| | 源 | 근원, 이을 원 | 水 | 水 | 14(火) |
| | 垣 | 담, 별이름 원 | 土 | 土 | 9(水) |
| | 洹 | 강이름, 물흐를 원 | 水 | 水 | 10(水) |
| | 沅 | 강이름 원 | 水 | 水 | 8(金) |
| | 媛 | 아름다울, 아리따울 원 | 女 | 土 | 12(木) |
| | 愿 | 정성, 삼갈 원 | 心 | 火 | 14(火) |
| | 苑 | 나라동산 원 | 艸 | 木 | 11(木) |
| | 願 | 원할, 하고자할 원 | 頁 | 火 | 19(水) |
| | 員 | 수효, 둥글 원 | 口 | 水 | 10(水) |
| | 院 | 담, 집, 절 원 | 阜 | 土 | 15(土) |
| | 瑗 | 도리옥, 근옥 원 | 玉 | 金 | 14(火) |
| | 嫄 | 여자이름 원 | 女 | 土 | 13(火) |
| | 轅 | 끌채, 수레 원 | 車 | 火 | 17(金) |
| | 婉 | 순할, 예쁠 원 | 女 | 土 | 11(木) |

| 음령<br>오행 | 한자 | 뜻 | 부수 | 자원<br>오행 | 획수<br>(오행) |
|---|---|---|---|---|---|
| 원<br>(土) | 猿 | 원숭이 원 | 犬 | 土 | 14(火) |
| | 阮 | 관문이름 원 | 阜 | 土 | 12(木) |
| | 鴛 | 원앙 원 | 鳥 | 火 | 16(土) |
| | 湲 | 물흐를, 맑을 원 | 水 | 水 | 13(火) |
| | 爰 | 이에, 여기에 원 | 瓜 | 木 | 9(水) |
| | 寃 | 원통할, 불평 원 | 宀 | 木 | 11(木) |
| | 遠 | 멀, 심오할 원 | 辶 | 土 | 17(金) |
| | 園 | 동산, 울타리 원 | 囗 | 水 | 13(火) |
| | 怨 | 원망, 미워할 원 | 心 | 火 | 9(水) |
| | 圓 | 둥글, 둘레 원 | 囗 | 水 | 13(火) |
| | 援 | 당길, 취할 원 | 手 | 木 | 13(火) |
| | 袁 | 옷치렁거릴 원 | 衣 | 木 | 10(水) |
| 월<br>(土) | 月 | 달, 한달 월 | 月 | 水 | 4(火) |
| | 越 | 건널, 넘을 월 | 走 | 火 | 12(木) |
| | 鉞 | 도끼, 방울소리 월 | 金 | 金 | 13(火) |
| 위<br>(土) | 謂 | 이를, 고할 위 | 言 | 金 | 16(土) |
| | 圍 | 둘레, 둘러쌀 위 | 囗 | 水 | 12(木) |
| | 偉 | 클, 훌륭할 위 | 人 | 火 | 11(木) |

| 음령<br>오행 | 한자 | 뜻 | 부수 | 자원<br>오행 | 획수<br>(오행) |
|---|---|---|---|---|---|
| 위<br>(土) | 委 | 맡길, 맡을 위 | 女 | 土 | 8(金) |
| | 暐 | 햇빛, 빛나는 모양 위 | 日 | 火 | 13(火) |
| | 渭 | 강이름 위 | 水 | 水 | 13(火) |
| | 韋 | 다룸가죽 위 | 韋 | 金 | 9(水) |
| | 尉 | 벼슬, 위로할 위 | 寸 | 土 | 11(木) |
| | 瑋 | 아름다운옥 위 | 玉 | 金 | 14(火) |
| | 魏 | 위나라, 대궐 위 | 鬼 | 火 | 18(金) |
| | 位 | 자리, 벼슬 위 | 人 | 火 | 7(金) |
| | 爲 | 할, 베풀 위 | 爪 | 金 | 12(木) |
| | 威 | 위엄, 세력 위 | 女 | 土 | 9(水) |
| | 蝟 | 고슴도치, 운집할 위 | 虫 | 水 | 15(土) |
| | 褘 | 아름다울, 향낭 위 | 衣 | 木 | 15(土) |
| | 葦 | 갈대, 작은배 위 | 艸 | 木 | 13(火) |
| | 蔿 | 애기풀, 고을이름 위 | 艸 | 木 | 18(金) |
| | 萎 | 마를, 시들 위 | 艸 | 木 | 14(火) |
| | 胃 | 밥통, 양 위 | 肉 | 水 | 11(木) |
| | 危 | 위태할, 두려울 위 | 卩 | 水 | 6(土) |
| | 緯 | 경위, 씨줄 위 | 糸 | 木 | 15(土) |

| 음령<br>오행 | 한자 | 뜻 | 부수 | 자원<br>오행 | 획수<br>(오행) |
|---|---|---|---|---|---|
| 위<br>(土) | 衛 | 지킬, 막을 위 | 行 | 火 | 16(土) |
| | 衞 | 衛의 속자 | 行 | 火 | 15(土) |
| | 違 | 어길, 다를 위 | 辵 | 土 | 16(土) |
| | 慰 | 위로할, 울적할 위 | 心 | 火 | 15(土) |
| | 僞 | 거짓, 속일 위 | 心 | 火 | 14(火) |
| 유<br>(土) | 由 | 행할, 말미암을 유 | 田 | 木 | 5(土) |
| | 有 | 있을, 얻을 유 | 月 | 水 | 6(土) |
| | 柔 | 부드러울, 순할 유 | 木 | 木 | 9(水) |
| | 愈 | 어질, 더욱 유 | 心 | 火 | 13(火) |
| | 裕 | 넉넉할, 너그러울 유 | 衣 | 木 | 13(火) |
| | 柳 | 성씨, 버들 유 | 木 | 木 | 9(水) |
| | 流 | 흐를 유 | 水 | 水 | 11(木) |
| | 劉 | 모금도, 베풀 류 | 刀 | 金 | 15(土) |
| | 留 | 머무를 유 | 田 | 土 | 10(木) |
| | 類 | 같을, 무리 류 | 頁 | 火 | 19(水) |
| | 琉 | 유리, 나라이름 유 | 玉 | 金 | 12(木) |
| | 侑 | 도울, 짝 유 | 人 | 火 | 8(金) |
| | 洧 | 물이름 유 | 水 | 水 | 10(水) |

| 음령<br>오행 | 한자 | 뜻 | 부수 | 자원<br>오행 | 획수<br>(오행) |
|---|---|---|---|---|---|
| 유<br>(土) | 宥 | 용서할, 도울 유 | 宀 | 木 | 9(水) |
| | 兪 | 성씨, 그럴, 맑을 유 | 人 | 火 | 9(水) |
| | 瑜 | 아름다운옥 유 | 玉 | 金 | 14(火) |
| | 秞 | 곡식, 곡식무성할 유 | 禾 | 木 | 10(水) |
| | 攸 | 바, 다스릴 유 | 攴 | 金 | 7(金) |
| | 柚 | 유자나무 유 | 木 | 木 | 9(水) |
| | 濡 | 젖을, 은혜입을 유 | 水 | 水 | 18(金) |
| | 愉 | 즐거울, 기뻐할 유 | 心 | 火 | 13(火) |
| | 釉 | 윤, 광택 유 | 釆 | 木 | 12(木) |
| | 臾 | 잠깐, 만류할 유 | 臼 | 土 | 8(金) |
| | 萸 | 수유, 풀이름 유 | 艸 | 木 | 13(火) |
| | 鍮 | 놋쇠 유 | 金 | 金 | 17(金) |
| | 誘 | 달랠, 가르칠 유 | 言 | 金 | 14(火) |
| | 悠 | 생각할, 멀 유 | 心 | 火 | 11(木) |
| | 庾 | 곳집, 노적가리 유 | 广 | 木 | 12(木) |
| | 喩 | 알려줄, 고할 유 | 口 | 水 | 12(木) |
| | 楡 | 느릅나무, 옮길 유 | 木 | 木 | 13(火) |
| | 猷 | 꾀할, 계략 유 | 犬 | 土 | 13(火) |

| 음령<br>오행 | 한자 | 뜻 | 부수 | 자원<br>오행 | 획수<br>(오행) |
|---|---|---|---|---|---|
| 유<br>(土) | 維 | 바, 이을 유 | 糸 | 木 | 14(火) |
| | 乳 | 젖, 낳을 유 | 乙 | 水 | 8(金) |
| | 儒 | 선비, 유학 유 | 人 | 火 | 16(土) |
| | 猶 | 오히려, 같을 유 | 犬 | 土 | 13(火) |
| | 唯 | 오직, 어조사 유 | 口 | 水 | 11(木) |
| | 油 | 기름 유 | 水 | 水 | 9(水) |
| | 酉 | 닭, 술 유 | 酉 | 金 | 7(金) |
| | 遺 | 끼칠, 전할 유 | 辶 | 土 | 19(水) |
| | 幼 | 어릴, 사랑할 유 | 幺 | 火 | 5(土) |
| | 幽 | 그윽할, 숨을 유 | 幺 | 火 | 9(水) |
| | 惟 | 꾀할, 생각할 유 | 心 | 火 | 12(木) |
| | 遊 | 놀, 즐길, 여행할 유 | 辶 | 土 | 16(土) |
| | 游 | 헤엄칠, 놀 유 | 水 | 水 | 12(火) |
| | 孺 | 젖먹일, 사모할 유 | 子 | 水 | 17(金) |
| | 諛 | 아첨할 유 | 言 | 金 | 16(土) |
| | 踰 | 넘을, 지나갈 유 | 足 | 土 | 16(土) |
| | 蹂 | 밟을, 빠를 유 | 足 | 土 | 16(土) |
| 육<br>(土) | 育 | 기를, 자랄 육 | 月 | 水 | 10(水) |

| 음령<br>오행 | 한자 | 뜻 | 부수 | 자원<br>오행 | 획수<br>(오행) |
|---|---|---|---|---|---|
| 육<br>(土) | 六 | 여섯 육 | 八 | 土 | 6(土) |
| | 陸 | 언덕, 육지 육 | 阜 | 土 | 15(土) |
| | 堉 | 기름진땅 육 | 土 | 土 | 11(木) |
| | 毓 | 기를 육 | 母 | 火 | 14(土) |
| | 肉 | 고기, 동물의살 육 | 肉 | 水 | 6(土) |
| 윤<br>(土) | 尹 | 다스릴, 성실할 윤 | 尸 | 水 | 4(火) |
| | 允 | 진실로, 마땅할 윤 | 儿 | 土 | 4(火) |
| | 阭 | 높을 윤 | 阜 | 土 | 12(木) |
| | 玧 | 붉은구슬 윤 | 玉 | 金 | 9(水) |
| | 潤 | 윤택할, 꾸밀 윤 | 水 | 水 | 16(土) |
| | 閏 | 윤달 윤 | 門 | 火 | 12(木) |
| | 倫 | 인륜 윤 | 人 | 火 | 10(木) |
| | 綸 | 실, 다스릴 윤 | 糸 | 木 | 14(火) |
| | 輪 | 바퀴, 당길이 윤 | 車 | 金 | 15(土) |
| | 侖 | 둥글, 생각할 윤 | 人 | 火 | 8(金) |
| | 崙 | 산이름 윤 | 人 | 火 | 11(木) |
| | 胤 | 맏아들, 이을 윤 | 肉 | 水 | 11(木) |
| | 奫 | 물깊고넓을 윤 | 大 | 水 | 14(火) |

| 음령<br>오행 | 한자 | 뜻 | 부수 | 자원<br>오행 | 획수<br>(오행) |
|---|---|---|---|---|---|
| 윤<br>(土) | 贇 | 예쁠, 아름다울 윤 | 貝 | 金 | 18(金) |
| | 鈗 | 창 윤 | 金 | 金 | 12(木) |
| 율<br>(土) | 聿 | 붓, 스스로 율 | 聿 | 火 | 6(土) |
| | 律 | 법, 지위 율 | 彳 | 火 | 9(水) |
| | 栗 | 밤, 여물 율 | 木 | 木 | 10(水) |
| | 率 | 비율, 거느릴 율 | 玄 | 火 | 11(木) |
| 융<br>(土) | 隆 | 풍성할, 두터울 융 | 阜 | 土 | 15(土) |
| | 融 | 화할, 화합할 융 | 虫 | 水 | 16(土) |
| | 瀜 | 물깊고넓을 융 | 水 | 水 | 20(水) |
| | 絨 | 융, 고운베 융 | 糸 | 木 | 12(木) |
| | 戎 | 되, 오랑캐 융 | 戈 | 金 | 6(土) |
| 은<br>(土) | 恩 | 은혜, 덕택 은 | 心 | 火 | 10(水) |
| | 溵 | 물소리, 강이름 은 | 水 | 水 | 14(火) |
| | 珢 | 옥돌 은 | 玉 | 金 | 11(木) |
| | 殷 | 성할, 많을 은 | 殳 | 金 | 10(水) |
| | 誾 | 온화할, 화평할 은 | 言 | 金 | 15(土) |
| | 銀 | 은, 돈 은 | 金 | 金 | 14(火) |
| | 垠 | 언덕, 땅끝 은 | 土 | 土 | 9(水) |

| 음령<br>오행 | 한자 | 뜻 | 부수 | 자원<br>오행 | 획수<br>(오행) |
|---|---|---|---|---|---|
| 은<br>(土) | 隱 | 숨을, 은미할 은 | 阜 | 土 | 22(木) |
| | 慇 | 괴로울, 친절할 은 | 心 | 火 | 14(火) |
| 을<br>(土) | 乙 | 새, 굽을 을 | 乙 | 木 | 1(木) |
| 음<br>(土) | 音 | 소리, 말소리 음 | 音 | 金 | 9(水) |
| | 吟 | 읊을, 탄식할 음 | 口 | 水 | 7(金) |
| | 飮 | 마실, 음료 음 | 食 | 水 | 13(火) |
| | 蔭 | 그늘 음 | 艸 | 木 | 17(金) |
| | 陰 | 응달, 습기 음 | 阜 | 土 | 16(土) |
| | 淫 | 음란할, 간사할 음 | 水 | 水 | 12(木) |
| 읍<br>(土) | 邑 | 고을, 마을 읍 | 邑 | 土 | 7(金) |
| | 泣 | 울음, 눈물 읍 | 水 | 水 | 9(水) |
| | 揖 | 공경, 예의 읍 | 手 | 木 | 13(火) |
| 응<br>(土) | 應 | 응할, 받을 응 | 心 | 火 | 17(金) |
| | 膺 | 가슴, 안을 응 | 肉 | 水 | 19(水) |
| | 鷹 | 매, 송골매 응 | 鳥 | 火 | 24(火) |
| | 凝 | 엉길, 추울 응 | 冫 | 水 | 16(土) |
| 의<br>(土) | 義 | 옳을, 뜻 의 | 羊 | 土 | 13(火) |
| | 議 | 의논할, 계획할 의 | 言 | 金 | 20(火) |

| 음령<br>오행 | 한자 | 뜻 | 부수 | 자원<br>오행 | 획수<br>(오행) |
|---|---|---|---|---|---|
| 의<br>(土) | 意 | 뜻, 뜻할 의 | 心 | 火 | 13(火) |
| | 宜 | 옳을, 마땅할 의 | 宀 | 木 | 8(金) |
| | 儀 | 예의, 본받을 의 | 人 | 火 | 15(土) |
| | 誼 | 옳을, 다스릴 의 | 言 | 金 | 15(土) |
| | 衣 | 옷, 입을 의 | 衣 | 木 | 6(土) |
| | 依 | 의지할, 도울 의 | 人 | 火 | 8(金) |
| | 矣 | 어조사 의 | 矢 | 金 | 7(金) |
| | 醫 | 의원, 병고칠 의 | 酉 | 金 | 18(金) |
| | 擬 | 헤아릴, 흉내낼 의 | 手 | 木 | 18(金) |
| | 懿 | 아름다울, 좋을 의 | 心 | 火 | 22(木) |
| | 椅 | 의나무 의 | 木 | 木 | 12(木) |
| | 薏 | 율무, 연밥 의 | 艸 | 木 | 19(水) |
| | 艤 | 배를댈 의 | 舟 | 木 | 19(水) |
| | 疑 | 의심할, 의혹할 의 | 疋 | 火 | 14(火) |
| | 倚 | 의지할, 인연할 의 | 人 | 火 | 10(水) |
| | 毅 | 굳셀, 강할 의 | 殳 | 金 | 15(土) |
| 이<br>(土) | 里 | 마을, 거리 이 | 里 | 土 | 7(金) |
| | 理 | 다스릴, 바를 이 | 玉 | 金 | 12(木) |

| 음령<br>오행 | 한자 | 뜻 | 부수 | 자원<br>오행 | 획수<br>(오행) |
|---|---|---|---|---|---|
| 이<br>(土) | 利 | 길할, 좋을 이 | 刀 | 金 | 7(金) |
| | 李 | 성씨, 오얏나무 이 | 木 | 木 | 7(金) |
| | 莉 | 말리나무 이 | 艸 | 木 | 13(火) |
| | 吏 | 아전, 관리 이 | 口 | 水 | 6(土) |
| | 二 | 두, 같을 이 | 二 | 木 | 2(木) |
| | 貳 | 두, 두마음 이 | 貝 | 金 | 12(木) |
| | 以 | 써, 까닭 이 | 人 | 火 | 5(土) |
| | 已 | 이미, 그칠 이 | 已 | 火 | 3(火) |
| | 耳 | 귀, 성할 이 | 耳 | 火 | 6(土) |
| | 而 | 어조사, 너 이 | 而 | 水 | 6(土) |
| | 移 | 옮길, 떠날 이 | 禾 | 木 | 11(木) |
| | 薍 | 벨, 깎을 이 | 艸 | 木 | 12(木) |
| | 珥 | 귀고리, 햇무리 이 | 玉 | 金 | 11(木) |
| | 伊 | 저, 어조사 이 | 人 | 火 | 6(土) |
| | 易 | 쉬울, 바꿀 이 | 日 | 火 | 8(金) |
| | 弛 | 늦출, 없앨 이 | 弓 | 金 | 6(土) |
| | 怡 | 기쁠, 즐거울 이 | 心 | 火 | 9(水) |
| | 肄 | 익힐, 노력할 이 | 聿 | 火 | 13(火) |

| 음령<br>오행 | 한자 | 뜻 | 부수 | 자원<br>오행 | 획수<br>(오행) |
|---|---|---|---|---|---|
| 이<br>(土) | 苢 | 질경이 이 | 艸 | 木 | 11(木) |
| | 貽 | 끼칠, 남길 이 | 貝 | 金 | 12(木) |
| | 邇 | 가까울 이 | 辵 | 土 | 20(水) |
| | 飴 | 엿, 먹일 이 | 食 | 水 | 14(火) |
| | 頤 | 턱 이 | 頁 | 火 | 15(土) |
| | 姨 | 이모 이 | 女 | 土 | 9(水) |
| | 痍 | 상처, 벨 이 | 疒 | 水 | 11(木) |
| | 夷 | 오랑캐, 평평할 이 | 大 | 木 | 6(土) |
| | 異 | 다를, 나눌 이 | 田 | 土 | 11(木) |
| | 梨 | 배나무 이 | 木 | 木 | 11(木) |
| | 离 | 산신, 맹수 이 | 冂 | 火 | 11(木) |
| | 俚 | 속될, 상말 이 | 人 | 火 | 9(水) |
| | 璃 | 유리, 구슬 이 | 玉 | 金 | 16(土) |
| | 離 | 떼어놓을, 가를 이 | 隹 | 火 | 19(水) |
| | 裏 | 속, 안쪽 이 | 衣 | 木 | 13(火) |
| | 履 | 신을, 밟을 이 | 尸 | 木 | 15(土) |
| | 爾 | 너, 어조사 이 | 爻 | 火 | 14(火) |
| | 彛 | 떳떳할, 법 이 | 彐 | 火 | 18(金) |

| 음령<br>오행 | 한자 | 뜻 | 부수 | 자원<br>오행 | 획수<br>(오행) |
|---|---|---|---|---|---|
| 이<br>(土) | 彛 | 彝의 속자 | 彑 | 火 | 16(土) |
| 익<br>(土) | 益 | 더할, 유익할 익 | 皿 | 水 | 10(水) |
| | 翊 | 도울, 공경할 익 | 羽 | 火 | 11(木) |
| | 瀷 | 강이름 익 | 水 | 水 | 21(水) |
| | 謚 | 웃는모양, 시호 이 | 言 | 金 | 17(金) |
| | 翌 | 다음날, 도울 익 | 羽 | 火 | 11(木) |
| | 翼 | 날개, 공경할 익 | 羽 | 火 | 17(金) |
| 인<br>(土) | 人 | 사람, 백성, 타인 인 | 人 | 火 | 2(木) |
| | 引 | 인도할, 이끌 인 | 弓 | 火 | 4(火) |
| | 仁 | 어질, 착할 인 | 人 | 火 | 4(火) |
| | 因 | 인할, 연유 인 | 口 | 水 | 6(土) |
| | 認 | 알, 인정할 인 | 言 | 金 | 14(火) |
| | 寅 | 범, 셋째지지 인 | 宀 | 木 | 11(木) |
| | 印 | 도장, 찍을 인 | 卩 | 木 | 6(土) |
| | 姻 | 혼인할, 시집 인 | 女 | 土 | 9(水) |
| | 隣 | 이웃 인 | 阜 | 土 | 20(水) |
| | 潾 | 맑을, 석간수 인 | 水 | 水 | 16(土) |
| | 麟 | 기린, 큰사슴수컷 인 | 鹿 | 土 | 23(火) |

| 음령오행 | 한자 | 뜻 | 부수 | 자원오행 | 획수(오행) |
|---|---|---|---|---|---|
| 인<br>(土) | 咽 | 목구멍, 삼킬 인 | 口 | 水 | 9(水) |
| | 湮 | 잠길, 막힐 인 | 水 | 水 | 13(火) |
| | 絪 | 천지의 기운 인 | 糸 | 木 | 12(木) |
| | 茵 | 자리, 풀이름 인 | 艸 | 木 | 12(木) |
| | 蚓 | 지렁이 인 | 虫 | 水 | 10(水) |
| | 靭 | 질길, 부드러울 인 | 革 | 金 | 12(木) |
| | 靷 | 가슴걸이 인 | 革 | 金 | 13(火) |
| | 刃 | 칼날, 병장기 인 | 刀 | 金 | 3(火) |
| | 忍 | 참을, 강인할 인 | 心 | 火 | 7(金) |
| 일<br>(土) | 日 | 날, 햇빛 일 | 日 | 火 | 7(火) |
| | 壹 | 한, 정성 일 | 士 | 木 | 12(木) |
| | 逸 | 달아날, 숨을 일 | 辵 | 土 | 15(土) |
| | 一 | 하나, 첫째 일 | 一 | 木 | 1(木) |
| | 溢 | 넘칠, 가득할 일 | 水 | 水 | 14(火) |
| | 鎰 | 중량단위 일 | 金 | 金 | 18(金) |
| | 馹 | 역말, 역마 일 | 馬 | 火 | 14(火) |
| | 佾 | 춤, 춤출 일 | 人 | 火 | 8(金) |
| | 佚 | 편안할, 숨을 일 | 人 | 火 | 7(金) |

| 음령<br>오행 | 한자 | 뜻 | 부수 | 자원<br>오행 | 획수<br>(오행) |
|---|---|---|---|---|---|
| 임<br>(土) | 任 | 맡길, 믿을 임 | 人 | 火 | 6(土) |
| | 壬 | 아홉째천간, 짊어질 임 | 士 | 水 | 4(火) |
| | 稔 | 곡식익을 임 | 禾 | 木 | 13(火) |
| | 林 | 수풀, 숲 임 | 木 | 木 | 8(金) |
| | 臨 | 임할, 내려다볼 임 | 臣 | 火 | 17(金) |
| | 琳 | 아름다운옥 임 | 玉 | 金 | 13(火) |
| | 霖 | 장마 임 | 雨 | 水 | 16(土) |
| | 恁 | 생각할, 당신 임 | 心 | 火 | 10(水) |
| | 荏 | 들깨, 누에콩 임 | 艸 | 木 | 12(木) |
| | 賃 | 품팔이, 더불상이 임 | 貝 | 金 | 13(火) |
| | 妊 | 아이밸 임 | 女 | 土 | 7(金) |
| | 姙 | 아이밸 임 | 女 | 土 | 9(水) |
| 입<br>(土) | 入 | 들, 넣을 입 | 入 | 木 | 2(木) |
| | 廿 | 스물 입 | 廿 | 木 | 3(火) |
| | 立 | 설, 세울 입 | 立 | 金 | 5(土) |
| | 笠 | 우리, 구리때 입 | 竹 | 木 | 11(木) |
| | 粒 | 쌀알 입 | 米 | 木 | 11(木) |
| 잉<br>(土) | 剩 | 남을, 더할 잉 | 刀 | 金 | 12(木) |

| 음령<br>오행 | 한자 | 뜻 | 부수 | 자원<br>오행 | 획수<br>(오행) |
|---|---|---|---|---|---|
| 잉<br>(土) | 仍 | 인할, 거듭할 잉 | 人 | 火 | 4(火) |
| | 孕 | 아이밸, 품을 잉 | 子 | 水 | 5(土) |
| | 芿 | 새풀싹 잉 | 艸 | 木 | 10(水) |
| 자<br>(金) | 字 | 글자, 글씨 자 | 子 | 木 | 6(土) |
| | 慈 | 사랑, 인자 자 | 心 | 火 | 14(火) |
| | 玆 | 이에, 검을 자 | 玄 | 火 | 10(水) |
| | 滋 | 번성할, 더할 자 | 水 | 水 | 14(火) |
| | 自 | 스스로, 몸소 자 | 自 | 木 | 6(土) |
| | 子 | 아들, 자식 자 | 子 | 水 | 3(火) |
| | 姉 | 손위누이 자 | 女 | 土 | 8(金) |
| | 姊 | 姉의 속자 | 女 | 土 | 8(金) |
| | 紫 | 자주빛 자 | 糸 | 木 | 11(水) |
| | 資 | 재물, 자본 자 | 貝 | 金 | 13(火) |
| | 姿 | 맵시, 모습 자 | 女 | 土 | 9(水) |
| | 仔 | 자세할, 새끼 자 | 人 | 火 | 5(土) |
| | 磁 | 지남, 자석 자 | 石 | 金 | 15(土) |
| | 藉 | 깔개, 빌릴 자 | 艸 | 木 | 20(水) |
| | 茨 | 가시나무 자 | 艸 | 木 | 12(木) |

| 음령<br>오행 | 한자 | 뜻 | 부수 | 자원<br>오행 | 획수<br>(오행) |
|---|---|---|---|---|---|
| 자<br>(金) | 蔗 | 사탕수수, 맛좋을 자 | 竹 | 木 | 17(金) |
| | 諮 | 물을, 자문할 자 | 言 | 金 | 16(土) |
| | 孜 | 힘쓸 자 | 子 | 水 | 7(金) |
| | 炙 | 고기구울 자 | 火 | 火 | 8(金) |
| | 煮 | 삶을, 익힐 자 | 火 | 火 | 13(火) |
| | 咨 | 물을, 탄식할 자 | 口 | 水 | 9(水) |
| | 疵 | 흠, 결점 자 | 疒 | 水 | 10(水) |
| | 瓷 | 사기그릇 자 | 瓦 | 土 | 11(木) |
| | 雌 | 암컷, 쇠약할 자 | 隹 | 火 | 13(火) |
| | 者 | 놈, 어조사 자 | 老 | 土 | 10(水) |
| | 恣 | 방자할, 멋대로 자 | 心 | 火 | 8(水) |
| | 刺 | 찌를, 가시 자 | 刀 | 金 | 8(金) |
| 작<br>(金) | 綽 | 너그러울, 여유있을 작 | 糸 | 木 | 14(火) |
| | 作 | 지을, 이룰 작 | 人 | 火 | 7(金) |
| | 昨 | 어제, 엊그제 작 | 日 | 火 | 9(水) |
| | 爵 | 잔, 작위 작 | 爪 | 金 | 17(金) |
| | 灼 | 사를, 밝을 작 | 火 | 火 | 7(金) |
| | 芍 | 연밥, 함박꽃 작 | 艸 | 木 | 9(水) |

| 음령<br>오행 | 한자 | 뜻 | 부수 | 자원<br>오행 | 획수<br>(오행) |
|---|---|---|---|---|---|
| 작<br>(金) | 雀 | 참새, 공작 작 | 隹 | 火 | 11(木) |
| | 鵲 | 까치, 개이름 작 | 鳥 | 火 | 19(水) |
| | 勺 | 구기 작 | 勹 | 金 | 3(火) |
| | 嚼 | 씹을, 맛볼 작 | 口 | 水 | 21(木) |
| | 斫 | 벨, 자를 작 | 斤 | 金 | 9(水) |
| | 炸 | 터질, 폭발할 작 | 火 | 火 | 9(水) |
| | 酌 | 따를, 취할 작 | 酉 | 金 | 10(水) |
| 잔<br>(金) | 殘 | 해칠, 무너질 잔 | 歹 | 水 | 12(木) |
| | 棧 | 잔도 잔 | 木 | 木 | 12(木) |
| | 潺 | 물흐르는소리 잔 | 水 | 水 | 16(土) |
| | 孱 | 나약할 잔 | 子 | 水 | 12(木) |
| | 盞 | 잔, 등잔 잔 | 皿 | 金 | 13(火) |
| 잠<br>(金) | 暫 | 잠깐, 얼른 잠 | 日 | 火 | 15(土) |
| | 岑 | 봉우리, 높을, 클 잠 | 山 | 土 | 7(金) |
| | 簪 | 비녀, 빠를 잠 | 竹 | 木 | 18(金) |
| | 潛 | 자맥질할, 잠길 잠 | 水 | 水 | 16(土) |
| | 潜 | 潛의 속자 | 水 | 水 | 16(土) |
| | 蠶 | 누에, 누에칠 잠 | 虫 | 水 | 24(火) |

| 음령<br>오행 | 한자 | 뜻 | 부수 | 자원<br>오행 | 획수<br>(오행) |
|---|---|---|---|---|---|
| 잠<br>(金) | 箴 | 바늘, 경계할 잠 | 竹 | 木 | 15(土) |
| 잡<br>(金) | 雜 | 썩을, 썩일 잡 | 隹 | 火 | 18(金) |
| 장<br>(金) | 莊 | 단정할, 바를 장 | 艸 | 木 | 13(火) |
| | 庄 | 莊의 속자 | 广 | 木 | 6(土) |
| | 張 | 베풀, 넓힐 장 | 弓 | 金 | 11(木) |
| | 壯 | 굳셀, 씩씩할 장 | 士 | 木 | 7(金) |
| | 璋 | 구슬, 반쪽홀 장 | 玉 | 金 | 16(土) |
| | 暲 | 해돋을, 밝을 장 | 日 | 火 | 15(土) |
| | 奘 | 클, 튼튼할 장 | 大 | 木 | 10(水) |
| | 漳 | 강이름 장 | 水 | 水 | 15(土) |
| | 狀 | 형상, 모양, 용모 장 | 犬 | 土 | 8(金) |
| | 臧 | 착할, 두터울 장 | 臣 | 火 | 14(火) |
| | 樟 | 녹나무 장 | 木 | 木 | 16(土) |
| | 薔 | 장미꽃 장 | 艸 | 木 | 19(水) |
| | 長 | 긴, 길이, 오랠 장 | 長 | 木 | 8(金) |
| | 章 | 글, 문장 장 | 立 | 金 | 11(木) |
| | 場 | 마당, 장소 장 | 土 | 土 | 12(木) |
| | 將 | 장수, 나아갈 장 | 寸 | 土 | 11(木) |

| 음령<br>오행 | 한자 | 뜻 | 부수 | 자원<br>오행 | 획수<br>(오행) |
|---|---|---|---|---|---|
| 장<br>(金) | 丈 | 어른, 길이단위 장 | 一 | 木 | 3(火) |
| | 帳 | 휘장, 군막 장 | 巾 | 木 | 11(木) |
| | 裝 | 꾸밀, 화장할 장 | 衣 | 木 | 13(火) |
| | 奬 | 권면할, 도울 장 | 大 | 木 | 14(火) |
| | 墻 | 담장, 경계 장 | 뉘 | 土 | 17(金) |
| | 牆 | 墻와 같은 자 | 뉘 | 土 | 16(土) |
| | 粧 | 단장할 장 | 米 | 木 | 12(木) |
| | 匠 | 장인, 만들 장 | 匚 | 土 | 6(土) |
| | 庄 | 전장, 농막 장 | 广 | 木 | 6(土) |
| | 仗 | 무기, 호위, 의지할 장 | 人 | 火 | 5(土) |
| | 檣 | 돛대 장 | 木 | 木 | 17(金) |
| | 獐 | 노루 장 | 犬 | 土 | 15(土) |
| | 贓 | 장물, 숨길, 감출 장 | 貝 | 金 | 21(木) |
| | 醬 | 젓갈, 된장, 간장 장 | 酉 | 金 | 18(金) |
| | 蔣 | 줄, 진고 장 | 艸 | 木 | 17(金) |
| | 欌 | 장롱, 의장 장 | 木 | 木 | 22(木) |
| | 漿 | 미음, 음료 장 | 水 | 水 | 15(土) |
| | 掌 | 손바닥, 솜씨 장 | 手 | 木 | 12(木) |

| 음령<br>오행 | 한자 | 뜻 | 부수 | 자원<br>오행 | 획수<br>(오행) |
|---|---|---|---|---|---|
| 장<br>(金) | 藏 | 감출, 간직할 장 | 艸 | 木 | 20(水) |
| | 臟 | 오장, 내장 장 | 肉 | 水 | 24(火) |
| | 障 | 막힐, 막을 장 | 阜 | 土 | 19(水) |
| | 腸 | 창자, 마음 장 | 肉 | 水 | 15(土) |
| | 葬 | 장사지낼 장 | 艸 | 木 | 15(土) |
| | 杖 | 지팡이, 짚을 장 | 木 | 木 | 7(金) |
| 재<br>(金) | 才 | 재즈, 능할 재 | 手 | 木 | 4(火) |
| | 材 | 재목, 자질 재 | 木 | 木 | 7(金) |
| | 在 | 있을, 살필 재 | 土 | 土 | 6(土) |
| | 栽 | 심을 재 | 木 | 木 | 10(水) |
| | 載 | 실을, 이길 재 | 車 | 火 | 13(火) |
| | 渽 | 맑을 재 | 水 | 水 | 13(火) |
| | 宰 | 재상, 주관할 재 | 宀 | 木 | 10(水) |
| | 梓 | 가래나무, 목공 재 | 木 | 木 | 11(木) |
| | 再 | 두, 거듭 재 | 冂 | 木 | 6(土) |
| | 哉 | 어조사 재 | 口 | 水 | 9(水) |
| | 財 | 재물, 처리할 재 | 貝 | 金 | 10(水) |
| | 裁 | 마를, 마름질 재 | 衣 | 木 | 12(木) |

| 음령<br>오행 | 한자 | 뜻 | 부수 | 자원<br>오행 | 획수<br>(오행) |
|---|---|---|---|---|---|
| 재<br>(金) | 齋 | 재계할, 집 재 | 齋 | 土 | 17(金) |
| | 滓 | 앙금, 때 재 | 水 | 水 | 14(火) |
| | 齎 | 가져올, 보낼 재 | 齊 | 土 | 21(木) |
| | 災 | 재앙, 천벌 재 | 火 | 火 | 7(金) |
| | 縡 | 일 재 | 糸 | 木 | 16(土) |
| 쟁<br>(金) | 錚 | 쇳소리 쟁 | 金 | 金 | 16(土) |
| | 箏 | 쟁, 13현의 악기 쟁 | 竹 | 木 | 14(火) |
| | 諍 | 간할, 다툼 쟁 | 言 | 金 | 15(土) |
| | 爭 | 다툴, 분명할 쟁 | 爪 | 火 | 8(金) |
| 저<br>(金) | 著 | 지을, 분명할 저 | 艹 | 木 | 15(土) |
| | 苧 | 모시 저 | 艹 | 木 | 11(木) |
| | 貯 | 저축할, 쌓을 저 | 貝 | 金 | 12(木) |
| | 佇 | 기다릴, 오랠 저 | 人 | 火 | 7(金) |
| | 儲 | 쌓을, 버금 저 | 人 | 火 | 18(金) |
| | 樗 | 가죽나무 저 | 木 | 木 | 15(土) |
| | 渚 | 물가, 강이름 저 | 木 | 木 | 13(火) |
| | 菹 | 채소절임 저 | 艹 | 木 | 14(火) |
| | 藷 | 사탕수수, 참마 저 | 艹 | 木 | 20(水) |

| 음령<br>오행 | 한자 | 뜻 | 부수 | 자원<br>오행 | 획수<br>(오행) |
|---|---|---|---|---|---|
| 저<br>(金) | 猪 | 돼지 저 | 犬 | 土 | 12(木) |
| | 楮 | 닥나무, 종이 저 | 木 | 木 | 13(火) |
| | 箸 | 젓가락, 대통 저 | 竹 | 木 | 15(土) |
| | 這 | 맞이할 저 | 辵 | 土 | 13(火) |
| | 雎 | 물수리, 징경이 저 | 隹 | 火 | 13(火) |
| | 齟 | 어긋날 저 | 齒 | 金 | 20(水) |
| | 咀 | 씹을, 저주할 저 | 口 | 水 | 8(金) |
| | 姐 | 누이, 교만할 저 | 女 | 土 | 8(金) |
| | 杵 | 공이, 방망이 저 | 木 | 木 | 8(金) |
| | 狙 | 원숭이, 교활할 저 | 犬 | 土 | 9(水) |
| | 疽 | 등창, 종기 저 | 疒 | 水 | 10(水) |
| | 詛 | 저주할, 맹세할 저 | 言 | 金 | 12(木) |
| | 躇 | 머뭇거릴, 밟을 저 | 足 | 土 | 20(水) |
| | 低 | 밑, 낮을 저 | 人 | 火 | 7(金) |
| | 底 | 밑, 그칠 저 | 广 | 木 | 8(金) |
| | 抵 | 거스를, 거절할 저 | 手 | 木 | 9(水) |
| | 沮 | 막을, 방해할 저 | 水 | 水 | 9(土) |
| | 邸 | 집, 이를 저 | 邑 | 土 | 12(木) |

| 음령<br>오행 | 한자 | 뜻 | 부수 | 자원<br>오행 | 획수<br>(오행) |
|---|---|---|---|---|---|
| 적<br>(金) | 滴 | 물방울, 스밀 적 | 水 | 水 | 15(土) |
| | 迪 | 나아갈, 이끌 적 | 辵 | 土 | 12(木) |
| | 的 | 과녁, 표준 적 | 白 | 火 | 8(金) |
| | 赤 | 붉을, 벌거숭이 적 | 赤 | 火 | 7(金) |
| | 適 | 갈, 이를 적 | 辵 | 土 | 18(金) |
| | 笛 | 피리, 저 적 | 竹 | 木 | 11(木) |
| | 摘 | 추릴, 연주할 적 | 手 | 木 | 15(土) |
| 적<br>(金) | 寂 | 고요할, 쓸쓸할 적 | 宀 | 木 | 11(木) |
| | 籍 | 호적, 문서 적 | 竹 | 木 | 20(水) |
| | 積 | 쌓을, 모을 적 | 禾 | 木 | 16(土) |
| | 績 | 길삼, 이룰 적 | 糸 | 木 | 17(金) |
| | 勣 | 공, 업적 적 | 力 | 土 | 13(火) |
| | 吊 | 조상할, 문안할 적 | 口 | 水 | 6(土) |
| | 荻 | 물억새 적 | 艸 | 木 | 13(火) |
| | 翟 | 꿩 적 | 羽 | 火 | 14(火) |
| | 迹 | 자취, 행적 적 | 辵 | 土 | 13(火) |
| | 謫 | 귀양갈, 유배될 적 | 言 | 金 | 18(金) |
| | 嫡 | 정실, 본처 적 | 女 | 土 | 14(火) |

| 음령<br>오행 | 한자 | 뜻 | 부수 | 자원<br>오행 | 획수<br>(오행) |
|---|---|---|---|---|---|
| 적<br>(金) | 狄 | 오랑캐 적 | 犬 | 土 | 7(金) |
| | 鏑 | 살촉 적 | 金 | 金 | 19(水) |
| | 賊 | 도적, 해칠 적 | 貝 | 金 | 19(水) |
| | 跡 | 발자취, 흔적 적 | 足 | 土 | 13(火) |
| | 敵 | 대적할, 원수 적 | 攴 | 金 | 15(土) |
| | 蹟 | 행적, 자취 적 | 足 | 土 | 18(金) |
| 전<br>(金) | 田 | 밭, 심을 전 | 田 | 木 | 5(土) |
| | 全 | 온전할 전 | 入 | 土 | 6(土) |
| | 典 | 법, 가르침, 맡을 전 | 八 | 金 | 8(金) |
| | 前 | 앞, 일찍이 전 | 刀 | 金 | 9(水) |
| | 展 | 펼, 늘일 전 | 尸 | 水 | 10(水) |
| | 傳 | 전할, 말할 전 | 人 | 火 | 13(火) |
| | 栓 | 나무못, 빗장 전 | 木 | 木 | 10(水) |
| | 詮 | 평론할, 갖출 전 | 言 | 金 | 13(火) |
| | 銓 | 저울질할 전 | 金 | 金 | 14(火) |
| | 瑱 | 옥이름, 귀막이 전 | 玉 | 金 | 13(火) |
| | 甸 | 경기 전 | 田 | 火 | 7(金) |
| | 塡 | 메울, 채울 전 | 土 | 土 | 13(火) |

| 음령<br>오행 | 한자 | 뜻 | 부수 | 자원<br>오행 | 획수<br>(오행) |
|---|---|---|---|---|---|
| 전<br>(金) | 殿 | 대궐, 전각 전 | 殳 | 金 | 13(火) |
| | 佺 | 신선이름 전 | 人 | 火 | 8(金) |
| | 專 | 오로지, 전일할 전 | 寸 | 土 | 11(木) |
| | 筌 | 겨자무침 전 | 艸 | 木 | 12(木) |
| | 佃 | 밭갈, 소작인 전 | 人 | 火 | 7(金) |
| | 剪 | 자를, 가위 전 | 刀 | 金 | 11(木) |
| | 塼 | 벽돌 전 | 土 | 土 | 14(火) |
| | 廛 | 가게, 터 전 | 广 | 木 | 15(土) |
| | 畑 | 화전 전 | 田 | 土 | 9(水) |
| | 氈 | 모전, 양탄자 전 | 毛 | 木 | 17(金) |
| | 箋 | 찌지, 글 전 | 竹 | 木 | 14(火) |
| | 輾 | 구를, 반전할 전 | 車 | 金 | 17(金) |
| | 鈿 | 비녀 전 | 金 | 金 | 13(火) |
| | 鐫 | 새길 전 | 金 | 金 | 21(木) |
| | 奠 | 제사지낼 전 | 大 | 木 | 12(木) |
| | 悛 | 고칠, 중지할 전 | 心 | 火 | 11(木) |
| | 煎 | 마음졸일, 애태울 전 | 火 | 火 | 13(火) |
| | 癲 | 미칠, 지랄병 전 | 疒 | 水 | 24(火) |

| 음령<br>오행 | 한자 | 뜻 | 부수 | 자원<br>오행 | 획수<br>(오행) |
|---|---|---|---|---|---|
| 전<br>(金) | 筌 | 통발 전 | 竹 | 木 | 12(木) |
| | 箭 | 화살 전 | 竹 | 木 | 15(土) |
| | 纏 | 얽힐, 묶일 전 | 糸 | 木 | 21(木) |
| | 餞 | 전별할 전 | 食 | 水 | 17(金) |
| | 戰 | 싸울, 경쟁할 전 | 戈 | 金 | 16(土) |
| | 電 | 번개, 전기 전 | 雨 | 水 | 13(水) |
| | 錢 | 돈 전 | 金 | 金 | 16(土) |
| | 顚 | 꼭대기, 정수리 전 | 頁 | 火 | 19(水) |
| | 轉 | 구를, 회전할 전 | 車 | 火 | 18(金) |
| 절<br>(金) | 晢 | 밝을, 총명할 절 | 日 | 火 | 11(木) |
| | 浙 | 강이름 절 | 水 | 水 | 11(木) |
| | 節 | 마디, 절제할 절 | 竹 | 木 | 15(土) |
| | 絶 | 끊을, 뛰어날 절 | 糸 | 木 | 12(木) |
| | 切 | 끊을, 저밀 절 | 刀 | 金 | 4(火) |
| | 折 | 꺾을, 절단할 절 | 手 | 木 | 8(金) |
| | 癤 | 부스럼 절 | 疒 | 水 | 20(水) |
| | 竊 | 훔칠, 도둑 절 | 穴 | 水 | 22(木) |
| | 截 | 끊을, 다스릴 절 | 戈 | 金 | 14(火) |

| 음령<br>오행 | 한자 | 뜻 | 부수 | 자원<br>오행 | 획수<br>(오행) |
| --- | --- | --- | --- | --- | --- |
| 점<br>(金) | 店 | 가게, 주막 점 | 广 | 木 | 8(金) |
| | 占 | 점칠, 점 점 | 卜 | 火 | 5(土) |
| | 點 | 점, 셀 점 | 黑 | 水 | 17(金) |
| | 点 | 點의 속자 | 火 | 火 | 9(水) |
| | 漸 | 번질, 차츰 점 | 水 | 水 | 15(土) |
| | 鮎 | 메기 점 | 魚 | 水 | 16(土) |
| | 岾 | 땅이름 점 | 山 | 土 | 8(金) |
| | 霑 | 젖을 점 | 雨 | 水 | 16(金) |
| | 粘 | 끈끈할 점 | 米 | 木 | 11(木) |
| 접<br>(金) | 接 | 사귈, 교차할 접 | 手 | 木 | 12(木) |
| | 蝶 | 나비 접 | 虫 | 水 | 15(土) |
| | 摺 | 접을, 주름 접 | 手 | 木 | 15(土) |
| 정<br>(金) | 炡 | 빛날 정 | 火 | 火 | 9(水) |
| | 廷 | 조정, 공정할 정 | 廴 | 木 | 7(金) |
| | 鄭 | 성씨, 나라이름 정 | 邑 | 土 | 19(水) |
| | 靖 | 편안할, 교요할 정 | 靑 | 木 | 13(火) |
| | 靚 | 단장할, 정숙할 정 | 靑 | 木 | 15(土) |
| | 訂 | 바로잡을 정 | 言 | 金 | 9(水) |

| 음령<br>오행 | 한자 | 뜻 | 부수 | 자원<br>오행 | 획수<br>(오행) |
|---|---|---|---|---|---|
| 정<br>(金) | 婷 | 예쁠 정 | 女 | 土 | 12(木) |
| | 淨 | 깨끗할, 맑을 정 | 水 | 水 | 12(木) |
| | 庭 | 뜰, 조정 정 | 广 | 木 | 10(水) |
| | 井 | 우물, 샘 정 | 二 | 水 | 4(火) |
| | 正 | 바를, 바로잡을 정 | 止 | 土 | 5(土) |
| | 政 | 정사, 법규 정 | 攵 | 金 | 8(金) |
| | 定 | 정할, 반드시 정 | 宀 | 木 | 8(金) |
| | 貞 | 곧을, 정조 정 | 貝 | 金 | 9(水) |
| | 精 | 진실, 개끗할 정 | 米 | 木 | 14(火) |
| | 情 | 뜻, 마음속 정 | 心 | 火 | 12(木) |
| | 靜 | 고요할, 조용할 정 | 靑 | 木 | 16(土) |
| | 静 | 靜의 속자 | 靑 | 木 | 14(火) |
| | 渟 | 물괼, 정지할 정 | 水 | 水 | 11(木) |
| | 涏 | 곧을 정 | 水 | 水 | 11(木) |
| | 汀 | 물가, 수렁 정 | 水 | 水 | 6(土) |
| | 玎 | 옥소리 정 | 玉 | 金 | 7(金) |
| | 禎 | 상서, 행복 정 | 示 | 木 | 14(火) |
| | 湞 | 물이름 정 | 水 | 水 | 13(火) |

| 음령<br>오행 | 한자 | 뜻 | 부수 | 자원<br>오행 | 획수<br>(오행) |
|---|---|---|---|---|---|
| 정<br>(金) | 鼎 | 솥, 늘어질 정 | 鼎 | 火 | 13(火) |
| | 晶 | 맑을, 빛날 정 | 日 | 火 | 12(木) |
| | 晸 | 해뜨는 모양 정 | 日 | 火 | 12(木) |
| | 珽 | 옥이름, 옥홀 정 | 玉 | 金 | 12(木) |
| | 挺 | 빼어날, 너그러울 정 | 手 | 木 | 11(木) |
| | 柾 | 나무바를 정 | 木 | 木 | 12(木) |
| | 淀 | 얕은물, 배댈 정 | 水 | 水 | 12(木) |
| | 侹 | 긴모양, 꼿꼿할 정 | 人 | 火 | 9(水) |
| | 旌 | 기, 밝힐 정 | 方 | 木 | 11(木) |
| | 瀞 | 맑을 정 | 水 | 水 | 20(水) |
| | 睛 | 눈동자 정 | 目 | 木 | 13(火) |
| | 碇 | 닻, 배멈춤 정 | 石 | 金 | 13(火) |
| | 丁 | 장정, 넷째천간 정 | 一 | 火 | 2(木) |
| | 頂 | 꼭대기, 정수리 정 | 頁 | 火 | 11(木) |
| | 停 | 머무를, 정해질 정 | 人 | 火 | 11(木) |
| | 艇 | 거룻배 정 | 舟 | 木 | 13(火) |
| | 諪 | 조정할 정 | 言 | 金 | 16(土) |
| | 亭 | 정자, 여인숙 정 | 亠 | 火 | 9(水) |

| 음령<br>오행 | 한자 | 뜻 | 부수 | 자원<br>오행 | 획수<br>(오행) |
|---|---|---|---|---|---|
| 정<br>(金) | 程 | 한정, 헤아릴 정 | 禾 | 木 | 12(木) |
| | 征 | 세받을, 찾을 정 | 彳 | 火 | 8(金) |
| | 整 | 정돈할 정 | 攴 | 金 | 16(土) |
| | 町 | 밭두둑, 경계 정 | 田 | 土 | 7(金) |
| | 呈 | 드릴, 드러낼 정 | 口 | 水 | 7(金) |
| | 桯 | 탁자, 기둥 정 | 木 | 木 | 11(木) |
| | 珵 | 패옥, 노리개 정 | 玉 | 金 | 12(木) |
| | 姃 | 단정할 정 | 女 | 土 | 8(金) |
| | 偵 | 정탐할, 염탐꾼 정 | 人 | 火 | 11(木) |
| | 槇 | 광나무 정 | 木 | 木 | 13(木) |
| | 幀 | 그림족자 정 | 巾 | 木 | 12(木) |
| | 鉦 | 징 정 | 金 | 金 | 13(火) |
| | 錠 | 촛대, 신선로 정 | 金 | 金 | 16(土) |
| | 鋌 | 살촉, 쇳덩이 정 | 金 | 金 | 15(土) |
| | 釘 | 못 정 | 金 | 金 | 10(水) |
| | 鋥 | 칼을갈 정 | 金 | 金 | 15(土) |
| | 穽 | 함정 정 | 穴 | 水 | 9(水) |
| | 酊 | 술취할 정 | 酉 | 金 | 9(水) |

| 음령<br>오행 | 한자 | 뜻 | 부수 | 자원<br>오행 | 획수<br>(오행) |
|---|---|---|---|---|---|
| 정<br>(金) | 霆 | 천둥소리 정 | 雨 | 水 | 15(土) |
| 제<br>(金) | 弟 | 아우, 동생 제 | 弓 | 水 | 7(金) |
| | 第 | 차례, 집 제 | 竹 | 木 | 11(木) |
| | 帝 | 임금, 제왕 제 | 巾 | 木 | 9(水) |
| | 題 | 표제, 이마 제 | 頁 | 火 | 18(金) |
| | 除 | 계단, 섬돌 제 | 阜 | 土 | 15(土) |
| | 諸 | 모든, 말잘할 제 | 言 | 金 | 16(土) |
| | 製 | 지을, 마를 제 | 衣 | 木 | 14(火) |
| | 提 | 들, 끌, 당길 제 | 手 | 木 | 13(火) |
| | 際 | 만날, 어울릴 제 | 阜 | 土 | 19(水) |
| | 齊 | 모두, 엄숙할 제 | 齊 | 土 | 14(火) |
| | 濟 | 건널, 구제할 제 | 水 | 水 | 18(金) |
| | 悌 | 공경할, 부드러울 제 | 心 | 火 | 11(木) |
| | 梯 | 사닥다리, 층계 제 | 木 | 木 | 11(木) |
| | 劑 | 약조제할 제 | 刀 | 金 | 16(土) |
| | 薺 | 냉이 제 | 艸 | 木 | 20(水) |
| | 嚌 | 울, 울부짖을 제 | 口 | 水 | 12(火) |
| | 臍 | 배꼽 제 | 肉 | 水 | 20(水) |

| 음령<br>오행 | 한자 | 뜻 | 부수 | 자원<br>오행 | 획수<br>(오행) |
|---|---|---|---|---|---|
| 제<br>(金) | 蹄 | 올무, 밟을 제 | 足 | 土 | 16(土) |
| | 醍 | 맑은술 제 | 酉 | 金 | 16(土) |
| | 霽 | 날씨갤 제 | 雨 | 水 | 22(火) |
| | 堤 | 막을, 방죽 제 | 土 | 土 | 12(木) |
| | 制 | 절제할, 금할 제 | 刀 | 金 | 8(金) |
| | 祭 | 제사, 기고 제 | 示 | 木 | 11(木) |
| | 瑅 | 제당, 옥이름 제 | 玉 | 金 | 14(火) |
| 조<br>(金) | 調 | 고를, 균형잡힐 조 | 言 | 金 | 15(土) |
| | 造 | 지을, 만들 조 | 辵 | 土 | 14(火) |
| | 助 | 도울, 유익할 조 | 力 | 土 | 7(金) |
| | 照 | 비칠, 빛날 조 | 火 | 火 | 13(火) |
| | 祚 | 복, 천자의자리 조 | 示 | 金 | 10(水) |
| | 趙 | 성씨, 조나라 조 | 走 | 火 | 14(火) |
| | 組 | 끈, 짤 조 | 糸 | 木 | 11(木) |
| | 彫 | 새길, 꾸밀 조 | 彡 | 火 | 11(木) |
| | 潮 | 조수, 밀물 조 | 水 | 水 | 16(土) |
| | 曹 | 성씨, 마을, 관청 조 | 曰 | 火 | 10(水) |
| | 朝 | 아침, 알현할 조 | 月 | 水 | 12(木) |

| 음령<br>오행 | 한자 | 뜻 | 부수 | 자원<br>오행 | 획수<br>(오행) |
|---|---|---|---|---|---|
| 조<br>(金) | 兆 | 조짐, 점괘 조 | 儿 | 火 | 6(土) |
| | 早 | 새벽, 이를 조 | 日 | 火 | 6(土) |
| | 租 | 구실, 세금 조 | 禾 | 木 | 10(水) |
| | 措 | 둘, 그만둘 조 | 手 | 木 | 12(木) |
| | 晁 | 朝의 옛글자 | 日 | 火 | 10(水) |
| | 窕 | 안존할, 고요할 조 | 穴 | 水 | 11(木) |
| | 詔 | 가르칠, 고할 조 | 言 | 金 | 12(木) |
| | 曹 | 마을, 무리 조 | 日 | 金 | 11(木) |
| | 遭 | 만날, 상봉할 조 | 辵 | 土 | 18(金) |
| | 棗 | 대추나무 조 | 木 | 木 | 15(土) |
| | 槽 | 구유, 나무통 조 | 木 | 木 | 15(土) |
| | 漕 | 수레, 홈통 조 | 水 | 水 | 15(土) |
| | 眺 | 바라볼, 살필 조 | 目 | 木 | 11(木) |
| | 俎 | 도마 조 | 人 | 火 | 9(水) |
| | 璪 | 면류관드림옥 조 | 玉 | 金 | 18(金) |
| | 稠 | 빽빽할, 고를 조 | 禾 | 木 | 13(火) |
| | 糟 | 전국, 거르지않은술 조 | 米 | 木 | 17(金) |
| | 繰 | 야청빛 조 | 糸 | 木 | 19(水) |

| 음령<br>오행 | 한자 | 뜻 | 부수 | 자원<br>오행 | 획수<br>(오행) |
|---|---|---|---|---|---|
| 조<br>(金) | 藻 | 말, 무늬 조 | 艸 | 木 | 22(木) |
| | 蚤 | 벼룩, 일찍이 조 | 虫 | 水 | 10(水) |
| | 躁 | 성급할, 조급할 조 | 足 | 土 | 20(水) |
| | 阻 | 험할, 걱정할 조 | 阜 | 土 | 13(火) |
| | 雕 | 독수리 조 | 隹 | 火 | 16(土) |
| | 凋 | 시들, 슬퍼할 조 | 冫 | 水 | 10(水) |
| | 嘲 | 비웃을, 조롱할 조 | 口 | 水 | 15(土) |
| | 爪 | 손톱, 메뚜기 조 | 爪 | 木 | 4(火) |
| | 粗 | 거칠, 쓿지않은쌀 조 | 米 | 木 | 11(木) |
| | 肇 | 칠, 공격할 조 | 聿 | 火 | 14(火) |
| | 釣 | 낚시, 낚을, 구할 조 | 金 | 金 | 11(木) |
| | 祖 | 할아비, 근본 조 | 示 | 金 | 10(水) |
| | 弔 | 조상할, 서러울 조 | 弓 | 土 | 1(火) |
| | 鳥 | 새 조 | 鳥 | 火 | 11(木) |
| | 燥 | 마를 조 | 火 | 火 | 17(金) |
| | 操 | 잡을, 움켜쥘 조 | 手 | 木 | 17(金) |
| | 條 | 곁가지, 유자나무 조 | 木 | 木 | 11(木) |
| 족<br>(金) | 族 | 겨레, 모일 족 | 方 | 木 | 11(木) |

| 음령<br>오행 | 한자 | 뜻 | 부수 | 자원<br>오행 | 획수<br>(오행) |
|---|---|---|---|---|---|
| 족<br>(金) | 足 | 발, 뿌리 족 | 足 | 土 | 7(金) |
| | 簇 | 모일, 조릿대 족 | 竹 | 木 | 17(金) |
| | 鏃 | 살촉 족 | 金 | 金 | 19(水) |
| 존<br>(金) | 存 | 있을, 보전할 존 | 子 | 水 | 6(土) |
| | 尊 | 높을, 공경할 존 | 寸 | 木 | 12(木) |
| 졸<br>(金) | 卒 | 군사, 무리 졸 | 十 | 金 | 8(金) |
| | 拙 | 서투를, 못날 졸 | 手 | 木 | 9(水) |
| | 猝 | 갑자기, 빠를 졸 | 犬 | 土 | 11(木) |
| 종<br>(金) | 鍾 | 쇠북, 시계 종 | 金 | 金 | 17(金) |
| | 宗 | 마루, 근원, 높을 종 | 宀 | 木 | 8(金) |
| | 種 | 씨, 혈통 종 | 禾 | 木 | 14(火) |
| | 鐘 | 쇠북, 종 종 | 金 | 金 | 20(水) |
| | 倧 | 한배, 신인 종 | 人 | 火 | 10(水) |
| | 琮 | 패옥소리 종 | 玉 | 金 | 13(火) |
| | 淙 | 물소리 종 | 水 | 水 | 12(木) |
| | 棕 | 종려나무 종 | 木 | 木 | 12(木) |
| | 悰 | 즐거울 종 | 心 | 火 | 12(木) |
| | 綜 | 모을, 잉아 종 | 糸 | 木 | 14(火) |

| 음령<br>오행 | 한자 | 뜻 | 부수 | 자원<br>오행 | 획수<br>(오행) |
|---|---|---|---|---|---|
| 종<br>(金) | 踪 | 발자취 종 | 足 | 土 | 15(土) |
| | 踵 | 발굼치, 쫓을, 계승할 종 | 足 | 土 | 16(土) |
| | 慫 | 권할, 놀랄 종 | 心 | 火 | 15(土) |
| | 腫 | 부스럼, 혹 종 | 肉 | 水 | 15(火) |
| | 終 | 마지막, 다할 종 | 糸 | 木 | 11(木) |
| | 從 | 따를, 허락할 종 | 彳 | 火 | 11(木) |
| | 縱 | 바쁠, 세로 종 | 糸 | 木 | 17(金) |
| | 琮 | 패옥소리 종 | 玉 | 金 | 16(土) |
| 좌<br>(金) | 佐 | 도울, 보좌관 좌 | 人 | 火 | 7(金) |
| | 座 | 지위, 자리 좌 | 广 | 木 | 10(水) |
| | 左 | 왼, 왼쪽 좌 | 工 | 火 | 5(土) |
| | 坐 | 앉을, 무릎꿇을 좌 | 土 | 土 | 7(金) |
| | 挫 | 꺾을, 결박할 좌 | 手 | 木 | 11(木) |
| 죄<br>(金) | 罪 | 허물, 죄 죄 | 网 | 木 | 14(火) |
| 주<br>(金) | 炷 | 심지 주 | 火 | 火 | 9(水) |
| | 註 | 주낼, 기록할 주 | 言 | 金 | 12(木) |
| | 珠 | 구슬, 진주 주 | 玉 | 金 | 11(木) |
| | 柱 | 기둥, 버틸 주 | 木 | 木 | 9(水) |

| 음령<br>오행 | 한자 | 뜻 | 부수 | 자원<br>오행 | 획수<br>(오행) |
|---|---|---|---|---|---|
| 주<br>(金) | 周 | 두루, 구할 주 | 口 | 水 | 8(金) |
| | 株 | 뿌리, 그루 주 | 木 | 木 | 10(水) |
| | 州 | 고을, 섬 주 | 巛 | 木 | 6(土) |
| | 週 | 돌, 주일 주 | 辵 | 土 | 15(土) |
| | 遒 | 굳셀, 다가설 주 | 辵 | 土 | 16(土) |
| | 逎 | 遒 의 속자 | 辵 | 土 | 14(火) |
| | 姝 | 예쁠, 사람이름 주 | 女 | 土 | 8(金) |
| | 侏 | 난쟁이, 광대 주 | 人 | 火 | 8(金) |
| | 做 | 지을, 만들 주 | 人 | 火 | 11(木) |
| | 廚 | 부엌, 주방 주 | 广 | 木 | 15(土) |
| | 澍 | 단비, 젖을 주 | 水 | 水 | 16(土) |
| | 姝 | 예쁠, 연약할 주 | 女 | 土 | 9(水) |
| | 主 | 주인, 임금 주 | 丶 | 木 | 5(土) |
| | 注 | 물댈, 따를 주 | 水 | 水 | 9(水) |
| | 朱 | 성씨, 붉을 주 | 木 | 木 | 6(土) |
| | 宙 | 집, 하늘 주 | 宀 | 木 | 8(金) |
| | 走 | 달릴, 달아날 주 | 走 | 火 | 7(金) |
| | 酒 | 술, 냉수 주 | 酉 | 金 | 11(木) |

| 음령<br>오행 | 한자 | 뜻 | 부수 | 자원<br>오행 | 획수<br>(오행) |
|---|---|---|---|---|---|
| 주<br>(金) | 晝 | 낮, 땅이름 주 | 日 | 火 | 11(木) |
| | 舟 | 배, 실을 주 | 舟 | 木 | 6(土) |
| | 住 | 머무를, 거처할 주 | 人 | 火 | 7(金) |
| | 洲 | 섬, 물가 주 | 水 | 水 | 10(水) |
| | 胄 | 맏아들, 핏줄 주 | 肉 | 水 | 11(木) |
| | 奏 | 아뢸, 상소 주 | 大 | 木 | 9(水) |
| | 湊 | 물모일, 항구 주 | 水 | 水 | 13(火) |
| | 鑄 | 쇠부어만들, 인재양성할 주 | 金 | 金 | 22(木) |
| | 疇 | 밭두둑, 경계 주 | 田 | 土 | 19(水) |
| | 駐 | 머무를 주 | 馬 | 火 | 15(土) |
| | 呪 | 빌, 저주 주 | 口 | 水 | 8(金) |
| | 嗾 | 부추길 주 | 口 | 水 | 15(土) |
| 죽<br>(金) | 竹 | 대, 피리 죽 | 水 | 水 | 14(火) |
| | 鬻 | 성씨, 죽, 사물의모양죽 | 米 | 木 | 12(木) |
| 준<br>(金) | 準 | 법도, 평평할 준 | 水 | 水 | 14(火) |
| | 俊 | 준걸, 뛰어날 준 | 人 | 火 | 9(水) |
| | 峻 | 높을, 높고클 준 | 山 | 土 | 10(水) |
| | 浚 | 깊을, 취할 준 | 水 | 水 | 11(木) |

| 음령<br>오행 | 한자 | 뜻 | 부수 | 자원<br>오행 | 획수<br>(오행) |
|---|---|---|---|---|---|
| 준<br>(金) | 晙 | 밝을, 이를 준 | 日 | 火 | 11(木) |
| | 焌 | 불태울 준 | 火 | 火 | 11(木) |
| | 准 | 승인할, 견줄 준 | 冫 | 水 | 10(水) |
| | 濬 | 깊을, 개천을 칠 준 | 水 | 水 | 18(金) |
| | 陖 | 가파를, 높을 준 | 土 | 土 | 10(水) |
| | 竣 | 일마칠, 물러설 준 | 立 | 土 | 12(木) |
| | 畯 | 농부, 권농관 준 | 田 | 土 | 12(木) |
| | 駿 | 준마, 뛰어날 준 | 馬 | 火 | 17(金) |
| | 雋 | 영특할, 새살찔 준 | 隹 | 火 | 13(火) |
| | 儁 | 준걸, 훌륭할 준 | 人 | 火 | 15(土) |
| | 隼 | 새매 준 | 隹 | 火 | 10(水) |
| | 寯 | 준걸 준 | 宀 | 木 | 16(土) |
| | 埻 | 과녁, 살받이터 준 | 土 | 土 | 11(木) |
| | 逡 | 뒷걸음칠 준 | 辵 | 土 | 11(木) |
| | 蠢 | 꿈틀거릴 준 | 虫 | 水 | 21(木) |
| | 樽 | 술통 준 | 木 | 木 | 16(土) |
| | 遵 | 좇을, 순종할 준 | 辵 | 土 | 19(水) |
| 줄<br>(金) | 茁 | 풀싹, 성할 준 | 艸 | 木 | 11(木) |

| 음령<br>오행 | 한자 | 뜻 | 부수 | 자원<br>오행 | 획수<br>(오행) |
|---|---|---|---|---|---|
| 중<br>(金) | 中 | 가운데, 안쪽 중 | 丨 | 土 | 4(火) |
| | 重 | 무거울 중 | 里 | 土 | 9(水) |
| | 衆 | 무리 중 | 血 | 水 | 12(木) |
| | 仲 | 버금, 다음 중 | 人 | 火 | 6(土) |
| 즉<br>(金) | 卽 | 곧, 가까울 즉 | 卩 | 水 | 9(水) |
| 즐<br>(金) | 櫛 | 빗, 빗질, 즐비할 즐 | 木 | 木 | 19(水) |
| 즙<br>(金) | 楫 | 노, 모을 즙 | 木 | 木 | 13(火) |
| | 葺 | 기울, 덮을 즙 | 艸 | 木 | 15(土) |
| | 汁 | 진액, 즙 즙 | 水 | 水 | 6(土) |
| 증<br>(金) | 曾 | 일찍, 곧 증 | 日 | 火 | 12(木) |
| | 增 | 더할, 많을 증 | 土 | 土 | 15(土) |
| | 證 | 증거, 증명할 증 | 言 | 金 | 19(水) |
| | 贈 | 줄, 보낼 증 | 貝 | 金 | 19(水) |
| | 甑 | 시루, 고리 증 | 瓦 | 土 | 17(金) |
| | 拯 | 건질, 구조할 증 | 手 | 木 | 10(水) |
| | 繒 | 비단, 명주 증 | 糸 | 木 | 18(金) |
| | 烝 | 김오를, 찔 증 | 火 | 火 | 10(水) |
| | 憎 | 미워할, 미움 증 | 心 | 火 | 16(土) |

| 음령<br>오행 | 한자 | 뜻 | 부수 | 자원<br>오행 | 획수<br>(오행) |
|---|---|---|---|---|---|
| 증<br>(金) | 症 | 병세 증 | 疒 | 水 | 10(水) |
| | 蒸 | 찔, 더울 증 | 艸 | 木 | 16(土) |
| 지<br>(金) | 支 | 가지, 지탱할 지 | 支 | 土 | 4(火) |
| | 誌 | 새길, 명심할 지 | 金 | 金 | 15(土) |
| | 枝 | 가지, 버틸 지 | 木 | 木 | 8(金) |
| | 知 | 알, 깨달을 지 | 矢 | 金 | 8(金) |
| | 地 | 땅, 바탕 지 | 土 | 土 | 6(土) |
| | 沚 | 물가 지 | 水 | 水 | 8(金) |
| | 址 | 터, 토대 지 | 土 | 土 | 7(金) |
| | 祉 | 복 지 | 示 | 木 | 9(水) |
| | 池 | 못, 연못 지 | 水 | 水 | 7(金) |
| | 智 | 슬기, 밝을 지 | 日 | 火 | 12(木) |
| | 志 | 뜻, 마음 지 | 心 | 火 | 7(金) |
| | 至 | 일, 지극할 지 | 至 | 土 | 6(土) |
| | 祇 | 공경할, 삼갈 지 | 示 | 金 | 10(水) |
| | 誌 | 기록할 지 | 言 | 金 | 14(火) |
| | 只 | 다만, 어조사 지 | 口 | 水 | 5(土) |
| | 之 | 갈, 이를 지 | 丿 | 土 | 4(火) |

| 음령<br>오행 | 한자 | 뜻 | 부수 | 자원<br>오행 | 획수<br>(오행) |
|---|---|---|---|---|---|
| 지<br>(金) | 紙 | 종이, 편지 지 | 糸 | 木 | 10(水) |
| | 遲 | 늦을, 더딜 지 | 辶 | 土 | 18(金) |
| | 旨 | 맛있을, 아름다울 지 | 日 | 火 | 6(土) |
| | 芝 | 지초, 버섯 지 | 艸 | 木 | 10(水) |
| | 咫 | 길이 지 | 口 | 水 | 9(水) |
| | 枳 | 탱자나무 지 | 木 | 木 | 9(水) |
| | 漬 | 담글, 적실 지 | 水 | 水 | 15(土) |
| | 識 | 표할 지 | 言 | 金 | 19(金) |
| | 贄 | 폐백 지 | 貝 | 金 | 18(金) |
| | 芷 | 구리때, 향기풀뿌리 지 | 艸 | 木 | 10(水) |
| | 砥 | 숫돌 지 | 石 | 金 | 10(水) |
| | 肢 | 사지, 팔다리 지 | 肉 | 水 | 10(水) |
| | 脂 | 기름, 비계 지 | 肉 | 水 | 12(木) |
| | 蜘 | 거미 지 | 虫 | 水 | 14(火) |
| | 摯 | 잡을, 극진할 지 | 木 | 木 | 15(土) |
| | 趾 | 발, 발굼치 지 | 足 | 土 | 11(木) |
| | 持 | 가질, 잡을 지 | 手 | 木 | 10(水) |
| | 止 | 말, 그칠 지 | 止 | 土 | 4(火) |

| 음령<br>오행 | 한자 | 뜻 | 부수 | 자원<br>오행 | 획수<br>(오행) |
|---|---|---|---|---|---|
| 지<br>(金) | 指 | 손가락, 가리킬 지 | 手 | 木 | 10(水) |
| 직<br>(金) | 直 | 곧을, 바를 직 | 目 | 木 | 8(金) |
| | 職 | 벼슬, 직분 직 | 耳 | 火 | 18(金) |
| | 織 | 짤, 만들 직 | 糸 | 木 | 18(金) |
| | 稙 | 올벼, 이를 직 | 禾 | 木 | 13(火) |
| | 稷 | 기장, 오곡신 직 | 禾 | 木 | 15(土) |
| 진<br>(金) | 辰 | 별이름, 다섯째지지 진 | 辰 | 土 | 7(金) |
| | 眞 | 참, 진실할 진 | 目 | 木 | 10(水) |
| | 真 | 眞의 속자 | 目 | 木 | 10(水) |
| | 進 | 나아갈, 오를 진 | 辵 | 土 | 15(土) |
| | 禛 | 복받을 진 | 示 | 木 | 15(土) |
| | 賑 | 규휼할, 넉넉할 진 | 貝 | 金 | 14(火) |
| | 鎭 | 진정할, 편안할 진 | 金 | 金 | 18(金) |
| | 瑨 | 아름다운돌 진 | 玉 | 金 | 15(土) |
| | 瑨 | 瑨의 속자 | 玉 | 金 | 15(土) |
| | 璡 | 옥돌 진 | 玉 | 金 | 17(金) |
| | 津 | 나루, 언덕 진 | 水 | 水 | 10(水) |
| | 榐 | 평고대, 대청 진 | 木 | 木 | 11(木) |

| 음령<br>오행 | 한자 | 뜻 | 부수 | 자원<br>오행 | 획수<br>(오행) |
|---|---|---|---|---|---|
| 진<br>(金) | 榛 | 개암나무, 우거질 진 | 木 | 木 | 14(火) |
| | 診 | 볼, 진찰할 진 | 言 | 金 | 12(火) |
| | 陣 | 진칠, 진영 진 | 阜 | 土 | 15(土) |
| | 陳 | 늘어놓을 진 | 阜 | 土 | 16(土) |
| | 珍 | 보배, 진귀할 진 | 玉 | 金 | 10(水) |
| | 晉 | 나아갈, 억제할 진 | 日 | 火 | 10(水) |
| | 晋 | 晉의 속자 | 日 | 火 | 10(水) |
| | 溱 | 성할, 많을 진 | 水 | 水 | 14(火) |
| | 縝 | 삼실, 촘촘할 진 | 糸 | 木 | 16(土) |
| | 瑱 | 귀막이옥 진 | 玉 | 金 | 15(土) |
| | 秦 | 진나라, 진벼 진 | 禾 | 木 | 10(水) |
| | 軫 | 수레, 기러기발 진 | 車 | 火 | 12(木) |
| | 塡 | 누를, 진정할 진 | 土 | 土 | 13(火) |
| | 抮 | 잡을, 되돌릴 진 | 手 | 木 | 9(金) |
| | 畛 | 두렁길 진 | 田 | 土 | 10(水) |
| | 縉 | 꽂을, 분홍빛 진 | 糸 | 木 | 16(土) |
| | 臻 | 이를, 미칠 진 | 至 | 土 | 16(土) |
| | 蔯 | 더워질 진 | 艸 | 木 | 17(金) |

| 음령<br>오행 | 한자 | 뜻 | 부수 | 자원<br>오행 | 획수<br>(오행) |
|---|---|---|---|---|---|
| 진<br>(金) | 袗 | 홑옷 진 | 衣 | 木 | 11(木) |
| | 唇 | 놀랄 진 | 口 | 水 | 10(水) |
| | 嗔 | 성낼, 성한모양 진 | 口 | 水 | 13(火) |
| | 搢 | 흔들, 떨칠 진 | 手 | 木 | 14(火) |
| | 殄 | 다할, 죽을 진 | 歹 | 水 | 9(水) |
| | 疹 | 홍역, 두창 진 | 疒 | 水 | 10(水) |
| | 瞋 | 부릅뜰, 성낼 진 | 目 | 木 | 15(土) |
| | 盡 | 다할, 마칠 진 | 皿 | 金 | 14(火) |
| | 振 | 떨칠, 떨쳐일어날 진 | 手 | 木 | 11(木) |
| | 震 | 벼락칠, 진동할 진 | 雨 | 水 | 15(土) |
| | 塵 | 먼지, 더러울 진 | 土 | 土 | 14(火) |
| 질<br>(金) | 瓆 | 사람이름 질 | 玉 | 金 | 20(水) |
| | 質 | 바탕, 근본 질 | 貝 | 金 | 15(土) |
| | 秩 | 차례, 쌓아올릴 진 | 禾 | 木 | 10(水) |
| | 姪 | 조카, 처질 질 | 女 | 土 | 9(水) |
| | 侄 | 어리석을 진 | 人 | 火 | 8(金) |
| | 帙 | 책 질 | 巾 | 木 | 8(金) |
| | 膣 | 새살돋을, 음문 질 | 肉 | 水 | 17(金) |

| 음령<br>오행 | 한자 | 뜻 | 부수 | 자원<br>오행 | 획수<br>(오행) |
|---|---|---|---|---|---|
| 질<br>(金) | 迭 | 지나칠 질 | 辵 | 土 | 12(木) |
| | 桎 | 속박할, 막힐 질 | 木 | 木 | 10(水) |
| | 窒 | 막을, 찰 질 | 穴 | 水 | 11(木) |
| | 叱 | 꾸짖을, 욕할 질 | 口 | 水 | 5(土) |
| | 嫉 | 시기할, 미워할 질 | 女 | 土 | 13(火) |
| | 蛭 | 거머리 질 | 虫 | 水 | 12(木) |
| | 跌 | 넘어질 질 | 足 | 土 | 12(木) |
| | 疾 | 병, 근심할 질 | 疒 | 水 | 10(水) |
| 짐<br>(金) | 斟 | 술따를 짐 | 斗 | 火 | 13(火) |
| | 朕 | 나 짐 | 月 | 火 | 10(水) |
| 집<br>(金) | 集 | 모일, 이를 집 | 隹 | 火 | 12(木) |
| | 什 | 물건, 열사람 집 | 人 | 火 | 4(火) |
| | 潗 | 샘솟을, 물끓을 집 | 水 | 水 | 16(土) |
| | 湒 | 潗과 같은 자 | 氵 | 水 | 16(土) |
| | 輯 | 화목할, 모일 집 | 車 | 火 | 16(土) |
| | 鏶 | 금속판 집 | 金 | 金 | 20(水) |
| | 緝 | 낳을, 모을 집 | 糸 | 木 | 15(土) |
| | 執 | 잡을, 지킬 집 | 土 | 土 | 11(木) |

| 음령<br>오행 | 한자 | 뜻 | 부수 | 자원<br>오행 | 획수<br>(오행) |
|---|---|---|---|---|---|
| 징<br>(金) | 澄 | 맑을 징 | 水 | 水 | 16(土) |
| | 徵 | 부를, 구할 징 | 彳 | 火 | 15(土) |
| | 懲 | 혼날, 징계할 징 | 心 | 火 | 19(水) |
| 차<br>(金) | 且 | 또, 그위에 차 | 一 | 木 | 5(土) |
| | 次 | 버금, 다음 차 | 欠 | 火 | 6(土) |
| | 車 | 수레 차 | 車 | 火 | 7(金) |
| | 此 | 이, 이에 차 | 止 | 土 | 6(土) |
| | 借 | 빌릴, 도울 차 | 人 | 火 | 10(水) |
| | 差 | 어긋날, 실수 차 | 工 | 火 | 10(水) |
| | 瑳 | 깨끗할 차 | 玉 | 金 | 15(土) |
| | 侘 | 뽐낼 차 | 人 | 火 | 9(水) |
| | 嵯 | 우뚝솟을 차 | 山 | 土 | 13(火) |
| | 磋 | 갈 차 | 石 | 金 | 15(土) |
| | 茶 | 차, 씀바귀 차 | 竹 | 木 | 12(木) |
| | 蹉 | 넘어질, 실패할 차 | 足 | 土 | 17(金) |
| | 遮 | 막을, 가로지를 차 | 辵 | 土 | 18(金) |
| | 箚 | 찌를 차 | 竹 | 木 | 14(火) |
| | 嗟 | 탄식할, 감탄할 차 | 口 | 水 | 13(火) |

| 음령<br>오행 | 한자 | 뜻 | 부수 | 자원<br>오행 | 획수<br>(오행) |
|---|---|---|---|---|---|
| 차<br>(金) | 叉 | 깍지, 양갈래 차 | 叉 | 水 | 3(火) |
| 착<br>(金) | 着 | 붙을, 부딪칠 착 | 目 | 土 | 12(木) |
| | 錯 | 섞일, 버무릴 착 | 金 | 金 | 16(土) |
| | 捉 | 잡을, 사로잡을 착 | 手 | 木 | 11(木) |
| | 搾 | 짜낼 착 | 手 | 木 | 14(火) |
| | 窄 | 좁을, 닥칠 착 | 穴 | 水 | 10(水) |
| | 鑿 | 뚫을, 끊을 착 | 金 | 金 | 28(金) |
| | 齪 | 악착할 착 | 齒 | 金 | 22(木) |
| 찬<br>(金) | 粲 | 선명할, 깨끗할 찬 | 米 | 木 | 13(火) |
| | 贊 | 도울, 밝힐 찬 | 貝 | 金 | 19(水) |
| | 賛 | 贊의 속자 | 貝 | 金 | 15(土) |
| | 讚 | 밝을, 도울 찬 | 言 | 金 | 26(土) |
| | 讃 | 讚의 속자 | 言 | 金 | 22(木) |
| | 撰 | 갖출, 가릴 찬 | 手 | 木 | 16(土) |
| | 燦 | 빛날, 찬란할 찬 | 火 | 火 | 17(金) |
| | 璨 | 옥빛, 찬란할 찬 | 玉 | 金 | 18(金) |
| | 澯 | 물맑을 찬 | 水 | 水 | 17(金) |
| | 饌 | 반찬, 차릴 찬 | 食 | 水 | 21(木) |

| 음령<br>오행 | 한자 | 뜻 | 부수 | 자원<br>오행 | 획수<br>(오행) |
|---|---|---|---|---|---|
| 찬<br>(金) | 竄 | 숨을, 달아날 찬 | 穴 | 水 | 18(金) |
| | 纘 | 이을, 모을 찬 | 糸 | 木 | 25(土) |
| | 篹 | 모을, 무늬 찬 | 糸 | 木 | 20(水) |
| | 瓚 | 옥잔, 큰홀 찬 | 玉 | 金 | 24(火) |
| | 鑽 | 뚫을, 송곳 찬 | 金 | 金 | 27(金) |
| | 餐 | 먹을, 새참 찬 | 食 | 水 | 16(土) |
| 찰<br>(金) | 刹 | 사원, 탑 찰 | 刀 | 金 | 8(金) |
| | 紮 | 감을, 맬 찰 | 糸 | 木 | 8(木) |
| | 札 | 편지, 공문서 찰 | 木 | 木 | 5(土) |
| | 察 | 살필, 밝힐 찰 | 宀 | 木 | 14(火) |
| | 擦 | 비빌, 문지를 찰 | 手 | 木 | 18(金) |
| 참<br>(金) | 參 | 참여할 참 | 厶 | 火 | 11(木) |
| | 慚 | 부끄러울 참 | 心 | 火 | 15(土) |
| | 慙 | 慚의 같은 자 | 心 | 火 | 15(土) |
| | 慘 | 참혹할, 슬플 참 | 心 | 火 | 15(土) |
| | 僭 | 참람할, 범할 참 | 人 | 火 | 14(火) |
| | 塹 | 구덩이팔 참 | 土 | 土 | 14(火) |
| | 憯 | 슬퍼할, 참혹할 참 | 心 | 火 | 16(土) |

| 음령<br>오행 | 한자 | 뜻 | 부수 | 자원<br>오행 | 획수<br>(오행) |
|---|---|---|---|---|---|
| 참<br>(金) | 懺 | 뉘우칠 참 | 心 | 火 | 21(木) |
| | 斬 | 벨, 끊어질 참 | 斤 | 金 | 11(木) |
| | 站 | 우두커니설 참 | 立 | 金 | 10(水) |
| | 讒 | 참소할, 해칠 참 | 言 | 金 | 24(火) |
| | 讖 | 뉘우칠, 비결 참 | 言 | 金 | 24(火) |
| 창<br>(金) | 昌 | 창성할, 착할 창 | 日 | 火 | 8(金) |
| | 昶 | 밝을, 통할 창 | 日 | 火 | 9(水) |
| | 彰 | 밝을, 뚜렷할 창 | 彡 | 火 | 14(火) |
| | 敞 | 높을, 드러날 창 | 攴 | 金 | 12(木) |
| | 蒼 | 푸를, 무성할 창 | 艸 | 木 | 16(土) |
| | 滄 | 강이름, 싸늘할 창 | 水 | 水 | 14(火) |
| | 暢 | 펼, 통할 창 | 日 | 火 | 14(火) |
| | 唱 | 노래할, 인도할 창 | 口 | 水 | 11(木) |
| | 窓 | 창, 굴뚝 창 | 穴 | 水 | 11(木) |
| | 菖 | 창포 창 | 艸 | 木 | 14(火) |
| | 艙 | 선창, 선실 창 | 舟 | 木 | 16(木) |
| | 倉 | 창고, 곳집 창 | 人 | 火 | 10(水) |
| | 創 | 비롯할, 만들 창 | 刀 | 金 | 12(木) |

| 음령<br>오행 | 한자 | 뜻 | 부수 | 자원<br>오행 | 획수<br>(오행) |
|---|---|---|---|---|---|
| 창<br>(金) | 廠 | 헛간, 곳집 창 | 广 | 木 | 15(土) |
| | 倡 | 기생, 가무 창 | 人 | 火 | 10(水) |
| | 娼 | 창녀 창 | 女 | 土 | 11(木) |
| | 愴 | 슬퍼할, 어지러울 창 | 心 | 火 | 14(火) |
| | 槍 | 창, 어지럽힐 창 | 木 | 木 | 14(火) |
| | 漲 | 물부를, 가릴 창 | 水 | 水 | 15(土) |
| | 猖 | 어지러울, 날뛸 창 | 犬 | 土 | 11(木) |
| | 瘡 | 부스럼, 종기 창 | 疒 | 水 | 15(土) |
| | 脹 | 배부를, 창자 창 | 肉 | 水 | 14(火) |
| 채<br>(金) | 采 | 캘, 선택할 채 | 采 | 木 | 8(金) |
| | 彩 | 채색, 빛날 채 | 彡 | 火 | 11(木) |
| | 菜 | 나물, 반찬 채 | 艸 | 木 | 14(火) |
| | 採 | 가려낼, 캘 채 | 手 | 木 | 12(木) |
| | 埰 | 영지, 무덤 채 | 土 | 土 | 11(木) |
| | 寀 | 동관, 녹봉 채 | 宀 | 木 | 11(木) |
| | 蔡 | 거북, 채나라 채 | 艸 | 木 | 17(金) |
| | 綵 | 비단, 무늬 채 | 糸 | 木 | 14(火) |
| | 寨 | 울타리 채 | 宀 | 木 | 14(火) |

| 음령<br>오행 | 한자 | 뜻 | 부수 | 자원<br>오행 | 획수<br>(오행) |
|---|---|---|---|---|---|
| 채<br>(金) | 砦 | 울타리 채 | 石 | 金 | 10(水) |
| | 釵 | 비녀, 인동덩굴 채 | 金 | 金 | 11(木) |
| | 債 | 빚, 빚질, 빌릴 채 | 人 | 火 | 13(火) |
| 책<br>(金) | 責 | 꾸짖을, 책임 책 | 貝 | 金 | 11(木) |
| | 策 | 꾀, 채찍 책 | 竹 | 木 | 12(木) |
| | 栅 | 목책, 잔교 책 | 木 | 木 | 9(水) |
| | 册 | 책, 문서 책 | 册 | 木 | 5(土) |
| | 冊 | 册과 같은 자 | 册 | 木 | 5(土) |
| 처<br>(金) | 妻 | 아내 처 | 女 | 土 | 8(金) |
| | 處 | 살, 곳 처 | 虍 | 土 | 11(木) |
| | 悽 | 슬플, 아플 처 | 心 | 火 | 12(木) |
| | 凄 | 쓸쓸할, 차가울 처 | 冫 | 水 | 10(水) |
| 척<br>(金) | 陟 | 오를, 나아갈 척 | 阜 | 土 | 14(火) |
| | 尺 | 자, 법도 척 | 尸 | 木 | 4(火) |
| | 斥 | 물리칠, 지적할 척 | 斤 | 金 | 5(土) |
| | 戚 | 겨레, 도기 척 | 戈 | 金 | 11(木) |
| | 坧 | 기지, 터 척 | 土 | 土 | 8(金) |
| | 剔 | 뼈바를, 깎을 척 | 刀 | 金 | 10(水) |

| 음령<br>오행 | 한자 | 뜻 | 부수 | 자원<br>오행 | 획수<br>(오행) |
|---|---|---|---|---|---|
| 척<br>(金) | 慽 | 근심할, 슬플 척 | 心 | 火 | 15(土) |
| | 倜 | 대범할, 뛰어날 척 | 人 | 火 | 10(水) |
| | 滌 | 씻을, 헹굴 척 | 水 | 水 | 15(土) |
| | 瘠 | 여윌, 파리할 척 | 疒 | 水 | 15(土) |
| | 脊 | 등뼈 척 | 肉 | 水 | 12(木) |
| | 蹠 | 밟을, 나아갈 척 | 足 | 土 | 18(金) |
| | 隻 | 새한마리, 한쪽 척 | 隹 | 火 | 10(水) |
| | 擲 | 던질, 버릴 척 | 手 | 木 | 19(水) |
| | 刺 | 찌를, 가시 척 | 刀 | 金 | 8(金) |
| | 拓 | 주울, 부러뜨릴 척 | 手 | 木 | 9(水) |
| 천<br>(金) | 千 | 일천, 많을 천 | 十 | 水 | 3(火) |
| | 天 | 하늘, 조물주 | 大 | 火 | 4(火) |
| | 川 | 내, 굴 천 | 川 | 水 | 3(火) |
| | 泉 | 샘 천 | 水 | 水 | 9(水) |
| | 仟 | 일천 천 | 人 | 火 | 5(土) |
| | 阡 | 언덕, 두렁길 천 | 阜 | 火 | 11(木) |
| | 踐 | 밟을, 실천할 천 | 足 | 土 | 15(土) |
| | 薦 | 천거할 천 | 艸 | 木 | 19(水) |

| 음령<br>오행 | 한자 | 뜻 | 부수 | 자원<br>오행 | 획수<br>(오행) |
|---|---|---|---|---|---|
| 천<br>(金) | 玔 | 옥고리, 옥팔찌 천 | 玉 | 金 | 8(金) |
| | 闡 | 열, 넓힐 천 | 門 | 木 | 20(水) |
| | 韆 | 그네 천 | 革 | 金 | 24(火) |
| | 穿 | 뚫을, 구멍 천 | 穴 | 水 | 9(水) |
| | 舛 | 어그러질, 어수선할 천 | 舛 | 木 | 6(土) |
| | 釧 | 팔찌 천 | 金 | 金 | 11(木) |
| | 喘 | 헐떡거릴, 숨 천 | 口 | 水 | 12(木) |
| | 擅 | 멋대로, 맘대로 천 | 手 | 木 | 17(金) |
| | 淺 | 얕을, 옅을 천 | 水 | 水 | 12(木) |
| | 賤 | 천할, 흔할 천 | 貝 | 金 | 15(土) |
| | 遷 | 옮길, 바뀔 천 | 辵 | 土 | 19(水) |
| 철<br>(金) | 哲 | 밝을, 슬기로울 철 | 口 | 水 | 10(水) |
| | 喆 | 밝을, 쌍길 철 | 口 | 水 | 12(木) |
| | 澈 | 물맑을 철 | 水 | 水 | 16(土) |
| | 徹 | 통할, 환할 철 | 彳 | 火 | 15(土) |
| | 撤 | 걷을, 치울 철 | 手 | 木 | 16(土) |
| | 轍 | 바퀴자국, 흔적 철 | 車 | 火 | 19(水) |
| | 綴 | 맺을, 잇댈 철 | 糸 | 木 | 14(火) |

| 음령<br>오행 | 한자 | 뜻 | 부수 | 자원<br>오행 | 획수<br>(오행) |
|---|---|---|---|---|---|
| 철<br>(金) | 凸 | 볼록할 철 | 凵 | 水 | 5(土) |
| | 輟 | 그칠, 꿰맬 철 | 車 | 火 | 15(土) |
| | 鐵 | 검은쇠, 단단할 철 | 金 | 金 | 21(木) |
| 첨<br>(金) | 添 | 더할, 덧붙일 첨 | 水 | 水 | 12(木) |
| | 僉 | 여럿, 고를 첨 | 人 | 火 | 13(火) |
| | 瞻 | 쳐다볼, 우러러볼 첨 | 目 | 木 | 18(金) |
| | 沾 | 더할, 첨가할 첨 | 水 | 水 | 9(水) |
| | 甛 | 달, 만날 첨 | 甘 | 土 | 11(木) |
| | 籤 | 제비, 시험할 첨 | 竹 | 木 | 23(火) |
| | 詹 | 이를, 도달할 첨 | 言 | 金 | 13(火) |
| | 諂 | 아첨할 첨 | 言 | 金 | 15(土) |
| | 簽 | 쪽지, 서명할 첨 | 竹 | 木 | 19(水) |
| | 尖 | 뾰족할 첨 | 小 | 金 | 6(土) |
| 첩<br>(金) | 帖 | 표제, 문서 첩 | 巾 | 木 | 8(金) |
| | 捷 | 이길, 첩서 첩 | 手 | 木 | 12(木) |
| | 牒 | 글씨판, 계보 첩 | 片 | 木 | 13(火) |
| | 堞 | 성가퀴 첩 | 土 | 土 | 12(木) |
| | 疊 | 겹칠, 포갤 첩 | 田 | 土 | 22(木) |

| 음령<br>오행 | 한자 | 뜻 | 부수 | 자원<br>오행 | 획수<br>(오행) |
| --- | --- | --- | --- | --- | --- |
| 첩<br>(金) | 睫 | 속눈썹 첩 | 目 | 木 | 13(火) |
| | 諜 | 염탐할, 안심할 첩 | 言 | 金 | 16(土) |
| | 貼 | 붙을, 근접할 첩 | 貝 | 金 | 12(木) |
| | 輒 | 문득, 갑자기 첩 | 車 | 火 | 14(火) |
| | 妾 | 첩, 계집종 첩 | 女 | 土 | 8(金) |
| 청<br>(金) | 靑 | 푸를, 젊을 청 | 靑 | 木 | 8(金) |
| | 淸 | 맑을, 선명할 청 | 水 | 水 | 12(木) |
| | 晴 | 晴과 같은 자 | 日 | 火 | 12(木) |
| | 請 | 청할, 뵈올 청 | 言 | 金 | 15(土) |
| | 聽 | 들을, 받들 청 | 耳 | 火 | 22(木) |
| | 廳 | 관청, 대청 청 | 广 | 木 | 25(土) |
| | 菁 | 우거질, 화려할 청 | 艸 | 木 | 14(火) |
| | 鯖 | 청어 청 | 魚 | 水 | 19(水) |
| 체<br>(金) | 體 | 몸, 사지, 모양 체 | 骨 | 金 | 23(火) |
| | 替 | 쇠퇴할 체 | 日 | 火 | 12(木) |
| | 締 | 맺을, 연결할 체 | 糸 | 木 | 15(土) |
| | 諦 | 살필, 조사할 체 | 言 | 金 | 16(土) |
| | 遞 | 갈아들, 교대로 체 | 辵 | 土 | 17(金) |

| 음령<br>오행 | 한자 | 뜻 | 부수 | 자원<br>오행 | 획수<br>(오행) |
|---|---|---|---|---|---|
| 체<br>(金) | 切 | 온통 체 | 刀 | 金 | 4(火) |
| | 剃 | 머리깎을 체 | 刀 | 金 | 9(水) |
| | 涕 | 눈물, 울 체 | 水 | 水 | 11(木) |
| | 滯 | 막힐, 빠질 체 | 水 | 水 | 15(土) |
| | 逮 | 이를, 잡을 체 | 辵 | 土 | 15(土) |
| 초<br>(金) | 初 | 처음, 비롯할 초 | 刀 | 金 | 7(金) |
| | 草 | 풀, 초원 초 | 艸 | 木 | 12(木) |
| | 艸 | 草의 본자 | 艸 | 木 | 6(土) |
| | 肖 | 닮을, 본받을 초 | 肉 | 水 | 9(水) |
| | 超 | 뛰어넘을, 지나갈 초 | 走 | 火 | 12(木) |
| | 抄 | 가릴, 베낄 초 | 手 | 木 | 8(金) |
| | 礎 | 주춧돌 초 | 石 | 金 | 18(金) |
| | 樵 | 땔나무, 나무할 초 | 木 | 木 | 16(土) |
| | 焦 | 그을릴, 땔 초 | 火 | 火 | 12(木) |
| | 蕉 | 파초, 땔나무 초 | 艸 | 木 | 18(金) |
| | 楚 | 모형, 가시나무 초 | 木 | 木 | 13(火) |
| | 招 | 부를, 손짓할 초 | 手 | 木 | 9(水) |
| | 椒 | 산초나무, 향기로울 초 | 木 | 木 | 12(木) |

| 음령<br>오행 | 한자 | 뜻 | 부수 | 자원<br>오행 | 획수<br>(오행) |
|---|---|---|---|---|---|
| 초<br>(金) | 稍 | 볏줄기끝, 작을 초 | 禾 | 木 | 12(木) |
| | 苕 | 갈대이삭 초 | 艸 | 木 | 11(木) |
| | 貂 | 담비 초 | 豸 | 水 | 12(木) |
| | 酢 | 초, 신맛나는 초 | 酉 | 金 | 14(木) |
| | 勦 | 노곤할, 괴로워할 초 | 刀 | 金 | 13(火) |
| | 哨 | 망볼, 작을 초 | 口 | 水 | 10(水) |
| | 憔 | 수척할, 애태울 초 | 心 | 火 | 16(土) |
| | 梢 | 나무끝, 꼬리 초 | 木 | 木 | 11(木) |
| | 炒 | 볶을, 시끄러울 초 | 火 | 火 | 8(金) |
| | 礁 | 물잠긴바위 초 | 石 | 金 | 17(金) |
| | 秒 | 초, 미묘할 초 | 禾 | 木 | 9(水) |
| | 醋 | 초, 식초 초 | 酉 | 金 | 15(土) |
| | 醮 | 제사지낼 초 | 酉 | 金 | 19(水) |
| 촉<br>(金) | 促 | 재촉할, 다가올 촉 | 人 | 火 | 9(水) |
| | 囑 | 부탁할, 맡길 촉 | 口 | 水 | 24(火) |
| | 矗 | 우거질, 무성할 촉 | 目 | 木 | 24(火) |
| | 燭 | 촛불, 등불 촉 | 火 | 火 | 17(金) |
| | 觸 | 닿을, 범할 촉 | 角 | 木 | 20(水) |

| 음령<br>오행 | 한자 | 뜻 | 부수 | 자원<br>오행 | 획수<br>(오행) |
|---|---|---|---|---|---|
| 촉<br>(金) | 蜀 | 나라이름 촉 | 虫 | 水 | 13(火) |
| 촌<br>(金) | 寸 | 마디, 헤아일 촌 | 寸 | 木 | 3(火) |
| | 村 | 마을, 시골 촌 | 木 | 木 | 7(金) |
| | 忖 | 헤아릴, 쪼갤 촌 | 心 | 火 | 7(金) |
| | 邨 | 시골, 마을 촌 | 邑 | 土 | 11(木) |
| 충<br>(金) | 聰 | 귀밝을, 민첩할 충 | 耳 | 火 | 17(金) |
| | 聡 | 聰와 같은 자 | 耳 | 火 | 14(火) |
| | 蔥 | 파, 부들 충 | 艹 | 木 | 17(金) |
| | 總 | 거느릴, 합할 충 | 糸 | 木 | 17(金) |
| | 寵 | 사랑할, 은혜 충 | 宀 | 木 | 19(火) |
| | 叢 | 모일, 번잡할 충 | 又 | 水 | 18(金) |
| | 銃 | 총 총 | 金 | 金 | 14(火) |
| | 塚 | 무덤, 산곡대기 충 | 土 | 土 | 13(火) |
| | 悤 | 바쁠, 급할 충 | 心 | 火 | 11(木) |
| | 憁 | 바쁠 충 | 心 | 火 | 15(土) |
| 찰<br>(金) | 撮 | 취할, 모을 찰 | 手 | 木 | 16(土) |
| 최<br>(金) | 最 | 가장, 극진할 최 | 曰 | 水 | 12(木) |
| | 催 | 재촉할, 일어날 최 | 人 | 火 | 13(火) |

| 음령<br>오행 | 한자 | 뜻 | 부수 | 자원<br>오행 | 획수<br>(오행) |
|---|---|---|---|---|---|
| 최<br>(金) | 崔 | 성씨, 높을 최 | 山 | 土 | 11(木) |
| 추<br>(金) | 秋 | 가을, 결실 추 | 禾 | 木 | 9(水) |
| | 追 | 쫓을, 따를 추 | 辵 | 土 | 13(火) |
| | 推 | 천거할, 받들 추 | 手 | 木 | 12(木) |
| | 楸 | 가래나무, 개오동 추 | 木 | 木 | 13(火) |
| | 樞 | 문지도리 추 | 木 | 木 | 15(土) |
| | 鄒 | 나라이름 추 | 邑 | 土 | 17(金) |
| | 錘 | 저울눈, 마치 추 | 金 | 金 | 16(土) |
| | 錐 | 송곳, 바늘 추 | 金 | 金 | 16(土) |
| | 抽 | 뽑을, 뺄 추 | 手 | 木 | 9(水) |
| | 醜 | 추할, 미워할 추 | 酉 | 金 | 17(金) |
| | 湫 | 다할, 바닥날 추 | 水 | 水 | 13(火) |
| | 墜 | 떨어질, 잃을 추 | 土 | 土 | 15(土) |
| | 椎 | 몽치, 망치 추 | 木 | 木 | 12(木) |
| | 皺 | 주름 추 | 皮 | 金 | 15(土) |
| | 芻 | 꼴, 말린풀 초 | 艸 | 木 | 10(水) |
| | 萩 | 사철쑥 초 | 艸 | 木 | 15(土) |
| | 諏 | 꾀할, 물을 추 | 言 | 金 | 15(土) |

| 음령<br>오행 | 한자 | 뜻 | 부수 | 자원<br>오행 | 획수<br>(오행) |
|---|---|---|---|---|---|
| 추<br>(金) | 趨 | 달릴, 빨리갈 추 | 走 | 土 | 17(土) |
| | 酋 | 묵은술, 숙성할 추 | 酉 | 金 | 9(水) |
| | 鎚 | 쇠망치, 칠 추 | 金 | 金 | 18(金) |
| | 雛 | 병아리, 큰새 추 | 隹 | 火 | 18(金) |
| | 騶 | 기사, 승마 추 | 馬 | 火 | 20(水) |
| | 鰍 | 미꾸라지 추 | 魚 | 水 | 20(水) |
| 축<br>(金) | 蓄 | 쌓을, 모을 축 | 艸 | 木 | 16(土) |
| | 丑 | 소, 축시 축 | 一 | 土 | 4(火) |
| | 祝 | 빌, 기원할 축 | 示 | 金 | 10(水) |
| | 畜 | 쌓을, 모을 축 | 田 | 土 | 10(水) |
| | 竺 | 대나무, 나라이름 축 | 竹 | 木 | 8(金) |
| | 筑 | 악기이름 축 | 竹 | 木 | 12(木) |
| | 蹙 | 대어들, 쫓을 축 | 足 | 土 | 18(金) |
| | 蹴 | 찰, 밟을 축 | 足 | 土 | 19(水) |
| | 築 | 쌓을, 집지을 축 | 竹 | 木 | 16(土) |
| | 逐 | 쫓을, 물리칠 축 | 辵 | 土 | 14(火) |
| | 縮 | 다스릴, 옳을 축 | 糸 | 木 | 17(金) |
| | 軸 | 굴대 축 | 車 | 火 | 12(木) |

| 음령<br>오행 | 한자 | 뜻 | 부수 | 자원<br>오행 | 획수<br>(오행) |
|---|---|---|---|---|---|
| 춘<br>(金) | 春 | 봄, 화할 춘 | 日 | 火 | 9(水) |
| | 椿 | 참죽나무 춘 | 木 | 木 | 13(火) |
| | 瑃 | 옥이름 춘 | 玉 | 金 | 14(火) |
| | 賰 | 넉넉할 춘 | 貝 | 金 | 16(土) |
| 출<br>(金) | 出 | 날, 낳을 출 | 凵 | 土 | 5(土) |
| | 朮 | 차조 출 | 木 | 木 | 5(土) |
| | 黜 | 물리칠, 물러날 출 | 墨 | 水 | 17(金) |
| 충<br>(金) | 充 | 가득할, 채울 충 | 儿 | 木 | 5(土) |
| | 忠 | 충성, 곧을 충 | 心 | 火 | 8(金) |
| | 珫 | 귀고리 충 | 玉 | 金 | 11(木) |
| | 沖 | 빌, 공허할 충 | 水 | 水 | 8(金) |
| | 冲 | 沖의 속자 | 水 | 水 | 6(土) |
| | 衷 | 속마음, 가운데 충 | 衣 | 木 | 10(水) |
| | 蟲 | 벌레 충 | 虫 | 水 | 18(金) |
| | 虫 | 蟲의 약자 | 虫 | 水 | 18(金) |
| | 衝 | 찌를, 향할 충 | 行 | 火 | 15(土) |
| 췌<br>(金) | 萃 | 모일, 이를 췌 | 艸 | 木 | 14(火) |
| | 膵 | 췌장 췌 | 肉 | 水 | 18(金) |

| 음령<br>오행 | 한자 | 뜻 | 부수 | 자원<br>오행 | 획수<br>(오행) |
|---|---|---|---|---|---|
| 췌<br>(金) | 悴 | 파리할, 근심할 췌 | 心 | 火 | 12(木) |
| | 贅 | 혹, 군더더기 췌 | 貝 | 水 | 18(金) |
| 취<br>(金) | 取 | 취할, 도울 취 | 又 | 水 | 8(金) |
| | 就 | 이룰, 나아갈 취 | 尢 | 土 | 12(木) |
| | 翠 | 물총새(암컷), 비취색 취 | 羽 | 火 | 14(火) |
| | 聚 | 모일, 무리 취 | 耳 | 火 | 14(火) |
| | 炊 | 불댈 취 | 火 | 火 | 8(金) |
| | 趣 | 나아갈, 주장할 취 | 走 | 火 | 15(土) |
| | 嘴 | 부리, 주둥이 취 | 口 | 水 | 15(土) |
| | 娶 | 장가들 취 | 女 | 土 | 11(木) |
| | 脆 | 무를, 약할 취 | 肉 | 水 | 12(木) |
| | 驟 | 달릴, 신속할 취 | 馬 | 火 | 24(火) |
| | 鷲 | 독수리 취 | 鳥 | 火 | 24(火) |
| | 吹 | 불, 부추길 취 | 口 | 火 | 7(金) |
| | 臭 | 냄새, 썩을 취 | 自 | 水 | 10(水) |
| | 醉 | 술취할 취 | 酉 | 金 | 15(土) |
| 측<br>(金) | 測 | 헤아릴, 잴 측 | 水 | 水 | 13(火) |
| | 側 | 곁, 옆 측 | 人 | 火 | 11(木) |

| 음령<br>오행 | 한자 | 뜻 | 부수 | 자원<br>오행 | 획수<br>(오행) |
|---|---|---|---|---|---|
| 측<br>(金) | 仄 | 기울, 우뚝솟을 측 | 人 | 火 | 4(火) |
| | 厠 | 뒷간, 기울, 섞일 측 | 厂 | 木 | 11(木) |
| | 惻 | 슬퍼할 측 | 心 | 火 | 13(火) |
| 층<br>(金) | 層 | 계단, 층 층 | 尸 | 木 | 15(土) |
| 치<br>(金) | 治 | 다스릴, 다듬을 치 | 水 | 水 | 9(水) |
| | 致 | 이를, 다할 치 | 至 | 土 | 10(水) |
| | 稚 | 어린벼, 늦을 치 | 禾 | 木 | 13(火) |
| | 峙 | 언덕, 우뚝솟을 치 | 山 | 土 | 9(水) |
| | 雉 | 꿩, 폐백 치 | 隹 | 火 | 13(火) |
| | 馳 | 달릴, 쫓을 치 | 馬 | 火 | 13(火) |
| | 幟 | 표기, 표적 치 | 巾 | 木 | 15(土) |
| | 梔 | 치자나무 치 | 木 | 木 | 11(木) |
| | 穉 | 어릴 치 | 禾 | 木 | 16(土) |
| | 輜 | 짐수레 치 | 車 | 火 | 17(金) |
| | 侈 | 사치할, 거만할 치 | 人 | 火 | 8(金) |
| | 嗤 | 웃을, 비웃을 치 | 口 | 水 | 13(火) |
| | 淄 | 검은빛 치 | 水 | 水 | 12(木) |
| | 痔 | 치질 치 | 疒 | 水 | 11(木) |

| 음령<br>오행 | 한자 | 뜻 | 부수 | 자원<br>오행 | 획수<br>(오행) |
|---|---|---|---|---|---|
| 치<br>(金) | 緇 | 검은비단, 승복 치 | 糸 | 木 | 14(火) |
| | 癡 | 어리석을 치 | 疒 | 水 | 19(水) |
| | 痴 | 癡의 속자 | 疒 | 水 | 13(火) |
| | 緻 | 밸, 꿰맬 치 | 糸 | 木 | 15(土) |
| | 蚩 | 어리석을 치 | 虫 | 水 | 10(水) |
| | 齒 | 나이, 이 치 | 齒 | 金 | 15(土) |
| | 値 | 값, 가치 치 | 人 | 火 | 10(水) |
| | 置 | 둘, 버릴, 베풀 치 | 罒 | 木 | 14(火) |
| | 恥 | 부끄러울, 욕될 치 | 心 | 火 | 10(水) |
| | 熾 | 성할, 기세왕할 치 | 火 | 火 | 16(土) |
| 칙<br>(金) | 則 | 법칙, 본받을 칙 | 刀 | 金 | 9(水) |
| | 勅 | 조서, 타이를 칙 | 力 | 土 | 9(水) |
| | 飭 | 경계할, 정비할 칙 | 食 | 水 | 13(火) |
| 친<br>(金) | 親 | 일가, 몸소 친 | 貝 | 火 | 16(土) |
| 칠<br>(金) | 七 | 일곱 칠 | 一 | 金 | 7(金) |
| | 漆 | 옻칠할 칠 | 水 | 水 | 15(土) |
| | 柒 | 옻나무, 옻칠 칠 | 木 | 木 | 9(水) |
| 침<br>(金) | 琛 | 보배 침 | 玉 | 金 | 13(木) |

| 음령<br>오행 | 한자 | 뜻 | 부수 | 자원<br>오행 | 획수<br>(오행) |
|---|---|---|---|---|---|
| 침<br>(金) | 砧 | 다듬잇돌 침 | 石 | 金 | 10(水) |
| | 鍼 | 침놓을, 경계할 침 | 金 | 金 | 17(金) |
| | 針 | 침, 바늘 침 | 金 | 金 | 10(水) |
| | 浸 | 담글, 잠길 침 | 水 | 水 | 11(木) |
| | 寢 | 방, 잠잘 침 | 宀 | 木 | 14(火) |
| | 沈 | 잠길, 가라앉을 침 | 水 | 水 | 8(金) |
| | 枕 | 베개, 잠잘 침 | 木 | 木 | 8(金) |
| | 侵 | 범할, 침노할 침 | 人 | 火 | 9(水) |
| 칩<br>(金) | 蟄 | 동면할, 숨을 칩 | 虫 | 水 | 17(金) |
| 칭<br>(金) | 稱 | 일컬을, 칭찬할 칭 | 禾 | 木 | 14(火) |
| | 秤 | 저울 칭 | 禾 | 木 | 10(水) |
| 쾌<br>(金) | 快 | 쾌할, 상쾌할 쾌 | 心 | 火 | 8(金) |
| | 夬 | 괘이름, 터놓을 쾌 | 木 | 木 | 4(火) |
| 타<br>(火) | 他 | 남, 누구 타 | 人 | 火 | 5(土) |
| | 打 | 칠, 때릴 타 | 手 | 木 | 6(土) |
| | 妥 | 온당할, 편히앉을 타 | 女 | 土 | 7(金) |
| | 墮 | 떨어질, 잃을 타 | 土 | 土 | 15(土) |
| | 拖 | 끌, 풀어놓을 타 | 手 | 木 | 9(水) |

| 음령<br>오행 | 한자 | 뜻 | 부수 | 자원<br>오행 | 획수<br>(오행) |
|---|---|---|---|---|---|
| 타<br>(火) | 朶 | 늘어질 타 | 木 | 木 | 6(土) |
| | 楕 | 길죽할 타 | 木 | 木 | 13(火) |
| | 舵 | 키 타 | 舟 | 木 | 11(木) |
| | 馱 | 태울, 실을 타 | 馬 | 火 | 13(火) |
| | 駝 | 낙타, 타조 타 | 馬 | 火 | 15(土) |
| | 咤 | 꾸짖을, 슬퍼할 타 | 口 | 水 | 9(水) |
| | 唾 | 침뱉을 타 | 口 | 水 | 11(木) |
| | 惰 | 게으를, 소홀할 타 | 心 | 火 | 13(火) |
| | 陀 | 비탈길, 험할 타 | 阜 | 土 | 13(火) |
| 탁<br>(火) | 柝 | 열, 펼칠 탁 | 木 | 木 | 9(金) |
| | 卓 | 높을, 뛰어날 탁 | 十 | 木 | 8(金) |
| | 倬 | 클, 환할 탁 | 人 | 火 | 10(水) |
| | 琸 | 사람이름 탁 | 玉 | 金 | 13(火) |
| | 晫 | 환할, 밝을 탁 | 日 | 火 | 12(木) |
| | 託 | 부탁할, 맡길 탁 | 言 | 金 | 10(水) |
| | 度 | 헤아릴 법도 탁 | 广 | 木 | 9(水) |
| | 琢 | 다듬을, 쫄 탁 | 玉 | 金 | 13(火) |
| | 拓 | 밀칠, 넓힐 탁 | 手 | 木 | 9(水) |

| 음령<br>오행 | 한자 | 뜻 | 부수 | 자원<br>오행 | 획수<br>(오행) |
|---|---|---|---|---|---|
| 탁<br>(火) | 啄 | 쫄, 두드릴 탁 | 口 | 水 | 11(木) |
| | 坼 | 터질, 펴질 탁 | 土 | 土 | 8(金) |
| | 擢 | 뽑을, 제거할 탁 | 手 | 木 | 18(金) |
| | 鐸 | 목탁, 방울 탁 | 金 | 金 | 21(木) |
| | 濁 | 흐릴, 물이름 탁 | 水 | 水 | 17(金) |
| | 托 | 밀, 밀어서열 탁 | 手 | 木 | 7(金) |
| | 濯 | 씻을, 빛날 탁 | 水 | 水 | 18(金) |
| 탄<br>(火) | 坦 | 너그러울, 평평할 탄 | 土 | 土 | 8(金) |
| | 誕 | 태어날, 기를 탄 | 言 | 金 | 14(火) |
| | 炭 | 불똥, 숯 탄 | 火 | 火 | 9(水) |
| | 呑 | 감출, 삼킬 탄 | 口 | 水 | 7(金) |
| | 灘 | 여울, 물가 탄 | 水 | 水 | 23(火) |
| | 歎 | 한숨쉴, 감탄할 탄 | 欠 | 金 | 15(土) |
| | 彈 | 탄알 탄 | 弓 | 金 | 15(土) |
| | 嘆 | 탄식할, 한숨쉴 탄 | 口 | 水 | 14(火) |
| | 憚 | 꺼릴, 협박할 탄 | 心 | 火 | 16(土) |
| | 綻 | 터질 탄 | 糸 | 木 | 14(火) |
| 탈<br>(火) | 脫 | 벗을 탈 | 肉 | 水 | 13(火) |

| 음령<br>오행 | 한자 | 뜻 | 부수 | 자원<br>오행 | 획수<br>(오행) |
|---|---|---|---|---|---|
| 탈<br>(火) | 奪 | 잃어버릴, 빼앗길 탈 | 大 | 木 | 14(火) |
| 탐<br>(火) | 耽 | 즐길, 누릴 탐 | 耳 | 火 | 10(水) |
| | 探 | 찾을, 정탐 탐 | 手 | 木 | 12(木) |
| | 貪 | 탐할, 욕심낼 탐 | 貝 | 金 | 11(木) |
| | 眈 | 노려볼 탐 | 目 | 木 | 9(金) |
| 탑<br>(火) | 塔 | 탑, 절 탑 | 土 | 土 | 13(火) |
| | 榻 | 걸상 탑 | 木 | 木 | 14(火) |
| 탕<br>(火) | 湯 | 물끓일 탕 | 水 | 水 | 13(火) |
| | 帑 | 금고, 새꼬리 탕 | 巾 | 木 | 8(金) |
| | 糖 | 엿 탕 | 米 | 木 | 16(土) |
| | 蕩 | 씻어버릴 탕 | 艸 | 木 | 18(金) |
| | 宕 | 방탕할 탕 | 宀 | 木 | 8(金) |
| 태<br>(火) | 太 | 클 태 | 大 | 木 | 4(火) |
| | 泰 | 클, 넉넉할 태 | 水 | 水 | 9(水) |
| | 兌 | 바꿀, 기쁠 태 | 儿 | 金 | 7(金) |
| | 台 | 별, 기를 태 | 口 | 水 | 5(土) |
| | 胎 | 아이밸 태 | 肉 | 水 | 11(木) |
| 팽<br>(水) | 膨 | 부풀 팽 | 肉 | 水 | 18(金) |

| 음령<br>오행 | 한자 | 뜻 | 부수 | 자원<br>오행 | 획수<br>(오행) |
|---|---|---|---|---|---|
| 팽<br>(水) | 彭 | 성씨, 땅이름 팽 | 彡 | 火 | 12(木) |
| | 澎 | 물소리, 물결부딪는기세 팽 | 水 | 水 | 16(土) |
| 편<br>(水) | 遍 | 두루 편 | 辶 | 土 | 16(土) |
| | 便 | 편안할, 소식 편 | 人 | 火 | 9(水) |
| | 篇 | 책편찬할 편 | 竹 | 木 | 15(土) |
| | 編 | 얽을, 엮을 편 | 糸 | 木 | 15(土) |
| | 扁 | 치우칠, 넓적할 편 | 戶 | 木 | 9(水) |
| | 偏 | 치우칠, 편벽될 편 | 人 | 火 | 11(木) |
| | 翩 | 빨리날, 나부낄 편 | 羽 | 火 | 15(土) |
| | 片 | 조각, 쪼갤 편 | 片 | 木 | 4(火) |
| | 鞭 | 채찍, 매질할 편 | 革 | 金 | 18(金) |
| | 騙 | 속일, 기만할 편 | 馬 | 火 | 19(水) |
| 평<br>(水) | 平 | 평탄할, 화평할 평 | 干 | 木 | 5(土) |
| | 評 | 의논, 헤아릴 평 | 言 | 金 | 12(木) |
| | 坪 | 평평할, 면적단위 평 | 土 | 土 | 8(金) |
| | 枰 | 바둑판, 장기판 평 | 木 | 木 | 9(水) |
| | 泙 | 물소리 평 | 水 | 水 | 9(金) |
| | 萍 | 부평초, 개구리밥 평 | 艹 | 木 | 14(火) |

| 음령<br>오행 | 한자 | 뜻 | 부수 | 자원<br>오행 | 획수<br>(오행) |
|---|---|---|---|---|---|
| 팍<br>(水) | 愎 | 어긋날, 괴팍할 팍 | 心 | 火 | 13(火) |
| 폄<br>(水) | 貶 | 떨어뜨릴, 낮출 폄 | 貝 | 金 | 12(木) |
| 폐<br>(水) | 嬖 | 사랑할, 친압할 폐 | 女 | 土 | 16(土) |
| | 廢 | 폐할, 부서질 폐 | 广 | 木 | 15(土) |
| | 弊 | 해질, 곤할 폐 | 廾 | 水 | 15(土) |
| | 蔽 | 덮을, 숨길 폐 | 艸 | 木 | 18(金) |
| | 幣 | 비단, 재물 폐 | 巾 | 木 | 15(土) |
| | 陛 | 섬돌 폐 | 阜 | 土 | 14(火) |
| | 閉 | 닫을, 마칠 폐 | 門 | 木 | 11(木) |
| | 肺 | 허파, 부아 폐 | 肉 | 水 | 10(水) |
| | 吠 | 개가짖을 폐 | 口 | 水 | 7(金) |
| | 斃 | 넘어질, 쓰러질 폐 | 攴 | 金 | 18(金) |
| 포<br>(水) | 布 | 베, 돈 포 | 巾 | 木 | 5(土) |
| | 抱 | 안을, 품을 포 | 手 | 木 | 9(水) |
| | 包 | 쌀꾸러미 포 | 勹 | 金 | 5(土) |
| | 胞 | 태보 포 | 肉 | 水 | 11(木) |
| | 浦 | 물가, 개 포 | 水 | 水 | 11(木) |
| | 捕 | 사로잡을 포 | 手 | 木 | 11(木) |

| 음령<br>오행 | 한자 | 뜻 | 부수 | 자원<br>오행 | 획수<br>(오행) |
| --- | --- | --- | --- | --- | --- |
| 포<br>(水) | 葡 | 포도, 나라이름 포 | 艹 | 木 | 15(土) |
| | 褒 | 도포, 칭찬할 포 | 衣 | 木 | 15(土) |
| | 砲 | 돌쇠뇌, 큰대포 포 | 石 | 金 | 10(水) |
| | 鋪 | 펼, 늘어놓을 포 | 金 | 金 | 15(土) |
| | 佈 | 펼 포 | 人 | 火 | 7(金) |
| | 飽 | 배부를, 가득찰 포 | 食 | 水 | 14(火) |
| | 蒲 | 부들, 왕골 포 | 艹 | 木 | 16(土) |
| | 匍 | 길, 힘다할 포 | 勹 | 木 | 9(水) |
| | 匏 | 바가지 포 | 勹 | 木 | 11(木) |
| | 哺 | 먹을 포 | 口 | 水 | 10(水) |
| | 圃 | 밭, 넓을 포 | 口 | 水 | 10(水) |
| | 袍 | 웃옷, 핫옷 포 | 衣 | 木 | 11(木) |
| | 鮑 | 절인어물 포 | 魚 | 水 | 16(土) |
| | 咆 | 성낼 포 | 口 | 水 | 8(金) |
| | 怖 | 두려워할 포 | 心 | 火 | 9(水) |
| | 抛 | 던질, 내버릴 포 | 手 | 木 | 8(金) |
| | 暴 | 사나울, 해롭게할 포 | 日 | 火 | 15(土) |
| | 泡 | 거품, 성할 포 | 水 | 水 | 9(水) |

| 음령<br>오행 | 한자 | 뜻 | 부수 | 자원<br>오행 | 획수<br>(오행) |
|---|---|---|---|---|---|
| 포<br>(水) | 疱 | 천연두 포 | 疒 | 水 | 10(水) |
| | 脯 | 포 포 | 肉 | 水 | 13(火) |
| | 苞 | 그령, 뿌리 포 | 艸 | 木 | 11(木) |
| | 逋 | 달아날 포 | 辵 | 土 | 14(火) |
| 폭<br>(水) | 暴 | 사나울, 햇빛쪼일 폭 | 日 | 火 | 15(土) |
| | 幅 | 폭, 넓이 폭 | 巾 | 木 | 12(木) |
| | 曝 | 쬘 폭 | 日 | 火 | 19(水) |
| | 瀑 | 폭포, 소나기 폭 | 水 | 水 | 19(水) |
| | 輻 | 바퀴살 폭 | 車 | 火 | 16(土) |
| | 爆 | 폭발할, 불길셀 폭 | 火 | 火 | 19(水) |
| 표<br>(水) | 表 | 겉, 거죽 표 | 衣 | 木 | 9(水) |
| | 票 | 쪽지, 문서 표 | 示 | 火 | 11(木) |
| | 標 | 표할, 적을 표 | 木 | 木 | 15(土) |
| | 漂 | 뜰, 움직일 표 | 水 | 水 | 15(土) |
| | 杓 | 자루, 별이름 표 | 木 | 木 | 7(金) |
| | 驃 | 표절다 표 | 馬 | 火 | 21(木) |
| | 俵 | 나누어줄 표 | 人 | 火 | 10(水) |
| | 彪 | 범무늬 표 | 彡 | 火 | 11(木) |

| 음령<br>오행 | 한자 | 뜻 | 부수 | 자원<br>오행 | 획수<br>(오행) |
|---|---|---|---|---|---|
| 표<br>(水) | 豹 | 표범 표 | 豸 | 水 | 10(水) |
| | 飈 | 폭풍, 회오리바람 표 | 風 | 木 | 21(木) |
| | 飄 | 질풍, 회오리바람 표 | 風 | 木 | 21(木) |
| | 慓 | 재빠를, 날랠 표 | 心 | 火 | 15(土) |
| | 剽 | 빠를, 사나울 표 | 刀 | 金 | 13(火) |
| | 瓢 | 박, 표주박 표 | 瓜 | 木 | 16(土) |
| 품<br>(水) | 品 | 물건, 품수 품 | 口 | 水 | 9(水) |
| | 稟 | 줄, 내려줄 품 | 禾 | 木 | 13(火) |
| 풍<br>(水) | 風 | 바람, 풍속 풍 | 風 | 木 | 9(水) |
| | 楓 | 단풍나무 풍 | 木 | 木 | 13(火) |
| | 豐 | 풍년, 무성할 풍 | 豆 | 木 | 18(金) |
| | 豊 | 豐의 속자 | 豆 | 木 | 13(火) |
| | 諷 | 풍자할 풍 | 言 | 金 | 16(土) |
| | 馮 | 성씨, 탈, 오를 풍 | 馬 | 火 | 12(木) |
| 피<br>(水) | 皮 | 가죽, 거죽 피 | 皮 | 金 | 5(土) |
| | 彼 | 저것, 저 피 | 彳 | 火 | 8(金) |
| | 疲 | 피곤할 피 | 疒 | 水 | 10(水) |
| | 被 | 이불, 받을 피 | 衣 | 木 | 11(木) |

| 음령<br>오행 | 한자 | 뜻 | 부수 | 자원<br>오행 | 획수<br>(오행) |
|---|---|---|---|---|---|
| 피<br>(水) | 避 | 피할, 숨을 피 | 辵 | 土 | 20(水) |
| | 披 | 나눌, 쪼갤 피 | 木 | 木 | 9(水) |
| | 陂 | 비탈, 고개 피 | 阜 | 土 | 12(木) |
| 필<br>(水) | 佖 | 점잖을, 나란히할 필 | 人 | 火 | 7(金) |
| | 疋 | 필, 바를 필 | 疋 | 土 | 5(土) |
| | 必 | 반드시, 오로지 필 | 心 | 火 | 5(土) |
| | 匹 | 필, 짝 필 | 匚 | 水 | 4(火) |
| | 筆 | 붓, 쓸 필 | 竹 | 木 | 12(木) |
| | 弼 | 도울, 무지개 필 | 弓 | 金 | 12(木) |
| | 苾 | 향기로울, 풀이름 필 | 艸 | 木 | 11(木) |
| | 馝 | 향내날 필 | 香 | 木 | 14(火) |
| | 畢 | 마칠, 편지 필 | 田 | 土 | 11(木) |
| | 泌 | 샘물흐르는모양 필 | 水 | 水 | 9(水) |
| | 珌 | 칼장식옥 필 | 玉 | 金 | 10(水) |
| | 鉍 | 창자루 필 | 金 | 金 | 13(火) |
| 핍<br>(水) | 乏 | 가난할, 고달플 핍 | 丿 | 金 | 5(土) |
| | 逼 | 닥칠, 위협할 핍 | 辵 | 土 | 16(土) |
| 하<br>(土) | 賀 | 하례할, 경사 하 | 貝 | 金 | 12(木) |

| 음령<br>오행 | 한자 | 뜻 | 부수 | 지원<br>오행 | 획수<br>(오행) |
|---|---|---|---|---|---|
| 하<br>(土) | 何 | 어찌, 무엇 하 | 人 | 火 | 7(金) |
| | 河 | 강물, 운하 하 | 水 | 水 | 9(水) |
| | 荷 | 연꽃, 더할 하 | 艸 | 木 | 13(火) |
| | 昰 | 夏의 옛자 | 日 | 火 | 9(水) |
| | 下 | 아래, 내릴 하 | 一 | 水 | 3(火) |
| | 夏 | 나라이름, 여름 하 | 夊 | 火 | 10(水) |
| | 霞 | 노을, 안개 하 | 雨 | 水 | 17(金) |
| | 瑕 | 티, 잘못 하 | 玉 | 金 | 14(火) |
| | 蝦 | 새우 하 | 虫 | 水 | 15(土) |
| | 鰕 | 새우, 도롱뇽 하 | 魚 | 水 | 20(水) |
| | 遐 | 멀리할, 멀 하 | 辵 | 土 | 16(土) |
| | 廈 | 큰집, 처마 하 | 广 | 木 | 13(火) |
| | 厦 | 廈의 속자 | 厂 | 木 | 12(木) |
| 학<br>(土) | 學 | 배울, 공부 학 | 子 | 水 | 16(土) |
| | 学 | 學의 속자 | 子 | 水 | 8(金) |
| | 鶴 | 두루미, 학 학 | 鳥 | 火 | 21(木) |
| | 壑 | 산골짜기, 도랑 학 | 土 | 土 | 17(金) |
| | 虐 | 사나울, 해칠 학 | 虍 | 木 | 9(水) |

| 음령<br>오행 | 한자 | 뜻 | 부수 | 자원<br>오행 | 획수<br>(오행) |
|---|---|---|---|---|---|
| 학<br>(土) | 謔 | 희롱거릴 학 | 言 | 金 | 17(金) |
| 한<br>(土) | 韓 | 한나라, 한국 한 | 韋 | 金 | 17(金) |
| | 漢 | 한수, 은하수 한 | 水 | 水 | 15(土) |
| | 汗 | 땀, 물질편할 한 | 水 | 水 | 7(金) |
| | 澣 | 빨래할, 열흘 한 | 水 | 水 | 17(金) |
| | 瀚 | 넓고큰모양 한 | 水 | 水 | 20(水) |
| | 翰 | 날개, 줄기 한 | 羽 | 火 | 16(土) |
| | 閒 | 틈, 사이 한 | 門 | 土 | 12(木) |
| | 限 | 한계, 경계 한 | 阜 | 土 | 14(火) |
| | 悍 | 원통할 한 | 心 | 火 | 11(木) |
| | 罕 | 그물, 드물 한 | 网 | 木 | 7(金) |
| | 閑 | 막을, 한가할 한 | 門 | 水 | 12(木) |
| | 寒 | 추울, 떨릴 한 | 宀 | 水 | 12(木) |
| | 恨 | 한할, 뉘우칠 한 | 心 | 火 | 10(水) |
| | 旱 | 가물, 물없을 한 | 日 | 火 | 7(金) |
| 할<br>(土) | 割 | 나눌 할 | 刀 | 金 | 12(木) |
| | 轄 | 수레소리, 관장할 할 | 車 | 火 | 17(金) |
| 함<br>(土) | 咸 | 다, 모두 함 | 口 | 水 | 9(水) |

| 음령<br>오행 | 한자 | 뜻 | 부수 | 자원<br>오행 | 획수<br>(오행) |
|---|---|---|---|---|---|
| 함<br>(土) | 含 | 머금을, 용납할 함 | 口 | 水 | 7(金) |
| | 函 | 상자, 편지 함 | 凵 | 木 | 8(金) |
| | 涵 | 젖을, 잠길 함 | 水 | 水 | 12(木) |
| | 鹹 | 짤, 소금 함 | 鹵 | 水 | 20(水) |
| | 喊 | 소리, 다물 함 | 口 | 水 | 12(木) |
| | 緘 | 봉할, 새끼 함 | 糸 | 木 | 15(土) |
| | 啣 | 재갈, 머금을 함 | 口 | 水 | 11(木) |
| | 檻 | 우리, 감옥 함 | 木 | 木 | 18(金) |
| | 銜 | 재갈, 머금을 함 | 金 | 金 | 14(火) |
| | 艦 | 싸움배, 병선 함 | 舟 | 木 | 20(水) |
| | 陷 | 함정, 빠질 함 | 阜 | 土 | 15(土) |
| 합<br>(土) | 合 | 합할, 맞을 합 | 口 | 水 | 6(土) |
| | 哈 | 웃는소리 함 | 口 | 水 | 9(水) |
| | 盒 | 찬합 합 | 皿 | 金 | 11(木) |
| | 蛤 | 대합, 개구리 합 | 虫 | 水 | 12(木) |
| | 闔 | 문짝, 간직할 합 | 門 | 木 | 18(金) |
| | 陜 | 땅이름, 산골짜기 합 | 阜 | 土 | 14(火) |
| | 閤 | 쪽문, 규방 합 | 門 | 木 | 14(火) |

| 음령<br>오행 | 한자 | 뜻 | 부수 | 자원<br>오행 | 획수<br>(오행) |
|---|---|---|---|---|---|
| 항<br>(土) | 亢 | 오를, 높을 항 | 亠 | 水 | 4(火) |
| | 沆 | 넓을, 흐를 항 | 氵 | 水 | 8(金) |
| | 杭 | 건널, 나룻배 항 | 木 | 木 | 8(金) |
| | 桁 | 차꼬, 도리 항 | 木 | 木 | 10(水) |
| | 行 | 항렬 항 | 行 | 火 | 6(土) |
| | 降 | 항복할 항 | 阜 | 土 | 14(火) |
| | 缸 | 항아리 항 | 缶 | 土 | 9(水) |
| | 肛 | 똥구멍 항 | 肉 | 水 | 9(水) |
| | 伉 | 짝, 굳셀 항 | 人 | 火 | 6(土) |
| | 嫦 | 항아, 여자이름 항 | 女 | 土 | 14(火) |
| | 恒 | 항상, 뻗칠 항 | 心 | 火 | 10(水) |
| | 恆 | 恒의 본자 | 心 | 火 | 10(水) |
| | 巷 | 마을, 골목 항 | 己 | 土 | 9(水) |
| | 項 | 목, 클 항 | 頁 | 火 | 12(木) |
| | 航 | 배다리, 건널 항 | 舟 | 木 | 10(水) |
| | 姮 | 항아 항 | 女 | 土 | 9(水) |
| | 抗 | 막을, 올릴 항 | 手 | 木 | 8(金) |
| | 港 | 항구, 뱃길 항 | 氵 | 水 | 13(火) |

| 음령<br>오행 | 한자 | 뜻 | 부수 | 자원<br>오행 | 획수<br>(오행) |
|---|---|---|---|---|---|
| 해<br>(土) | 該 | 그, 해당할 해 | 言 | 金 | 13(火) |
| | 偕 | 함께, 알맞을 해 | 人 | 火 | 11(木) |
| | 楷 | 본보기, 본받을 해 | 木 | 木 | 13(火) |
| | 諧 | 화할, 고르게할 해 | 言 | 金 | 16(土) |
| | 海 | 바다, 클 해 | 氵 | 水 | 11(木) |
| | 亥 | 돼지, 열두째지지 해 | 亠 | 水 | 6(土) |
| | 解 | 풀, 가를 해 | 角 | 木 | 13(火) |
| | 奚 | 어찌, 종족이름 해 | 大 | 水 | 10(水) |
| | 咳 | 포괄할, 기침 해 | 口 | 水 | 9(水) |
| | 垓 | 지경, 경계 해 | 土 | 土 | 9(水) |
| | 孩 | 어린아이, 어릴 해 | 子 | 水 | 9(水) |
| | 瀣 | 이슬기운 해 | 水 | 水 | 20(水) |
| | 蟹 | 게 해 | 虫 | 水 | 19(水) |
| | 邂 | 만날, 기뻐하는모양 해 | 辵 | 土 | 20(水) |
| | 懈 | 게으를, 느슨해질 해 | 心 | 火 | 17(金) |
| | 駭 | 놀랄, 소란스러울 해 | 馬 | 火 | 16(土) |
| | 骸 | 뼈, 해골 해 | 骨 | 金 | 16(土) |
| | 害 | 해칠, 손해 해 | 宀 | 木 | 10(水) |

| 음령<br>오행 | 한자 | 뜻 | 부수 | 자원<br>오행 | 획수<br>(오행) |
|---|---|---|---|---|---|
| 핵<br>(土) | 核 | 씨, 실과 핵 | 木 | 木 | 10(水) |
| | 劾 | 힘쓸, 노력할 핵 | 力 | 水 | 8(金) |
| 행<br>(土) | 幸 | 다행, 바랄 행 | 干 | 木 | 8(金) |
| | 行 | 갈, 다닐 행 | 行 | 火 | 6(土) |
| | 杏 | 살구나무, 은행 행 | 木 | 木 | 7(金) |
| | 荇 | 마름 행 | 艸 | 木 | 12(木) |
| | 倖 | 요행, 간사할 행 | 人 | 火 | 10(水) |
| 향<br>(土) | 向 | 향할, 나아갈 향 | 口 | 水 | 6(土) |
| | 香 | 향기로울, 향 향 | 香 | 木 | 9(水) |
| | 享 | 누릴, 드릴 향 | 亠 | 土 | 8(金) |
| | 珦 | 옥이름, 구슬 향 | 玉 | 金 | 11(木) |
| | 鄕 | 시골, 마을 향 | 邑 | 土 | 17(金) |
| | 響 | 울림, 울리는소리 향 | 音 | 金 | 22(木) |
| | 餉 | 도시락, 군자금 향 | 食 | 水 | 15(土) |
| | 饗 | 잔치할, 연회할 향 | 食 | 水 | 22(木) |
| 허<br>(土) | 許 | 성씨, 허락할, 믿을 허 | 言 | 金 | 11(木) |
| | 墟 | 언덕, 옛터 허 | 土 | 土 | 15(土) |
| | 虛 | 빌, 공허할 허 | 虍 | 木 | 12(木) |

| 음령<br>오행 | 한자 | 뜻 | 부수 | 자원<br>오행 | 획수<br>(오행) |
|---|---|---|---|---|---|
| 허<br>(土) | 噓 | 울, 불 허 | 口 | 水 | 14(火) |
| 헌<br>(土) | 憲 | 법, 높을 헌 | 心 | 火 | 16(土) |
| | 櫶 | 나무이름 헌 | 木 | 木 | 20(水) |
| | 獻 | 드릴, 바칠 헌 | 犬 | 土 | 20(水) |
| | 軒 | 추년, 난간 헌 | 車 | 火 | 10(水) |
| 험<br>(土) | 險 | 험할, 위태로울 험 | 阜 | 土 | 21(木) |
| | 驗 | 증험할, 시험할 험 | 馬 | 火 | 23(火) |
| 혁<br>(土) | 革 | 가죽, 북 혁 | 革 | 金 | 9(水) |
| | 奕 | 클, 아름다울 혁 | 大 | 木 | 9(水) |
| | 赫 | 붉을, 빛날 혁 | 赤 | 火 | 14(火) |
| | 爀 | 빛날, 붉을 혁 | 火 | 火 | 18(金) |
| 현<br>(土) | 晛 | 햇살, 밝을 현 | 日 | 火 | 11(木) |
| | 泫 | 물깊을, 빛날 현 | 氵 | 水 | 9(水) |
| | 炫 | 빛날, 밝을 현 | 火 | 火 | 9(水) |
| | 玹 | 옥돌, 옥이름 현 | 玉 | 金 | 10(水) |
| | 見 | 나타날, 이제 현 | 見 | 火 | 7(金) |
| | 眩 | 햇빛, 당혹할 현 | 日 | 火 | 9(水) |
| | 鉉 | 솥귀, 활시위 현 | 金 | 金 | 13(火) |

| 음령<br>오행 | 한자 | 뜻 | 부수 | 자원<br>오행 | 획수<br>(오행) |
|---|---|---|---|---|---|
| 현<br>(土) | 絢 | 무늬 현 | 糸 | 木 | 12(木) |
| | 呟 | 소리 현 | 口 | 水 | 8(金) |
| | 現 | 나타날, 친할 현 | 玉 | 金 | 12(木) |
| | 絃 | 악기줄, 새끼 현 | 糸 | 木 | 11(木) |
| | 賢 | 어질, 착할 현 | 貝 | 金 | 15(土) |
| | 玄 | 하늘, 검을 현 | 玄 | 火 | 5(土) |
| | 弦 | 시위, 시위울림 현 | 弓 | 木 | 8(金) |
| | 縣 | 매달, 고을 현 | 糸 | 木 | 16(土) |
| | 懸 | 매달, 늘어질 현 | 心 | 火 | 20(水) |
| | 顯 | 나타날, 드러날 현 | 頁 | 火 | 23(火) |
| | 顕 | 顯의 속자 | 頁 | 火 | 18(金) |
| | 峴 | 고개, 산이름 현 | 山 | 土 | 10(水) |
| | 衒 | 선전할, 팔 현 | 行 | 火 | 11(木) |
| | 睍 | 불거진눈 현 | 目 | 火 | 12(木) |
| | 俔 | 염탐할 현 | 人 | 火 | 9(水) |
| | 眩 | 아찔할, 현혹할 현 | 目 | 木 | 10(水) |
| | 舷 | 뱃전 현 | 舟 | 木 | 11(木) |
| 혈<br>(土) | 血 | 피, 피칠 혈 | 血 | 水 | 6(土) |

| 음령<br>오행 | 한자 | 뜻 | 부수 | 지원<br>오행 | 획수<br>(오행) |
|---|---|---|---|---|---|
| 혈<br>(土) | 頁 | 머리 혈 | 頁 | 火 | 9(水) |
| | 穴 | 구멍, 틈 혈 | 穴 | 水 | 5(土) |
| | 歇 | 휴식할, 없앨 혈 | 欠 | 金 | 13(火) |
| | 孑 | 외로울, 남을 혈 | 子 | 水 | 3(火) |
| 혐<br>(土) | 嫌 | 싫어할, 의심할 혐 | 女 | 土 | 13(火) |
| 협<br>(土) | 協 | 화합할, 도울 협 | 十 | 水 | 8(金) |
| | 夾 | 낄, 부축할 협 | 大 | 木 | 7(金) |
| | 頰 | 뺨, 기분좋을 협 | 頁 | 火 | 16(土) |
| | 莢 | 풀열매, 콩깍지 협 | 艹 | 木 | 13(火) |
| | 俠 | 호협할, 협사 협 | 人 | 火 | 9(水) |
| | 挾 | 가질, 낄 협 | 手 | 木 | 11(木) |
| | 峽 | 골짜기, 산골 협 | 山 | 土 | 10(水) |
| | 浹 | 젖을, 물결일 협 | 水 | 水 | 11(木) |
| | 脅 | 갈빗대, 옆구리 협 | 肉 | 水 | 12(木) |
| | 狹 | 좁을 협 | 犬 | 土 | 11(木) |
| | 脇 | 옆구리, 갈빗대 협 | 肉 | 水 | 12(木) |
| | 鋏 | 집게, 가위 협 | 金 | 金 | 15(土) |
| 형<br>(土) | 亨 | 형통할, 드릴 형 | 亠 | 土 | 7(金) |

| 음령오행 | 한자 | 뜻 | 부수 | 자원오행 | 획수(오행) |
|---|---|---|---|---|---|
| 형(土) | 兄 | 맏이, 언니 형 | 儿 | 木 | 5(土) |
| | 泂 | 찰, 깊을, 넓을 형 | 氵 | 水 | 9(水) |
| | 炯 | 빛날, 밝을 형 | 火 | 火 | 9(水) |
| | 瑩 | 밝을, 옥빛 형 | 玉 | 金 | 15(土) |
| | 形 | 모양, 형상 형 | 彡 | 火 | 7(金) |
| | 型 | 본보기, 거푸집 형 | 土 | 土 | 9(水) |
| | 邢 | 나라이름, 땅 형 | 邑 | 土 | 11(木) |
| | 衡 | 저울대, 평평할 형 | 行 | 火 | 16(土) |
| | 馨 | 향기, 향내 형 | 香 | 木 | 20(水) |
| | 熒 | 등불, 밝을 형 | 火 | 火 | 14(火) |
| | 滎 | 실개천, 못이름 형 | 水 | 水 | 14(火) |
| | 瀅 | 물이름 형 | 水 | 水 | 22(木) |
| | 逈 | 멀, 빛날 형 | 辶 | 土 | 13(火) |
| | 鎣 | 갈, 문지를 형 | 金 | 金 | 18(金) |
| | 荊 | 모형나무, 곤장 형 | 艸 | 木 | 12(木) |
| | 刑 | 형벌, 본받을 형 | 刀 | 金 | 6(土) |
| | 螢 | 개똥벌레, 반디 형 | 虫 | 水 | 16(土) |
| | 珩 | 노리개, 패옥 형 | 玉 | 金 | 11(木) |

| 음령<br>오행 | 한자 | 뜻 | 부수 | 자원<br>오행 | 획수<br>(오행) |
|---|---|---|---|---|---|
| 형<br>(土) | 瀅 | 맑을, 개천 형 | 水 | 水 | 19(水) |
| 혜<br>(土) | 惠 | 은혜, 인자할 혜 | 心 | 火 | 12(木) |
| | 恵 | 惠의 속자 | 心 | 火 | 10(水) |
| | 慧 | 슬기로울, 지혜 혜 | 心 | 火 | 15(土) |
| | 憓 | 사랑할, 순종할 혜 | 心 | 火 | 16(土) |
| | 暳 | 별반짝일 혜 | 日 | 火 | 15(土) |
| | 蹊 | 지름길, 기다릴 혜 | 足 | 土 | 17(金) |
| | 兮 | 어조사 혜 | 八 | 金 | 4(火) |
| | 蕙 | 혜초, 난초 혜 | 艹 | 木 | 18(金) |
| | 彗 | 쓸, 총명 혜 | 彐 | 火 | 11(木) |
| | 譓 | 슬기로울, 분별할 혜 | 言 | 金 | 22(木) |
| | 醯 | 식초, 위태로울 혜 | 酉 | 金 | 19(水) |
| | 鞵 | 신, 짚신 혜 | 革 | 金 | 15(土) |
| 호<br>(土) | 號 | 부를, 부르짖을 호 | 虎 | 木 | 13(火) |
| | 湖 | 호수, 물 호 | 水 | 水 | 13(火) |
| | 浩 | 넓을, 넉넉할 호 | 水 | 水 | 11(木) |
| | 晧 | 빛날, 밝을 호 | 日 | 火 | 11(木) |
| | 皓 | 밝을, 깨끗할 호 | 白 | 金 | 12(木) |

| 음령<br>오행 | 한자 | 뜻 | 부수 | 자원<br>오행 | 획수<br>(오행) |
|---|---|---|---|---|---|
| 호<br>(土) | 澔 | 넓을, 넉넉할 호 | 水 | 水 | 16(土) |
| | 昊 | 하늘, 클, 성할 호 | 日 | 火 | 8(金) |
| | 淏 | 맑은모양 호 | 水 | 水 | 12(木) |
| | 祜 | 복, 복많을 호 | 示 | 金 | 10(水) |
| | 鎬 | 호경, 밝은모양 호 | 金 | 金 | 18(金) |
| | 壕 | 해자, 도랑 호 | 土 | 土 | 17(金) |
| | 壺 | 질그릇, 병 호 | 土 | 木 | 12(木) |
| | 滸 | 물가 호 | 水 | 水 | 15(土) |
| | 顥 | 클, 빛나는모양 호 | 頁 | 火 | 21(木) |
| | 扈 | 뒤따를, 넓을 호 | 戶 | 木 | 11(木) |
| | 戶 | 지게, 지게문 호 | 戶 | 木 | 4(火) |
| | 乎 | 어조사 호 | 丿 | 金 | 5(土) |
| | 呼 | 부를, 숨내쉴 호 | 口 | 水 | 8(金) |
| | 好 | 좋아할, 아름다울 호 | 女 | 土 | 6(土) |
| | 互 | 사로, 어긋날 호 | 二 | 水 | 4(火) |
| | 胡 | 오랑캐, 어찌 호 | 肉 | 火 | 11(木) |
| | 豪 | 호걸, 귀인 호 | 豕 | 水 | 14(火) |
| | 護 | 보호할, 통솔할 호 | 言 | 金 | 21(木) |

| 음령<br>오행 | 한자 | 뜻 | 부수 | 자원<br>오행 | 획수<br>(오행) |
|---|---|---|---|---|---|
| 호<br>(土) | 琥 | 호박, 서옥 호 | 玉 | 金 | 13(火) |
| | 瑚 | 산호, 호련 호 | 玉 | 金 | 14(火) |
| | 護 | 구할, 지킬 호 | 言 | 金 | 23(火) |
| | 峼 | 산 호 | 山 | 土 | 8(金) |
| | 弧 | 활 호 | 弓 | 木 | 8(金) |
| | 瓠 | 표주박, 단지 호 | 瓜 | 木 | 11(木) |
| | 縞 | 명주 호 | 糸 | 木 | 16(土) |
| | 葫 | 마늘, 조롱박 호 | 艸 | 木 | 15(土) |
| | 蝴 | 나비 호 | 虫 | 水 | 15(土) |
| | 蒿 | 쑥, 향기 호 | 艸 | 木 | 16(土) |
| | 糊 | 풀, 풀칠할 호 | 米 | 木 | 15(土) |
| | 狐 | 여우 호 | 犬 | 土 | 8(金) |
| | 濩 | 퍼질, 삶을 호 | 水 | 水 | 18(金) |
| | 毫 | 가는털, 조금 호 | 手 | 火 | 11(木) |
| | 虎 | 범, 용맹스러울 호 | 虍 | 木 | 8(金) |
| | 濠 | 해자, 물이름 호 | 水 | 水 | 18(金) |
| | 灝 | 넓을, 물세 호 | 水 | 水 | 25(土) |
| 혹<br>(土) | 或 | 혹은, 늘, 있을 혹 | 戈 | 金 | 8(金) |

| 음령<br>오행 | 한자 | 뜻 | 부수 | 자원<br>오행 | 획수<br>(오행) |
|---|---|---|---|---|---|
| 혹<br>(土) | 惑 | 미혹할, 어지러울 혹 | 心 | 火 | 12(木) |
| | 酷 | 독할, 잔인할 혹 | 酉 | 金 | 14(火) |
| 혼<br>(土) | 婚 | 혼인할, 혼인 혼 | 女 | 土 | 11(木) |
| | 昏 | 어두울, 저녁 혼 | 日 | 火 | 8(金) |
| | 渾 | 물소리, 흐릴 혼 | 水 | 水 | 13(火) |
| | 琿 | 아름다운옥 혼 | 玉 | 金 | 14(火) |
| | 魂 | 넋, 마음 혼 | 鬼 | 火 | 14(火) |
| | 混 | 섞일, 흐릴 혼 | 水 | 水 | 12(木) |
| 홀<br>(土) | 惚 | 황홀한, 흐릿할 홀 | 心 | 火 | 12(木) |
| | 忽 | 소홀할, 손쉬울 혼 | 心 | 火 | 8(金) |
| | 笏 | 피리가락 홀 | 竹 | 木 | 10(水) |
| 홍<br>(土) | 弘 | 넓을, 클 홍 | 弓 | 火 | 5(土) |
| | 紅 | 붉을, 연지 홍 | 糸 | 木 | 9(水) |
| | 洪 | 큰물, 넓을 홍 | 水 | 水 | 10(水) |
| | 鴻 | 기러기, 번성할 홍 | 鳥 | 火 | 17(金) |
| | 泓 | 깊을, 웅덩이 홍 | 水 | 水 | 9(水) |
| | 烘 | 화롯불, 횃불 홍 | 火 | 火 | 10(水) |
| | 虹 | 무지개 홍 | 虫 | 水 | 9(水) |

| 음령<br>오행 | 한자 | 뜻 | 부수 | 자원<br>오행 | 획수<br>(오행) |
|---|---|---|---|---|---|
| 홍<br>(土) | 銾 | 돌쇠뇌, 석궁 홍 | 金 | 金 | 14(火) |
| | 哄 | 노랫소리, 떠들썩할 홍 | 口 | 水 | 9(水) |
| | 汞 | 수은 홍 | 水 | 水 | 7(金) |
| | 訌 | 무너질, 어지러울 홍 | 言 | 金 | 10(水) |
| 화<br>(土) | 化 | 화할, 교화할 화 | 匕 | 火 | 4(火) |
| | 和 | 고루, 화할 화 | 口 | 水 | 8(金) |
| | 花 | 꽃, 아름다울 화 | 艸 | 木 | 10(水) |
| | 貨 | 재물, 물품 화 | 貝 | 金 | 11(木) |
| | 話 | 이야기, 말할 화 | 言 | 金 | 13(火) |
| | 畵 | 그림, 그릴 화 | 田 | 土 | 12(木) |
| | 畫 | 畵의 속자 | 田 | 土 | 13(火) |
| | 華 | 빛날, 꽃 화 | 艸 | 木 | 14(火) |
| | 禾 | 곡식, 곡물 화 | 禾 | 木 | 5(土) |
| | 嫿 | 고울, 여자이름 화 | 女 | 土 | 15(土) |
| | 樺 | 자작나무 화 | 木 | 木 | 16(土) |
| | 禍 | 재화, 재난 화 | 示 | 木 | 14(火) |
| | 火 | 태울, 불사를 화 | 火 | 火 | 4(火) |
| | 譁 | 시끄러울 화 | 言 | 金 | 19(水) |

| 음령<br>오행 | 한자 | 뜻 | 부수 | 자원<br>오행 | 획수<br>(오행) |
|---|---|---|---|---|---|
| 가<br>(火) | 靴 | 가죽신 화 | 革 | 金 | 13(火) |
| 확<br>(土) | 廓 | 성, 둘레 확 | 广 | 木 | 14(火) |
| | 確 | 확실할, 굳을 확 | 石 | 金 | 15(土) |
| | 碻 | 確와 같은 자 | 石 | 金 | 15(土) |
| | 穫 | 곡식거둘 확 | 禾 | 木 | 19(水) |
| | 擴 | 늘일, 넓힐 확 | 手 | 木 | 19(水) |
| | 攫 | 붙잡을, 움킬 확 | 手 | 木 | 24(火) |
| 환<br>(土) | 桓 | 묘목, 굳셀 환 | 木 | 木 | 10(水) |
| | 奐 | 성할, 빛날 환 | 大 | 木 | 9(水) |
| | 渙 | 찬란할, 풀어질 환 | 水 | 水 | 13(火) |
| | 煥 | 밝을, 불빛 환 | 火 | 火 | 13(火) |
| | 晥 | 환할, 샛별 환 | 日 | 火 | 11(木) |
| | 驩 | 기뻐할 환 | 馬 | 火 | 28(金) |
| | 宦 | 벼슬 환 | 宀 | 木 | 9(水) |
| | 紈 | 맺을, 흰비단 환 | 糸 | 木 | 9(水) |
| | 丸 | 둥글, 알 환 | 丶 | 土 | 3(火) |
| | 換 | 바꿀, 교역할 환 | 手 | 木 | 13(火) |
| | 鐶 | 고리, 가락지 환 | 金 | 金 | 21(木) |

| 음령<br>오행 | 한자 | 뜻 | 부수 | 자원<br>오행 | 획수<br>(오행) |
|---|---|---|---|---|---|
| 환<br>(土) | 鰥 | 환어, 홀아비 환 | 魚 | 水 | 21(木) |
| | 歡 | 기뻐할, 친할 환 | 欠 | 金 | 22(木) |
| | 患 | 근심할, 재앙 환 | 心 | 火 | 11(木) |
| | 環 | 도리옥, 옥고리 환 | 玉 | 土 | 18(金) |
| | 還 | 돌아올, 돌아갈 환 | 辵 | 土 | 20(水) |
| | 喚 | 부를, 외칠 환 | 口 | 水 | 12(木) |
| | 幻 | 홀릴, 허깨비 환 | 幺 | 火 | 4(火) |
| 활<br>(土) | 活 | 살릴, 활발할 활 | 水 | 水 | 10(水) |
| | 闊 | 트일, 넓을 활 | 門 | 木 | 17(金) |
| | 濶 | 闊의 속자 | 水 | 水 | 21(木) |
| | 滑 | 미끄러울, 부드럽게할 활 | 水 | 水 | 14(火) |
| | 豁 | 열릴, 통할 활 | 谷 | 水 | 17(金) |
| | 猾 | 교활할 활 | 犬 | 土 | 14(火) |
| 황<br>(土) | 黃 | 누를, 누른빛 황 | 黃 | 土 | 12(木) |
| | 晃 | 밝을, 빛날 황 | 日 | 火 | 10(水) |
| | 潢 | 물깊을, 넓을 황 | 水 | 水 | 14(火) |
| | 榥 | 책상 황 | 木 | 木 | 14(火) |
| | 煌 | 밝을, 영리할 황 | 火 | 火 | 14(火) |

| 음령<br>오행 | 한자 | 뜻 | 부수 | 자원<br>오행 | 획수<br>(오행) |
|---|---|---|---|---|---|
| 황<br>(土) | 晄 | 밝을, 빛날 황 | 日 | 火 | 10(水) |
| | 皇 | 임금, 비로소 황 | 白 | 金 | 9(水) |
| | 況 | 비유할, 모양 황 | 水 | 水 | 9(水) |
| | 凰 | 봉황새 황 | 几 | 木 | 11(木) |
| | 堭 | 당집, 전각 황 | 土 | 土 | 12(木) |
| | 媓 | 여자이름 황 | 女 | 土 | 12(木) |
| | 煌 | 빛날, 환히밝을 황 | 火 | 火 | 13(火) |
| | 璜 | 서옥, 패옥 황 | 玉 | 金 | 17(金) |
| | 幌 | 휘장 황 | 巾 | 木 | 13(火) |
| | 徨 | 노닐, 어정거릴 황 | 彳 | 火 | 12(木) |
| | 恍 | 황홀할 황 | 心 | 火 | 10(水) |
| | 慌 | 어렴풋할, 황홀할 황 | 心 | 火 | 10(水) |
| | 篁 | 대숲 황 | 竹 | 木 | 14(火) |
| | 蝗 | 누리, 황충 황 | 虫 | 水 | 15(土) |
| | 荒 | 거칠, 흉년들 황 | 艸 | 木 | 12(水) |
| | 惶 | 두려워할 황 | 心 | 火 | 13(火) |
| | 湟 | 해자, 빠질 황 | 水 | 水 | 13(火) |
| | 潢 | 웅덩이 황 | 水 | 水 | 16(土) |

| 음령<br>오행 | 한자 | 뜻 | 부수 | 자원<br>오행 | 획수<br>(오행) |
|---|---|---|---|---|---|
| 황<br>(土) | 遑 | 허둥거릴, 바쁠 황 | 辵 | 土 | 16(土) |
| | 隍 | 빌, 공허할 황 | 阜 | 土 | 16(土) |
| 회<br>(土) | 茴 | 회향풀, 약이름 회 | 艸 | 木 | 12(木) |
| | 淮 | 강이름 회 | 水 | 水 | 12(木) |
| | 賄 | 선물, 예물 회 | 貝 | 金 | 13(木) |
| | 回 | 돌아올, 돌이킬 회 | 口 | 水 | 6(土) |
| | 會 | 모일, 맞출 회 | 日 | 木 | 13(火) |
| | 灰 | 재, 태워버릴 회 | 火 | 火 | 6(土) |
| | 廻 | 돌이킬, 돌아올 회 | 廴 | 水 | 9(水) |
| | 檜 | 전나무, 나라이름 회 | 木 | 木 | 17(金) |
| | 澮 | 물흐를, 합할 회 | 水 | 水 | 17(金) |
| | 繪 | 그림, 그릴 회 | 糸 | 木 | 19(水) |
| | 絵 | 繪의 속자 | 糸 | 木 | 12(木) |
| | 誨 | 가르칠, 인도할 회 | 言 | 金 | 14(火) |
| | 匯 | 어음환, 물돌 회 | 匚 | 水 | 13(火) |
| | 徊 | 노닐, 꽃이름 회 | 彳 | 火 | 9(水) |
| | 悔 | 뉘우칠, 후회할 회 | 心 | 火 | 11(木) |
| | 懷 | 품을, 가슴 회 | 心 | 火 | 20(水) |

| 음령<br>오행 | 한자 | 뜻 | 부수 | 자원<br>오행 | 획수<br>(오행) |
|---|---|---|---|---|---|
| 회<br>(土) | 恢 | 넓을, 갖출 회 | 心 | 火 | 10(水) |
| | 獪 | 교활할, 어지럽게할 활 | 犬 | 土 | 17(金) |
| | 膾 | 회, 회칠 회 | 肉 | 水 | 19(水) |
| | 蛔 | 회충 회 | 虫 | 水 | 12(木) |
| 획<br>(土) | 劃 | 그을, 계획할 획 | 刀 | 金 | 14(火) |
| | 獲 | 얻을, 노비 획 | 犬 | 土 | 18(金) |
| 횡<br>(土) | 橫 | 가로, 난간목 횡 | 木 | 木 | 16(土) |
| | 宖 | 집, 울릴, 클 횡 | 宀 | 木 | 8(金) |
| | 鐄 | 종, 낫 횡 | 金 | 金 | 20(水) |
| 효<br>(土) | 孝 | 효도 효 | 子 | 水 | 7(金) |
| | 效 | 본받을, 힘쓸 효 | 攴 | 金 | 10(水) |
| | 効 | 效의 속자 | 力 | 金 | 8(金) |
| | 曉 | 밝을, 날샐 효 | 日 | 火 | 16(土) |
| | 淆 | 물이름, 물가 효 | 水 | 水 | 11(木) |
| | 爻 | 괘, 변할 효 | 爻 | 火 | 4(火) |
| | 驍 | 날랠, 용감할 효 | 馬 | 火 | 22(木) |
| | 斅 | 가르칠, 교육할 효 | 攴 | 金 | 20(水) |
| | 哮 | 큰소리낼, 천식 효 | 口 | 水 | 10(水) |

| 음령<br>오행 | 한자 | 뜻 | 부수 | 자원<br>오행 | 획수<br>(오행) |
|---|---|---|---|---|---|
| 효<br>(土) | 嚆 | 울릴 효 | 口 | 水 | 17(金) |
| | 梟 | 올빼미 효 | 木 | 木 | 11(木) |
| | 淆 | 뒤섞일, 흐릴 효 | 水 | 水 | 12(木) |
| | 肴 | 안주 효 | 肉 | 水 | 10(水) |
| | 酵 | 술밑, 술이괼 효 | 酉 | 金 | 14(火) |
| 후<br>(土) | 厚 | 후덕할, 두터울 후 | 厂 | 土 | 9(水) |
| | 侯 | 과녁, 영주 후 | 人 | 火 | 9(水) |
| | 垕 | 땅이름, 두터울 후 | 土 | 土 | 9(水) |
| | 逅 | 우연히만날, 터놓을 후 | 辵 | 土 | 13(火) |
| | 煦 | 따뜻하게할 후 | 火 | 火 | 13(火) |
| | 珝 | 옥이름 후 | 玉 | 金 | 11(木) |
| | 候 | 기후, 생각할 후 | 人 | 火 | 10(水) |
| | 后 | 임금, 왕비 후 | 口 | 水 | 6(土) |
| | 帿 | 과녁 후 | 巾 | 木 | 12(木) |
| | 後 | 뒤, 뒤질 후 | 辵 | 土 | 9(水) |
| | 吼 | 울, 아우성칠 후 | 口 | 水 | 7(金) |
| | 嗅 | 냄새맡을 후 | 口 | 水 | 13(火) |
| | 朽 | 썩을, 부패할 후 | 木 | 木 | 6(土) |

| 음령<br>오행 | 한자 | 뜻 | 부수 | 자원<br>오행 | 획수<br>(오행) |
|---|---|---|---|---|---|
| 훈<br>(土) | 訓 | 가르칠, 인도할 훈 | 言 | 金 | 10(水) |
| | 勳 | 공훈, 거느릴 훈 | 力 | 火 | 16(土) |
| | 勲 | 勳의 속자 | 火 | 火 | 15(土) |
| | 勛 | 勳의 옛글자 | 力 | 火 | 12(木) |
| | 焄 | 연기에그을릴, 향기날 훈 | 火 | 火 | 11(木) |
| | 熏 | 불기운, 그을릴 훈 | 火 | 火 | 14(火) |
| | 薰 | 향풀, 향기날 훈 | 艸 | 木 | 20(水) |
| | 壎 | 질나팔, 흙, 훈 | 土 | 土 | 17(金) |
| | 燻 | 연기낄, 불사를 훈 | 火 | 火 | 18(金) |
| | 塤 | 토음, 풍류 훈 | 土 | 土 | 13(火) |
| | 鑂 | 금빛투색할 훈 | 金 | 金 | 22(木) |
| | 暈 | 무리, 선염 훈 | 日 | 火 | 13(火) |
| 훙<br>(土) | 薨 | 죽을, 무리 훈 | 竹 | 木 | 20(水) |
| 훤<br>(土) | 煊 | 따뜻할 훤 | 火 | 火 | 13(火) |
| | 暄 | 따뜻할, 온난할 훤 | 日 | 火 | 13(火) |
| | 萱 | 원추리, 망우초 훤 | 艸 | 木 | 15(土) |
| | 喧 | 지껄일, 떠들 훤 | 口 | 水 | 12(木) |
| 훼<br>(土) | 卉 | 풀, 초목 훼 | 十 | 木 | 5(土) |

| 음령<br>오행 | 한자 | 뜻 | 부수 | 자원<br>오행 | 획수<br>(오행) |
|---|---|---|---|---|---|
| 훼<br>(土) | 喙 | 부리, 호흡 훼 | 口 | 水 | 12(木) |
| | 毇 | 쓿을, 정미할 훼 | 殳 | 金 | 16(土) |
| | 毀 | 헐, 상처날 훼 | 殳 | 金 | 13(火) |
| 휘<br>(土) | 暉 | 햇빛, 빛날 휘 | 日 | 火 | 13(火) |
| | 煇 | 빛날, 일광 휘 | 火 | 火 | 13(火) |
| | 輝 | 빛날, 광휘 휘 | 車 | 火 | 15(土) |
| | 揮 | 지휘할, 뽐낼 휘 | 手 | 木 | 13(火) |
| | 彙 | 무리, 모을 휘 | ヨ | 火 | 13(火) |
| | 徽 | 아름다울, 좋을 휘 | 彳 | 火 | 17(金) |
| | 麾 | 지휘할 휘 | 麻 | 木 | 15(土) |
| | 諱 | 꺼릴, 두려워할 휘 | 言 | 金 | 16(土) |
| 휴<br>(土) | 休 | 쉴, 아름다울 휴 | 人 | 火 | 6(土) |
| | 烋 | 경사로울, 아름다울 휴 | 火 | 火 | 10(水) |
| | 畦 | 밭두둑, 지경 휴 | 田 | 土 | 11(木) |
| | 虧 | 이지러질 휴 | 虍 | 木 | 17(金) |
| | 携 | 끌, 가질, 나눌 휴 | 手 | 木 | 14(火) |
| 휼<br>(土) | 恤 | 구휼할 휼 | 心 | 火 | 10(水) |
| | 鷸 | 도요새 휼 | 鳥 | 火 | 23(火) |

| 음령<br>오행 | 한자 | 뜻 | 부수 | 자원<br>오행 | 획수<br>(오행) |
|---|---|---|---|---|---|
| 휼<br>(土) | 譎 | 속일, 바뀔 휼 | 言 | 金 | 19(水) |
| 흉<br>(土) | 胸 | 가슴, 마음 흉 | 肉 | 水 | 12(木) |
| | 凶 | 재앙, 두려울 흉 | 凵 | 水 | 4(火) |
| | 兇 | 흉악할, 두려워할 흉 | 儿 | 木 | 6(土) |
| | 匈 | 오랑캐, 흉할 흉 | 勹 | 金 | 6(土) |
| | 洶 | 물살셀 흉 | 水 | 水 | 10(水) |
| 흑<br>(土) | 黑 | 검을, 캄캄할 흑 | 黑 | 水 | 12(木) |
| 흔<br>(土) | 欣 | 기쁠, 좋아할 흔 | 欠 | 火 | 8(金) |
| | 昕 | 아침, 해돋을 흔 | 日 | 火 | 8(金) |
| | 炘 | 화끈거릴, 불사를 흔 | 火 | 火 | 8(金) |
| | 痕 | 흉터, 자취 흔 | 疒 | 水 | 11(木) |
| 흘<br>(土) | 紇 | 사람이름 흘 | 糸 | 木 | 9(水) |
| | 訖 | 이를, 그칠 흘 | 言 | 金 | 10(水) |
| | 屹 | 산우뚝솟을 흘 | 山 | 土 | 6(土) |
| | 吃 | 말더듬을 흘 | 口 | 水 | 6(土) |
| 흠<br>(土) | 歆 | 받을, 대접할 흠 | 欠 | 火 | 13(火) |
| | 欽 | 공경할, 근심할 흠 | 欠 | 金 | 12(木) |
| | 欠 | 하품 흠 | 欠 | 火 | 4(火) |

| 음령<br>오행 | 한자 | 뜻 | 부수 | 자원<br>오행 | 획수<br>(오행) |
|---|---|---|---|---|---|
| 흡<br>(土) | 洽 | 화할, 젖을 흡 | 水 | 水 | 10(水) |
| | 恰 | 흡족할, 마침 흡 | 心 | 火 | 10(水) |
| | 翕 | 합할, 거둘 흡 | 羽 | 火 | 12(木) |
| | 吸 | 숨들이쉴, 마실 흡 | 口 | 水 | 7(金) |
| 흥<br>(土) | 興 | 일어날, 지을 흥 | 臼 | 土 | 15(土) |
| 희<br>(土) | 熙 | 빛날, 일어날 희 | 火 | 火 | 13(火) |
| | 姬 | 계집, 아가씨 희 | 女 | 土 | 9(水) |
| | 希 | 바랄, 드물 희 | 巾 | 木 | 7(金) |
| | 喜 | 기쁠, 즐거울 희 | 口 | 水 | 12(木) |
| | 憘 | 성할, 아름다울 희 | 心 | 火 | 16(土) |
| | 晞 | 마를, 햇살 희 | 日 | 火 | 11(木) |
| | 僖 | 즐거울, 기꺼울 희 | 人 | 火 | 14(火) |
| | 熹 | 성할, 희미할 희 | 火 | 火 | 16(土) |
| | 禧 | 복, 길할 희 | 示 | 木 | 17(金) |
| | 嬉 | 즐거울, 놀 희 | 女 | 土 | 15(土) |
| | 憙 | 성할, 아름다울 희 | 心 | 火 | 16(土) |
| | 憓 | 기뻐할, 좋아할 희 | 心 | 火 | 16(土) |
| | 熙 | 빛날, 일어날 희 | 氵 | 水 | 16(土) |

| 음령<br>오행 | 한자 | 뜻 | 부수 | 자원<br>오행 | 획수<br>(오행) |
|---|---|---|---|---|---|
| 희<br>(土) | 羲 | 화할, 기운 희 | 辛 | 土 | 16(土) |
| | 爔 | 불, 햇빛 희 | 火 | 火 | 21(木) |
| | 曦 | 햇빛, 빛날 희 | 日 | 火 | 20(水) |
| | 俙 | 비슷할, 희미할 희 | 人 | 火 | 9(水) |
| | 囍 | 쌍희 희 | 口 | 水 | 22(木) |
| | 犧 | 희생 희 | 牛 | 土 | 20(水) |
| | 稀 | 성길, 드물 희 | 禾 | 木 | 12(木) |
| | 戱 | 탄식할, 희롱할 희 | 戈 | 金 | 16(土) |
| | 噫 | 느낄, 탄식할 희 | 口 | 水 | 16(土) |
| 힐<br>(土) | 詰 | 물을, 다스릴 힐 | 言 | 金 | 13(火) |

# 음파메세지(氣) 성명학

**신비한 동양철학 51**

## 새로운 시대에 맞는 새로운 성명학

지금까지의 모든 성명학은 모순의 극치를 이루고 있다. 이제 새로운 시대에 맞는 음파메세지(氣) 성명학이 탄생했으니 차근차근 읽어보고 복을 계속 부르는 이름을 지어 사랑하는 자녀가 행복하고 아름다운 삶을 살아갈 수 있도록 하는데 도움이 되었으면 한다.

· 청암 박재현 저

# 정법사주

**신비한 동양철학 49**

## 독학과 강의용 겸용의 책

이 책은 사주추명학을 연구하고자 하는 분들에게 심오한 주역의 이해를 돕고자 하는 의도에서 시작되었다. 음양오행의 상생상극에서부터 육친법과 신살법을 기초로 하여 격국과 용신 그리고 유년판단법을 활용하여 운명판단에 첩경이 될 수 있도록 했고, 추리응용과 운명감정의 실례를 하나 하나 들어가면서 독학과 강의용 겸용으로 엮었다.

· 원각 김구현 저

동양철학전문출판 **삼한**

# 기문둔갑옥경

**신비한 동양철학 32**

## 가장 권위있고 우수한 학문！

우리나라의 기문역사는 장구하지만 상세한 문헌은 전무한 상태라 이 책을 발간하기로 했다. 기문둔갑은 천문지리는 물론 인사명리 등 제반사에 관한 길흉을 판단함에 있어서 가장 우수한 학문이며 병법과 법술방면으로도 특징과 장점이 있다. 초학자는 포국편을 열심히 익혀 설국을 자유자재로 할 수 있도록 하고 개인의 이익보다는 보국안민에 일조하기 바란다.

· 도관 박흥식 저

---

# 정본·관상과 손금

**신비한 동양철학 42**

## 바로 알고 사람을 사귑시다

이 책은 관상과 손금은 인생을 행복으로 이끌기 위해 있다는 관점에서 다루었다. 그야말로 관상과 손금의 혁명이라고 할 수 있을 것이다. 여러분도 관상과 손금을 통한 예지력으로 인생의 참주인이 되기 바란다. 용기를 불어넣어 주고 행복을 찾게 하는 것이 참다운 관상과 손금술이다. 이 책으로 미래의 좋은 예지력을 한번쯤 발휘해 보기 바란다. 이 책이 일상사에 고민하는 분들에게 해결방법을 제시해 줄 것이다.

· 지창룡 감수

# 조화원약 평주

신비한 동양철학 35

## 명리학의 정통교본!

이 책은 자평진전, 난강망, 명리정종, 적천수 등과 함께 명리학의 교본에 해당하는 것으로 중국 청나라 때 나온 난강망이라는 책을 서낙오 선생께서 설명을 붙인 것이다. 기존의 많은 책들이 격국과 용신으로 감정하는 것과는 달리 십간십이지와 음양오행을 각각 자연의 이치와 춘하추동의 사계절의 흐름에 대입하여 인간의 길흉화복을 알 수 있게 했다.

· 동하 정지호 편역

# 용의 혈·풍수지리 실기 100선

신비한 동양철학 30

## 실전에서 실감나게 적용하는 풍수지리의 길잡이!

이 책은 풍수지리 문헌인 조선조 고무엽(古務葉) 태구승(泰九升) 부집필(父輯筆)로 된 만두산법(巒頭山法), 채성우의 명산론(明山論), 금랑경(錦囊經) 등을 알기 쉬운 주제로 간추려 풍수지리의 길잡이가 되고자 했다. 그리고 인간의 뿌리와 한 사람의 고유한 이름의 중요성을 풍수지리와 연관하여 살펴보아야 하기 때문에 씨족의 시조와 본관, 작명론(作名論)을 같이 편집했다.

· 호산 윤재우 저

동양철학전문출판 삼한

# 천직·사주팔자로 찾은 나의 직업

신비한 동양철학 34

## 역경없이 탄탄하게 성공할 수 있는 방법!

잘 되겠지 하는 막연한 생각으로 의욕만 갖고 도전하는 것과 나에게 맞는 직종은 무엇이고 때는 언제인가를 알고 도전하는 것은 근본적으로 다르고, 결과 또한 다르다. 더구나 요즈음은 I.M.F.시대라 하여 모든 사람들이 정신까지 위축되어 생기를 잃어가고 있다. 이런 때 의욕만으로 팔자에도 없는 사업을 시작했다고 하자, 결과는 불을 보듯 뻔하다. 그러므로 이런 때일수록 침착과 냉정을 찾아 내 그릇부터 알고, 생활에 대처하는 지혜로움을 발휘해야 한다.

· 백우 김봉준 저

# 통변술해법

신비한 동양철학 ㉑

## 가닥가닥 풀어내는 역학의 비법!

이 책은 역학에 대해 다 알면서도 밖으로 표출되지 않아 어려움을 겪는 사람들을 위한 실습서다. 특히 틀에 박힌 교과서적인 역술의 고정관념에서 벗어나, 한차원 높게 공부할 수 있도록 원리통달을 설명하는데 중점을 두었다. 실명감정과 이론강의라는 두 단락으로 나누어 역학의 진리를 설명했기 때문에 누구나 쉽게 이해할 수 있다. 역학계의 대가 김봉준 선생의 역서 「알기쉬운 해설·말하는 역학」의 후편이다.

· 백우 김봉준 저

# 주역육효 해설방법 上·下

신비한 동양철학 38

## 한 번만 읽으면 주역을 활용할 수 있는 책!

이 책은 주역을 해설한 것으로, 될 수 있는 한 여러 가지 사설을 덧붙이지 않고 주역을 공부하고 활용하는데 필요한 요건만을 기록했다. 따라서 주역의 근원이나 하도낙서, 음양오행에 대해서도 많은 설명을 자제했다. 다만 누구나 이 책을 한 번 읽어서 주역을 이해하고 활용할 수 있도록 하는데 중점을 두었다.

· 원공선사 저

# 사주명리학 핵심

신비한 동양철학 ⑲

## 맥을 잡아야 모든 것이 보인다!

이 책은 잡다한 설명을 배제하고 명리학자들에게 도움이 될 비법만을 모아 엮었기 때문에 초심자가 이해하기에는 다소 어려운 부분도 있겠지만 기초를 튼튼히 한 다음 정독한다면 충분히 이해할 것이다. 신살만 늘어놓으며 감정하는 사이비가 되지말기를 바란다.

· 도관 박홍식 저

동양철학전문출판 **삼한**

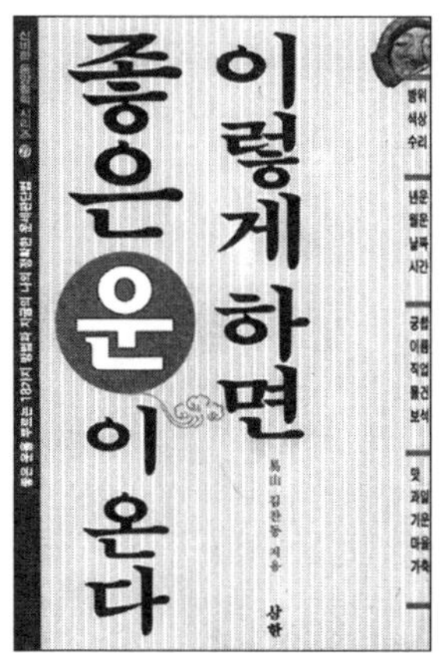

# 이렇게 하면 좋은 운이 온다

신비한 동양철학 ㉗

## 한 가정에 한 권씩 놓아두고 볼만한 책 !

좋은 운을 부르는 방법은 방위·색상·수리·년운·월운·날짜·시간·궁합·이름·직업·물건·보석·맛·과일·기운·마을·가축·성격 등을 정확하게 파악하여 자신에게 길한 것은 취하고 흉한 것은 피하면 된다. 간혹 예외인 경우가 있지만 극소수에 불과하고 대부분은 적중하기 때문에 좋은 효과를 본다. 이 책의 저자는 신학대학을 졸업하고 역학계에 입문했다는 특별한 이력을 갖고 있기 때문에 더 많은 화제가 되고 있다.

· 역산 김찬동 저

---

# 말하는 역학

신비한 동양철학 ⑪

## 신수를 묻는 사람 앞에서 말문이 술술 열린다!

이 책은 그토록 어렵다는 사주통변술을 이해하기 쉽고 흥미롭게 고담과 덕담을 곁들여 사실적인 인물을 궁금해 하는 사람에게 생동감있게 통변하고 있다. 길흉작용을 어떻게 표현하느냐에 따라 상담자의 정곡을 찔러 핵심을 끄집어내고 여기에 대한 정답을 내려주는 것이 통변술이다. 역학계의 대가 김봉준 선생의 역작이다.

· 백우 김봉준 저

# 술술 읽다보면 통달하는 사주학

신비한 동양철학 ㉗

## 술술 읽다보면 나도 어느새 도사 !

당신은 당신 마음대로 모든 일이 이루어지던가. 지금까지 누구의 명령을 받지 않고 내 맘대로 살아왔다고, 운명 따위는 믿지도 않고 매달리지 않는다고, 이렇게 말하는 사람들이 많다. 그러나 그것은 우주법칙을 모르기 때문에 하는 소리다.

· 조철현 저

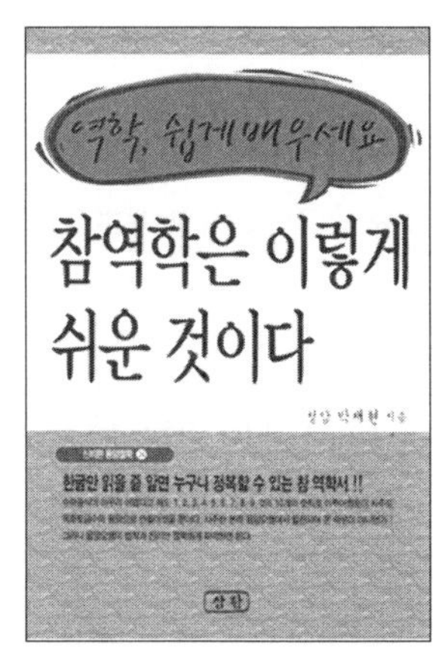

# 참역학은 이렇게 쉬운 것이다

신비한 동양철학 ㉔

## 음양오행의 이론으로 이루어진 참역학서 !

수학공식이 아무리 어렵다고 해도 1, 2, 3, 4, 5, 6, 7, 8, 9, 0의 10개의 숫자로 이루어졌듯이, 사주도 음양과 목, 화, 토, 금, 수의 오행으로 이루어졌을 뿐이다. 그러니 용신과 격국이라는 무거운 짐을 벗어버리고 음양오행의 법칙과 진리만 정확하게 파악하면 된다. 사주는 단지 음양오행의 변화일 뿐이고, 용신과 격국은 사주를 감정하는 한가지 방법에 지나지 않는다.

· 청암 박재현 저

# 나의 천운 운세찾기

**신비한 동양철학 ⑫**

## 놀랍다는 몽골정통 토정비결 !

이 책은 역학계의 대가 김봉준 선생이 놀랍다는 몽공토정비결을 연구·분석하여 우리의 인습 및 체질에 맞게 엮은 것이다. 운의 흐름을 알리고자 호운과 쇠운을 강조했으며, 현재의 나를 조명해보고 판단할 수 있도록 했다. 모쪼록 생활서나 안내서로 활용하기 바란다.

· 백우 김봉준 저

# 쉽게푼 역학

**신비한 동양철학 ❷**

## 쉽게 배워서 적용할 수 있는 생활역학서 !

이 책에서는 좀더 많은 사람들이 역학의 근본인 우주의 오묘한 진리와 법칙을 깨달아 보다 나은 삶을 영위하는데 도움이 될 수 있도록 가장 쉬운 언어와 가장 쉬운 방법으로 풀이했다. 역학계의 대가 김봉준 선생의 역작이다.

· 백우 김봉준 저

# 이름이 운명을 바꾼다

신비한 동양철학 ㉕

## 이름은 제2의 자신이다 !

이름에는 각각 고유의 뜻과 기운이 있어서 그 기운이 성격을 만들고 그 성격이 운명을 만든다. 나쁜 이름은 부르면 부를수록 불행을 부르고 좋은 이름은 부르면 부를수록 행복을 부른다. 만일 이름이 거지 같다면 아무리 운세를 잘 만나도 밥을 좀더 많이 얻어 먹을 수 있을 뿐이다. 이 책의 저자는 신학대학을 졸업하고 역학계에 입문했다는 특별한 이력을 갖고 있기 때문에 더 많은 화제가 되고 있다.

· 역산 김찬동 저

---

# 작명해명

신비한 동양철학 ㉖

## 누구나 쉽게 배워서 활용할 수 있는 체계적인 작명법 !

일반적인 성명학으로는 알 수 없는 한자이름, 한글이름, 영문이름, 예명, 회사명, 상호, 상품명 등의 작명방법을 여러 사례를 들어 체계적으로 분석하여 누구나 쉽게 배워서 활용할 수 있도록 서술했다.

· 도관 박흥식 저

# 관상오행

신비한 동양철학 ⑳

## 한국인의 특성에 맞는 관상법！

좋은 관상인 것 같으나 실제로는 나쁘거나 좋은 관상이 아닌데도 잘 사는 사람이 왕왕있어 관상법 연구에 흥미를 잃는 경우가 있다. 이것은 중국의 관상법만을 익히고, 우리의 독특한 환경적인 특징을 소홀히 다루었기 때문이다. 이에 우리 한국인에게 알맞는 관상법을 연구하여 누구나 관상을 쉽게 알아보고 해석할 수 있도록 자세하게 풀어놓았다.

· 송파 정상기 저

# 물상활용비법

신비한 동양철학 31

## 물상을 활용하여 오행의 흐름을 파악한다！

이 책은 물상을 통하여 오행의 흐름을 파악하고, 운명을 감정하는 방법을 연구한 책이다. 추명학의 해법을 연구하고 운명을 추리하여 오행에서 분류되는 물질의 운명 줄거리를 물상의 기물로 나들이 하는 활용법을 주제로 했다. 팔자풀이 및 운명해설에 관한 명리감정법의 체계를 세우는데 목적을 두고 초점을 맞추었다.

· 해주 이학성 저

# 운세십진법 · 本大路

**신비한 동양철학 ❶**

## 운명을 알고 대처하는 것은 현대인의 지혜다 !

타고난 운명은 분명히 있다. 그러니 자신의 운명을 알고 대처한다면 비록 운명을 바꿀 수는 없지만 충분히 향상시킬 수 있다. 이것이 사주학을 알아야 하는 이유다. 이 책에서는 자신이 타고난 숙명과 앞으로 펼쳐질 운명행로를 찾을 수 있도록 운명의 기초를 초연하게 설명하고 있다.

· 백우 김봉준 저

# 국운 · 나라의 운세

**신비한 동양철학 ㉒**

## 역으로 풀어본 우리나라의 운명과 방향 !

아무리 서구사상의 파고가 높다하기로 오천년을 한결같이 가꾸며 살아온 백두의 혼이 와르르 무너지는 지경에 왔어도 누구하나 입을 열어 말하는 사람이 없으니 답답하다. IMF라는 특수한 상황에서 불확실한 내일에 대한 해답을 이 책은 명쾌하게 제시하고 있다.

· 백우 김봉준

# 명인재

신비한 동양철학 43

## 신기한 사주판단 비법 !

살(殺)의 활용방법을 완벽하게 제시하는 책!
이 책은 오행보다는 주로 살을 이용하는 비법이다. 시중에 나온 책들을 보면 살에 대해 설명은 많이 하면서도 실제 응용에서는 무시하고 있다. 이것은 살을 알면서도 응용할 줄 모르기 때문이다. 그러나 이 책에서는 살의 활용방법을 완전히 터득해, 어떤 살과 어떤 살이 합하면 어떻게 작용하는지를 자세하게 설명하고 있다.

· 원공선사 지음

# 사주학의 방정식

신비한 동양철학 18

## 가장 간편하고 실질적인 역서 !

이 책은 종전의 어려웠던 사주풀이의 응용과 한문을 쉬운 방법으로 터득할 수 있게 하는데 목적을 두었고, 역학의 내용이 어떤 것이며 무엇이 어디에 속하는지를 알고자 하는데 있다.

· 김용오 저

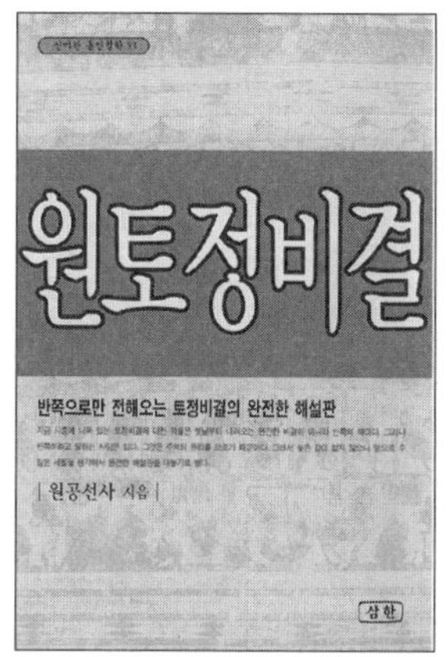

# 원토정비결

신비한 동양철학 53

## 반쪽으로만 전해오는 토정비결의 완전한 해설판

지금 시중에 나와 있는 토정비결에 대한 책들을 보면 옛날부터 내려오는 완전한 비결이 아니라 반쪽의 책이다. 그러나 반쪽이라고 말하는 사람이 없다. 그것은 주역의 원리를 모르기 때문이다. 따라서 늦은 감이 없지 않으나 앞으로의 수많은 세월을 생각하면서 완전한 해설본을 내놓기로 한 것이다.

· 원공선사 저

# 내가 보고 내가 바꾸는 DIY사주

신비한 동양철학 40

## 내가 보고 내가 바꾸는 사주비결 !

이 책은 기존의 책들과는 달리 한 사람의 사주를 체계적으로 도표화시켜 한 눈에 파악할 수 있고, DIY라는 책 제목에서 말하듯이 개운하는 방법을 제시하고 있다. 초심자는 물론 전문가도 자신의 이론을 새롭게 재조명해 볼 수 있는 케이스 스터디 북이다.

· 석오 전 광 지음

동양철학전문출판 **삼한**

# 남사고의 마지막 예언

**신비한 동양철학 29**

## 이 책으로 격암유록에 대한 논란이 끝나기 바란다

감히 이 책을 21세기의 성경이라고 말한다. 〈격암유록〉
은 섭리가 우리민족에게 준 위대한 복음서이며, 선물이
며, 꿈이며, 인류의 희망이다. 이 책에서는 〈격암유록〉
이 전하고자 하는 바를 주제별로 정리하여 문답식으로
풀어갔다. 이 책으로 〈격암유록〉에 대한 논란은 끝나기
바란다.

· 석정 박순용 저

# 진짜부적 가짜부적

**신비한 동양철학 7**

## 부적의 실체와 정확한 제작방법

인쇄부적에서 가짜부적에 이르기까지 많게는 몇백만원
에 팔리고 있다는 보도를 종종 듣는다. 그러나 부적은
정확한 제작방법에 따라 자신의 용도에 맞게 스스로
만들어 사용하면 훨씬 더 좋은 효과를 얻을 수 있다.
이 책은 중국에서 정통부적을 연구한 국내유일의 동양
오술학자가 밝힌 부적의 실체와 정확한 제작방법을 소
개하고 있다.

· 오상익 저

# 한눈에 보는 손금

신비한 동양철학 52

## 논리정연하며 바로미터적인 지침서

이 책은 수상학의 연원을 초월해서 동서합일의 이론으로 집필했다. 그야말로 완벽하리만치 논리정연한 수상학을 정리한 것이다. 그래서 운명적, 철학적, 동양적, 심리학적인 면을 예증과 방편에 이르기까지 아주 상세하게 기술했다. 이 책은 수상학이라기 보다 한 인간의 바로미터적인 지침서 역할을 해줄 것이다. 독자 여러분의 꾸준한 연구와 더불어 인생성공의 지침서가 될 수 있을 것이다.

· 정도명 저

---

# 만세력 | 사륙배판·신국판<br>사륙판·포켓판

신비한 동양철학 45

## 찾기 쉬운 만세력

이 책은 완벽한 만세력으로 만세력 보는 방법을 자세하게 설명했다. 그리고 역학에 대한 기본적인 내용과 결혼하기 좋은 나이·좋은 날·좋은 시간, 아들·딸 태아감별법, 이사하기 좋은 날·좋은 방향 등을 부록으로 실었다.

· 백우 김봉준 저

# 수명비결

신비한 동양철학 14

## 주민등록번호 13자로 숙명의 정체를 밝힌다

우리는 지금 무수히 많은 숫자의 거미줄에 매달려 허우적거리며 살아가고 있다. 1분·1초가 생사를 가름하고, 1등·2등이 인생을 좌우하며, 1급·2급이 신분을 구분하는 세상이다. 이 책은 수명리학으로 13자의 주민등록번호로 명예, 재산, 건강, 수명, 애정, 자녀운 등을 미리 읽어본다.

· 장충한 저

# 운명으로 본 나의 질병과 건강상태

신비한 동양철학 9

## 타고난 건강상태와 질병에 대한 대비책

이 책은 국내 유일의 동양오술학자가 사주학과 더불어 정통명리학의 양대산맥을 이루는 자미두수 이론으로 임상실험을 거쳐 작성한 표준자료다. 따라서 명리학을 응용한 최초의 완벽한 의학서로 질병을 예방하고 치료하는데 활용한다면 최고의 의사가 될 것이다. 또한 예방의학적인 차원에서 건강을 유지하는데 훌륭한 지침서로 현대의학의 새로운 장을 여는 계기가 될 것이다.

· 오상익 저

# 오행상극설과 진화론

신비한 동양철학 5

## 인간과 인생을 떠난 천리란 있을 수 없다

과학이 현대를 설정하여 설명하고 있으나 원리는 동양철학에도 있기에 그 양면을 밝히고자 노력했다. 우주에서 일어나는 모든 일을 과학으로 설명될 수는 없다. 비과학적이라고 하기보다는 과학이 따라오지 못한다고 설명하는 것이 더 솔직하고 옳은 표현일 것이다. 특히 과학분야에 종사하는 신의사가 저술했다는데 더 큰 화제가 되고 있다.

· 김태진 저

# 사주학의 활용법

신비한 동양철학 17

## 가장 실질적인 역학서

우리가 생소한 지방을 여행할 때 제대로 된 지도가 있다면 편리하고 큰 도움이 되듯이 역학이란 이와같은 인생의 길잡이다. 예측불허의 인생을 살아가는데 올바른 안내자나 그 무엇이 있다면 그 이상 마음 든든하고 큰 재산은 없을 것이다.

· 학선 류래웅 저

# 쉽게 푼 주역

신비한 동양철학 10

## 귀신도 탄복한다는 주역을 쉽고 재미있게 풀어놓은 책

주역이라는 말 한마디면 귀신도 기겁을 하고 놀라 자빠진다는데, 운수와 일진이 문제가 될까. 8×8=64괘라는 주역을 한 괘에 23개씩의 회답으로 해설하여 1472괘의 신비한 해답을 수록했다. 당신이 당면한 문제라면 무엇이든 해결할 수 있는 열쇠가 이 한 권의 책 속에 있다.

· 정도명 저

# 핵심 관상과 손금

신비한 동양철학 54

## 사람을 볼 줄 아는 안목과 지혜를 알려주는 책

오늘과 내일을 예측할 수 없을만큼 복잡하게 펼쳐지는 현실에서 살아남기 위해서는 사람을 볼줄 아는 안목과 지혜가 필요하다. 시중에 관상학에 대한 책들이 많이 나와있지만 너무 형이상학적이라 전문가도 이해하기 어렵다. 이 책에서는 누구라도 쉽게 보고 이해할 수 있도록 핵심만을 파악해서 설명했다.

· 백우 김봉준 저

# 진짜궁합 가짜궁합

신비한 동양철학 8

## 남녀궁합의 새로운 충격

중국에서 연구한 국내유일의 동양오술학자가 우리나라 역술가들의 궁합법이 잘못되었다는 것을 학술적으로 분석·비평하고, 전적과 사례연구를 통하여 궁합의 실체와 타당성을 분석했다. 합리적인 「자미두수궁합법」과 「남녀궁합」 및 출생시간을 몰라 궁합을 못보는 사람들을 위하여 「지문으로 보는 궁합법」 등을 공개한다.

· 오상익 저

# 좋은꿈 나쁜꿈

신비한 동양철학 15

## 그날과 앞날의 모든 답이 여기 있다

개꿈이란 없다. 꿈은 반드시 미래를 예언한다. 이 책은 프로이드의 정신분석학적인 입장이 아닌 미래판단의 근거에 입각한 예언적인 해몽학이다. 여러 형태의 꿈을 체계적으로 정리했으니 올바른 해몽법으로 앞날을 지혜롭게 대처해 보자. 모쪼록 각 가정에서 한 권씩 두고 이용하면 생활하는데 많은 도움이 될 것이다.

· 학선 류래웅 저

# 완벽 만세력

신비한 동양철학 58

## 착각하기 쉬운 썸머타임 2도 인쇄

시중에 많은 종류의 만세력이 나와있지만 이 책은 단순한 만세력이 아니라 완벽한 만세경전으로 만세력 보는 법 등을 실었기 때문에 처음 대하는 사람이라도 쉽게 볼 수 있도록 편집되었다. 또한 부록편에는 사주명리학, 신살종합해설, 결혼과 이사택일 및 이사방향, 길흉보는 법, 우주천기와 한국의 역사 등을 수록했다.

· 백우 김봉준 저

# 주역·토정비결

신비한 동양철학 40

## 토정비결의 놀라운 비결

지금 시중에 나와 있는 토정비결에 대한 책들을 보면 옛날부터 내려오는 완전한 비결이 아니라 반쪽의 책이다. 그러나 반쪽이라고 말하는 사람이 없다. 그것은 주역의 원리를 모르기 때문이다. 따라서 늦은 감이 없지 않으나 앞으로의 수많은 세월을 생각하면서 완전한 해설본을 내놓기로 했다.

· 원공선사 저

# 현장 지리풍수

**신비한 동양철학 48**

## 현장감을 살린 지리풍수법

풍수를 업으로 삼는 사람들이 진(眞)과 가(假)를 분별할 줄 모르면서 24산의 포태사묘의 법을 익히고는 많은 법을 알았다고 자부하며 뽐내고 있다. 그리고는 재물에 눈이 어두워 불길한 산을 길하다 하고, 선하지 못한 물(水)을 선하다 하면서 죄를 범하고 있다. 이는 분수 밖의 것을 망녕되게 바라기 때문이다. 마음 가짐을 바로하고 고대 원전에 공력을 바치면서 산간을 실사하며 적공을 쏟으면 정교롭고 세밀한 경지를 얻을 수 있을 것이다.

· 전항수 · 주관장 편저

# 완벽 사주와 관상

**신비한 동양철학 55**

## 사주와 관상의 핵심을 한 권에

자연과 인간, 음양(陰陽)오행과 인간, 사계와 절후, 인상(人相)과 자연, 신(神)들의 이야기 등등 우리들의 삶과 관계되는 사실적 관계로만 역(易)을 설명해 누구나 쉽게 이해할 수 있도록 썼으며 특히 역(易)에 대한 관심과 흥미를 갖게 하고자 인상학(人相學)을 추록했다. 여기에 추록된 인상학(人相學)은 시중에서 흔하게 볼 수 있는 상법(相法)이 아니라 생활상법(生活相法) 즉 삶의 지식과 상식을 드리고자 했으니 생활에 유익함이 있기를 바란다.

· 김봉준 · 유오준 공저

# 해몽·해몽법

신비한 동양철학 50

## 해몽법을 알기 쉽게 설명한 책

인생은 꿈이 예지한 시간적 한계에서 점점 소멸되어 가는 현존물이기 때문에 반드시 꿈의 뜻을 따라야 한다. 이것은 꿈을 먹고 살아가는 인간 즉 태몽의 끝장면인 죽음을 향해 달려가고 있는 인간이기 때문이다. 꿈은 우리의 삶을 이끌어가는 이정표와도 같기에 똑바로 가도록 노력해야 한다.

· 김종일 저

# 역점

신비한 동양철학 57

## 우리나라 전통 행운찾기

주역을 무조건 미신으로 치부해버리는 생각은 버려야 한다. 주역이 점치는 책에만 불과했다면 벌써 그 존재가 없어졌을 것이다. 그러나 오랫동안 많은 학자가 연구를 계속해왔고, 그 속에서 자연과학과 형이상학적인 우주론과 인생론을 밝혀, 정치·경제·사회 등 여러 방면에서 인간의 생활에 응용해왔고, 삶의 지침서로써 그 역할을 했다. 이 책은 한 번만 읽으면 누구나 역점가가 될 수 있으니 생활에 도움이 되길 바란다.

· 문명상 편저

# 명리학연구

신비한 동양철학 59

## 체계적인 명확한 이론

이 책은 명리학 연구에 핵심적인 내용만을 모아 하나의 독립된 장을 만들었다. 명리학은 분야가 넓어 공부를 하다보면 주변에 머무르는 경우가 많아, 주요 내용을 잃고 헤매는 경우가 많다. 그러므로 뼈대를 잡는 것이 중요한데, 여기서는 「17장. 명리대요」에 핵심 내용만을 모아 학문의 체계를 잡는데 용이하게 하였다.

· 권중주 저

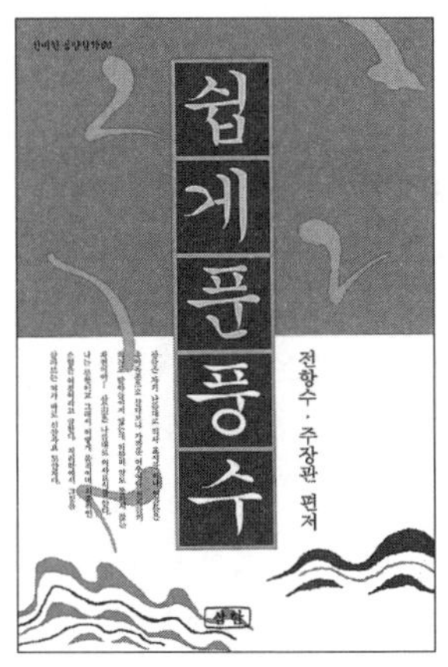

# 쉽게 푼 풍수

신비한 동양철학 60

## 현장에서 활용하는 풍수지리법

산도는 매우 광범위하고, 현장에서 알아보기 힘들다. 더구나 지금은 수목이 울창해 소조산 정상에 올라가도 나무에 가려 국세를 파악하는데 애를 먹는다. 그러므로 사진을 첨부하니 많은 도움이 되길 바란다. 물론 결록에 있고 산도가 눈에 익은 것은 혈 사진과 함께 소개하니 참고하기 바란다. 이 책을 열심히 정독하면서 답산하면 혈을 알아보고 용산도 할 수 있을 것이다.

· 전항수 · 주장관 편저

## 올바른 작명법

**신비한 동양철학 61**

세상의 부모들에게 가장 소중한 것이 무엇이냐고 물으면 누구든 자녀라고 할 것이다. 그런데 왜 평생을 좌우할 이름을 함부로 짓는가. 이름이 얼마나 소중한지를. 이름의 오행작용이 사람의 일생을 어떻게 좌우하는지를 모르기 때문이다. 세상만물은 음양오행의 영향을 받지 않는 것이 없다. 봄이 가면 여름이 오고, 여름이 가면 가을이 오고, 가을이 가면 겨울이 오고, 겨울이 가면 봄이 오는 것 또한 음양오행의 원리다.

· 이정재 저

## 신수대전

**신비한 동양철학 62**

### 흉함을 피하고 길함을 부르는 방법

신수를 보는 방법은 여러 가지가 있는데 대부분이 주역과 사주추명학에 근거를 둔다. 수많은 학설 중에서 몇 가지를 보면 사주명리, 자미두수, 관상, 점성학, 구성학, 육효, 토정비결, 매화역수, 대정수, 초씨역림, 황극책수, 하락리수, 범위수, 월영도, 현무발서, 철판신수, 육임신과, 기문둔갑, 태을신수 등이다. 역학에 정통한 고사가 아니면 제대로 추단하기 어려운데 엉터리 술사들이 넘쳐난다. 그래서 누구나 자신의 신수를 볼 수 있도록 몇 가지를 정리했다.

· 도관 박흥식

## 음택양택

신비한 동양철학 63

### 현세의 운·내세의 운

이 책에서는 음양택명당의 조건이나 기타 여러 가지를 설명하여 산 자와 죽은 자의 행복한 집을 만들 수 있도록 했다. 특히 죽은 자의 집인 음택명당은 자리를 옳게 잡으면 꾸준히 생기를 발하여 흥하나, 그렇지 않으면 큰 피해를 당하니 돈보다도 행·불행의 근원인 음양택명당에 관심을 기울여야 한다.

· 전항수 · 주장관 지음

## 이런 집에 살아야 잘 풀린다

신비한 동양철학 64

### 운이 트이는 좋은 집 알아보는 비결

힘든 상황에서 내 가족이 지혜롭게 대처하고 건강을 지켜주는, 한마디로 운이 트이는 집은 모두의 꿈일 것이다. 가족이 평온하게 생활할 수 있는 집, 나가서는 발전을 가져다 줄 수 있는 그런 집이 있다면 얼마나 좋을까? 그런 소망에 한 걸음이라도 가까워지려면 막연하게 운만 기대해서는 안 된다. '호랑이를 잡으려면 호랑이 굴로 들어가라'는 속담이 있듯이 좋은 집을 가지려면 그만한 노력이 있어야 한다.

· 강현술 · 박흥식 감수

동양철학전문출판 삼한

# 사주에 모든 길이 있다

**신비한 동양철학 65**

사주를 간명하는데 조금이라도 도움이 되었으면 하는 바람에서 이 책을 쓰게 되었다. 간명의 근간인 오행의 왕쇠강약을 세분해서 설명했다. 그리고 대운과 세운, 세운과 월운의 연관성과, 십신과 여러 살이 운명에 미치는 암시와, 십이운성으로 세운을 판단하는 방법을 설명했다.

· 정담 선사 편저

# 사주학

**신비한 동양철학 66**

## 5대 원서의 핵심과 실용

이 책은 사주학을 체계적으로 공부하려는 학도들을 위해 꼭 알아야 할 내용과 용어를 수록하는데 중점을 두었다. 이 학문을 공부하려고 찾아온 사람들에게 여러 가지 질문을 던져보면 거의 기초지식이 시원치 않다. 그런 상태로 사주를 읽으려니 제대로 될 리가 없다. 이 책으로 용어와 제반지식을 터득하면 빠른 시일에 소기의 목적을 이룰 수 있을 것이다.

· 글갈 정대엽 저

## 주역 기본원리

신비한 동양철학 67

### 주역의 기본원리를 통달할 수 있는 책

이 책에서는 기본괘와 변화와 기본괘가 어떤 괘로 변했을 경우 일어날 수 있는 내용들을 설명하여 주역의 변화에 대한 이해를 돕는데 주력하였다. 그러나 그런 내용을 구분할 수 있는 방법을 전부 다 설명할 수는 없기에 뒷장에 간단하게설명하였고, 다른 책들과 설명의 차이점도 기록하였으니 참작하여 본다면 조금이나마 도움이 될 것이다.

· 원공선사 편저

## 사주특강

신비한 동양철학 68

### 자평진전과 적천수의 재해석

이 책은 『자평진전(子平眞詮)』과 『적천수(滴天髓)』를 근간으로 명리학(命理學)의 폭넓은 가치를 인식하고, 실전에서 유용한 기반을 다지는데 중점을 두고 썼다. 일찍이 『자평진전(子平眞詮)』을 교과서로 삼고, 『적천수(滴天髓)』로 보완하라는 서낙오(徐樂吾)의 말에 깊이 공감한다.

청월 박상의 편저

## 복을 부르는방법

**신비한 동양철학 69**

### 나쁜 운을 좋은 운으로 바꾸는 비결

개운하는 방법은 여러 가지가 있으나, 이 책의 비법은 축원문을 독송하는 것이다. 독송이란 소리내 읽는다는 뜻이다. 사람의 말에는 기운이 있는데, 이 기운은 자신에게 돌아온다. 좋은 말을 하면 좋은 기운이 돌아오고, 나쁜 말을 하면 나쁜 기운이 돌아온다. 이 책은 누구나 어디서나 쉽게 비용을 들이지 않고 좋은 운을 부를 수 있는 방법을 실었다.

· 역산 김찬동 편저

## 인터뷰 사주학

**신비한 동양철학 70**

### 쉽고 재미있는 인터뷰 사주학

얼마전까지만 해도 사주학을 취급하는 사람들은 미신을 다루는 부류로 취급되었다. 그러나 지금은 하루가 다르게 이 학문을 공부하는 사람들이 폭증하고 있는 것으로 보인다. 젊은 층에서 사주카페니 사주방이니 사주동아리니 하는 것들이 만들어지고 그 모임이 활발하게 움직이고 있다는 점이 그것을 증명해준다. 그뿐 아니라 대학원에는 역학교수들이 점차로 증가하고 있다.

· 글갈 정대엽 편저

# 육효대전

신비한 동양철학 37

## 정확한 해설과 다양한 활용법

동양의 고전 중에서도 가장 대표적인 것이 주역이다. 주역은 옛사람들이 자연의 법칙을 거울삼아 인간이 생활을 영위해 나가는 처세에 관한 지혜를 무한히 내포하고, 피흉추길하는 얼과 슬기가 함축된 점서)인 동시에 수양·과학서요 철학·종교서라고 할 수 있다.

· 도관 박흥식 편저

# 사람을 보는 지혜

신비한 동양철학 73

## 관상학의 초보에서 완성까지

현자는 하늘이 준 명을 알고 있기에 부귀에 연연하지 않는다. 사람은 마음을 다스리는 심명이 있다. 마음의 명은 자신만이 소통하는 유일한 우주의 무형의 에너지이기 때문에 잠시도 잊으면 안된다. 관상학은 사람의 상으로 이런 마음을 살피는 학문이니 잘 이해하여 보다 나은 삶을 삶을 영위할 수 있도록 노력해야 한다.

· 이부길 편저

## 명리학 | 재미있는 우리사주

신비한 동양철학 74

### 사주 세우는 방법부터 용어해설 까지!!

몇 년 전 『사주에 모든 길이 있다』가 나온 후 선배 제현들께서 알찬 내용의 책다운 책을 접했다면서 매월 한 번만이라도 참 역학의 발전을 위하여 학술세미나를 열자는 제의를 받았다. 그러나 사주의 작성법을 설명하지 않아 독자들에게 많은 질타를 받고 뒤늦게 이 책 을 출판하기로 결심했다. 이 책은 한글만 알면 누구나 역학과 가까워질 수 있도록 사주 세우는 방법부터 실제 간명, 용어해설에 이르기까지 분야별로 엮었다.

· 정담 선사 편저

---

## 성명학 | 바로 이 이름

신비한 동양철학 75

### 사주의 운기와 조화를 고려한 이름짓기

사람은 누구나 타고난 운명, 즉 숙명이라는 것이 있다. 숙명인 사주팔자는 선천운이고, 성명은 후천운이 되는 것으로 이름을 지을 때는 타고난 운기와의 조화를 고려함이 중요하다. 따라서 역학에 대한 깊은 이해가 선행되어야 함은 지극히 당연한 일이다. 부연하면 작명의 근본은 타고난 사주에 운기를 종합적으로 분석하여 부족한 점을 보강하고 결점을 개선한다는 큰 뜻이 있다고 할 수 있다.

· 정담 선사 편저

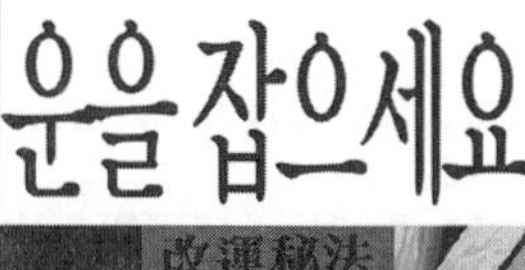

# 운을 잡으세요 | 개운비법

신비한 동양철학 76

## 염력강화로 삶의 문제를 해결한다!

염력(念力)이 강한 사람은 운명을 개척하며 행복하게 살고, 염력이 약한 사람은 운명의 노예가 되어 불행하게 살아간다. 때문에 행복과 불행은 누가 주는 것이 아니라 자기 자신이 만든다고 할 수 있다. 한 마디로 말해 의지의 힘, 즉 염력이 운명을 바꾸는 것이다. 이 책에서는 이러한 염력을 강화시켜 삶에서 일어나는 문제를 해결하는 방법을 알려준다. 누구나 가벼운 마음으로 읽고 실천한다면 반드시 목적을 이룰 수 있을 것이다.

• 역산 김찬동 편저

# 작명정론

신비한 동양철학 77

## 이름으로 보는 역대 대통령이 나오는 이치

사주팔자가 네 기둥으로 세워진 집이라면 이름은 그 집을 대표하는 문패라고 할 수 있다. 사람은 태어나면서 사주를 통해 운을 타고나고 이름이 주어진 순간부터 명(命)이 작용한다. 사주와 이름이 곧 운명을 결정한다는 것이다. 따라서 이름을 지을 때는 사주의 격에 맞추어야 한다. 사주 그릇이 작은 사람이 원대한 뜻의 이름을 쓰면 감당하지 못할 시련을 자초하게 되고 오히려 이름값을 못할 수 있다. 즉 분수에 맞는 이름으로 작명해야 하기 때문에 사주의 올바른 분석이 필요하다.

• 청월 박상의 편저

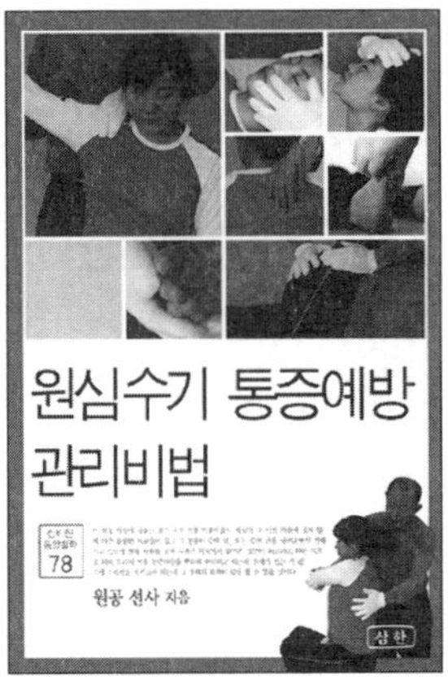

# 원심수기 통증예방 관리비법

신비한 동양철학 78

## 쉽게 배워 적용할 수 있는 통증관리법

이 책을 세상에 내놓는 것은 우리 전통 민중의술도 세상의 그 어떤 의술에 못지 않게 아주 훌륭한 치료술이 있고 그 전통이 수백 년, 또는 수천 년을 내려오면서 전해지고 있는데 현재 사회를 보면 무조건 외국에서 들어온 것만이 최고라고 하는 식으로 하여 우리의 전통 민중의술을 뿌리째 버리려고 하는데 문제가 있는 것 같기에 우리것을 지키고자 하는데 그 첫째의 목적이 있다 할 수 있을 것이다.

· 원공 선사 저

---

# 사주비기

신비한 동양철학 79

## 역학으로 보는 대통령이 나오는 이치 !!

이 책에서는 고서의 이론을 근간으로 하여 근대의 사주들을 임상하여, 적중도에 의구심이 가는 이론들은 과감하게 탈피하고 통용될 수 있는 이론만을 수용했다. 따라서 기존 역학서의 아쉬운 부분들을 충족시키며 일반인도 열정만 있으면 누구나 자신의 운명을 감정하고 피흉취길할 수 있는 생활지침서로 활용할 수 있을 것이다.

청월 박상의 편저

# 찾기 쉬운 명당

신비한 동양철학 44

## 풍수지리의 모든 것 !

이 책은 가능하면 쉽게 풀려고 노력했고, 실전에 도움이 되도록 했다. 특히 풍수지리에서 방향측정에 필수인 패철(佩鐵)사용과 나경(羅經) 9층을 각 층별로 간추려 설명했다. 그리고 이 책에 수록된 도설, 즉 오성도, 명산도, 명당 형세도 내거수 명당도, 지각(枝脚)형세도, 용의 과협출맥도, 사대혈형(穴形) 와겸유돌(窩鉗乳突) 형세도 등은 국립중앙도서관에 소장된 문헌자료인 만산도단, 만산영도, 이석당 은민산도의 원본을 참조했다.

· 호산 윤재우 저

# 명리입문

신비한 동양철학 41

## 명리학의 필독서 !

이 책은 자연의 기후변화에 의한 운명법 외에 명리학도들이 궁금해 했던 인생의 제반사들에 대해서도 상세하게 기술했다. 따라서 초보자부터 심도있게 공부한 사람들까지 세심히 읽고 숙독해야 하는 책이다. 특히 격국이나 용신뿐 아니라 십신에 대한 자세한 설명, 조후용신에 대한 보충설명, 인간의 제반사에 대해서는 독보적인 해설이 들어 있다. 초보자들에게는 더할 수 없이 훌륭한 길잡이가 될 것이다.

· 동하 정지호 편역

# 육효점 정론

신비한 동양철학 80

## 육효학의 정수!

이 책은 주역의 원전소개와 상수역법의 꽃으로 발전한 경방학을 같이 실어 독자들의 호기심을 충족시키는데 중점을 두었습니다. 주역의 원전으로 인화의 처세술을 터득하고, 어떤 사안의 답은 육효법을 탐독하여 찾으시기 바랍니다.

· 효명 최인영 편역

---

# 작명 백과사전

신비한 동양철학 81

## 36가지 이름짓는 방법과 선후천 역상법 수록

이름은 나를 대표하는 생명체이므로 몸은 세상을 떠날지라도 영원히 남는다. 성명운의 유도력은 후천적으로 가공 인수되는 후존적 수기로써 조성 운화되는 작용력이 있다. 선천수기의 운기력이 50%이면 후천수기도의 운기력도50%이다. 이와 같이 성명운의 작용은 운로에 불가결한조건일 뿐 아니라, 선천명운의 범위에서 기능을 충분히 할 수 있다.

· 임삼업 편저 | 송충석 감수

# 사주대성

신비한 동양철학 33

## 초보에서 완성까지

이 책은 과거 현재 미래를 모두 알 수 있는 비결을 실었다. 그러나 모두 터득한다는 것은 어려울 것이다.역학은 수천 년간 동방의 석학들에 의해 갈고 닦은 철학이요 학문이며, 정신문화로서 영과학적인 상수문화로서 자랑할만한 위대한 학문이다.

· 도관 박홍식 저

# 해몽정본

신비한 동양철학 36

## 꿈의 모든 것 !

막상 꿈해몽을 하려고 하면 내가 꾼 꿈을 어디다 대입시켜야 할지 모를 경우가 많았을 것이다. 그러나 이 책은 찾기 쉽고, 명료하며, 최대한으로 많은 갖가지 예를 들었으니 꿈해몽을 하는데 어려움이 없을 것이다.

· 청암 박재현 저

# 적천수 정설

신비한 동양철학 82

## 적천수 원문을 쉽고 자세하게 해설

적천수(滴天髓)는 명나라 개국공신인 유백온(劉伯溫) 선생이 처음으로 저술한 후 여러 사람이 각각 자신의 주장을 내세워 해설하여 오늘날에는 많은 분량이 되었다. 그러나 원래 유백온(劉伯溫) 선생이 저술한 적천수(滴天髓)의 원문은 내용이 그렇게 많지가 않다. 저자는 적천수(滴天髓) 원문을 보고 30년 역학(易學)의 경험을 총동원하여 감히 해설해 보았다.

· 역산 김찬동 편역

# 궁통보감 정설

신비한 동양철학 83

## 궁통보감 원문을 쉽고 자세하게 해설

『궁통보감(窮通寶鑑)』은 5대원서 중에서 가장 이론적이며 사리에 맞는 책이라고 생각한다. 이 책은 조후(調候)를 중심으로 설명하며 간명한 것이 특징이다. 역학을 공부하는 학도들에게 도움을 주려고 먼저 원문에 음독을 단 다음 해설하였다. 그리고 예문은 서낙오(徐樂吾) 선생이 해설한 것을 그대로 번역하였고, 저자가 상담한 사람들의 사주와 점서에 있는 사주들을 실었다.

· 역산 김찬동 편역

# 왕초보 내 사주
**신비한 동양철학 84**
## 초보 입문용 역학서

이 책은 역학을 너무 어렵게 생각하는 초보자들에게 조금이나마 도움을 주고자 쉽게 엮으려고 노력했다. 이 책을 숙지한 후 역학(易學)의 5대 원서인 『적천수(滴天髓)』, 『궁통보감(窮通寶鑑)』, 『명리정종(命理正宗)』, 『연해자평(淵海子平)』, 『삼명통회(三命通會)』에 접근한다면 훨씬 쉽게 터득할 수 있을 것이다. 이 책들은 저자가 이미 편역하여 삼한출판사에서 출간한 것도 있고, 앞으로 모두 갖출 것이니 많이 활용하기 바란다.

· 역산 김찬동 편저

---

# 스스로 공부하게 하는 방법과 천부적 적성
**신비한 동양철학 85**
## 내 아이를 성공시키고 싶은 부모들에게

자녀를 성공시키고 싶은 마음은 부자나 가난한 사람이나 모두 같을 것이다. 그러나 가난한 부모를 둔 아이들은 공부할 수 있는 환경이 열악하다. 빈익빈 부익부 현상이 배우는 아이들 때부터 시작되기 때문이다. 그러니 가난한 집 아이가 좋은 성적을 내기는 매우 어렵고, 원하는 학교에 들어가기도 어렵다. 그러나 실망하기에는 아직 이르다. 내 아이가 훌륭한 인재로 성장해 아름답고 멋진 삶을 살아가는 방법이 이 책에 있다.

· 청암 박재현 지음

동양철학전문출판 삼한

# 기문둔갑 비급대성

신비한 동양철학 86

## 기문의 정수

기문둔갑은 천문지리·인사명리·법술병법 등에 영험한 술수로 예로부터 은밀하게 특권층에만 전승되었다. 그러나 아쉽게도 기문을 공부하려는 이들에게 도움이 될만한 책이 거의 없다. 필자는 이 점이 안타까워 천견박식함을 돌아보지 않고 감히 책을 내게 되었다. 한 권에 기문학을 다 표현할 수는 없지만 이 책을 사다리 삼아 저 높은 경지로 올라간다면 제갈공명과 같은 지혜를 발휘할 수 있을 것이다.

· 도관 박홍식 편저

# 아호연구

신비한 동양철학 87

## 여러 가지 작호법과 실예 모음

필자는 오래 전부터 작명을 연구했다. 그러나 시중에 나와 있는 책에는 대부분 아호에 관해서는 전혀 언급하지 않았다. 그래서 아호에 관심이 있어도 자료를 구하지 못하는 분들을 위해 이 책을 내게 되었다. 아호를 짓는 것은 그리 대단하거나 복잡하지 않으니 이 책을 처음부터 끝까지 착실히 공부한다면 누구나 좋은 아호를 지어 쓸 수 있을 것이라고 생각한다.

· 임삼업 편저

# 점포, 이렇게 하면 부자됩니다

신비한 동양철학 88

## 부자되는 점포, 보는 방법과 만드는 방법

사업의 성공과 실패는 어떤 사업장에서 어떤 품목으로 어떤 사람들과 거래하느냐에 따라 판가름난다. 그리고 사업을 성공시키려면 반드시 몇 가지 문제를 살펴야 하는데 무작정 사업을 시작하여 실패하는 사람들이 많다. 그래서 이 책에서는 이러한 문제와 방법들을 조목조목 기술하여 누구나 성공하도록 도움을 주는데 주력하였다.

· 김도희 편저

# 육효학총론

신비한 동양철학 89

## 육효학의 핵심만을 정확하고 알기 쉽게 정리

육효는 갑자기 문제가 생겨 난감한 경우에 명쾌한 답을 찾을 수 있는 학문이다. 그러나 시중에 나와 있는 책들이 대부분 원서를 그대로 번역해 놓은 것이라 전문가인 필자가 보기에도 지루하며 어렵다는 느낌이 들었다. 그래서 보다 쉽게 공부할 수 있도록 이 책을 출간하게 되었다. 육효에 관심이 있는 사람은 누구나 정독한다면 크고 작은 난관들을 사전에 미리 알고 대처할 수 있을 것이라고 믿는다.

· 김도희 편저

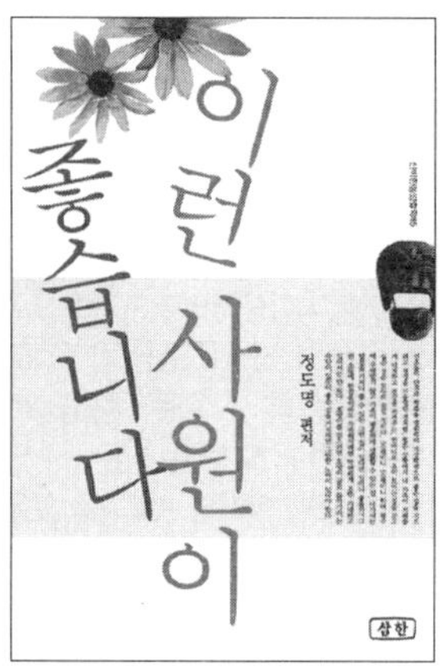

# 이런 사원이 좋습니다

신비한 동양철학 90

## 사원선발 면접지침

사회가 다양해지면서 인력관리의 전문화가 매우 필요하며 인력수급 계획이 기업주들의 애로사항이 되었다. 필자는 그동안 수많은 기업의 사원선발 면접시험에 참여했는데 한결같이 기업주들이 면접지침에 관한 책이 하나쯤 있으면 좋겠다는 것이었다. 그리하여 필자가 경험한 사례들을 참작하여 이 책을 내게 되었으니 좋은 사원을 선발하는데 많은 도움이 될 것이라고 믿는다.

· 정도명 지음

# 새로 나온 평생만세력

신비한 동양철학 91

## 착각하기 쉬운 썸머타임 2도인쇄

시중에 많은 종류의 만세력이 있지만 이 책은 단순한 만세력이 아니라 완벽한 만세경전이다. 그리고 만세력 보는 법 등을 실러 처음 대하는 사람이라도 쉽게 볼 수 있도록 편집하였다. 또 부록편에는 사주명리학, 신살 종합해설, 결혼과 이사 택일, 이사 방향, 길흉보는 법, 우주의 천기와 우리나라 역사 등을 수록하였다.

· 백우 김봉준 편저

# 새로 나온 완성 주역비결

신비한 동양철학 92

## 반쪽으로 전해오는 토정비결을 완전하게 해설

지금 시중에 나와 있는 토정비결에 대한 책들은 옛날부터 내려오는 완전한 비결이 아니라 반쪽의 책이다. 그러나 반쪽이라고 말하는 사람은 없다. 그것은 주역의 원리를 모르기 때문이다. 그래서 늦은 감이 없지 않으나 앞으로 수많은 세월을 생각해서 완전한 해설판을 내놓기로 했다.

· 원공선사 편저